〔宋〕黄士毅 / 编

徐时仪 杨立军 / 整理

朱子语类

六

上海古籍出版社

朱子语类卷第一百十

朱子七

论兵

○ 今郡无兵无权。先王之制，内有六乡、六遂、都鄙之兵，外有方伯、连帅之兵，内外相维，缓急相制。_{贺孙。}

○ 本强则精神折冲，不强则招殃致凶。_{僴。}

○ 或言："古人之兵，当如子弟之卫父兄。而孙吴之徒必曰与士卒同甘苦而后可，是子弟必待父兄施恩而后报称也。"先生曰："巡而拊之，'三军之士皆如挟纩'，此意也少不得。"_{贺孙。木之同。}

○ 凡为守帅者，止教阅将兵足矣。程其年力，汰斥癃老衰弱，招补壮健，足可为用，何必更添寨置军？其间衣粮或厚或薄，遂致偏废。如此间将兵，则皆差出接送矣。_{方子。按窦从周录略同，附于下。云："近世守帅不于见有军兵程其年力，汰斥衰弱，招补壮健，乃添寨创额。其间衣粮或厚或薄，遂至偏废。"}

○ "辛弃疾颇谙晓兵事。云：'兵老弱不汰可虑。向在湖南收茶

2335

寇，令统领拣人皆要一可当十者，待押得人来更看不得，尽是老弱。问之何故如此，对云："只拣得如此。间有稍壮者，诸处借事去。州郡既弱，皆以大军可恃，又如此！为今之计，大段着拣汰，但所汰者又未有安顿处。'某向见<u>张魏公</u>，说以分兵杀虏之势。只缘虏人调发极难，<u>元颜</u>要犯<u>江南</u>，整整两三年方调发得聚。彼中虽是号令简，无此许多周遮，但彼中人才逼迫得太急亦易变，所以要调发甚难。只是沿<u>淮</u>有许多捍御之兵。为吾之计，莫若分几军趋<u>关陕</u>，他必拥兵于<u>关陕</u>；又分几军向西京，他必拥兵于西京；又分几军望<u>淮</u>北，他必拥兵于<u>淮</u>北，其他去处必空弱。又使海道兵擣海上，他又着拥兵捍海上。吾密拣精锐几万在此，度其势力既分，于是乘其稍弱处，一直收<u>山东</u>。虏人首尾相应不及，再调发来添助，又卒未聚，而吾已据<u>山东</u>。才据<u>山东</u>，中原及<u>燕京</u>自不消得大段用力，尽精锐萃于<u>山东</u>而虏势已截成两段去。又先下明诏，使中原豪杰自为响应计。是时<u>魏公</u>答以'某只受一方之命，此事恐不能主之'。"<u>蔡</u>云："今兵政如此，终当如何？"曰："须有道理。"<u>蔡</u>曰："莫着改更法制？"先生曰："这如何得？如<u>同父</u>云'将今法制重新洗换一番方好'。某看来，若便使改换得井牧其田，民皆为兵，若无人统率之，其为乱道一也。""然则如之何？"曰："只就这腔里自有道理，这极易。只呼吸之间，便可以弱为强，变怯为勇，振柔为刚，易败为胜，直如反掌耳。"_{贺孙。}

○ 今日兵不济事。兵官不得人，专务刻削兵，且骄弱安养，不知劳苦，一旦将如何用得！某尝言，宜散京师之兵，却练诸郡之兵。依<u>太祖</u>法，每年更戍趱去<u>淮</u>上卫边。谓如<u>福建</u>之兵趱去<u>饶州</u>，<u>饶州</u>之兵趱去<u>衢</u><u>信</u>，<u>衢</u><u>信</u>趱去行在，迤逦趱去<u>淮</u>上。今年如此，明年又趱去，如此则京师全无养兵之费，岂不大好！_{愚。}

○ 言今兵政之弊，曰："<u>唐</u>制节度、_{兵。}观察、_{财。}处置等使，即

节镇也；使持节某州诸军事、兵。某州刺史，民。即支郡也。支郡隶于
节镇，而〔节镇、〕支郡各有衙前左右押衙，管军都头，并掌兵事，又
皆是士人为之。其久则根势深固，反视节度有客主之势。有诛逐其上，
而更代为之。凡陆梁跋扈之事，因兹而有。其间惟是节度得人，方能率
服人心，归命朝廷。若论唐初兵力最盛，斥地最广，乃在于统兵者简约
而无牵制之患。然自唐末，大抵节镇之患深，如人之病，外强中干，其
势必有以通其变而后可。故太祖皇帝知其病而疏理之，于是削其支郡以
断其臂指之势，当时至有某州某县直隶京师而不属节度者。置通判以夺其政，
命都监监押以夺其兵，立仓场库务之官以夺其财。向之所患，今皆无忧
矣。其后又有路分、钤辖、总管等员，神宗时又增置三十七将，乱离之
后又有都统、统领、统制之名。大抵今日之患又却在于主兵之员多，朝
廷虽知其无所用，姑存其名目，费国家之财不可胜计。又有刻剥士卒，
使士卒困怨于下。若更不变而通之，则其害未艾也。要之，此事但可责
之郡守，他自亦分明谓之郡将，若使之练习士卒、修治器甲、筑固城
垒，以为一方之守，岂不隐然有备而可畏！古人谓‘生之者众，食之者
寡，为之者疾，用之者舒’，今一切反之。”道夫。

○ 问：“后世虽养长征兵，然有缓急，依旧征发于民，终是离民
兵不得。兼长征兵终不足靠，如杜子美石壕吏诗可见。”曰：“自秦汉
以下至六国皆未有长征兵，都是征发于民。及唐府卫法坏，然后方有长
征兵。”良久，因又论荆襄义勇，州县官吏反扰之。当时朝廷免征科，
与官吏不得役使指挥。今征科既不得免，民反倍有费，又官吏役使如
故。曰：“某当初见刘共父说，他制得义勇极好，且是不属官吏，官
不得扰之。某应之曰：‘无缘有不属州县之理。’固疑其末流如
此。”佣。

○ 今朝廷尽力养兵，而兵常有不足之患。自兵农既分之后，计其

所费，却是无日不用兵也。_{时举。}

○ 论财赋，曰："财用不足皆起于养兵。十分，八分是养兵，其他用度止在二分之中。古者刻剥之法，本朝皆备，所以有靖康之乱。已前未有池阳江鄂之兵，止谓张宣抚兵、某人兵。今增添许多兵。合当精练禁兵，汰其老弱，以为厢兵。"_{苣。}

○ 今天下财用费于养兵者十之八九，一百万贯养一万人。_{此以一(成)〔岁〕计。侗。}

○ 范伯达有文字，说淮上屯田须与画成一井，中为公田以给军；令军中子弟分耕，取公田所入以给军。_{德明。}

○ 因言："淮上屯田，前此朝廷尝差官理会。其人到彼都不曾敢起人所与者，却只令人筑起沿江闲地以为屯，此亦太不立。大抵世事须是出来担当，不可如此放倒。人是天地中最灵之物。天能覆而不能载，地能载而不能覆。恁地大事，圣人犹能裁成辅相之，况于其他。"因举齐景答夫子"君君臣臣"之语，又与晏子言"美哉室"之语，皆放倒说话。且如五代时兵骄甚矣，周世宗高平一战既败却矣，忽然诛戮不用命者七十余人，三军大振，遂复合战而克之。凡事都要人有志。_{处谦。}

○ 屯田须是分而屯之，统帅（田）屯甚州，总司屯甚州，漕司屯甚州。上面即以户部尚书为屯田使，使各考其所屯之多少以为殿最，则无不可行者。今则不然，每欲行一文字，则经由数司金押相牵制，事何由成！_{道夫。}

论刑

○　天下事最大而不可轻者，无过于兵刑。临陈时是胡乱错杀了几人。所以<u>老子</u>云："夫佳兵者，不祥之器，圣人不得已而用之。"狱讼，面前分晓事易看，其情伪难通。或旁无佐证，各执两说，系人性命，须吃紧思量，犹恐有误也。<u>佃</u>。

○　论刑云："今人说轻刑者，只见所犯之人为可怜悯，而不知被伤之人尤可念也。且如劫盗杀人者，人多为之求生，殊不念死者之为无辜。如此则是知为盗贼计，而不为良民地也。若如酒税伪会子，及饥荒窃盗之类，犹可以情原其轻重小大而处之。"<u>时举</u>。

○　今之法家惑于罪福报应之说，多喜出人罪以求福报。夫使无罪者不得直，而有罪者得幸免，是乃所以为恶尔，何福报之有？<u>书</u>曰："钦哉！钦哉！惟刑之恤哉！"所谓钦恤者，欲其详审曲直，令有罪者不得免而无罪者不得滥刑也。今之法官惑于钦恤之说，以为当宽人之罪而出其死，故凡罪之当杀者必多为可出之涂，以俟奏裁，则率多减等：当斩者配，当配者徒，当徒者杖，当杖者笞。是乃卖弄条贯，舞法而受赇者耳！何钦恤之有？罪之疑者从轻，功之疑者从重。所谓疑者，非法令之所能决。则罪从轻而功从重，惟此一条为然耳，非谓凡罪皆可以从轻，而凡功皆可以从重也。今之律令亦有此条，谓法所不能决者则俟奏裁。今乃明知其罪之当死，亦莫不为可生之涂以上之。惟<u>寿皇</u>不然，其情理重者皆杀之。<u>佃</u>。

朱子语类卷第一百十一

朱子八

论民

○ 因说建宁府四月八日社火之盛，云："民有举债入社终岁不能偿者，有自远处来烧香而溺死者。孟子言'我亦欲正人心'，今民间眼前利害犹晓不得，况责其晓礼义乎？"人杰。

○ 今欲行古制，欲法三代，煞隔霄壤。今说为民减放，几时减放得到他元脱净处。且如今转运使每年发十万贯，若大段轻减，减至五万贯，可谓大恩。然减放那五万贯内只是无名额外钱，须一切从民正赋，凡所增名色一齐除尽，民方始得脱净，这里方可以议行古制。若如如今民生日困，头只管重，更起不得。为人君，为人臣，又不以为急，又不相知，如何得好！这须是上之人一切扫除妄费，卧薪尝胆，合天下之智力日夜图求，一起而更新之方始得。某在行在不久，若在彼稍久，须更见得事体可畏处。不知名园丽圃其费几何，日费几何，下面头会箕敛以供上之求。又有上不至天子，下不在民，只在中间白干消没者何限。〔因言赋重民困，曰："此去更须重在。"〕贺孙。

○ 程正思言当今守令取民之弊。渠能言其弊，毕竟无策，就使台官果用其言而陈于上前，虽戒敕州县，不过虚文而已。先生云："今天下事只碍个失人情，便都使不得。盖事理只有一个是非。今朝廷之上不敢辨别这是非，如宰相固不欲逆上意，上亦不欲忤宰相意。今聚天下之不敢言是非者在朝廷，又择其不敢言之甚者为台谏，习以成风，如何做得事。"人杰。

○　今之赋，轻处更不可重，只重处减似那轻处可矣。淳。

○　今世产赋百弊极甚。砧基簿只是人户私本。在官中本，天下更无一处有。税赋本末更无可稽寻处。义刚。淳录同。

○　福建赋税犹易辨。浙中全是白撰，横敛无数，民甚不聊生，丁钱至有人千五百者。人便由此多去计会中使，作宫中名字以免税。向见辛幼安说，粪船亦插德寿宫旗子。其初不信，后提举浙东，亲见果是如此。尝见人充保正来论某人当催秋税，某人当催夏税。某初以为催税只一般，何争秋、夏？从而问之，乃知秋税苗产有定色，易催；夏税是和买绢，最为重苦。盖始者一匹，官先支得六百钱。后来变得令人先纳绢，后请钱，已自费力了。后又无钱可请，只得白纳绢。今又不纳绢，只令纳价钱，钱数又〔重〕。催不到者保正出之，一番当役则为之困矣。故福建不如江西，江西不如江东，江东不如浙东，浙东不如浙西。越近都处越不好。义刚。陈淳录同。

○　浙东之病，如和买之害，酒坊之害，置酒坊者，做不起破家，做得起害民。如盐仓之害，如温州有数处盐仓，置官吏甚多，而一岁所买不过数〔十〕斤，自可省罢。更欲白之朝。出盐之地纳白户盐，却令过私盐。升卿。

○　今赈济之事利七而害三，则当冒三分之害而全七分之利。不然，必欲求全，恐并与所谓利者失之矣。<u>人杰</u>。

○ <u>直卿</u>言："<u>辛幼安</u>帅<u>湖南</u>，赈济榜文只用八字，曰：'劫禾者斩，闭粜者配。'"先生曰："这便见得他有才。此八字，若做两榜便乱道。"又曰："要之，只是粗法。"<u>道夫</u>。

○ "<u>余正甫</u>说时煞说得好，虽有智者为之计亦不出于此。然所说救荒赈济之意固善，而上面取出之数不节不可。"<u>直卿</u>云："制度虽只是这个制度，用之亦在其人。如籴米赈饥，此固是，但非其人，则做这事亦将有不及事之患。"先生曰："然。"<u>贺孙</u>。

○ 检放之弊，只在后时失实。<u>敬仲</u>。

○ 尝谓为政者当顺五行、修五事以安百姓。若曰赈济于凶荒之余，纵饶措置得善，所惠者浅，终不济事。<u>道夫</u>。

○ <u>李丈</u>问："保正可罢得否？"曰："这个如何罢得？但处之无扰可矣。"曰："此自<u>王荆公</u>始否？"曰："保正自古有，但所管人户数有限。今只论都则人数不等，然亦不干人数多寡。若无扰，虽所管千百家亦不为劳苦；若重困之，虽二十家亦不胜矣。"<u>淳</u>。

○ 因论保伍法，或曰："此诚急务。"曰："固是。先王比闾保伍之法便是此法，都是从这里做起，所谓'分数'是也。兵书云'御众有多寡，分数是也'，看是统驭几人，只是分数明，所以不乱。<u>王介甫</u>锐意欲行保伍法以去天下坐食之兵，不曾做得成。<u>范仲达</u>_名如璋，太史之弟。为<u>袁州</u><u>万载</u>令，行得保伍极好，自来言保伍法无及之者。此人有心力，行得极整肃。虽有奸细，更无所容，每有疑似无行止人，保伍不敢着，互相传送至县，县验其无他方令传送出境。讫任满，无一寇盗。顷<u>张定叟</u>知<u>袁州</u>，托其询问则其法已亡，偶有一县吏略记大概。"侗。

○ 因论役法，曰："差役法善。<u>晁以道</u>尝有劄子论差役有十利。"侗。

○ "<u>彭仲刚 子复</u>作<u>台州 临海县</u>，理会役法甚善。朝廷措置役法，看如何措置终是不公。且如乡有宽狭，宽乡富家多，狭乡富家少。狭乡富家靳靳自足，一被应役，无不破家荡产，极可怜悯！<u>彭</u>计一县有几乡，乡有阔狭，某乡多富家，某乡少富家，却中分富家以畀两乡，令其均平。其有不均处，则随其道里远近分割裨补令其恰好，人甚便之。"或曰："恐致人怨。"曰："不怨。盖其公心素有以信于民，民自乐之。虽非法令之所得为，然使民宜之，亦终不得而变也。又有所在利于为保正而不利于为保长者，盖保长催税，其扰极多。某在<u>绍兴</u>，有人诉不肯为保长，少间却计会情愿做保正，某甚嘉之，以为舍易而就难。及询之土人，乃云保长难于保正。又有计会欲为（保正）保长者，盖有所获于其中。所在风俗不同，看来只用倍法：若产钱满若干当为保正，外又计其余产若干当为保长，若产钱倍多则须两番为保正。如此则无争。又催税之法，顷见<u>崇安</u> <u>赵宰</u>使人俵由子，分为几限，令百姓依限当厅来纳，甚无扰。及过<u>隆兴</u>，见帅司令诸邑俵由子催税而责以十限。县但委之吏手，是时饥饿，民甚苦之，恣为吏人乞觅。或所少止七百而限以十限，每限自用百钱与吏；或欲作一项输纳，吏又以违限拒之；或所少不满千钱，而趁限之钱则已逾千矣。其扰不可言。所以做官难，非通四方之风俗情伪，如何了得。"侗。

○ 朋友言，某官失了税簿。先生曰："此岂可失了。此是根本，无这个后如何稽考？所以<u>周官</u>建官便皆要那史，所谓史便是掌管那簿底。"义刚。

○ 杨通老相见，论纳米事。先生曰："今日有一件事最不好：州县多取于民，监司知之当禁止，却要分一分。此是何义理！"又论广西盐。曰："其法亦不密。如立定格，六斤不得过百钱，不知去海远处搬担所费重。此乃许子之道，但当任其所之，随其所向，则其价自平。天下之事所以可权衡者，正谓轻重不同。乃今一定其价，安得不弊！"又论汀寇止四十人，至调泉建福三州兵，临境无寇，须令汀守分析。先生曰："才做从官不带职出，便把这事做欠阙。见风吹草动便喜做事，不顾义理，只是简利多害少者为之。今士大夫皆有此病。"可学。

论财

○ 今朝廷之财赋不归一，分成两三项，所以财匮。且如诸路总领赡军钱，凡诸路财赋之入总领者，户部不得而预也。其他则归户部，户部又未得。凡天下之好名色钱容易取者、多者，皆归于内藏库、封桩库。惟留得名色极不好、极难取者乃归户部，故户部所得者皆是枷棒栲棰得来，所以户部愈见匮乏。封桩、内藏，孝宗时锐意恢复，故爱惜此钱不肯妄用，间欲支则有司执奏，旋悟而止。及至今日则供浮费不复有矣。今之户部、内藏正如汉之大农、少府钱。大农则国家经常之费，少府则人主之私钱。

○ 因致道说国家财用耗屈，某人曾记得在朝文臣每月共支几万贯，武臣及内侍等五六十万贯。曰："唐初节度使皆是临陈对敌，平定祸乱，故得此官。今因唐旧而节使之名不罢，皆安居暇食，安然受节度使之重禄，岂不是无谓！似闻蔡京当国曾欲罢之。"贺孙。

○ 宗室俸给一年多一年，骎骎四五十年后何以当之？事极必有变。如宗室生下便有孤遗请给，初立此条止为贫穷全无生活计者，那曾要得恁地泛及。贺孙。

○ 因言宗室之盛，曰："顷在漳州，因寿康登极恩，宗室量试出官，一日之间出官者凡六十余人。州郡顿添许多给俸，几无以支梧。朝廷不虑久远，宗室（自）〔日〕盛，为州郡之患，今所以已有一二州郡倒了。缘宗室请受浩瀚，直是孤遗多，且如一人有十子便用十分孤遗请受，有子孙多则宁不肯出官者，盖出官则其子孙孤遗之俸皆止，而一官之俸反不如孤遗众分之多也。在法，宗室无依倚者方得请孤遗俸，有依倚者不得请。有依倚，谓其叔伯兄弟之亲有官可以相依倚，而不至于困乏。今则有伯叔兄弟为官者，反得凭势以请孤遗之俸，而其（直）〔真〕孤遗无依倚者反艰于请，以其无援而州郡沮抑之也。不知当初立法如何煞有不公处。如宗室丁忧依旧请俸，又宗室选人之待阙者亦有俸给，恩亦太重矣。朝廷更不思久远，它日为州郡之害未涯也。如汉法：宗室惟天子之子则裂土地而王之，其王之子则嫡者一人继王、庶子则皆封侯，侯惟嫡子继侯而其诸子则皆无封。故数世之后皆与庶人无异，其势无以自给则不免躬农亩之事，如光武少年自贩米是也。漳、泉宗室最多。南外、西外，在彼宫中不能容，则皆出居于外也。"因问西外、南外。曰："创于徽宗朝。徽宗以宗室众多，京师不能容，故令秦王位下子孙出居西京，谓之'西外'；太祖位下子孙出居南京，谓之'南外'。及靖康之乱，遭虏人杀戮虏掠之余，能渡江自全者，高宗亦遣州郡收拾。于是皆分置福、泉二州，西外在福州，南外在泉州。依旧分太祖、秦王位下而居之也。居于京师者则皆太宗以下子孙。太宗子孙是时世次未远，皆有缌麻服，故皆处于京师。而太宗以下又自分两等，濮园者尤亲，盖濮邸比那又争两从也。濮园之亲，所谓'南班宗室'是也。近年如赵不流之属皆是南班，其恩礼又优。故濮园位下女子事人者，其夫皆有官。"因言："京师破时，黄唐传为宗正官，以宗室簿籍献于虏人，虏人依簿搜索，无一人能逃匿者。又徽宗渊圣诸子皆是（官）〔宦〕者指名取索，亦无一人能免者。言之痛伤。虏人初破京城时，只见来索近上宠幸用事底宦者数人，人莫测之，但疑其欲效此间置官，依效宫闱间事耳。乃是尽呼去问诸王诸公主所在，宫人有几位，诸王有几位，两宫各有多少，并宫中宝玉之藏各有几所。（官）〔宦〕者一一声说，略不敢隐。其有宫中秘藏宝玉之物外人不得知者，虏人皆来索取，皆是（官）〔宦〕者指名教之也。方搜捕诸王宗室时，吴革献议于孙傅，欲藏匿渊圣太子，渊圣是时一子年十许岁，以续赵祀，而取外人一子其状貌年数相似者杀之以献虏人，云皇子出阁为众人争夺蹂践而死。孙傅不敢担当，竟不敢为，只得两手付之，无一个骨肉能免者。可痛！可痛！"问："吴革是时结连义兵欲夺二圣，为范琼诱杀之。不知当时若从中起能有济否？"曰："也做不得，大势去矣。古人云'懍乎若朽索之驭六马'，岂不是如此？只这里才操纵少缓，其终便有此祸，可不栗栗危惧！从古以来如此。如唐高祖、太宗之子孙被武后杀尽，其间不绝如线。唐明皇奔迸流离，其子孙皆饿死，中更几番祸乱，杀戮无遗。哀哉！"卓。

○　运使本是爱民之官，今以督办财赋，反成残民之职。提刑本是仁民之官，今以经、总制钱，反成不仁之具。淳。

○　"总领一司乃赵忠简所置，当时之意甚重。盖缘韩、岳统兵权重，方欲置副贰，又恐启他之疑，故特置此一司，以总制财赋为名，其实却是专切报发御前兵马文字，其意盖欲阴察之也。"或谓："总领之职，自可并归漕司。"先生曰："财赋散在诸路，漕司却都呼吸不来。亦如坑冶，须是创立都大提点，方始呼吸得聚。"道夫。

○　经、总制钱，因一时军兴权宜所立，后遂不罢。要之，当今兵官愈多，兵愈不精。<u>道夫</u>。

○　或欲通铜钱出<u>淮</u>，先生深以为不然。云："东南铜钱已是甚少，其坏之又多端。私铸铜器者，动鏊四五缗坏了。只某乡间旧有此等，想见别处更多，此坏钱之端。又有海舶之泄，海船高大，多以货物覆其上，其内尽载铜钱转之外国。朝廷虽设官禁，那曾检点得出。其不廉官吏反以此为利。又其一则<u>淮</u>上透漏，监官点阅税物，但得多纳几钱，他不复问。铜钱过彼极有利，六七百文可得好绢一匹。若更不禁，那个不要带去？又闻入<u>川</u>中用，若放入<u>川蜀</u>，其透漏之路更多。"<u>贺孙</u>。

○　论<u>淮</u>西铁钱交子，曰：'交子本是代钱，今朝廷只以纸视之。今须是铜钱交子不得用于<u>淮</u>，铁钱交子不得用于<u>江南</u>。又须<u>江南</u>官司置场兑换铜钱交子，乃可行耳。"<u>人杰</u>。

朱子语类卷第一百十二
朱子九

论官

　　○ "方今朝廷只消置一相，三参政兼六曹，如吏兼礼、户兼工、兵兼刑。枢密可罢，如此则事易达。又如宰相择长官，长官却择其寮。今铨曹注拟小官，繁剧而又不能择贤。使每道只令监司差除亦好，每道仍只用一个监司。"人杰因举陆宣公之言，以为"岂有为台阁长官则不能择一二属吏，为宰相则可择千百具寮？"先生云："此说极是。当时如沈既济亦有此说之意。"人杰。

　　○ "古人云左史书言，右史书动。今也怎地分不得，只合合而记之。"直卿曰："所可分者事而已。"曰："也分不得，所言底便行出此事来。"道夫。

　　○ 铨择之法，只好京官付之监司，选人付之郡守，各令他随材拟职。州申监司，监司申吏部，长贰审察闻奏，下授其职。却令宰相择监司，吏部择郡守。如此则朝廷亦可无事，又何患其不得人。道夫。

　　○ 陈亮同父谓："今要得国富兵强，须是分诸路为六段，六曹尚

2348

书领之，诸州有事只经诸曹尚书奏裁取旨。又每一岁或二岁使一巡历，庶几下情可达。"先生曰："若广中、四川之类，使之巡历，则其本曹亦有废弛之患。"陈曰："剧曹则所领者少，若路远则兵、工部可为也。"先生曰："此亦是一说。"道夫。

○ "自秦置守、尉、监，汉有郡守、刺史，刺史如今监司，专主按察。至汉末令刺史掌兵，遂侵郡守之权，兼治民事，而刺史之权独重。后来或置或否。汉有十二州、百三郡，郡有太守，州有刺史。历代添置州名愈多而郡愈少。又其后也遂去郡而为州，故刺史兼治军民而守废。至隋又置郡守。后又废守置刺史，而刺史遂为太守之职。某尝说不用许多监司，每路只置一人，复刺史之职，正其名曰按察使，令举刺州县官吏。其下却置判官数员以佐之，如转运判官、刑狱判官、农田判官之类。农田专主婚、田，转运专主财赋，刑狱专主盗贼、刑狱，而刺史总之。稍重诸判官之权，资序视通判而刺史视太守，判官有事欲奏闻，则刺史为之发奏，刺史不肯发，则许判官自径申御史台、尚书省，以分刺史之权。盖刺史之权独专则又不便，若其人昏浊则害赇一路，百姓无出气处，故又须略重判官之权。诸判官下却置数员属官，如职幕官之类。如此则事权归一，太守自治州事而刺史得举刺一路，岂不简径省事，而无烦扰耗蠹之弊乎？"问："今之主管资格亦视通判？"曰："然，但权轻不能有所为，只得奉承运使而已。若分为判官，俾得专达则其权重，而监司亦不敢妄作矣。"佣。

○ 或问："汉三公之官与周制不同，何耶？"先生曰："汉初未见孔壁古文尚书中周官一篇说太师、太傅、太保为三公，〔或录云："自古文尚书出方有周官篇。伏生口授二十五篇无周官，故汉只置太尉、司徒、司空为三公，而无周三公、三少，盖未见古文尚书。"〕但见伏生口授牧誓、立政篇中所说司徒、司马、司空，遂误以是为三公而置之。愚按："汉高后元年初置少傅，平帝元始元年又置太保、太师。然当时所建三公实司徒、司马、司空，非此之谓，但因其字义以为师、保之职，故亦甚等崇之，位在三公上。东汉称为上公，后世易为三师，皆是意也。使西汉明见周官，有所据依，必不若是舛矣。"又按：汉书百官表中却曰："太师、太傅、太保是为三公。"又曰："或说司马主天，司徒主人，司空主土，是为三公。"其说与周官合者，岂孔氏书所谓"传之子孙，以贻后代"者，至是私有所谓（专役）〔传授〕，故班固得以述之欤？抑但习闻其说无所折衷，故两存之而不废耶？古文尚书至东晋时因内史梅（颐）〔赜〕始行于世，东晋之前如扬雄以酒诰为虚谈，赵岐、杜预以说命、皋陶谟等篇为逸书，则其证也。古者，诸侯之国只得置司徒、司马、司空三卿，惟天子方得置三公三孤六卿。牧誓、立政所纪，周是时方为诸侯，乃侯国制度。周官所纪则在成王时，所以不同。三公三孤以师道辅佐天子，本是加官。周公以太师兼冢宰，召公以太（师）〔保〕兼宗伯，是以加官而兼宰相之职也。上数语疑有未莹处。后世官职益紊，今遂以三公三孤之官为阶官贴职之类，不复有师保之任、论道经邦之责矣。旧来犹是文臣之有勋德重望者方得除此，以其有辅教天子之名故也。后世或以诸王子、或以武臣为之，既是天子之子与武臣，岂可任师保之责耶？（说）〔讹〕谬承袭，不复厘正。祖宗之法除三孤三公者必须建节，〔或录云："今加三公者又须加节度使，朝廷又极惜节度使，盖节度使每月请俸千余缗，所以不轻授人。本朝如韩、富、文、杜诸公，欲加三公，少须建节，不知是甚意。"〕加检校太子少保、少师之类，然后除开府仪同三司，既除开府，然后除三孤三公。南渡以来，如张、韩、刘、岳诸武臣犹是如此。今则不然，既建节后便抹过检校，径除开府至三孤三公矣。"〔或录云："'或和开府抹过加三公三少者有之。'又曰：'检校开府以上，荫子便得文官。文臣为枢密直学士者，荫子反得武官，如富郑公家子弟有为武官者是也。五代以武臣为枢密使，武臣或不识字，故置枢密直学士，令文臣辅之，故奏子皆得武官，本朝因而不废。文官自金紫转特进开府，然后加三公三少，如富、韩诸公是如此。本朝置三太三少而无司徒、司马、司空之三公。然韩、杜诸公有兼司徒、司空，又有守司空者，皆不可晓。'"〕又曰："神宗赠韩魏公尚书令，后世不得更加侍中中书令，著为定制，其礼极隆。本朝惟韩公为然。〔侁录云：

"盖已前赠者皆是以中书令兼尚书令，神宗特赠尚书令者，其礼极重。"〕后来蔡京改官制，遂奏云：'昔太宗皇帝尝为尚书令。'殊不知为尚书令者乃唐太宗，非本朝太宗也。故唐不除尚书令，惟郭子仪功高特除，子仪坚辞不敢受，曰：'昔者太宗皇帝尝为此官，非人臣敢居。'朝廷遂加'尚父'之号。蔡京名为绍述熙丰故事，却恣意纷更，不知讹舛，举朝莫不笑之，而不敢指其非。又奏徽宗云：'尝面奉神宗圣旨，令改造尚书省。'尚书省者，神宗所造，规模雄伟，国朝以来官府所未有。迄工，神宗幸之，见壮丽如此，出令云：'今后辄敢改易者，以违制论。'自后宰相居之辄不利，王珪病死，章子厚、韩忠彦、蔡确皆相继斥去。京恶之。是时蜀中有一士人姓家迎合其意，献唐尚书省图，云：'唐尚书省正厅在前，六曹诸司多在后，今皆反是。又土地堂在正厅之前，今却在后。所以宰相数不利。'京信其说，遂毁拆重造，比前苟简逼仄之甚，无忌惮如此。"又曰："本朝太宗尝以中书令为开封尹，由开封尹入禅大统，故后来不除中书令。(其)〔尹〕开封府者亦不敢正除，必加'权'字。蔡京改官制遂除中书令，当除底不除，谓尚书令也。不当除底却除。又，尹开封者更不带'权'字。其悖乱无知皆此类也。又京以三公为宰相，令人以'公相'呼己而不得呼'相公'。后来秦桧亦如此，盖仿此也。"儒用。

　　○　或问："仆射名义如何？"曰："旧云秦时置仆射官专主射，恐不然。礼云'仆人师扶左，射人师扶右，即周官太仆之职。君薨以是举'，仆射之名盖起于此。以其朝夕亲近人主，后世承误，辄失其真，遂以为宰相之号。如侍中、中书令、尚书令亦是如此。侍中秦官，汉因之，多是侍卫人主，行则参错于宦官之间。其初犹以儒者为之，如武帝时孔安国为侍中，尝掌唾壶是也。以其人日与人主相亲，故浸以用事。尚书是掌群臣书奏，如州郡开拆司，管进呈文字，宰相如都吏。凡四方章奏皆由之以达。其初亦甚微，只如尚衣、尚食、尚辇、尚药之类，亦缘居中用事，所以权〔日〕重。按秦时少府遣吏四人在殿中主发书，故谓之尚书。尚犹主也。中书，因汉武帝游宴后庭，去外庭远，始用宦者典事，谓之‘中书谒者’。置令、仆射尤与人主亲狎，故其权愈重。元帝时洪恭为令，石显为仆射，尝权倾内外。按萧望之云：“中书政本，更宜用士人。”盖自武帝始用宦官出入奏事，非旧制也。及光武即位，政事不任三公而尽归台阁，三公皆拥虚器，凡天下之事尽入于中书。尝见后汉群臣章奏首云臣某‘奏疏尚书’，犹今言‘殿下’‘陛下’之类，虽是不敢指斥而言，亦足以见其居要地而秉重权矣。当时事无巨细皆是尚书行下三公，或不经由三公径下九卿。故在东汉时不惟尚书之权重，九卿之权亦重者，此也。按，光武不任三公，事归台阁者，盖当时谓六尚书台犹今言尚书省也。曹操开魏王府，未敢即拟朝廷建官，但置秘书令，篡汉之后始改为中书监。以其素承宠任，故荀勖自中书迁尚书监，人贺之。勖曰：‘夺我凤凰池，诸君何贺耶！’西汉时中书之权重，东汉时尚书之权重，至此则中书之权复重而尚书之权渐轻矣。”问：“尚书省，‘省’字何义？”曰：“省即禁也。旧谓之‘禁’，避魏卞后父讳，遂改为‘省’。犹今言省中、禁中。”儒用。

○　汉御史大夫如本朝参知政事。义刚。

○　监司，每路只须留一人，拣其〔无〕风力者而〔与〕一郡而渐去之。伯丰。

○　朝廷设教官一件大未是，后生为教官便做大了，只历一两任教官便都不了世事。须是不拘科甲，到五十方可为之，不然亦须四十五。淳。

○　古者人主左右携提执贱役，若虎贲、缀衣之类皆是士大夫，日相亲密，所谓"待御仆从罔匪正人，以旦夕承弼厥辟。出入起居罔有不钦，发号施令罔有不臧"。不似而今大隔绝，人主极尊严，真如神明；人臣极卑屈，望拜庭下，不交一语而退。汉世禁中侍卫亦皆是士大夫，以孔安国大儒而执唾盂，虽仪盆亦是士人执之。宋文帝时，大臣某人入见则与坐话，初间爱之，视日影之斜惟恐其去；后来厌之，视日影之斜惟恐其不去，后竟杀之。魏明帝初说："大臣太重则国危，小臣太亲则身蔽。"〔当时于大臣已为之处置。〕后来左右小臣亲密，至使中书令某人上床执手强草遗诏，流弊便有此事。汉宣帝惩霍光之弊，事必躬亲，又有宦者恭、显出来。光武惩王莽之弊，不任三公，事归台阁。尚书、御史大夫、谒者谓之"三台"。淳。

　　○　天下事须是人主晓得通透了，自要去做，方做得。某尝说，如一事八分是人主要做，只有一二分是为宰相了做，亦做不得。广。

　　○　问："或言今日之告君者皆能言'修德'二字，不知教人君从何处修起？必有其要。"曰："安得如此说。只看合下心无不是私，即转为天下之大公，将一切私底意尽屏去，所用之人非贤即别搜求正人用之。"问："以一人耳目，安能尽知天下之贤？"曰："只消用一个好人作相，自然推排出来，有一好台谏知他不好人，自然住不得。"德明。

　　○　赵几道云："本朝宰相但一味度量而已。"答曰："'宽裕温柔，足以有容'固好，又须'发强刚毅，足以有执'则得。"〔大雅。〕

　　○　"古者三公坐而论道，方可子细说得。如今莫说教宰执坐，（然）奏对之时顷刻即退，所有文字怀于袖间，只说得几句便将文字对上宣读过，那得子细指点。且说无坐位，也须有个案子令开展在上指画利害，上亦知得子细。看如今顷刻便退，君臣如何得同心理会事。六朝时尚有'对案画敕'之语，若有一案，犹使大臣略凭倚细说，如今公吏门呈文字相似，亦得子细。"又云："直要理会事，且如一事属吏部，其官长奏对时下面许多属官一齐都着在殿下，逐事付与某人，某人便着有个区处，当时便可参考是非利害，即时施行，此一事便了。其他诸部有事皆如此，岂不了事？如今只随例送下某部看详，迁延推托，无时得了，或一二月，或四五月，或一年，或两三年，如何得了。某在漳州要理会某事，集诸同官商量，皆逡巡泛泛，无敢向前，如此几时得了。于是即取纸来，某自先写起，教诸同官都各随所见写出利害，只就这里便见得分明，便了得此一事。少间若更有甚商量，亦只是就这上理会，写得在这里定了便不到推延。若只将口说来说去，何时得了。朝廷万事只缘各家都不说要了，但随时延岁月作履历迁转耳，那得事了。古者人君'自朝至于日中昃不遑暇食，用咸和万民'，'一日二日万几'。如今群臣进对顷刻而退，人主可谓甚逸。古人岂是故为多事？"又云："汉唐时，御史弹劾人多抗声直数其罪于殿上，又如要劾某人先榜于阙外，直指其名不许入朝。这须是如此。如今要说一事，要去一人，千委百曲，多方为计而后敢说，说且不尽，是甚么模样！六朝所载'对案画敕'下又云'后来不如此，有同潜恳'，看如今言事者，虽所言皆是，亦只类于潜恳。"贺孙。

○　客有为固始尉，言淮甸无备甚。先生曰："大臣虑四方，若位居宰相也须虑周于四方始得，如今宰相思量得一边，便全然掉却那一边。如人为一家之长，一家上下也须常常都计挂在自家心下始得。"贺孙。

○　又曰："官无大小，凡事只是一个公。若公时做得来也精采，便若小官，人也望风畏服。若不公，便是宰相，做来做去也只得个没下梢。"与立。

○　因说今官府文移之烦。先生曰："国初时事甚简径，无许多虚文。尝见太祖时，枢密院一卷公案行遣得简径。必竟英雄底人做事自别，甚样索性。闻番中却如此，文移极少。且如今驾过景灵宫，差从官一人过盏子，有甚难事？只消宰相点下便了。须要三省下吏部，吏部下太常，太常拟差申部，部申省，动是月十日不能得了，所差又即是眼前人。赵丞相在位甚有意要去此等弊，然十不能去一二，可见上下皆然也。"太祖时公案，乃是蜀中一州军变，后申来乞差人管摄兵马。枢密院且已经差使使臣及未经差使姓名，内一人姓樊。注云"樊爱能孙"。又有一人，注"此人清廉可使"。太祖就此人姓上点一点，就下批四字云："只教他去。"后面有券状云："亲随四人，某甲某乙。"太祖又批其下云："只带两人去。""小底两人，某童某童。大紫骝马一匹并鞍辔，小紫骝马一匹并鞍辔。"太祖又批其下云："不须带紫骝马去，只骑骝马去。"又乞下铨曹疾速差知州，后面有铨曹拟差状，约只隔得一二日，又有到任申状，其兵马监押才到时，其知州亦到了。其行遣得简径捷速多如此。〔雉。〕

○　旧来敕令文辞典雅，近日殊浅俗。里面是有几多病痛。方子。

○　先生阅报状，见台中有论列章疏，叹曰："'射人须射马，擒贼须擒王'，如何却倒了？"道夫。

○　今群臣以罪去者不能全其退处之节。凡辞避必再三，不允，直待章疏劾之，遂从罢黜。人杰。

○　旧法，贬责人若是庶官，亦须带别驾或司马，无有带阶官者。今吕子约却是带阶官安置。人杰。

○　问选择将帅之术。曰："当无事之时，欲识得将须是具大眼力，如萧何识韩信方得。不然，边警之时两兵相抗，恁时人才自急。且如国家中兴，<u>张</u>、<u>韩</u>、<u>刘</u>、<u>岳</u>突然而出，岂平时诸公所尝识者？不过事期到此厮拗出来耳。"<u>道夫</u>。

○ <u>赵昌父</u>相见，因论兵事。先生曰："兵以用而见其强弱，将以用而见其能否。且如本朝诸公游<u>陕西</u>者多知边事，此亦是用兵之故。今日诸将坐于屋下何以知其能？纵有<u>韩</u>、<u>白</u>复生亦何由辨之？"<u>可学</u>。

○ 今日将官全无意思，只似人家骄子弟了。褒衣博带，谈道理，说诗书，写好字，事发遣，如此何益于事？<u>谦</u>。

○ 今诸道帅臣只曾作一二任监司即以除之，有警则又欲其亲督战士，此最不便。万一为贼所虏，为之奈何！彼固不足恤，然失一帅，其势岂不张大？前辈谓祖宗用帅取以二路，一是曾历边郡，一是帅臣子弟曾谙习兵事者。此最有理。或谓戎幕宜用文臣三四员，此意亦好，盖经历知得此等利害，向后皆可为帅。然必须精选而任，不可泛滥也。<u>道夫</u>。按<u>童伯羽</u>录同而略，今附，云："今皆不择帅才，只曾作一二任监司者即为之，甚不便。且又有警即令亲战，尤不便，万一被贼捉了，□固不足恤，然失了帅臣之体，岂不益张贼势乎？前辈论帅谓只有二路取之，一曾历边郡，一是帅臣子弟曾谙习帅事者。外此皆不可。此言最有理。"

○ 或问："诸公论置二大帅以统诸路之帅，如何？"曰："不消如此。只是择得一个人了，君相便专意委任他，却使之自择参佐，事便归一。今若更置大帅以监临之，少间必有不相下之意，徒然纷扰。须是得一个人委任他，听他自渐渐理会许多军政，将来自有条理。"<u>恪</u>。

○ <u>蜀</u>远朝廷万有余里，择帅须用严毅，素有威名，足以畏压人心，则喜乱之徒不敢作矣。<u>道夫</u>。

○ 泸州之事，朝廷既是命委清强官体究，帅司若有谋，只那体究官便是捉贼官。且如拣差体究官，帅司祇密着一不下司文字与之，令到地头体究，随宜便与处分。若体究官到彼，他见朝廷之意未十分来煎迫，亦须开门放入。但只与之言："今日之事既是如此，若大兵四合剿灭亦不难。今亦未能如是，但你这头首人，合当出来陈说始初是如何。"及其既至，则收而枭之，事即定矣。若遽然进兵掩捕，则事势须激，城中之人不可保，而州郡必且残破。道夫。

○ 治愈大则愈难为，监司不如做郡，做郡不如做县。盖这里有仁爱心，便隔这一重。要做件事，他不为做，便无缘得及民。淳。

○ 某尝谓今做监司不如做州郡，做州郡不如做一邑，事体却由自家。监司虽大于州，州虽大于邑，然都被下面做翻了，上面如何整顿。道夫。

○ 辛幼安为闽宪，问政。答曰："临民以宽，待士以礼，驭吏以严。"

○ 为守令，第一是民事为重，其次则便是军政。今人都不理会。道夫。

○ 监司荐人，后犯赃罪，须与镌三五资，正郎则降为员郎，员郎则降为承议郎以下。若已为侍从或无职名可镌，则镌其俸，或一切不与奏荐。如此则方始得它痛，怎地也须怕。今都不损它一毫。道夫。

○ 问德粹："婺源旱如何？"滕答云云。先生曰："最有一件事是今日大弊，旱则申雨，检荒则云熟，火烧民家则减数奏。到处如此。"

可学。

○ "人居官要应副亲戚，非理做事。因说道嘱托所得货贿，亲戚受之。这是甚么底事，敢胡乱做！"因说："吴公路为本路宪，崇安宰上世与之有契，在邑恣行，无所不至。有诉于吴，其罪甚众。吴谓其上世有恩于我，我今居官，终不成以法相绳，遂宽释讼者遣之。斯人益肆其暴虐，邑民皆无所告诉。看来固当不忘上世之恩，若以私恩一向废法，又如何当官？汉武帝不以隆虑公主之故而赦其子昭平君，虽其初以金钱豫赎死罪，后竟付之法。云：'法令者，先帝之所造也。奈何以弟故废先帝法，吾何面目入高庙乎！'东方朔上寿曰：'臣闻圣王为政，赏不避仇雠，诛不择骨肉。书曰"不偏不党，王道荡荡"，此二帝三王之所重也。陛下行之，天下幸甚！'夫'天讨有罪'是大小之事，岂可以私废？"直卿云："若是吴宪待崇安宰，虽当一付之法，还亦有少委曲否？"曰："如恩旧在部属，未欲一寘于法，亦须令寻医去可也。"贺孙。

○ 某人为太守，当见客，日分，先见（迎）〔过〕客，方接同官及寄居官。人问其故。曰："同官有禀议待商量区处，颇费时节。过客多是略见即行，若停轨在后，恐妨行色。"此事可法。贺孙。

○ 诣学，学官以例讲书。归谓诸生曰："且须看他古人道理意思如何。今却只做得一篇文字读了，至他古人道理意思处都不曾见。"道夫。

○ 俞亨宗云："某做知县只做得五分。"曰："何不连那五分都做了着？"自修。

○ 有一朋友作宰，通监司等书先说无限道理。陈公亮作帅，谓之曰："若要理会职事，且不须如此迂阔。"（其）〔某〕以为名言。人杰。

○ "胡侍郎言：'吏人，不可使他知我有恤他之意。'此说极好。"
节问："胡侍郎是谁？"曰："做管见底。"又曰："此已是恤他不可恤。
小处可恤，大处不可恤。"又曰："三五十钱底可恤，若有人来理会，亦
须去治他。"节。

○ 如看道理，辨是非，又须是自高一着方判（法）〔决〕得别人
说话。如堂上之人方能看堂下之人，若身在堂下如何看见子细！又如今
两人厮炒，自家要去决断他，须是自家高得他。若与他相似，也断他不
得，况又不如他。李虽不与熟，尝于其见先人时望见之，先人称其人有
才略。因云："今做官人几时个个是阘冗人？多是要立作向上。那个不
说道先着驭吏？少间无有不拱手听命于吏者。这只是自家不见得道理，
事来都区处不下。吏人弄得惯熟，却见得高于他，只得委任之。"云：
"如围棋一般，两人初着，那个不要胜？谁肯去就死地自做活计？这只
是见不高，无奈何。"贺孙。

○ 谓李思永曰："衡阳讼牒如何？"思永曰："无根之讼甚多。"先
生曰："与他研穷道理，分别是非曲直，自然讼少。若厌其多，不与分
别，愈见事多。"盖卿。

○ 尝叹："州县官碌碌，民无所告诉。兼民情难知，耳目难得其
人，看来如何明察，亦多有不知者。以此观之，若是见得分明决断时，
岂可使有毫发不尽！"又叹云："民情难知如此，只是将甚么人为耳目之
寄。"贺孙。

○ "韩延寿传云'以期会为大事'，某旧读汉书，合下便喜他这一

句。"直卿曰："'敬事而信'也是这意。"曰："然。"道夫。

○　前辈说话可法。某尝见吴丈公路云："他作县不敢作旬假。一日假则积下一日事，到底自家用做，转添得繁剧，则多粗率不子细，岂不害事？"道夫。

○　某与诸公说，下梢去仕宦不可不知，须是有旁通历，逐日公事开项逐一记。了即勾之，未了须理会教了，方不废事。贺孙。

○　当官文书簿历须逐日结押，不可拖下。僩。

○　前辈检验皆有书，当官者不可不知。极多样。僩。

○　"开落丁口，推割产钱"是治县八字法。词牒无情理者不必判。先减书铺及勒供罪状不得告讦之类。叶子昂催税只约民间逐限纳钱上州，县不留钱。德明。

○　因民户计较阻挠社仓仓官，而知县不恤，曰："此事从来是官吏见这些米粮出入于士民，不归于官吏，所以皆欲沮坏其事。今若不存仓官，数年之间立便败坏。虽二十来年之功，俱为无益。"贺孙。

○　"为税官，若是父兄宗族舟船过，只得禀白州府请别委官检税，不可直拨放去。所以祖宗立法许相回避。"又曰："临事须是分毫莫放过。如某当官，或有一相识亲戚之类，如此越用分明，不肯放过。"道夫。

朱子语类卷第一百十三

朱子十

训门人上之上

○ 问："前承先生书云：'李先生云"赖天之灵常在目前"，如此安得不进？盖李先生为默坐澄心之学，持守得固。后来南轩深以默坐澄心为非，自此学者工夫愈见散漫，反不如默坐澄心之专。'"先生曰："只为李先生不出仕，做得此工夫。若是仕宦，须出来理会事。向见吴公济为此学，时方授徒，终日在里默坐，诸生在外都不成模样，盖一向如此不得。"问："龟山之学曰'以身体之，以心验之，从容自得于燕闲静一之中'。李先生学于龟山，其源流是如此。"曰："龟山只是要闲散，然却读书。尹和靖便不读书。"以下训德明。

○ 问："涵养于未发之初，令不善之端旋消沉，则易为力，若发后则难制。"先生云："圣贤之论正要就发处制，惟子思说'喜怒哀乐之未发谓之中'，孔孟教人多从发处说。未发时固当涵养，不成发后便却都不管他。"德明云："这处最难。"因举横渠"战退"之说。先生曰："此亦不难，只要明得一个善恶。每日遇事须是体验，见得是善从而保养取，自然不肯走在恶上去。"

○ 次日又云：“虽是涵养于未发，源清则流清，然源清却未见得，被它流出来已是浊了。须是因流之浊以验源之未清，就本原处理会。未有源之浊而流之能清者，亦未有流之浊而源清者。今人多是偏重了，只说涵养于未发，而已发之失乃不能制，是有得于静而无得于动；只知制其已发，而未发时不能涵养，则是有得于动而无得于静也。”

○ 先生举遗书云：“根本须是先培拥，然后可立趋向。”又云：“学者须敬守此心，不可急迫，当栽培深厚，涵泳于其间，然后可以自得。今且要收敛此心，常提撕省察。且如坐间说时事，逐人说几件，若只管说，有甚是处！便截断了，提撕此心令在此。凡遇事应物皆然。”问：“当官事多，胶胶扰扰，奈何？”曰：“他自胶扰，我何与焉？濂溪云‘定之以中正仁义而主静’，中与仁是发动处，正是当然定理处，义是截断处，常要主静。岂可只管放出不收敛？‘截断’二字最紧要。”

○ 又云：“须培拥根本令丰壮。以此去理会学，三代以下书、古今世变治乱存亡皆当理会。今只看此数书，又半上落下。且如编礼书不能就，亦是此心不壮，须是培养令丰硕。吕子约‘读三代以下书’之说，亦有谓。大故有书要读，有事要做。”

○ 临别，再言：“学者须是有业次，须专读一书了又读一书。”德明起禀：“数日侍行，极蒙教海。若得师友常提撕警省，自见有益。”先生曰：“如今日议论，某亦因而得温起一遍。”

○ 问：“山居颇适，读书罢，临水登山，觉得甚乐。”先生曰：“只任闲散不可，须是读书。”又言上古无闲民。其说甚多，不曾记录。大意似谓闲散是虚乐，不是实乐。

○ 因说某人"开广可喜，亳难得，只是读书全未有是处。学者须是有业次。窃疑诸公亦未免如此"。德明与张显父在坐，竦然听教。先生言："前辈诸贤多只是略绰见得个道理便休，少有苦心理会者。须是专心致意，一切从原头理会过。且如读尧、舜典'历象日月星辰'、'律度量衡'、'五礼'、'五玉'之类，禹贡山川、洪范九畴须一一理会令透。又如礼书冠昏丧祭、王朝邦国许多制度逐一讲究。"因言："赵丞相论庙制不取荆公之说，编奏议时已删去。不知荆公所论，深得三代之制，又不曾讲究毁庙之礼，当时除拆已甚不应仪礼。可笑！子直一生工夫只是编奏议。今则诸人之学又只做奏议以下工夫，〔一种稍胜者又只做得西汉以下工夫，〕无人就尧舜三代原头处理会来。"又与敬之说："且如做举业，亦须苦心理会文字，方可以决科。读书若不苦心去求，不成业次，终不济事。"

○ 问："看先生所解文字略通大义，只是意味不如此浃洽。"曰："只要熟看。"又云："且将正文熟诵，自然意义生。有所不解，因而记录，它日却有反覆。"

○ "今学者皆是就册子上钻，却不就本原处理会，只成讲论文字，与自家身心都无干涉。须是将身心做根柢。"德明问："向承见教，须一面讲究一面涵养，如车两轮，废一不可。"先生云："今只就文字理会，不知涵养，便是一轮转，一轮不转。"

○ 问："今只论涵养却不讲究，虽能（闭）〔闲〕邪存诚、惩忿窒欲，至处事差失，则奈何？"曰："未说到差处，且如所谓'居处恭，执事敬'，若不恭敬便成放肆，如此类不难知，人却放肆不恭敬。如一个大公至正之路甚分明，不肯行，却寻得一线路与自家私意合，便称是道理。今人每每如此。"

○ 德明问："编丧祭礼当依先生指授，以<u>仪礼</u>为经，<u>戴记</u>为传，<u>周礼</u>作旁证。"曰："和<u>通典</u>也须看，就中却又议论更革处。"语毕，却云："<u>子晦</u>正合且做切己工夫。只管就外边文字上走，支离杂扰，不济事。<u>孔子</u>曰'操则存，舍则亡'，<u>孟子</u>曰'学问之道无他，求其放心而已矣'，须如此做家计。<u>程子</u>曰'心要在腔子里，不可骛外'，此个心须是管着他始得。且如<u>曾子</u>于礼上纤细无不理会过，及其语门弟子，则曰'动容貌，斯远暴慢矣；正颜色，斯近信矣；出辞气，斯远鄙倍矣。笾豆之事则有司存'，须有缓急先后之序。须有一本末，须将操存工夫做本，然后逐段逐义去看方有益。也须有伦序，只管支离杂看，（却）〔都〕不成事去。'行有余力，则以学文'，'志于道，据于德，依于仁'然后'游于艺'。今只就册子上理会，所以每每不相似。"又云："正要克己上做工夫。"

○ 问<u>横渠</u>"得尺守尺，得寸守寸"之说。曰："不必如此，且放宽地步。不成读书得一句且守一句，须一面居敬持养将去。"

○ 问："五典之彝、四端之性推寻根原，既知为我所固有，日用之间大伦大端自是不爽，少有差失，只是为私欲所挠，其要在窒欲。"曰："有一分私欲，便是有一分见不尽，见有未尽便胜他私欲不过。若见得脱然透彻，私欲自不能留。大要须是知至，才知至便到意诚、心正一向去。"又举虎伤事。当时再三深思所见，及推太极动静、阴阳五行与夫仁义中正之所以主静者求教。先生曰："据说亦只是如此，思索亦只到此。然亦无可思索，此乃'虽欲从之，末由也已'处。只要时习，常读书，常讲贯，令常在目前，久久自然见得。"

○ 问："气质弱者如何涵养到刚勇?"曰："只是一个勉强，然变化气质最难。"

○ 初七日禀辞，因求一言为终身佩服，先生未答。且出，晚谒再请。先生曰："早间所说用功事，细思之，只是昨日说'戒谨不睹，恐惧不闻'是要切工夫。佛氏说得甚相似，然而不同。佛氏要空此心，道家要守此气，皆是安排。子思之时异端并起，所以作中庸发出此事，只是戒谨恐惧便自然常存，不用安排。'戒谨恐惧'虽是四个字，到用着时无它，只是紧紧鞭约，令归此窠臼来。"问："佛氏似亦能谨独。"曰："它只在静处做得，与此不同。佛氏只是占便宜，讨闲静处去。老庄只是占奸，要它自身平稳。"先生又自言："二三年前见得此事尚鹘突，为它佛说得相似。近年来方见得分晓，只是'戒谨所不睹，恐惧所不闻'〔好〕，〔如〕颜子约礼事是如此。佛氏却无此段工夫。"

○ 先生极论戒谨恐惧，以为学者要切工夫。因问："遗书中'敬义夹持直上达天德'之语亦是要切工夫？"先生曰："不理会得时，凡读书语言各各在一处，〔到〕底只是一事。"又问："'必有事焉而勿正'一段亦是不安排，亦是戒谨恐惧则心自存之意？"曰："此孟子言养气之事。'必有事焉'谓集义也，集义则气自长，亦难正他，亦难助他长。必有事而勿忘于集义，则积渐自长去。"以上德明自录，下见诸录。

○ 廖德明赴潮倅，来告别，临行求一安乐法。曰："圣门无此法。"㑦。

○ 廖子晦得书来，云"有本原，有学问"。某初晓不得，后来看得他门都是把本原处是别有一块物来模样。圣人教人只是致知、格物，不成真个是有一个物事如一块水银样走来走去那里。这便是禅家说"赤肉团上自有一个无位真人"模样。义刚。

○ 问存心。曰："存心不在纸上写底，且体认自家心是何物。圣

贤说得极分晓。<u>孟子</u>恐后人不识，又说四端，于此尤好玩索。"以下训
<u>季札</u>。

　　○　再问存心。曰："非是别将事物存心。〔<u>赐</u>录云："非是活捉一物来
存着。"〕如<u>孔子</u>曰'居处恭，执事敬，与人忠'，便是存心之法。如说
话觉得不是便莫说，如做事觉得不是便莫做，亦是存心之法。"以上<u>季札</u>
自录。

　　○　<u>大雅</u>谒先生于<u>铅山 观音寺</u>。纳赟拜谒后，先生问所学，<u>大雅</u>
因质所见。先生曰："所谓'事事物物各得其所，乃所谓时中'之义却
是，但所说大意却错杂。据如此说乃是欲求道于无形无象之中，近世学
者大抵皆然。圣人语言甚实，且即吾身日用常行之间可见。惟能审求经
义，将圣贤言语虚心以观之，不必要着心去看他，如此久之，待他道理
自见，不必求之太高也。今如所论却只于渺渺茫茫处想见一物悬空在，
更无捉摸处，却将来如何顿放，更没收杀也。如此则与身中日用自然判
为二物，何缘得有诸己？只看<u>论语</u>一书，何尝有悬空说底话？只为<u>汉儒</u>
一向寻求训诂，更不看圣人意思，所以<u>二程先生</u>不得不发明道理、开示
学者，使激昂向上求圣人用心处，故放得稍高。不期今日学者乃舍近求
远，处下窥高，一向悬空说了，扛得（四）〔两〕脚都不着地，其为害
反甚于向者之未知寻求道理，依旧只在大路上行。今之学者却求捷径，
遂至钻山入水。吾友要知，须是与他古本相似者，方是本分道理；若不
与古本相似，尽是乱道。"以下训<u>大雅</u>。

　　○　临别请教以为服膺之计。答曰："老兄已自历练，但目下且须
省闲事就简约上做工夫。若举业亦自是本分事。且如前日令老兄作<u>告子</u>
<u>未尝知义论</u>，其说亦自好，但终是抟量，非实见得。如今人说人文字辞
太多，却不是辞多，自缘意少。若据某所见，'义内'即是'行有不慊

于心则馁'，便自见得义在内。若彻头彻尾一篇说得此理明，便是吾人日用事，岂特一篇时文而已。"

○　再见，因陈所撰论语精义备说。观一二章毕，即曰："大抵看圣贤语言不必须作课程，但平心定气（孰）〔熟〕看，将来自有得处。今看老兄此书只是拶成文字，元不求自得。且如'学而时习之'一章，诸家说各有长处，亦有短处。如云'"鹰乃学习"之谓'与'时复思绎浃洽于中则说矣'，此程说最是的当处。如云'以善服人而信从者众，故可乐'，此程说正得夫子意。如云'学在己，知不知在人'，尹子之言当矣。如游说'宜其令闻广誉施于身，而人乃不知焉。是有命，"不知命，无以为君子"'，此最是语病。果如此说，则是君子为人所不知，退而安之于命，付之无可奈何，却如何见得真不愠处出来。且圣人之意尽有高远处，转穷究转有深义。今作就此书则遂不复看精义矣，自此隔下了，见识止如此，上面一截道理更不复见矣。大抵看圣贤言语须徐徐俟之，待其可疑而后疑之。如庖丁解牛，它只寻罅隙处游刃以往而众理自解，芒刃亦不钝。今一看文字便就上百端生事，谓之起疑，是解牛而用斧凿，凿开成痕，所以刃屡钝。如此，如何见得圣贤之本意？且前辈讲求非不熟，初学须是自处于无能，遵禀他前辈说话渐见实处。今一看未见意趣便争手夺脚，近前争说一分。以某观之，今之作文者但口不敢说耳，其意直是谓圣贤说有未至，他要说出圣贤一头地去，曾不知于自己本无所益。乡曾令老兄虚心平气看圣人语言，不意今如此支离。大抵中年以后为学且须爱惜精神，如某在官所亦不敢屑屑留情细务者，正恐耗了精神，忽有大事来则无以待之。"

○　再见，因言："去冬请违之后因得一诗，云'三见先生道愈尊，言提切切始能安。如今决破本根说，不作从前料想看。有物有常须自尽，中伦中虑觉犹难。愿言克己工夫熟，要得周旋事仰钻'。"看毕，云:"甚好。"大雅云:"近却尽去得前病,又觉全然安了,忒煞无疑,恐难进步。且如南轩说'无适无莫','适是有所必,莫是无所(上)〔主〕',便见得不妥贴。程氏谓'无所往,无所不往,且要"义之与比"处重',便安了。"答曰:"此且做得一个粗粗底基址在,尚可加功。但古人训释字义,无用'适'字为'往'字者,此'适'字当如'吾谁适从'之'适',音'的',是端的之意。言无所定亦无不定耳。张钦夫云:'"无适无莫",释氏谓有适、莫。'此亦可通。"问:"如何是粗粗底基址?"答云:"无所往亦无所不往,亦无深害,但认得'义'字重亦是。所谓粗者,如匠人出治材料且成朴在,然后刻画可加也。如云'义'字,岂可便止?须要见之于事,那里是义,那里是不义。不可谓心安于此便是义,如宰我以食稻衣锦为安,不成便是义?今所以要得于圣贤语言上精加考究,从而分别轻重、辨明是非,见得灿然有伦,是非不乱,方是所谓'文理密察'是也。自此应事接物,各当事几而不失之过,不失之不及,此皆精于义理之效也。"问:"此是'精义入神以致用'否?"曰:"所谓'精义入神',不过要思索令精之又精,则见于日用自然合理。所谓'入神'即此便是,非此外别有入神处也。如老兄诗云'中伦中虑',只恁泛说何益?伦虑只是个伦理所在,要使言行有伦理尔。须是平时精考后躬行之,使凡一言一行皆出乎此理,则这边自重。所谓'仰不愧,俯不怍',浩然之气亦从是生。若用工如此方有进处,若如此进时一齐俱进。圣贤见处虽卒未可遽尽,然进进不已,随力量自当有到处。若非就这上见得义理之正,则非特所学不可见于行,亦非此道之至。"因问:"'苟不至德,至道不凝焉',离事物、舍躬行以为道,则道自道、我自我,尚不能合一,安得有进?"曰:"然。"

○ 再见,即问曰:"三年不相见,近日如何?"对云:"独学悠悠,未见进处。"答曰:"悠悠于学者最有病。某前此说话亦觉悠悠,而学于某者皆不作切己工夫,故亦少见特然可恃者。且如孟子初语滕文公只道

'性善'，善学者只就这上便做工夫，自应有得。及后再见孟子则不复更端矣，只说'世子疑吾言乎？夫道一而已矣'。颜渊曰'舜何人也？予何人也？有为者亦若是'，以至'若药弗瞑眩，厥疾弗瘳'，其言激切如此，意只是欲其着紧下工夫耳。又如语曹交一段，意亦同此。大抵为学须是自家发愤振作鼓勇做去，直是要到，一日须见一日之效，一月须见一月之效。诸公若要做，便从今日做去，不然便截从今日断，不要务为说话，徒无益也。"大雅云："从前但觉寸进，不见特然之效。"答曰："正为如此，便不曾离得旧窠窟，何缘变化得旧气质？"

○ 又曰："只孟子说'学问之道无它，求其放心而已矣'，此最为学第一义也。故程先生云：'圣贤千言万语，只是欲人将已放之心约之，使反复入身来，自能寻向上去。'某近因病中兀坐存息，遂觉有进步处。大抵人心流溢四极，何有定止？一日十二时中有几时在躯壳内？与其四散闲走无所归着，何不收拾令在腔子中？且今纵其营营思虑，假饶求有所得，譬如无家之商四方营求，得钱虽多，若无处安顿，亦是徒费心力耳。"

○ 又曰："学者做切己工夫要得不差，先须辨义利所在。如思一事，非特财利、利欲，只每事求自家安利处便是，推此便不可与入尧舜之道。切须勤勤提省，察之于纤微毫忽之间，不得放过，如此便不会错用工夫。"

○ 问："程先生云'周罗事者先有周罗之病在心，多疑者先有疑病在心'，大雅则浩然无疑，但不免有周罗事之心。"答曰："此正是无切己工夫，故见他人事须揽一分。若自己曾实做工夫，则如忍痛然，我自痛且忍不暇，何暇管他人事？自己若把得重，则彼事自轻也。"

○ 因论古今圣贤千言万语不过只要赌是尔。答曰："赌是固好，然却只是结末一着，要得赌是须去求其所以。"<u>大雅</u>曰："不过致知穷理。"答曰："实做去便见得所以处。"

○ 再见，即曰："吾辈此个事，世俗理会不得。凡欲为事，岂可信世俗之言为去就！彼流俗何知？所以<u>王介甫</u>一切屏之。他做事虽是过，然吾辈自守所学，亦岂可为流俗所梗？如今<u>浙</u>东学者多<u>陆子静</u>门人，类能卓然自立，相见之次便毅然有不可犯之色，自家一辈朋友又觉不（报）〔振〕，一似'忘'相似，彼则又似'助长'。"又曰："大抵事只有一个是非，是非既定，却拣一个是处行将去。必欲回互得人人道好，岂有此理！然事之是非久却自定。时下须是在我者无慊，仰不愧，俯不怍。别人道好道恶，管它！"

○ 临别请益。答曰："大要只在'求放心'。此心流滥无所收拾，将甚处做管辖处？其他用工总闲慢，要须先就自立上立得定、决定不杂，则自然光明四达、照用有余，己所谓是非美恶，亦不难辨矣。况天理人欲决不两立，须得全在天理上行方见人欲消尽，义之与利不待分辨而明。至若所谓利者，凡有分毫求自利便处皆是，便与克去，不待显著方谓之利。此心须令纯，纯只在一处，不可令有外事参杂。遇事而发，合道理处便与果决行去勿顾虑，若临事见义方复迟疑，则又非也。仍须勤勤把将做事，不可俄顷放宽，（曰）〔日日〕时时如此便须见验，人之精神习久自成。大凡〔人〕心若勤紧收拾，莫令宽纵逐物，安有不得其正者！若真个提得紧，虽半月见验可也。"

○ 再见，首见教云："今日用功且当以格物为事。不曰'穷理'却说'格物'者，要得就事物上看教道理明。见得是处便断然行将去，不要迟疑。将此逐日做一段工夫，勿令作辍，夫是之谓'集义'。天下只要一个是，若不研究得分晓，如何行得？书所谓'惟精惟一'最要，是它上圣相传来底，只是如此。"

○ 问："吾辈之贫者令不学子弟经营，莫不妨否？"答曰："止经营衣食亦无甚害。陆家亦作铺买卖。"因指其门阃云："但此等事如在门限里作，一动着脚便在此门限外矣。缘先以利存心，做时虽本为衣食不足，后见利入稍优便多方求余，遂生出万般计较，做出碍理事来。须思量止为衣食，为仰事俯育耳。此计稍足便须收敛，莫令出元所思处，则粗可救过。"因令看"利用安身，以崇德也"。大雅云："'利者义之和也'，顺利此道以安此身，则德亦从而进矣。"答曰："孔子遭许多困厄，身亦危矣，而德亦进，何也？"大雅云："身安而后德进者，君子之常。孔子遭变，权之以宜，宁身不安，德则须进。"答曰："然。"〔答曰"然"，意似未尽。〕刘仲升云："横渠说'"精义入神"，事豫吾内、求利吾外也；"利用安身"，素利吾外、致养吾内也'。"答曰："他说自分明。"以上并大雅自录。

○ 屡与人杰说"谨思之"一句，言思之不谨，便有枉用工夫处。以下训人杰。

○ 先生问别后工夫。对曰："谨守教诲，不敢失坠。旧来于先生之说犹不能无疑，自昨到五更后，乃知先生之道断然不可易。近看中庸，见得道理只从下面做起，愈下愈实。"先生曰："道理只是如此，但今人须要说一般深妙，直以为不可晓处方是道。展转相承，只（得）〔将〕一个理会不得底物事互相欺谩，如主管假会子相似。如二程说经义直是平常，多与旧说相似，但意味不同。伊川曰：'予年十七八时已晓文义，读之愈久，但觉意味深长。'盖只是这个物事，愈说愈明，愈看愈精，非别有个要妙不容言者也。近见湖南学者非复钦夫之旧，当来若到彼中，须与整理一番，恨不能遂此意耳。"

○ 先生问人杰："学者多入于禅，何也?"人杰答以"彼盖厌吾儒穷格工夫，所以要趋捷径"。先生曰："'操则存，舍则亡'，吾儒自有此等工夫，然未有不操而存者。今释子谓我有个道理能不操而存，故学者靡然从之。盖为主一工夫，学者徒能言而不能行，所以不能当抵他释氏之说也。"人杰（曰因）〔因曰〕："人杰之所见却不徒言，乃真得所谓操而存者。"先生曰："毕竟有欠阙。"人杰曰："工夫欠阙则有之，然此心则未尝不存也。"先生曰："正淳只管来争，便是源头有欠阙。"反覆教诲数十言。人杰曰："荷先生教诲，然说人杰不着。"先生曰："正淳自主张，以为道理只如此。然以某观之，有德者自然精明不昧。正淳更且静坐思之，能知所以欠阙，则斯有进矣。"因言："程门诸公，如游、杨者见道不甚分明，所以说着做工夫处都不紧切。须是操存之际常见得在这里，则愈益精明矣。"次日见先生，曰："昨日闻教诲，方知实有欠阙。"先生曰："圣人之心如一泓止水，遇事时但见个影子，所以发必中节。若自心黑笼笼地，则应事安能中节!"

○ 禅学一喝一棒都掀翻了，也是快活。却看二程说话，可知道不索性。岂特二程，使夫子言之亦如此，"学而时习之，不亦说乎"，看得好支离。

○ 看人杰论语疑义，云："正淳之病多要与众说相反。譬如一柄扇子，众人说这一面，正淳便说那一面以诘之；及众人说那一面，正淳却说这一面以诘之。旧见钦夫解论语多有如此处。某尝语之云，如此是别为一书与论语相诘难也。"

○ 静时见此理，动时亦当见此理。若静时能见，动时却见不得，恰似不曾〔见〕。

○ 常人之学多是偏于一理、主于一说，故不见四旁，以起争辩。圣人则中正和平，无所偏倚。

○ 问："索理有未到精微处，如何？"曰："此是平日思虑夹杂不能虚明，用此昏底心，欲以观天下之理而断天下之疑，岂能究其精微乎！"

○ 人杰将行，请教。先生曰："平日工夫须是做到极，四边皆黑，无路可入，方是有长进处，大疑则可大进。若自觉有些长进便道我已到了，是未足以为大进也。颜子仰高钻坚、瞻前忽后，及至'虽欲从之，末由也已'，直是无去处了，至此方可语进矣。"

○ 问"曾点、漆雕开已见大意"。先生云："曾点、漆雕开是合下求见得大了，然但见大意，未精密也。"因语人杰曰："正淳之病大概说得浑沦，都不曾嚼破壳子，所以多有缠缚，不索性，丝来线去，更不直截，无那精密洁白底意思。若是实识得，便自一言两语断得分明。如今工夫须是一刀两段，所谓'一棒一条痕，一掴一掌血'，如此做得底方可无疑虑。如项羽救赵，既渡，'沈船破釜甑，持三日粮，示士卒必死，无还心'，故能破秦。若更瞻前顾后，便不可也。"因举禅语云："'寸铁可杀人'，无杀人手段则载一车枪刀，逐件弄过，毕竟无益。"

○ "看文字不可落于偏僻，须是周匝，看得四通八达无些窒碍，方有进益。"又云："某解语孟，训诂皆存。学者观书不可只看紧要处，闲慢处要都周匝。今说'求放心'，夫问其他，只此便是'博学而笃志，切问而近思，仁在其中矣'。'博学笃志，切问近思'，方是读书，却说

'仁在其中'，盖此便是'求放心'也。"以上并人杰自录，下见诸录。

○ "观书不可贪多，常使自家力量有余。"正淳云："欲将诸书循环看。"先生曰："不可如此，须看得一书彻了，方再看一书，若杂然并进，却反为所困。如射弓，有五斗力且用四斗弓，便可挽满也，已力欺得他过。今学者不忖自己力量去观书，照管他不过。"砺。

○ "学问亦无个一超直入之理，直是铢积寸累做将去。某是如此吃辛苦从渐做来，若要得知亦须是吃辛苦了做，不是可以坐谈侥幸而得。"正淳曰："连日侍先生，教自做工夫，至要约贯通处似已详尽。"先生曰："只欠做。"砺。

○ 丙午四月初五日见先生，坐定，问："从何来?"某云："自丹阳来。经由都下，曾见游诚之。"问："旧不相识?"某说："无以为先容。知游判院仙里人，同讲学，故往相见。""公又经长平?"某说："得游判院书，见其兄，留一日。今自长平、麻沙到此。"问："公城居，郊居?"某说："村居。""居彼几年?"某说："五世居。""彼莫是北人燕山之后?""某祖上漂流，遂与族人相隔，亦难稽考。"问："江南今即绝少窦氏。"某说："平江亦有。"问："仙乡莫有人讲学?"某说："乡里多理会文辞之学。"问："公如何用心?"某说："收放心。仰慕颜子克己气象。游判院教某常收放心，常察忘与助长。"曰："固是。前辈煞曾讲说，差之毫厘，缪以千里。今之学者理会经书便流为传注，理会史学便流为功利，不然即入佛老。最怕差错。"问："公留意此道几年? 何故向此?"某说："先妣不幸，某忧痛无所措身。因读西铭，见说'乾父坤母'，终篇皆见说得是，遂自此弃科举。某十年愿见先生，缘有薄产颇多，多是祖业，不敢不继承，儿子又幼小。今儿子二十岁，晓世务，有干人。新妇又了问内事。某于世务绝无累，又无功名之念，正是侍教诲之时。"先生说:"公已得操心之要。某数日不快,更没理会,这两日却得。只是脚疼。公可挈行李过来书院相聚。"某相谢。即起到旅邸,先生遣詹保义来取,食后,遂般过,见先生三子与馆客坐。移时,先生请入内书院坐定,同见二客。先生问:"公常读何书?"答云:"看伊川易传、语孟精义、程氏遗书、近思录。"先生说:"语孟精义皆诸先生讲论,其间多异同,非一定文字,又在人如何看。公毕竟如何用心?"某说:"仰慕颜子,见其气象极好,如'三月不违仁'、'得一善则拳拳服膺',如克己之目。某即察私心,欲去尽,然而极难。顷刻不存则忘,才着意又助长,觉得甚难。"先生云:"且只得恁地。"先生问:"君十年用功,莫须有见处?"某谢:"资质愚钝,未有见处,望先生教诲。"先生云:"也只是这道理,先辈都说了。"问:"仙乡莫煞有人讲学?"某说:"乡里多从事文词。"先生说:"早来说底,学经书者多流为传注,学史者多流为功利,不则流入释老。"某即说:"游判院说释氏亦格物,亦有知识,但所见不精。"先生说:"近时学佛者又生出许多知解,各立知见,又却都不如它佛元来说得直截。"问:"都下曾见谁?"某说:"只见游判院。薛象先略曾见。"先生兑:"闻说薛象先甚好,却只是不相识,曾有何说?"某说:"薛太博教某'居仁由义','仁者人之安宅,义者人之正路'。""别有何说?"某说:"薛太博论颜子克己之目,举伊川箴。"某又说:"薛太博说近多时不闻人说这话,某学问实头,但不须与人说。退之言不可公传。道之在孟子,'已私淑诸人'。"先生云:"却不如此。孟子说'君子之教者五',上四者皆亲教诲之,如'私淑艾'乃不曾亲见,私传此道自治,亦(由)〔犹〕我教之一等。如'私淑诸人',孟子说:'我未得为孔子徒也,但私传孔子之道淑诸人。'"又说与同座二客:"如窦君说话,此公别,不用心于外。"晚见先生,同坐廖教授子晦敬之。先生说:"向来人见尹和靖先生,先生云:'诸公理会得个"学"字不?只是学做个人。人也难做,如尧舜方是做人。'"某说:"天地人谓之三极,人才有些物欲害气处,不与天地流通,如何得相似?

诚为难事。"先生曰："是。"问："镇江耿守如何?"某说："民间安土乐业。"云："见说好，只是不与相识。"先生说与廖子晦："适间文卿说，明道语学者'要鞭辟近里，切问而近思，仁在其中矣'，又曰'"言忠信，行笃敬，虽蛮貊之邦行矣；言不忠信，行不笃敬，虽州里行乎哉?立则见其参于前也，在舆则见其倚于衡也，夫然后行。"只此是学。质美者明得尽，查滓便浑化，却与天地同体。其次庄敬持养，及其至则一也'。明得尽时查滓已自化了。庄敬持养，未能与己合。"以下训从周。

○ 问："曾理会'敬'字不?"对云："程先生说'主一之谓敬，无适之谓一'。"曰："毕竟如何见得这'敬'字?"答曰："端庄严肃，则敬便存。"曰："须是将敬来做本领。涵养得贯通时，才'敬以直内'便'义以方外'。义便有敬，敬便有义。如居仁便由义，由义便居仁。"某说："敬莫只是涵养? 义便分别是非?"曰："不须恁地说。不敬时便是不义。"

○ 敬有死敬，有活敬。若只守着主一之敬，遇事不济之以义，辨其是非，则不活。若熟后，敬便有义，义便有敬。静则察其敬与不敬，动则察其义与不义。如"出门如见大宾，使民如承大祭"，不敬时如何?"坐如尸，立如齐"，不敬时如何? 须敬义夹持、循环无端则内外透彻。

○ 〔读者理会道理当深沉潜思。又曰〕读书如炼丹，初时烈火锻煞，然后渐渐慢火养。如煮物，初时烈火煮了，后来却须慢火养。读书初勤敏着力，子细穷究，后来却须缓缓温寻，反复玩味，道理自出。又是不得贪多欲速，直须要熟，工夫自熟中出。(又)〔文〕卿病在贪多欲速。

○ 公看文字失之太宽。譬如小者用大笼罩，终有转动。又如一物，上下四旁皆有所牵引，如此则必不精矣。当如射者，专心致志只看红心。若看红心又觑四边，必不能中。列子说一射者悬虱于户，视之三年，大如车轮。想当时用心专一，不知有他。虽实无这事，要当如此，所见方精。

○ 某说："'克、伐、怨、欲'，此四字察得却绝少。昨日又思量'刚'字，先圣所取甚重，曰'吾未见刚者'，某验之于身，亦庶几焉。且如有邪、正二人，欲某曲之，虽死不可。"先生曰："不要恁地说。惟天性刚强之人不为物欲所屈。如'克、伐、怨、欲'亦不要去寻（来）〔求〕胜他，如此则胸中随从者多，反害事，只此便是'克、伐、怨、欲'。只是虚心看物，物来便知是与非，事事物物皆有个透彻无隔碍方是，才事不透便做病。且如公说不信阴阳家说，亦只孟浪不信。夜来说神仙事不能得了当，究竟知否？"某对："未知的当。请问。"先生曰："伊川先生曾说'地美，神灵安，子孙盛'。如'不为'五者，今之阴阳家却不知。惟近世吕伯恭不信，然亦是横说。伊川之言方为至当。古人卜其宅兆，是有吉凶方卜。譬如草木，理会根源则知千条万叶上各有个道理。事事物物各有一线相通，须是晓得。敬夫说无神仙，也不消得，便有也有甚奇异！彼此无相干，又（当）〔管他〕什么？却便要理会是与非。且如说闲话多亦是病，寻不是处去胜他亦是病，便'克、伐、怨、欲'看了，一切扫除。若此心湛然，常如明镜，物来便见方是。如公前日有些见处，只管守着欢喜，则甚如汉高祖得关中，若见宝货、妇女喜后便住，则败事矣。又如既取得项羽，只管喜后不去经画天下，亦败事。正如过渡，既已上岸则当向前，不成只管赞叹渡船之功。"五峰先生曾说，如齐宣王不忍觳觫之心乃良心，（当）〔常〕存此心。敬夫说"观过知仁"，（当）〔常〕察过心则知仁。二说皆好意思。却是寻良心与过心也不消得，只此心常明不为物蔽，物来自见。上并从周录，下见诸录。

○　先生问窦云："寻常看'敬'字如何?"曰："心主于一而无有它适。"先生曰："只是常要提撕,令胸次湛然分明。若只块然独坐守着个敬,却又昏了。须是常提撕,事至物来便晓然判别得个是非去。"窦云："每常胸次湛然清明时觉得可悦。"先生曰："自是有可悦之理。只是敬好,'敬以直内'便能'义以方外'。有个敬便有个不敬,常如此戒惧。方不睹不闻、未有私欲之际已是戒惧了,及至有少私意发动又却谨独,如此即私意不能为吾害矣。"德明。

○　窦问："读大学章句、或问,虽大义明白,然不似听先生之教亲切。"曰："既晓得此意思,须持守相称方有益,'诚敬'二字是涵养它底。"德明。

○　窦自言梦想颠倒。先生曰："魂与魄交而成寐,心在其间依旧能思虑,所以做成梦。"因自言："数日病,只管梦解书。向在官所,只管梦为人判状。"窦曰："此犹是日中做底事。"先生曰："只日中做底事亦不合形于梦。"德明。

朱子语类卷第一百十四

朱子十一

训门人二

○　谟于乡曲自觉委靡随顺处多，恐不免有同流合污之失。先生曰："'孔子于乡党，恂恂如也，似不能言者'，处乡曲固要人情周尽，但须分别是非，不要一向随顺，失了自家。天下事只有一个是一个非，是底便是，非底便非。"问曰："是非自有公论欤？"曰："如此说便不是了。是非只是是非，如何是非之外，更有一个公论？才说有个公论，便又有个私论也。此不可不察。"^{以下训谟。}

○　"谟于私欲未能无之，但此意萌动时却知用力克除，觉方寸累省颇胜前日，更当如何进修？"先生曰："此只是强自降伏，若未得天理纯熟，一旦失觉察，病痛出来，不可不知也。"问曰："五峰所谓'天理人欲，同行异情'，莫须这里要分别否？"曰："'同行异情'只如饥食渴饮等事，在圣贤无非天理，在小人无非私欲，所谓'同行异情'者如此。此事若不曾寻着本领，只是说得他名义尽分晓，毕竟无与我事。须就自家身上实见得私欲萌动时如何，天理发见时如何，其间正有好用工夫处。盖天理在人，亘万古而不泯；（选甚）〔任其〕如何蔽固，而天理常自若，无时不自私意中发出，但人不自觉。正如明珠大贝混杂沙砾中，零零星星逐时出来，但只于这个道理发见处当下认取，簇合零星渐成片段。到得自家好底意思日长月益，则天理自然纯固。向之所谓私欲者自然消靡退散，久之不复萌动矣。若专务克治私欲而不能充长善端，则吾心所谓私欲者日相斗敌，纵一时按伏得下，又当复作矣。初不道隔去私意，后别寻一个道理主执而行，才如此又只是自家私意。只如一件事见得如此为是，如此为非，便从是处行将去，不可只恁便休了。误一事必须知悔，只这知悔处便是天理。孟子说'牛山之木'，既曰'若此其濯濯也'，又曰'萌蘖生焉'；既曰'旦昼梏亡'，又曰'夜气所存'。如说'求放心'，心既放了，如何求又来得？只为这些道理根于一性者浑然至善，故发于日用者多是善底。道理只要人自识得至，虽恶人亦只患他顽然不知省悟，若心里稍知不稳便从这里改过，亦岂不可做好人？孟子曰'人之所以异于禽兽者几希。庶民去之，君子存之'，去只是去着这些子，存只是存得这些子，学者所当深察也。"议论至此，谟再三称赞所言之善。先生曰："未可如此便做领略过去。有些说话且留在胸次烹治锻炼，教这道理成熟。若只一时以谓说得明白便道是了，又恐只做一场说话。"

○ 寒泉之别，请所以教。曰："议论只是如此，但须务实。"请益。曰："须是下真实工夫。"未几复以书来，曰："临别所说务实一事，途中曾致思否？观之今日学者不能进步，病痛全在此处，不可不知也。"

○ 谟问："未知学问，知有人欲，不知有天理。既知学问，则克己工夫有着力处。然应事接物之际，苟失存主则心不在焉，及既知觉，已为间断，故因天理发见而收合善端，便成片段。虽承见教如此，而工夫最难。"先生曰："此亦学者常理，虽颜子亦不能无间断。正要常常点检，力加持守，使动静如一，则工夫自然接续。"问："中庸或问，所谓'诚者物之终始'以理之实而言也，'不诚无物'以此心不实而言也，谓此心不存，则见于行事虽不悖理亦为不实，正谓此欤？”曰：“大学所谓‘知至’、‘意诚’者，必须知至然后能诚其意也。今之学者只说操存而不知讲明义理，则此心愦愦，何事于操存也！某尝谓‘诚意’一节正是圣、凡分别关隘去处，若能诚意则是透得此关，透得此关后滔滔然自在，此为君子。不然则崎岖反侧，不免为小人之归也。”“致知所以先于诚意者，如何？”曰：“致知者须是知得尽，尤要切。寻常只将‘知至’之‘至’作‘尽’字说，近来看得合是作‘切至’之‘至’。知之者切，然后贯通得诚意底意思，如程先生所谓‘真知’者是也。”

○ 问致知读书之序。先生曰：“须先看大学。然六经亦皆难看，所谓‘圣人有（隐书）〔郢书〕，后世多（燕书）〔燕说〕’是也。如尚书收拾于残缺之余，却必要句句义理相通，必至穿凿。不若且看他分明处，其他难晓者姑缺之可也。程先生谓读书之法‘当平其心，易其气，阙其疑’，是也。且先看圣人大意，未须便以己意参之。如伊尹告太甲便与傅说告高宗不同，伊尹之言谆切恳到，盖太甲资质低，不得不然。若高宗则无许多病痛，所谓‘黩于祭祀，时谓弗钦’之类，不过此等小事尔。学者亦然，看得自家病痛大，则如伊尹之言正用得着，盖有这般病须是这般药。读圣贤书皆要体之于己，每如此。”

○ 问：“大抵学便践履，如何？”曰：“不可。易云‘学以聚之，问以辩之’，既探讨得当，且放顿宽大田地，待触类自然有会合处，故曰‘宽以居之’，且未可说‘仁以行之’。”

○ 问功夫节目次第。先生曰：“寻常与学者〔说〕做功夫甚迟钝，但积累得多，自有贯通处。且如论孟须从头看，以正文为正，却看诸家说状得正文之意如何。且如此自平易处作功夫，触类有得，则于难处自见得意思。如‘养气’之说岂可骤然理会？候玩味得七篇了渐觉得意

思。如一件木头，须先划削平易处，至难处一削可除也。今不先治平易
处而徒用力于其所难，所以未有得而先自困也。"

　　○　既受诗传，并力抄录，颇疏侍教。先生曰："朋友来此多被册
子困倒，反不曾做得工夫。何不且过此说话？彼皆纸上语尔。有所面
言，资益为多。"又问："与周（元茂）〔茂元〕同邸，所论何事？"以周
宰所言对曰："先生著书立言义理精密。既得之，熟读深思，从此力行，
不解有差。"先生曰："周宰才质甚敏，只有些粗疏，不肯去细密处求。
说此便可见，载之简牍纵说得甚生分明，那似当面议论一言半句便有通
达处？所谓'共君一夜话，胜读十年书'，若说到透彻，何止十年之功
也。"以上并周谟自录，下见诸录。

　　○　周舜弼以书来问仁，及以仁义礼智与性分形而上下。先生答书
略曰："所谓仁之德即程子'谷种'之说，爱之理也。爱乃仁之已发，
仁乃爱之未发。若于此认得，方可说与天地万物同体，不然恐无交涉。
仁义礼智，性之大目，皆形而上者，不可分为二也。"因云："舜弼为
学自来不切己体认，却只是寻得三两字来撑拄，亦只说得个皮壳
子。"銮。

　　○　一日同周舜弼游屏山归，因说山园甚佳。曰："园虽佳，而人
之志则荒矣。"方子。

　　○　先生问曰："看甚文字？"文蔚曰："看论语。"曰："看得论语
如何？"曰："自看论语后，逼得做工夫紧，不似每常悠悠。"曰："做甚
工夫？"文蔚曰："只是存养。"曰："自见住不得时便是。某怕人说'我
要做这个事'。见饭便吃，见路便行，只管说'我要做这个事'何益。"
文蔚又言："近来觉有一进处：畏不义，见不义事不敢做。"先生曰：

"甚好，但亦要识得义与不义。若不曾赌当得是，颠前错后，依旧是胡做。"又曰："须看大学。圣贤所言皆是自家元有此理，但人不肯着意看，若稍自着意便自见得，却不是自家无此理他凿空撰来。"以下训文蔚。

○ 问致知涵养先后。先生曰："须先致知而后涵养。"问："伊川言'未有致知而不在敬者'，如何?"曰："此是大纲说。要穷理须是着意，不着意，如何会理会得分晓。"

○ 问："私意窃发，随即鉏治，虽去枝叶，本根更在，感物又发，如何?"曰："只得如此，所以曾子'战战兢兢，如临深渊，如履薄冰'。"

○ 一日侍食，先生曰："只易中'节饮食'三字，人不曾行得。"

○ 文蔚以所与邵武李守约答问书请教。先生曰："大概亦是如此。只是'尊德性'功夫却不在纸上，在人自做。自'尊德性'至'敦厚'凡五件，皆是德性上工夫。自'道问学'至'崇礼'皆是问学上工夫，须是横截断看，问学功夫节目却多。尊德性功夫甚简约，且如伊川只说一个'主一之谓敬，无适之谓一'，只是如此，别更无事。某向来自说得尊德性一边轻了，今觉见未是。上面一截便是一个坯子，有这坯子，学问之功方有措处。"文蔚曰："昔人多以前面三条分作两截。至'温故而知新'却说是问学事，'敦厚以崇礼'却说是尊德性事。惟先生一径截断，初若可疑，子细看来却甚精密。"先生曰："温故大段省力，知新则所造益深。敦厚是德性上事，才说一个'礼'字便有许多节文，所以前面云'礼仪三百，威仪三千'，皆是礼之节文。'大哉圣人之道。洋洋乎，发育万物，峻极于天'却是上面事。下学上达，虽是从下学始，要之只是一贯。"

○ "子融、才卿是许多文字看过，今更巡一遍，所谓'温故'。再巡一遍又须较见得分晓。譬如人有许多田地，须自照管还曾耕得〔不曾耕得〕，若有荒废去处，须用耕垦。"子融曰："每自思之：今亦不可谓之不知，但知之未至；不可谓之不诚，但其诚未至；不可谓不行，但行之未至。若得这三者皆至，便是了得此事。"先生曰："须有一个至底道理。"

○ 因说僧家有规矩，各自严整，士人却不循礼，先生曰："他却是心有用处。今之士人虽有好底不肯为非，亦是他资质偶然如此。要之，其心实无所用，每日闲慢时多。且如欲理会一个道理，理会不得便掉过三五日、半月日不当事，钻不透便休了。既是来这一门，钻不透又须别寻一门；不从大处入，须从小处入；不从东边入，须从西边入。及其入得却只是一般。今头头处钻不透便休了，如此则无说矣。有理会不得处须是皇皇汲汲然，无有理会不得者。譬如人有大宝珠，失了，不着紧寻取，如何会得！"以上并陈文蔚自录，下见诸录。

○ 问："'色容庄'最难。"先生曰："心肃则容庄，非是外面做那庄出来。"陈才卿亦说"九容"。次早，复见先生，才卿以右手拽凉衫，左袖口偏于一边。先生曰："公昨夜说'手容恭'，今却如此。"才卿赧然，急叉手鞠躬，曰："忘了。"先生曰："为己之学有忘耶？向徐节孝见胡安定，退，头容少偏，安定忽厉声云：'头容直！'节孝自思：'不独头容要直，心亦要直。'自此更无邪心。学者须是如此始得。"友仁。按，黄卓录此条云："郭兄问：''色容庄'甚难。'曰：'非用功于外，如心肃则容庄。'"

○ 次日相见，先生偶脚气发。因苏宜久欲归，先生蹙然曰："观某之疾如此，非久于世间者，只是一两年间人。亦欲接引后辈一两人传

续此道，荷公门远来，亦欲有所相补助，只是觉得如此苦口都无一分相
启发处。不知如何，横说竖说都说不入。如昨夜才卿问程先生如此谨
严，何故诸门人皆不谨严？因隔夜说程门诸弟子及后来失节者。某答云：'是
程先生自谨严，诸门人自不谨严，干程先生何事？'某所以发此者，正
欲才卿深思而得反之于身，如针之劄身，皇恐发愤，无地自存，思其所
以然之故，却再问某延平李先生资质如何，全不相干涉。非惟不知针
之劄身，便是刀锯在身，也不知痛了。每日读书，心全不在上，只是要
自说一段文义便了。如做一篇文义相似，心中全无所作为。恰（是）
〔似〕一个无图之人，饱食终日，无所用心。若是心在上面底人，说得
话来自别，自相凑合。敢说公门无一日心在上面。莫说一日，便十日心
也不在。莫说十日，便是数月心也不在。莫说数月，便是整年心也不
在。每日读书只是读过了便了，更不知将此心去体会，所以说得来如此
疏。"先生意甚戚然。僩。

○ 袁州临别请教。先生曰："守约兄弟皆太拘谨，更少放宽。谨
固好，然太拘则见道理不尽，处事亦往往急迫。道理不只在一边，须是
四方八面看始尽。"训闳祖，自录。

○ "邵武人个个急迫，此是气禀如此。学者先须除去此病方可进
道。"先生谓方子曰："观公资质自是寡过。然闲阔中又须缜密，宽缓中
又须谨敬。"训方子，自录。

○ 问："尝读何书？"答："读语孟。"先生曰："如今看一件书须
是着力至诚去看一番。将圣贤说底一句一字都理会过，直要见圣贤语脉
所在，这一句一字是如何道理，〔及看圣贤因何如此说。〕直是用力与他
理会，如做冤雠相似，理会教分晓，然后将来玩味，方尽见得意思出
来。若是泛然〔看过〕，今次又见是好，明次又见是好，终是无功夫

〔不得力〕。"以下训蕡。

○　先生问蕡与二友："此去做甚工夫?"伯丰曰："政欲请教，先易后诗，可否?"先生曰："既尝读诗，不若先诗后易。"蕡曰："亦欲看诗。"曰："观诗之法，且虚心熟读寻绎之，不要被旧说粘定看得不活。伊川解诗亦说得义理多了。诗本只是恁地说话，一章言了，次章又从而叹咏之，虽别无义而意味深长。不可于名物上寻义理。后人往往见其言只如此平淡，只管添上义理，却窒塞了他。如一源清水，只管将物事堆积在上，便壅隘了。某观诸儒之说，唯上蔡云'诗在识六义体面，却讽味以得之'，深得诗之纲领，他人所不及。所谓'以意逆志'者，'逆'如迎待之意，若未得其志只得待之，如'需于酒食'之义。后人读诗便要去捉将志来，以至束缚之。吕氏诗记有一条收数说者，却不定，云，此说非诗本意，然自有个安顿用得他处，今一概存之。正如一多可底人，来底都是。如所谓'要识人情之正'，夫'诗可以观'者，正谓其间有得有失、有黑有白，若都是正，却无可观。今不若且置小序于后，熟读正文为善。如收得一诗，其间说香、说白、说寒时开，虽无题目，其为梅花诗必矣。每日看一经外，大学、论语、孟子、中庸四书自依次序循环看，然史亦不可不看。若且看通鉴，通鉴却是连长记去，一事只一处说，别无互见，又散在编年。虽是大事，其初却小，后来渐渐做得大，故人初看时不曾着精神，只管看向后去，却记不得。不若先草草看正史一过，正史各有传，可见始末，又有他传可互考者，所以易记。每看一代正史讫，却去看通鉴，亦须作纲目，随其大事劄记某年有某事之类，准春秋经文书之。温公亦有本朝大事记，附稽古录后。"

○　先生问蕡及二友："俱尝看易传，看得他如何是好? 何处是紧要? 看得爱也不爱? 爱者是爱他甚处?"蕡等各对讫。先生曰："如此只是葫芦提看，元不曾实得其味。此书自是难看，须经历世故多，识尽人情物理，方看得入。盖此书平淡，所说之事皆是见今所未尝有者。如言事君处及处事变患难处，今皆未尝当着，可知读时无味。盖他说得阔远，未有底事预包载在此。学者须读诗、书，他经自有个见处，及曾经历过前件此等事方可以读之，得其无味之味，此初学者所以未可便看。某屡问读易传人，往往皆无所得，可见此书难读。如论语所载皆是事亲、取友、居乡党，目下便用得者，所言皆对着学者即今实事。孟子每章先言大旨了，又自下注脚。大学则前面三句总尽致知、格物而下一段纲目，'欲明明德'以下一段又总括了传中许多事，一如锁子骨，才提起便总统得来。所以教学者且看二三书，若易传，则卒乍里面无提起处，盖其间义理阔多，伊川所自发与经文又似隔一重皮膜，所以看者无个贯穿处。盖自孔子所传时，解'元亨利贞'已与文王之词不同，伊川之说又自与经文不相着。读者须是文王自作文王意思看，孔子自作孔子意思看，伊川自作伊川意思看。况易中所言事物已是譬喻，不是实指此物而言，固自难晓。伊川又别发明出义理来。今须先得经之本意了，则看程传便不至如门扇无臼转动不得，亦是一个大底胸次、识得世事多者方看得出。大抵程传所以好者，其言平正，直是精密，无小过处，不比他书有抑扬，读者易发越。如上蔡论语，义理虽未尽，然人多喜看，正以其说有过处，启发得人，看者易入。若程传则不见其抑扬，略不惊人，非深于义理者未易看也。"

○ 是日拜违先生，先生相送出门曰："所当讲者亦明备矣，更宜爱惜光阴，以副愿望。"又曰："正好自做工夫，趱积下。一旦相见，庶可举出商量，胜如旋来理会。"_{以上并蕢自录。}

○ 道夫以疑目质之先生，其别有九。先生曰："正愿得之。""其一曰，涵养、体认，致知、力行，虽云互相发明，然毕竟当于甚处着力？"先生曰："四者据公看，如何先后？"曰："据道夫看，学者当以致知为先。"先生曰:"四者本不可先后,又不可无先后,须当以涵养为先。若不涵养而专于致知,则是徒然思索;若专于涵养而不致知,却鹘突去了。以某观之,四事只是三事,盖体认便是致知也。""二曰,居常持敬于静时最好,及临事或厌倦,或于临事时着力则愈着纷扰。不然,则于正存敬时忽忽为思虑引去。是三者将何以胜之?"先生曰:"今人将敬来别做一事,所以有厌倦,为思虑引去。敬只是自家一个心常醒醒便是,不可将来别做一事。又岂可指擎跽曲拳、块然在此而后为敬。"又曰:"今人将敬、致知来做两事。持敬时只块然独坐,更不去思量。却是今日持敬,明日去思量道理也,岂可如此?但一面自持敬,一面去思量道理,二者本不相妨。""三曰,人之心,或为人激触,或为利欲所诱,初时克得下。不觉突起,更不可禁御,虽痛遏之,卒不能胜,或胜之而已形于辞色。此等为害不浅,望先生明教。"先生曰:"只是养未熟尔。""四曰,知言云'天理人欲,同体而异用,同行而异情',道夫切谓凡人之生,粹然天地之心,不与物为对,是岂与人欲同体乎?五峰之言必有深意,望先生详谕。"先生曰:"五峰'天理人欲,同体而异用',此一句说得不是,天理人欲如何同得?故张钦夫岳麓书院记只使他'同行而异情'一句,却是他合下便见得如此。他盖尝曰'凡人之生,粹然天地之心,道义完具,无适无莫,不可以善恶辩,不可以是非分',所以有'天理人欲,同体而异用'之一语。只如'粹然天地之心',即是至善,又如何不可分辩?天理便是性,人欲便不是性,自是他合下见得如此。当时无人与他理会,故恁错了。""五曰,遗书云:'今志于义理而心不安乐者,何也?此则正是剩一个助之长。虽则心"操之则存,舍之则亡",然而持之太甚便是"必有事焉"而正之也。亦须且恁地去。如此者只是德孤。"德不孤,必有邻",到德盛后自无窒碍,左右逢其原也。'此一段多所未解,乞赐详谕。"先生曰:"遗书这个也自分明,只有'且恁去'此一句教人难晓。其意只是不可说道持之太甚便放下了,亦须且恁持去。德孤只是单丁有这些道理,所以不可靠,易为外物侵夺。缘是处少，不是处多。若是处多，不是处少，便不为外物侵夺，到德盛后自然'左右逢其原'也。""六曰，南轩先生答吴晦叔书云'反复其道'，正言消长往来乃是道也。程子所谓'圣人未尝复，故未尝见其心'，盖有往则有复。以天地言之，阳气之生所谓复也。固不可指此为天地心，然于其复也可见天地心焉，盖所以复者是也。在其人有失则有复。复，贤者之事也，于其复也亦可见其心焉。道夫切谓圣人之心，天地之心也。天地之心可见，则圣人之心亦可见，况夫复之为卦，一阳复于积阴之下，乃天地生物之心也。圣人虽无复，然是心之用因时而彰，故尧之不虐、舜之好生、禹之拯溺、汤之救民于水火、文王之视民如伤，是皆以天地之心为心者也。故圣贤之所推尊、学者之所师慕，亦以其心显白而无暗暧之患耳。而谓不可见，何哉？张先生发明程子之指虽云昭著，然愚意终所未谕，月敢摅其臆说以求正于先生焉。"先生曰："不知程子当时说如何，钦夫却恁说。大抵易之言阴阳有指君子小人而言，有指天理人欲而言，有指动静之机而言，初不可以一偏而论。如天下皆君子而无小人，皆天理而无人欲，其善无以加。有若动不可以无静，静不可以无动，盖造化不能以独成，而或者见其相资而不可相无也，遂以为天下不可皆君子而无小人，不能皆天理而无人欲，此得其一偏之论。只如'有不善未尝不知，知之未尝复行'，夫贤者之心因复而见者。至若圣人则无此，故其心不可见。然亦有因其动而见其心者，正如公所谓尧之不虐、舜之好生，皆是因其动而见其心者。只当时钦夫之语亦未分明。""七曰，李延平教学者于静坐时看喜怒哀乐未发之气象为如何。伊川谓'既思即是已发'。道夫谓李先生之言主于体认，程先生之言专在涵养，其大要实相为表里。然于此不能无疑。夫所谓体认者，若曰体之于心而识之，犹所谓默会也，信如斯言，则未发自是一心，体认又是一心，以此一心认彼一心，不亦胶扰而支离乎？李先生所言决不至是，但道夫愚陋，切所亡晓，幸先生详教。"先生曰："李先生所言，自是他当时所见如此。"问："二先生之说何从？"曰："也且只得依程先生之说。"八问邵康节男子吟。先生曰:"康节诗乃是说他先天图中数之所从起处。'天根月窟'指复、姤二卦而言。""九问,濂溪遗事载邵伯温记康节论天地万物之理以及六合之外,而伊川称叹。东见录云'人多言天地外,不知天地如何说内外? 外面毕竟是个甚? 若言着外,则须似有个规模',此说如何? 伏乞明教。"先生曰:"六合之外,庄周亦云'圣人存而不论',(是)以其难说故也。旧尝见渔樵对问:'问:"天何依?"曰:"依乎地。"曰:"地何附?"曰:"附乎天。"曰:"天地何所依附?"曰:"自相依附。天依形,地附气,其形也有涯,其气也无涯。"'意者当时所言不过如此。某尝欲注此语于遗事之下,钦夫苦不许,细思无有出是说者。"因问:"向得此书,而或者以为非康节所著。"先生曰:"其间尽有好处,非康节不能著也。"以下训道夫。

○ 道夫请问为学之要。先生曰:"公所条者便是。大凡须是于日用间下工,只恁说归虚空不济事。温清定省,这四事亦须实行方得,只指摘一二事亦岂能尽? 若一言可尽,则圣人言语岂止一事? 圣人言语明白载之书者不过孝弟忠信,其实精粗本末只是一理。圣人言'致知'、'格物'亦岂特一二而已? 如此则便是德孤。致,推致也;格,到也。亦须一一推到那里方得。"又曰:"如'人君止于仁',姑息也是仁,须当求其所以为仁;'为臣止于敬',擎踢曲拳也是敬,亦当求其所以为敬。且如公自蒲城来崇安,亦须遍历崇安境界方(且)〔是〕到崇安。大凡人皆有是真知,而前此未尝知者,只为不曾推去尔。爱亲从兄,谁无是心? 于此推去,则温清定省之事亦不过是爱,自其所知推而至于无所不知,皆由人推耳。"子昂曰:"敢问推之之说?"先生曰:"且如孝只是从爱上推去,凡所以爱父母者无不尽其至。不然,则曾子问孝至末梢却问'子从父之令,可以为孝乎',盖父母有过,己所当诤,诤之亦是爱之所推。不成道我爱父母,姑从其令。"

○ 为学之道在诸公自去着力。且如这里有百千条路都茅塞在里，须自去拣一条大底行。如仲思昨所问数条，第一条涵养、致知、力行，这里便是为学之要。

○ 道夫云："向见先生教童蜚卿于心上着工夫。数日来专一静坐，澄治此心。"先生曰："若如此块然都无所事，却如浮屠氏矣。所谓存心者，或读书以求义理，或分别是非以求至当之归，只那所求之心便是已存之心，何俟块然以处而后为存耶？"

○ 道夫问："寻常操存处，觉才着力则愈纷扰，这莫是太把做事了？"曰："自然是恁地。能不操而常存者是到甚么地位！孔子曰'操则存，舍则亡'，操则便在，这个'存'字亦不必深着力。这物事本自在，但自家略加提省则便得，'必有事焉，而勿正，心勿忘，勿助长也'。"

○ 道夫言："罗先生教学者（静□中坐看）〔静坐中看〕'喜怒哀乐未发谓之中'，未发作何气象。李先生以为此意不惟于进学有力，兼亦是养心之要。而遗书有云'既思则是已发'，昔尝疑其与前所举有碍，细思亦甚紧要，不可以不考。"直卿曰："此问亦甚切，但程先生剖析毫厘，体用明白；罗先生探索本源，洞见道体。二者皆有大功于世，善观之则亦'并行而不相悖'矣。况罗先生于静坐观之，乃其思虑未萌，虚灵不昧，自有以见其气象，则初无害于未发。苏季明以'求'字为问，则求非思虑不可，此伊川所以力辨其差也。"先生曰："公虽是如此分解，罗先生说终恐做病。如明道亦说静坐可以为学，谢上蔡亦言多着静不妨。此说终是小偏，才偏便做病。道理自有动时，自有静时。学者只是'敬以直内，义以方外'，见得世间无处不是道理，虽至微至小处亦有道理，便以道理处之。不可专要去静处求，所以伊川谓'只用敬，不用静'便说得平。也是他经历处多，故见得恁地正而不偏。若以世之大段纷扰人观之，若会静得，固好。若讲学则不可有毫发之偏也。如天雄、附子，冷底人吃得也好，如要通天下吃便不可。"

○　大率为学虽是立志，然书亦不可不读，须将经传本文熟复。如仲思早来所说，专一静坐，正如他浮屠氏块然独处，更无酬酢，然后为得。吾徒之学正不如此，遇无事则静坐，有书则读书，以至于接物处事，常教此心光晲晲地，便是存心。岂可凡百放下，只是静坐。向日童蜚卿有书亦说如此。某答之云："见其事自那里过却不理会，却祇要如此，如何是实下工夫？"

○　仲思言："正大之体常存。"曰："无许多事。古人已自说了，言语多则愈支离。只如公昨来所问涵养、致知、力行三者，便是以涵养做头，致知次之，力行次之，不涵养则无主宰。如做事须用人，才放下或困睡，这事便无人做主，都由别人，不由自家。既涵养又须致知，既致知又须力行，若致知而不力行，与不知同。亦须一时并了，非谓今日涵养、明日致知、后日力行也。要当皆以敬为本，敬却不是将来做一个事，今人多先安一个'敬'字在这里，如何做得？敬只是提起这心莫教放散，恁地则心便明。自这里便穷理、格物，见得当如此便是，不当如此便不是，既见了便行将去。今且将大学来读，便见为学次第初无许多屈曲。"又曰："某于大学中所以力言小学者，以古人于小学中已自把捉成了，故于大学之道无所不可。今人既无小学之功，却当以敬为本。"

○　道夫问："敬而不能安乐者，何也？"曰："只是未熟在。如饥而食，吃得多则须饱矣。"

○　"读书要须耐烦努力，翻了巢穴。譬如煎药，初煎时须猛着火，待衮了却退着以慢火养之。读书亦须如此。"顷之，复谓骧曰："观令弟却自耐烦读书。"

○ 问:"处乡党宗族,见他有碍理不安处,且欲与之和同则又不便,方欲正己以远之,又失之孤介而不合中道。如何?"曰:"这般处也是难,也只得无忿疾之心尔。"

○ 先生一日谓飞卿与道夫曰:"某老矣。公辈欲理会义理好着紧用工,早商量得定。将来自求之未必不得,然早商量得定尤好。"

○ 道夫问:"道夫在门下虽数年,觉得病痛甚多。"曰:"自家病痛,他人如何知得尽?但今见得义理稍不安,便勇决而改之而已。"久之,复曰:"看来用心专一、读书子细则自然会长进,病痛自然消除。"

○ 道夫辞拜还侍,先生曰:"更硬着脊梁骨。"

○ 先生问各人庚甲,既而曰:"岁月易得,后生不觉老了。"

○ "愿实有志而又才敏者可与为学。"道夫曰:"苟愿实有志则刚健有力,如此,虽愚必明矣,何患不敏!"先生曰:"要之,也是恁地,但愿实有志者于今实难得。"

○ "大凡人须是存得此心。此心既存,则虽不读书亦有一个长进处;才一放荡,则放下书册便其中无一点学问气象。旧来在某处〔朋友〕,及今见之,多茫然无进学底意思,皆恁放荡了。"道夫曰:"心不存,虽读万卷,亦何所用。"曰:"若能读书,就中却有商量。只他连这个也无,所以无进处。"道夫曰:"以此见得孟子'求放心'之说紧要。"

曰："如程子所说'敬'字，亦紧要也。"此并前段盖先生自政和县省墓回，
因言之。

　　○　道夫问："刘季文所言心病，道夫常恐其志不立，故心为气所
动。不然，则志气既立，思虑凝静，岂复有此?"曰："此亦是不读书、
不穷理，故心无所用，遂生出这病。某昨日之言不曾与说得尽。"道夫
因言："季文自昔见先生后，敦笃谨畏，虽居于市井，人罕有见之者。
自言向者先生教读语、孟，后来于此未有所见，深以自愧，故今者复
来。"曰："得他恁地也好。或然穷来穷去，久之自有所见，亦是一事。"
又曰："读书须是专一，不可支蔓。且如读孟子，其间引援诗、书处甚
多。今虽欲检本文，但也只须看此段，便依旧自看本来章句，庶几此心
纯一。"道夫曰："此非特为读书之方，抑亦存心养性之要法也。"

　　○　于今为学之道更无他法，但能熟读精思，久久自有见处。"尊
所闻，行所知"则久久自有至处。以上并道夫自录。

朱子语类卷第一百十五

朱子十二

训门人三

〇 庚戌五月，初见先生于临漳。问："前此从谁学？"寓答："自少只在乡里从学。"先生曰："此事本无嵝崎，只读圣贤书，精心细求，当自得之。今人以为此事如何秘密，不与人说，何用如此。"问看易。答云："未好看易，易自难看。易本因卜筮而设，推原阴阳消长之理、吉凶悔吝之道，先儒讲解失圣人意处多，待用心力去求是费多少时光。不如且先读论语等书。"又问读诗。答云："诗固可以兴，然亦自难，先儒之说亦多失之。某枉费许多年工夫，近来于诗、易略得圣人之意。今学者不如且看大学、语、孟、中庸四书，且就见成道理精心细求，自应有得。待读此四书精透，然后去读他经，却易为力。"寓举子宜宗兄云："人最怕拘迫，易得小成。"且言"圣贤规模如此其大"。先生答云："未好说圣贤，但随人资质亦多能成就。如伯夷高洁不害为圣人之清，若做不彻亦不失为谨厚之士，难为徇虚名。"以下训寓。

〇 问："初学精神易散，静坐如何？"曰："此亦好，但不专在静处做工夫，动作亦当体验。圣贤教人岂专在打坐上？要是随处着力，如读书，如待人处事，若动若静，若语若默，皆当存此。无事时只合静心息念，且未说做他事，只自家心如何令把捉不定？恣其散乱走作何有于学？孟子谓'学问之道无他，求其放心而已矣'。不然，精神不收拾则读书无滋味，应事多龃龉，岂能求益乎！"

○　问："人气力怯弱，于学有妨否？"曰："为学在立志，不干气禀强弱事。"又云："为学何用忧恼，但放令平易宽快去。"寓举圣门弟子之众，唯称颜子好学，其次方说及曾子，他人则不及之，以知此事大难。先生云："某看来有甚难？有甚易？只是坚立着志，顺义理做去，别无峣岖。"

○　寓问："有事时应事，无事时心如何？"曰："无事时只得无事，有事时也如无事时模样。只要此心常在，所谓'动亦定，静亦定'也。"问程子言"未有致知而不在敬者"。曰："心若走作不定，何缘见得道理？如理会这一件事未了，又要去理会那事，少间都成无理会。须是理会这事了，方好去理会那事，须是主一。"问："思虑难一，如何？"曰："徒然思虑济得甚事？某谓若见得道理分晓，自无闲杂思虑。人所以思虑纷扰，只缘未见道理耳。'天下何思何虑'，是无闲思虑也。"问："程子常教人静坐，如何？"曰："亦是他见人要多虑，且教人收拾此心耳。初学亦当如此。"

○　寓问："如古人咏歌舞蹈到动荡血脉、流通精神处，今既无之，专靠着义理去研究，恐难得悦乐。不知如何？"答曰："只是看得未熟耳。若熟看，待浃洽则悦矣。"先生因说寓："读书看义理，须是开豁胸次令磊落明快，恁地忧愁作甚底？亦不可先责效。才责效便见有忧愁底意思，只管如此，胸中结聚一饼子不散。须是胸中宽闲始得。而今且放置闲事不要闲思量，只专心去玩味义理便会心精，心精便会熟。'涵养当用敬，进学则在致知'，无事时且存养在这里，提拨警觉，不要放肆。

到那讲习应接便当思量义理，用义理做将去。无事时便着存养收拾此心。"

○ 林一之问："先生说动静，莫只是动中有静、静中有动底道理？"曰："固是如此。然何须将来引证？某僻性最不喜人引证。动中静、静中动，古人已说了，今更引来要如何引证得是？但与此文义不差耳，有甚深长？今自家理会这处便要将来得使，恁地泛泛引证作何用。明道先生言介甫说塔，不是上塔。如今人正是说塔，须是要直上那顶上去始得，说得济甚事？如要去取咸阳，一直去便好，何必要问咸阳是如何广狭、城池在那处、宫殿在那处？亦何必说是雍州之地？但取得其地便是。今恁地引证，恰似要说咸阳，元不曾要取他地。"

○ 寓问："前夜先生所答一之动静处，曾举云'譬如与两人同事，须是相救始得'，寓看来静却救得动，不知动如何救得静？"曰："人须通达万变，心常湛然在这里。亦不是闭门静坐，块然自守。事物来也须去应，应了依然是静。看事物来，应接去也不难，便是'安而后能虑'。动了静，静了动，动静相生，循环无端。如人之嘘吸，若只管嘘，气绝了，又须吸；若只管吸，气无去处，便不相接了。嘘之所以为吸，吸之所以为嘘，'尺蠖之屈，以求伸也；龙蛇之蛰，以存身也'，屈伸消长，阖辟往来，其机不曾停息。大处有大阖辟，小处有小阖辟；大处有大消息，小处有小消息。此理万古不易。如目有瞬时，亦岂能常瞬？定又须开，不能常开。定又须瞬，瞬了又开，开了又瞬。至纤至微，无时不然。"又问："此说相救是就义理处说动静，不知就应事接物处说动静如何？"曰："应事得力则心地静；心地静，应事分外得力。便是动救静，静救动。其本只在湛然纯一，素无私心始得。无私心，动静一齐当理，才有一毫之私，便都差了。"按：陈淳是一时所同闻而略详不同，今附，云："徐问：'前夜说动静功用相救。静可救得动，动如何救得静？'曰：'亦须是明得这理使无不尽，直到万理明彻之后，此心湛然纯一，便能如此。如静也不是闭门独坐，块然自守，事物来都不应。若事物来亦须应，既应了此心便又静。心既静，虚明洞彻，无一毫之累，便从这里应将去，应得便彻，便不难，便是"安而后能虑"。事物之来须去处置他，这一事合当恁地做便截然断定，便是"虑而后能得"。得是静，虑便是动。如"艮其止"，止是静，所以止之便是动。如"君止于仁，臣止于敬"，仁、敬是静，所以思要止于仁、敬便是动。固是静救动、动救静，然其本又自此心湛然纯一，无私，动静便一齐当理，心若自私便都差了。动了又静，静了又动，动静只管相生，如循环之无端，若要一于动静不得。如人之嘘吸，若一向嘘，气必绝了，须又当吸；若一向吸，气必滞了，须又当嘘。嘘之所以为吸，吸之所以为嘘。"尺蠖之屈，以求伸也；龙蛇之蛰，以存身也；精义入神，以致用也；利用安身，以崇德也"，一屈一伸，一辟一阖，一消一息，一往一来，其机不曾停。大处有大辟阖、大消息，小处有小辟阖、小消息，此理更万古而不息。如目岂能不瞬？时亦岂能常瞬？又须开。开了定，定了又瞬，瞬了又定，只管恁地去。消息阖辟之机至纤至微，无物不有。'"

○ 先生谓寓曰："文字可汲汲看，悠悠不得。急看方接得前面看了底，若放慢则与前面意思不相接。莫学某看文字，看到六十一岁，方略见得道理恁地。〔贺孙录作"方略见得通透"。〕今老矣，看得做甚使得？学某不济事，公宜及早向前。"

○ 寓临漳告归取，禀云："先生所以指教，待归子细讲求。"曰："那处不可用功？何待归去用功？古人于患难尤见得着力处。今夜在此，便是用功处。"以上并寓自录，以下见诸录。

○ 居甫请归作工夫，曰："即此处便是工夫。"可学。

○ 居甫问："平日只是于大体处未正。"曰："大体，只是合众小理会成大体。今不穷理，如何便理会大体？"可学。

○ "居甫、敬之是一种病，都缘是弱。仁父亦如此，定之亦如此。只看他前日信中自说'临事而惧'。不知孔子自说行三军。自家平居无事，只管恁地惧个甚么？"贺孙说："定之之意是当先生前日在朝，恐要从头拆洗，决裂做事，故说此。"曰："固是。若论来，如今事体合从头拆洗，合有决裂做处，自是定着如此。只是自家不曾当这地位，自是要做不得。若只管惧了，到合说处都莫说。"贺孙。

○ 居父如僧家礼忏，今日礼多少拜，说忏甚罪过；明日又礼多少拜，又说忏甚罪过。日日只管说，如浙中朋友，只管说某今日又如此，明日又说如此。若是见得不是，便须掀翻却做教是当，若只管恁地徒说，何益！如宿这客店不稳便，明日便须进前去好处宿。若又只在这里住，又只说不好，岂不可笑？贺孙。

○ 淳冬至以书及自警诗为贽见先生，翌日延入郡斋，与语曰："某逾分到此，恨识面之晚。"淳起禀曰："淳年齿壮长，蹉跎无立，仰视圣贤，大有愧心，今日初侍，未知所以为问，望先生指示其工夫要处。"先生曰："学固在乎读书，而亦不专在乎读书。公诗甚好，可见其志，亦是曾用工夫。然以何为要？有要则三十五章可以一贯。若皆以为要，又成许多头绪，便如东西南北御寇一般。"曰："淳晚生妄意，未知折衷，惟先生教之。"先生问："平日如何用工夫？"曰："只就己上用工夫。"曰："己上如何用工夫？"曰："只日用间察其天理、人欲之辨。"曰："如何察之？"曰："只就秉彝良心处察之。"曰："心岂直是发？莫非心也。今这里说话也是心，对坐也是心，〔动作也是心，〕何者不是心？然则紧要着力在何处？"扣之再三，淳思未答。先生缕缕言曰："凡看道理，须要穷个根源来处。如为人父如何便止于慈，为人子如何便止于孝，为人君如何便止于仁，为人臣如何便止于敬。如论孝须穷个孝根原来处，论慈须穷个慈根原来处，仁、敬亦然，凡道理皆从根原来处寻究，方见得确定，不可只道我操修践履便了。多见士人有谨守质好者，此固是好。及到讲论义理便是执己见，自立一般门户，移转不得，又大可虑也。道理要见得（直）〔真〕，须是表里首末极其透彻，无有不尽，真见得是如此决然不可移易始得，不可只见一班半点便以为是。如为人父须真知是决然止于慈而不可易，为人子须真知是决然止于孝而不可易。善，须真见得是善方始决然必做；恶，须真见得是恶方始决然必不做。如看不好底文字固是不好，须自家真见得是不好；好底文字固是好，须自家真见得是好。圣贤言语须是看得十分透彻，如从他肚里穿过，一字或轻或重移易不得始是。看理彻则我与理一，然一下未能彻，须是浃洽始得。这道理甚活而其体浑然，而其中粲然，上下数千年真是昭昭在天地间，前圣后圣相传，所以断然而不疑。夫子之所教者，教乎此也；颜子之所乐者，乐乎此也。圆转处尽圆转，直截处尽直截。先知所以觉后知，先觉所以觉后觉。"问："颜子之乐只是天地间至富至贵底道理乐去，乐可求之否？"曰："非也。此一下未可便知，须是穷究万理，要令极彻。"已而曰："程子谓'将这身来放在万物中一例看，大小大快活'，又谓'人于天地间并无窒碍处，大小大快活'，此便是颜子乐处。这道理在天地间须是真穷到底，至纤至悉，十分洞彻，无有不尽，则与万物为一，无所窒碍，胸中泰然，岂有不乐！"以下训淳。

○　问："日用间今且如何用工夫？"曰："大纲只是恁地，穷究根原来处直要透彻。又且须'敬以直内，义以方外'，此二句为要。"

○　"'择善而固执之'，如致知、格物便是择善，诚意、正心、修身便是固执，只此二事而已。"淳因举南轩"知与行互相发"。先生曰："知与行须是齐头做方能互相发，程子曰'涵养须用敬，进学则在致知'，下'须'字、'在'字，便是皆要齐头着力，不可道知得了后方始行。有一般人尽聪明，知得而行不得，是资质弱。又有一般人尽行得而知不得。"因问："某资质懦弱，行意常缓于〔知〕，克己不严，进道不勇，不审何以能严能勇？"曰："大纲亦只是适间所说。于那根原来处真能透彻，这个自都了。"

○ 问："静坐观书则义理浃洽，到干事后看义理又生，如何？"曰："只是未熟。"

○ 问："看道理须寻根原来处，只是就性上看否？"曰："如何？"曰："天命之性，万理完具，总其大目则仁义礼智，其中遂分别成许多万善。大纲只如此，然就其中须件件要彻。"曰："固是如此，又须看性所因是如何？"曰："当初天地间元有这个浑然道理，人生禀得便是性。"曰："性只是理，万理之总名。此理亦只是天地间公共之理，禀得来便为我所有。天之所命如朝廷指挥差除人去做官。性如官职，官便有职事。"

○ 问："欲专一看书，以何为先？"曰："先读大学，可见古人为学首末次第。且就实处理会却好，不消得专去无形无影处理会。"

○ 天下万事都是合做底，而今也不能杀定合做甚底事。圣贤教人也不曾杀定教人如何做，只自家日用间看甚事来便做工夫。今日一样事来，明日又一样事来，预定不得。若指定是事亲而又有事长焉，指定是事长而又有事君焉。只日用间看有甚事来便做工夫。

○ 这道理不是如那堆金积宝在这里，便把分付与人去，亦只是说一个路头教人自去讨，讨得便是自底，讨不得也无奈何。须是自着力，着些精彩去做，容易不得。

○ 譬如十里地，自家行到五里，见人说十里地头事便把为是，更不进去。那人说固不我欺、不我诬，然自家不亲到那里，不见得真，终是信不过。

○ 须是理会得七八分了，被人决一决便有益，说十分话便领得。若不曾这里做工夫，虽说十分话，亦了不得。

○ 生做一世人，不可泛泛随流地便当了得人道，须思量到如何便超凡而达圣。今日为乡人，明日为圣贤，如何会到此？便是一耸拔！如此方有长进。若理会不得也好，便悠悠了。

○ 读书理会一件又一件。不止是读书，如遇一件事，且就这事上思量合当如何做，处得来当方理会别一件。书不可只就皮肤上看，事亦不可只就皮肤上理会。天下无书不是合读底，无事不是合做底。若一个书不读，这里便缺此一书之理；一件事不做，这里便缺此一事之理。大而天地阴阳，细而昆虫草木，皆当理会。一物不理会，这里便缺此一物之理。

○ 天下无不可说底道理。如为人谋而忠，朋友交而信，传而习，亦都是眼前事，〔皆可说，〕只有一个熟处说不得，除了熟之外无不可说者。且未熟时顿放这里又不稳帖，拈放那边又不是。然终不成住了，也须从这里更着力始得。到那熟处，顿放这边也是，顿放那边也是，七颠八倒无不是，所谓"居之安则资之深，资之深则左右逢其原"。譬如梨柿，生时酸涩吃不得，到熟后自是一般甘美，相去大远，只在熟与不熟之间。寓录同。

○ 谓淳曰："大学已是读过书，宜朝夕常常温诵勿忘。"

○ 诸友只有个学之意，都敆（慢）〔漫〕，不恁地勇猛。恐度了日子，须着火急痛切意思，严了期限，趱了工夫，（作）〔办〕几个月日气力去攻破一过，便就里面旋旋涵养。如攻寨，须出万死一生之计攻破了关限始得，而今都打（开）〔寨〕未破，只循寨外走。道理都咬不断，何时得透？

○ 问："看文字只就本句固是见得古人本意，然不推广之则用处又易得不相浃，如何？"曰："须是本句透熟方可推，若本句不透熟不惟推便错，于未推时已错了。"

○ 学则处事都是理，不学则看理便不恁地周匝，不恁地广大，不恁地细密。然理亦不是外面硬生底道理，只是自家固有之理。"尧舜性之"，即此理元无欠失；"汤武反之"，已有些子失但复其旧底。学只是复其旧底而已。盖向也交割得来，今却失了，（何）〔可〕不汲汲自修而反之乎！此其所以为急。不学则只是硬堤防，处事不见理，只是任私意。平时却也强勉去得，到临事变便乱了。

○ 问："持敬、致知互相发明否？"曰："古人如此说，必须是如此。更问他发明与不发明要如何？古人言语写在册子上，不解错了，只如此做工夫便见得滋味。不做持敬，只说持敬作甚？不做致知，只说致知作甚？譬如他人做得饭熟，盛在碗里自是好吃，不解毒人。是定自家但吃将去便知滋味，何用问人？不成自家这一边做得些小持敬工夫，计会那一边致知发明与未发明；那一边做得些小致知工夫，又来计会这一边持敬发明与未发明。如此有甚了期？"

○ 看道理须要〔就〕那大处看，便前面开阔。不要就壁角里，地步窄，一步便触，无去处了。而今且要看天理人欲、义利公私，分别得明，将自家日用底与他勘验，须渐渐有见处，前头渐渐开阔。那个大坛场，不去上面做，不去上面行，只管在壁角里，纵理会得一句，只是一句透，道理小了。如破斧诗，须看那"周公东征，四国是皇"，见得周公用心始得。

○　诸友问疾，请退。先生曰："尧卿、安卿且坐。相别十年，有甚大头项工夫、大头项疑难可商量处?"淳曰："数年来见得日用间大事小事分明件件都是天理流行，无一事不是合做底，更不容挨推闪避。吾身撞着这事，以理断定，便小心尽力做到尾去。两三番后，此心磨刮出来便渐渐坚定。虽有大底，不见其为大；难底，不见其为难；至硗确、至劳苦处不见其硗确，不见其为劳苦；横逆境界，不见其有憾恨底意；可爱羡难割舍底，不见其有粘滞底意。见面前只是理，觉如水到船浮，不至有甚悭涩，而夫子与点之意、颜子乐底意、漆雕开信底意、中庸鸢飞鱼跃底意、周子洒落及程子活泼泼底意，觉见都在面前，真个是如此；而'礼仪三百，威仪三千'，亦无一节文非天理流行。易三百八十四爻时义，便正是就日用上剖析个天理流行底条目。前圣后哲都是一揆，而其所以为此理之大处却只在人伦，而身上工夫切要处却只在主敬。敬则此心常惺惺，大纲卓然不昧，天理无时而不流行，而所以为主敬工夫直是不可少时放断，心常敬则常仁。"先生曰："恁地泛说也容易。"久之，曰："只恐劳心落在无涯可测之处。"

○　因问："向来所呈与点说一段如何?"曰："某平生便是不爱人说此话。论语一部自'学而时习之'至'尧曰'，都是做工夫处，不成只说了'与点'便将许多都掉了。圣贤说事亲便要如此，事君便要如此，事长便要如此，言便要如此，行便要如此，都是好用工夫处。通贯浃洽，自然见得在面前。若都掉了，只管说'与点'，正如吃馒头只撮个尖处，不吃下面馅子，许多滋味都不见。向〔来〕此等无人晓得，说出来也好。今说得多了都是好笑，不成模样。近来觉见说这样话都是闲说，不是真积实见。昨廖子晦亦说'与点'、鬼神，反覆问难，转见支离没合杀了。"

○ 圣贤教人无非下学工夫。一贯之旨如何不便说与曾子？直待他事事都晓得方说与他。子贡是多少聪明！到后来方与说："'汝以予为多学而识之者与？'曰：'然，非与？'曰：'非也，予一以贯之。'"此意是如何？万理虽只是一理，学者且要去万理中千头百绪都理会，四面凑合来自见得是一理。不去理会那万理，只管去理会那一理，说"与点"、颜子之乐如何。程先生语录事事都说，只有一两处说此，何故说得恁地少？而今学者何故说得恁地多？只是空想象。

○ 程先生曰"学者识得仁体实有诸己，只要义理栽培"，恐人不晓栽培，更说"如求经义，皆栽培之意"。吕晋伯问伊川："语、孟且将紧要处理会如何？"伊川曰："固是好。若有所得，终不浃洽。"后来晋伯终身坐此病，说得孤单，入禅学去。

○ 圣贤立言垂教无非着实。如"博我以文，约我以礼"，如"尊德性而道问学，致广大而尽精微，极高明而道中庸，温故而知新，敦厚以崇礼"，如"博学之，审问之，谨思之，明辨之，笃行之"，如"君子食无求饱，居无求安，敏于事而慎于言，就有道而正焉"，其类皆一意也。

○ "看道理要得宽平广博，平心去理会。若实见得，只说一两段亦见得许多道理。〔不〕要将一个大底语言都来罩了，其间自有轻重不去照管，说大底说得太大，说小底又说得都没巴鼻。如昨日说破斧诗，恐平日恁地枉用心处多。"淳曰："昨〔间〕〔闻〕先生教诲，其他似此样处无所疑矣。"先生曰:"学问不比做文字,不好便改了。此却是分别善恶邪正,须要十分是当方与圣贤契合。如破斧诗,恁地说也不错,只是不好。说得一角,不落正腔窠,喝斜了。若恁地看〔道〕理浅了不济事。恰似撑船放浅处,不向深流运动不得,须是运动游泳于其中。"

○ 淳又曰:"圣人千言万语都是日用间本分合做底工夫。只是立谈之顷要见总会处,未易以一言决。"先生曰:"不要说总会。如'博我以文,约我以礼',博文便是要一一去用工,何曾说总会处? 又如'深造之以道,欲其自得之也',深造以道便是要一一用工,到自得方是总会处。如颜子'克己复礼',亦须是'非礼勿视,非礼勿听,非礼勿言,非礼勿动',不成只守个克己复礼,将下面许多都除了。如公说易,只大纲说个三百八十四爻皆天理流行。若如此,一部周易只一句便了,圣人何故作许多,十翼从头说'大哉乾元'云云,'至哉坤元'云云? 圣贤之学非老氏之比,老氏说'通于一而万事毕',其他都不说,少间又和那一都要无了方好。学者固是要见总会处。而今只说个总会处,如'与点'之类,只恐孤单没合杀,下梢流入释老去,何有'咏而归'底意思!"

○ 晚再入卧内,淳禀曰:"适间蒙先生痛切之诲,退而思之,大要'下学而上达'。下学与上达固相对是两事,然下学却当大段多着工夫。"先生曰:"圣贤教人多说下学事,少说上达事,〔说下学工夫要多也好,〕但只理会下学又局促了。须事事理会过,将来也要知个贯通处。不去理会下学,只去理会上达,即都无事可做,只恐孤单枯燥。程先生曰'但是自然,更无玩索',既是自然,便都无可理会了。譬如耕田,须是种下种子便去耘锄灌溉,然后到那熟处。而今只想象那熟处,却不曾下得种子,如何会熟? 如'一以贯之'是圣人论到极处了,而今只去想象那'一',不去理会那'贯'。譬如讨一条钱索在此,都无钱可穿去声。"

○ 淳又问曰："为学工夫大概在身则有个心，心之体为性，心之用为情，外则目视耳听、手执足履；在事则自事亲事长以至于待人接物、洒扫应对、饮食寝处，件件都是合做工夫处。圣贤千言万语，便只是其中细碎条目。"先生曰："讲论时是如此讲论，做工夫时须是着实去做。凡道理圣人都说尽了。论语中有许多，诗、书中有许多，须是一一与理会过方得。程先生谓'或读书讲明道义，或论古今人物而别其是非，或应事接物而处其当否'，如何而为孝，如何而为忠，以至天地之所以高厚，一物之所以然，都逐一理会，不（是只一个）〔只是个一便〕都了。"

○ 先生召诸友至卧内，曰："安卿更有甚说话？"淳曰："两日思量为学道理。日用间做工夫所以要步步缜密者，盖缘天理流行乎日用之间，千条万绪无所不在，故不容有所欠缺。若工夫有所欠缺，便于天理不凑得着。"先生曰："也是如此。理只在事物之中。做工夫须是密，然亦须是那疏处敛向密，又就那密处展放开，若只拘要那缜密处又局促了。"淳问："放开底样子如何？"先生曰："亦只是见得天理是如此，人欲是如此，便做将去。"

○ 子思说"尊德性"又却说"道问学"，"致广大"又却说"尽精微"，"极高明"又却说"道中庸"，"温故"又却说"知新"，"敦厚"又却说"崇礼"，这五句，为学用功精粗全体说尽了。如今所说却只偏在"尊德性"上去，拣那便宜多底占了，无"道问学"底许多工夫。恐只是自了之学，出门动步便有碍，做一事不得。今人之患在于徒务末而不究其本，然只去理会那本而不理会那末亦不得。时变日新而无穷，安知他日之事非吾辈之责乎？若只是自了，便待工夫做得二十分到，终不足以应变，牵强去应又成杜撰，既是杜撰便是人欲。又有误认人欲作天理处。应变不合义理，平日许多工夫依旧都是错了。

○ 又曰："吾友僻在远方，无师友讲明，又不接四方贤士，又不知远方事情，又不知古今人事之变，这一边易得暗昧。〔一日之间事变无穷，〕小而一身有许多事，一家又有许多事；大而一国，又大而天下，事业又恁地多，都要人与他做，不成我只管得自家。若将此样学问去应变，如何通得许多事情，做出许多事业？须是立定此心，泛观天下之事，精粗巨细无不周遍。下梢打成一块，是一个物事，方可见于用。不是拣那精底放在一边，拣那粗底放在一边。"

○ 又曰："胡文定答曾吉甫书有'人只要存天理、去人欲'之论，后面一向称赞，都不与之分析，此便是前辈不会为人处。此处正好捉定与他剖判始得。'天理人欲'只是一个大纲如此，下面煞有条目。须是就事物上辨别那个是天理，那个是人欲。不可恁地空说，将大纲（夹）〔来〕罩却，笼统无界分，恐一向暗昧，更动不得。如做器具，固是教人要做得好，不成要做得不好。好底是天理，不好底是人欲，然须是较量所以好处、如何样做方好始得。"

○ 又曰："今且将平日看甚书中见得古人做甚事，那处是，那处不是，那处可疑，那处不可疑，自见得又是如何。于平日做甚底事，甚么处是，举一段来便见得所以为天理、所以为人欲。"淳因举："向年居丧，丧事重难，自始至终皆自担当，全无分文责备舍弟之意。"先生曰："此也是合做底。"淳曰："到临葬时，同居（为）〔尊〕长皆以年月不利为说，淳皆无所徇，但治圹事办则卜一日为之。"先生曰："同居此样天理又是硬了。"李丈曰："亦是尊长说得下。"先生曰："幸而无龃龉耳。若有不能相从，则少加委曲亦无妨。"淳曰："大祥次日，族中尊长为酒食之会，淳走避之。后来闻尊长镇日相寻，又令人皇恐。如何？"先生曰："不吃也好，然此亦无紧要。礼'君赐之食则食之，父之友食之则食之，不避粱肉'，某始尝疑此，后思之只是当时一食，后依旧不食尔。

父之友既可如此，则尊长之命，一食亦无妨，若有酒醴则辞。”

○　是夜再召淳与李丈入卧内，曰：“公归期不久，更有何较量？”淳读与点说与先生听。先生曰：“大概都是，亦有小小一两处病。”又读廖倅书所难与点说。先生曰：“有得有失。”又读淳所回廖倅书。先生曰：“天下万物当然之则便是理，所以然底便是原头处。今所说固是如此，但圣人平日也不曾先说个天理在那里方教人做去凑，只是说眼前事教人平平恁地做工夫去，自到那有见处。”淳曰：“只做工夫后见得天理也无妨，只是未做工夫，不要先去讨见天理否？”先生曰：“毕竟先讨见天理立定在那里，则心意便都在上面行，易得将下面许多工夫放缓了。”

○　子晦之说无头。如吾友所说从原头来，又却要先见个天理在前面方去做，此正是病处。子晦疑得也是，只说不出。吾友合下来说话便有此病，是先“有所立卓尔”，然后“博文约礼”也。若把这天理不放下相似，把一个空底物放这边也无顿处，放那边也无顿处；放这边也恐撷破，放那边也恐撷破。这天理说得荡（样）〔漾〕，相似一块水银，衮来衮去捉他不着；又如水不沿流溯源，合下便要寻其源，凿来凿去终是凿不着。

○　“下学上达自有次第，于下学中又有次第，致知有多少次第，力行有多少次第。”淳曰：“下学中如致知时，亦有理会那上达底意思否？”曰：“非也。致知，今且就这事上理会个合做底是如何，少间又就这事上思量合做底因甚是恁地，便见得这事道理合恁地。又思量因甚道理合恁地，便见得这事道理原头处。逐事都如此理会，便件件知得个原头处。”淳曰：“件件都知得个原头处，凑合来便成一个物否？”先生曰：“不怕那不成一个物。只管逐件恁地去，千件成千个物事，万件成万个物事，将来自然撞着成一个物事，方如水到船浮。”

○　今且去放下此心平平恁地做，把文字来平看，不要得高。第一番且平看那一重文义是如何；第二番又揭起第一重，看那第二重是如何；第三番又揭起第二重，看那第三重是如何。看来看去，二十番三十番便自见得道理有稳处。不可才看一段便就这一段上要思量到极，要寻见原头处。如中庸"天命之谓性"，初且恁地平看过去，便看下面"率性之谓道"。若〔只〕反倒这"天命之谓性"一句，便无工夫看"率性之谓道"了。"喜怒哀乐未发之谓中"亦且平看过去，便看"发而皆中节谓之和"。若只反倒这"未发之中"，便又无工夫看"中节之和"了。

○　圣人教人只是一法，教万民及公卿大夫士之子皆如此。如"父子有亲，君臣有义"，初只是两句。后来又就"父子有亲"里面推说许多，"君臣有义"里面推说许多。而今见得有亲有义合恁地，又见得因甚有亲、因甚有义道理所以合恁地，节节推上去便自见原头处。

○　只管恁地做工夫去，做得合杀便有采。

○　圣人教人只是说下面一截，少间到那田地又挨上些子，不曾直说到上面。"子以四教：文、行、忠、信"，又曰"博学而笃志，切问而近思，仁在其中矣"，做得许多，仁自在其中。

○　有一般人亦已做得工夫，道理上已有所见，只因他有些小近似处不知只是近似，便把做一般，这里才一失脚便陷他里去了。此等不能皆然，亦有皆然者。

○　淳问："前夜承先生教诲不可先讨见天理，私心更有少疑，盖一事各有一个当然之理，真见得此理则做此事便确定，不然则此心末梢又会变了。不审如何？"曰："这自是一事之理。前夜所说，只是不合要先见一个浑沦大底物捺在这里，方就这里放出去做那万事；不是于事都不顾理一向冥行而已。事亲中自有个事亲底道理，事长中自有个事长底道理。这事自有这个道理，那事自有那个道理，各理会得透则万事各成万个道理，四面凑合来便只是一个浑沦道理。而今只先去理会那一，不去理会那贯，将尾作头，将头作尾，没理会了。曾子平日工夫只先就贯上事事做去到极处，夫子（亦）〔方〕唤醒他说我这道理只用一个去贯了，曾子便理会得。不是只要抱一个浑沦底物事，教他自流出去。”

○ 淳有问目段子拜呈。先生读毕，曰：“大概说得也好，只是一样意思。”又曰：“所说道理只撮那头一段尖底，末梢便要到那‘大而化之’极处，中间许多都把做查滓。相似把个利（刀）〔刃〕截断。”

○ 问：“事各有理，而理各有至当十分处。今看得七八分，只做到七八分处，上面欠了分数。莫是穷来穷去，做来做去，久而且熟，自能长进到十分否？”曰：“虽未能从容，只是熟后便自会从容。”再三咏一“熟”字。

○ 诸友入侍，坐定，先生自淳申前说，曰：“若把这些子道理只管守定在这里，则相似山林苦行一般，便都无事可做了，所谓‘潜心大业’者何有哉？”淳曰：“已知病痛，大段欠了下学工夫。”先生曰：“近日陆子静门人寄得数篇诗来，只将颜渊、曾点数件事重叠说，其他诗书礼乐都不说。如吾友下学也是拣那尖利底说，粗钝底都掉了，今日下学，明日便要上达。如孟子，从梁惠王以下都不读，只拣告子、尽心来说，只消此两篇，其他五篇都删了。紧要便读，闲慢底便不读；精底便理会，粗底便不理会。书自是要读，怎地拣择不得。如论语二十篇，只拣那曾点底意思来涵泳，都要盖了。单单说个‘风乎舞雩，咏而归’，只做个四时景底，论语何用说许多事？”〔前日江西朋友来问，要寻个乐处。某说："只是自去寻，寻到那极苦涩处便是好消息。人须是寻到那意思不好处，这便是乐底意思来，却无不做工夫自然乐底道理。"而今做工夫只是平常恁地去理会，不要把做差异看了。粗底做粗底理会，细底做细底理会，不消得拣择。论语、孟子恁地拣择了，史书及世间粗底书如何地看得。"〕

○〔胡叔器患精神短。曰："若精神少也只是做去，不成道我精神少便不做。公只是思索义理不精，平日读书只泛泛地过，不曾贴里细密思量。公与安卿之病正相反。安卿思得义理甚精，只是要将那粗底物事都掉了。公又不去义理上思量，事物来皆奈何不得，只是不曾向里去理会。如入市见铺席上都是好物事，只是自家没钱买得；如书册上都是好说话，只是自家无奈他何。如黄兄前日说忠恕。忠恕只是体用，只是一个物事，犹形影，要除一个除不得。若未晓且看过去，却时复把来玩味，少间自见得。"叔器曰："安之在远方。望先生指一路脉去，归自寻。"曰："见行底便是路，那里有别底路来？道理星散在事物上，却无总在一处底。而今只得且将论、孟、中庸、大学熟看。如论语上看不出，少间就孟子上看得出。孟子上底只是论语上底，不可道孟子胜论语。只是自家已前看不到，而今方见得到。"又〕问："某有八字'优游涵泳，勇猛精进'，如何？"曰："也不须如此做题目，也不须如此起草，只做将去。"

○ 问："应事当如何？"曰："士人在家有甚大事？只是着衣吃饭，理会眼前事而已。其他天下事，圣贤都说得十分尽了。今无他法，为上必因丘陵，为下必因川泽，自家只就他说话上寄搭些工夫，便都是我底。"

○ 大凡事要思量，学要讲。如古人一件事有四五人共做，自家须看那人做得是，那人做得不是。又如眼前一件事有四五人共议，甲要如此，乙要如彼。自家须见那人说得是，那人说得不是。便待思量得不是，此心曾经思量一过，有时得那不是底发我这是底。如十个物事，抟九个不着，那一个便着，则九个不着底也不是枉思量。又如讲义理有未通处，与朋友共讲，十人十样说，自家平心看那个是，那个不是。或他说是底却发得自家不是底，或十人都说不是，有时因此发得自家是底。所以适来说，有时是这处理会得，有时是那处理会得，少间便都理会得。只是自家见识到，别无法。学者须是撒开心胸，事事逐件都与理会过。未理会得底且放下，待无事时复将来理会，少间那件事理会不得？"

○　诸友揖退，先生留淳独吾，曰："何故无所问难？"淳曰："数日承先生教诲，已领大意，但当归去作工夫。"先生曰："此别定不再相见。"淳问曰："己分上事已理会，但应变处更望提诲。"先生曰："今且当理会常，未要理会变。常底许多道理未能理会得尽，如何便要理会变！圣贤说许多道理平铺在那里，且要阔着心胸平去看，通透后自能应变。不是硬捉定一物便要讨常，更要讨变。"

○　今也须如僧家行脚，接四方〔之〕贤士，察四方之事情，览山川之形势，观古今兴亡治乱得失之迹，这道理方见得周遍。"士而怀居，不足以为士矣"，不是块然守定这物事在一室，关门独坐便了，便可以为圣贤。自古无不晓事情底圣贤，亦无不通变底圣贤，亦无关门坐地底圣贤。

○　圣贤无所不通，无所不能，那个事理会不得？如中庸"天下国家有九经"，便要理会许多物事。如武王访箕子陈洪范，自身之视、听、言、貌、思极至于天人之际，以人事则有八政，以天时则有五纪，稽之于卜筮，验之于庶证，无所不备。如周礼一部书载周公许多经国制度，那里便有国家当自家做？只是古圣贤许多规模，大体也要识。盖这道理无所不该，无所不在。且如礼、乐、射、御、书、数，许多周旋升降，文章品节之繁，岂有妙道精义在？只是也要理会，理会得熟时道理便在上面。又如律历、刑法、天文、地理、军旅、官职之类都要理会，虽未能洞究其精微，然也要识个规模大概，道理方浃洽通透。若只守个些子捉定在这里，把许多都做闲事，便都无事了，如此只理会得门内，门外之事便了不得。

○　圣人教人要博学。二字力说。须是"博学之，审问之，谨思之，明辨之，笃行之"。子曰"我非生而知之者，好古敏而求之者也"，"文武之道布在方册"，"在人，贤者识其大者，不贤者识其小者。夫子焉不学？而亦何常师之有"，圣人虽是生知，然也事事理会过，无一之不讲。

○　这道理不是只就一件事上理会见得便了。学时无所不学，理会时却是逐件上理会去，凡事虽未理会得详密，亦有个大要处，纵详密处未晓得，而大要处已被自家见了。今公只就一线上窥见天理，便说天理只恁地了，便要去通那万事，不知如何得？萃百物然后观化工之神，聚众材然后知作室之用，于一事一义上欲窥圣人之用心，非上智不能也。须撒开心胸去理会。

○　天理大，所包得亦大。且如五常之教，自家而言只有个父子夫妇兄弟，才出外便有朋友。朋友之中，事已煞多。及身有一官，君臣之分便定，这里面又煞多事，事事都合讲过。他人未做工夫底亦不敢向他说，如吾友于己分上已自见得，若不说与公又可惜了。他人于己分上不曾见，泛而观万事固是不得。而今已有个本领，只捉定这些子便了也不得。如今只道是持敬，收拾身心，日用要合道理无差失，此固是好。然则出而应这事得时，应那事又不得。

则便思量义理，其他邪妄不见来。才心下稍空闲便要思量别所在去。这当奈何得？"曰："才要闲便不闲，才要静便不静，某向来正如此。可将明道答横渠书看。"因举其间"非外是内"之说。

○ 问："往前承诲，只就穷理说较多。此来如'尊德性、致广大、极高明'上一截，数数蒙提警，此意是如何？"曰："已前也说了，只是夹杂说。如大学中亦自说，但觉得近日诸公去理会穷理工夫多，又自渐渐不着身己。"

○ 贺孙问："前日承教辩是非，只交游中便有是有非，自家须便分别得，且不须诵言。这莫是只说寻常泛交？若朋友则有责善琢磨之义。"曰："固是。若是等闲人亦自不可说，只自家胸次便要得是非分明。事事物物上都有个道理，都有是有非，所以'舜好问而察迩言'。虽浅近闲言语中莫不有理，都要见得破。'隐恶而扬善'，自家这里善恶便分明。然以圣明昭鉴，才见人不好便说出来也不得，只是扬善，那恶底自有不得掩之理。才说扬善，自家已自分明，这亦圣人与人为善之意。"又云："一件事走过眼前，匹似闲也有个道理，也有个是非。缘天地之间上蟠下际都无别事，都只是这道理。"

○ 谓诸生曰："公说欲迁善改过而不能，只是公不自去做工夫，若恁地安安排排只是做不成。如人要赴水火，这心才发便入里面去，若说道在这里安排便只不成。看公来此，逐日只是相对默坐无言，恁地慢腾腾如何做事？"数日后，复云："坐中诸公有会做工夫底，有病痛处底，某逐一都看见些，逐一救正他。惟公恁地循循默默，都理会公心下不得，这是幽冥暗弱，这是大病。若是刚勇底人，见得善便还他做得透，做不是处也显然在人耳目间，人皆见之。前日公说'风雷益'，看公也无些子风意思，也无些子雷意思。"

○ 学之大本，中庸、大学已说尽了。大学首便说"格物致知"。为甚要格物致知？便是要无所不格，无所不知。物格知至方能意诚、心正、身修，推而至于家齐、国治、天下平，自然滔滔去都无障碍。

○ 淳禀曰："伏承教诲，深觉大欠下学工夫。恐遐陬僻郡，孤陋寡闻，易致差迷，无从就正。望赐下学说一段以为朝夕取准。"先生曰："而今也不要先讨那差处，待到那差地头便旋旋理会。下学只是放阔去做，局促在那一隅便窄狭了，须出四方游学一遭，这朋友处相聚两三月日看如何，又那朋友处相聚三两月日看如何。"胡问："游学四方固好，恐又随人转了。"曰："要我作甚？不合便去。若随人转又不如在屋里孤陋寡闻。"按，黄义刚录少异，今附，云："陈安卿下学说有恐差了之语。先生曰：'也不须说，而今也不要先计那差处，待到地头旋旋理会。下学只是放开去做，局促去那一段便窄狭了。须是出四方游一遭，这朋友处相聚三两月日看如何，又那朋友处三两月日看如何。恁地便见。'胡叔器曰：'游学固好，恐又被不好底人坏了。'先生曰：'我须是先知得他是甚么样人，及见后不与他相处数月便见，若是不合，便去。若恁地随人转，不如只在屋里孤陋寡闻。'"

○ 先生谓淳曰："安卿须是'友天下之善士为未足，又尚论古之人'，须是开阔方始展拓。若只如此恐也不解十分。"

○ 先生饯席，酒五行，中筵，亲酌一杯劝李丈云："相聚不过如此，退去反而求之。"次一杯与淳。起，趋而前。先生力止之，坐。曰："安卿更须来一遭。村里坐，不觉坏了人。昔陈了翁说，一人棋甚高，或邀之入京参国手。日久在侧并无所教，但使之随行携棋局而已。或人诘其故，国手曰：'彼棋已精，其高着已尽识之矣，但浅着未曾识，教之随行，亦要都经历一过。'"

○ 临行拜别，先生曰："安卿今年已许人书会，冬间更须出行一遭。不然，亦望自爱。"李丈禀曰："书解乞且放缓，愿早成礼书以幸万世。"先生曰："书解甚易，只等蔡三哥来便了。礼书大段未也。"以上并淳自录，下见诸录。

○ 陈安卿问："前日先生与廖子晦书云'道不是有个物事闪闪烁烁在那里'，固是如此，但所谓'操则存，舍则亡'，毕竟也须是有个物事。"先生曰："操存只是教你收敛，教你心莫胡思乱量，几曾捉定有个物事在这里！"又问："'顾諟天之明命'，毕竟是个甚么？"先生曰："此只是说要得道理在面前，不被物事遮障了。'立则见其参于前，在舆则见其倚于衡'，皆只是见得理如此，不成别有一个物事光烁在那里。"

○ 漳州陈淳会问，方有可答，方是疑。

○ 贺孙问："陈安卿近得书否？"曰："缘王子合与他答问，讳他写将来，以此漳州朋友都无问难来。"因说："王子合无长进，在学中却将实录课诸生，全不识轻重先后。许多学者近来觉得都不济事。"贺孙云："也是世衰道微，人不能自立，才做官便颠沛。"曰："如做官、科举皆害事。"或曰："若在此说得甚好，做却如此。"曰："只缘无人说得好，说得好乃是知得到。若知得到，虽摩顶至足，也只是变他不得。"因言："器之昨写来问几条，已答去。今再说来亦未分晓。'公'之为'仁'，'公'不可与'仁'比并看。'公'只是无私，才无私这'仁'便流行。程先生云'唯公为近之'，却不是近似之'近'。才'公'，'仁'便在此，故云'近'。犹云'知所先后则近道矣'，不是'道'在'先后'上，只知'先后'便近于'道'。如去其壅塞则水自流通，水之流通却不是去壅塞底物事做出来。水自是元有，只被塞了，才除了塞便流。仁亦自是元有，只被私意隔，才克去己私，做底便是仁。"贺孙云：

"公是仁之体，仁是理。"曰："不用恁（底）〔地〕说，徒然不分晓。只公是无私，无私则理无或蔽。今人喜也是私喜，怒也是私怒，哀也是私哀，惧也是私惧，爱也是私爱，恶也是私恶，欲也是私欲。苟能克去己私，广然大公，则喜是公喜，怒是公怒，哀、惧、爱、恶、欲莫非公矣。此处煞系利害。颜子所授于夫子只是'克己复礼为仁'。读书最忌以己见去说，但欲合己见，不知非本来旨意。须是且就他说，说教分明，有不通处，却以己意较量。"贺孙。

朱子语类卷第一百十六

朱子十三

训门人四

○　先生曰："前日得公书，备悉雅意。圣贤见成事迹一一可考而行。今日之来，若舍六经之外求所谓玄妙之说则无之。近世儒者不将圣贤言语为切己可行之事，必于上面求新奇可喜之论，屈曲缠绕，诡秘变怪，不知圣贤之心本不如此。既以自欺，又转相授受，复以欺人。某尝谓，虽使圣人复生，亦只将六经、语、孟之所载者循而行之，必不更有所作为。伏羲再出依前只画八卦，文王再出依前只衍六十四卦，禹再出依前只是洪范'九畴'，此外更有甚诧异事？如今要紧只是将口读底便做身行底，说出底便是心存底。居父相聚几一年，觉得渠只怕此事有难者，某终晓渠意不得。"以下训贺孙。

○　问在卿："如何读书？"贺孙答云："少失怙恃，凡百失教。既壮，所从师友不过习为科举之文，然终不肯安心于彼，常欲读圣贤之书。自初得先生所编论孟精义，读之至今不敢忘。然中间未能有所决择，故未有定见。"先生曰："大凡人说要去从师，然未及从师之时也须先自着力做工夫及六七分，到得闻紧切说话易得长进。若是平时不曾用力，终是也难一顿下手。"

○ 问："看大学觉得有未透，心也尚自粗在。"曰："这粗便是细，只是恁地看熟了自通透。公往前在陈君举处如何看文字？"曰："也只就事上理会，将古人所说来商量，须教可行得。"曰："怕恁地不得。古人见成法度不用于今，却自是如今有用不得处，然不可将古人底折合来就如今为可用之计。如郑康成所说井田，固是难得千里平地如此方正可疆理沟洫之类，但古人意思必是如此方得，不应零零碎碎做得成。古人事事先去理会大处正处，到不得已处方有变通，今却先要去理会变通之说。"

○ 今须先正路头，明辨为己为人之别，直见得透，却旋旋下工夫，则思虑自通，知识自明，践履自正。积日累月渐渐熟，渐渐自然。若见不透，路头错了，则读书虽多，为文日工，终做事不得。比见浙间朋友或自谓能通左传，或自谓能通史记，将孔子置在一壁，却将左氏、司马迁驳杂之文钻研推尊，谓这个是盛衰之由，这个是成败之端。反而思之，干你身己甚事？你身己〔有多多少少底事合当理会，〕有多多少少底病未曾去，却来说甚盛衰兴亡治乱，这个直是自欺。

○ "如今理会道理且要识得个头。若不识得个头，只恁地散散逐段说不济事。假饶句句说得，段段记得，有甚精微奥妙？都理会得也都是闲话。若识得个头上有源，头下有归着，看圣贤书便句句着实，句句为自家身己设，如此方可以讲学。要知这源头是甚么，只在身己上看，许多道理尽是自家固有底。仁义礼智，'知皆广而充之，若火之始然、泉之始达'，这个是源头，见得这个了方可讲学，方可看圣贤说话。恰如人知得合当行，只假借圣贤言语作引路一般，不然徒然记得、说得都是外面闲话。圣贤急急教人只在这些子，才差过那边去便都无些子着身己，都是要将去附合人，都是为别人，全不为自家身己。才就这边来便是自工夫。这正是为己、为人处。公今且要理会志趣是要如何。若不见得自家身己道理分明，看圣贤言语那里去捉摸！"又云："如今有见得这个道理了，到得进处，有用力愙实紧密者进得快，有用力慢底便自进得钝。何况不见得这个源头道理，若便紧密也徒然不济事。何况慢慢地，便全然是空。如今拽转亦快，如船遭逆风吹向别处去，若得风翻转，是这一载不问甚么物色一齐都拽转，若不肯转时一齐都不转。见说'无不敬'便定着'无不敬'始得，见说'思无邪'便定着'思无邪'始得。书上说'无不敬'，自家口读'无不敬'，身心自恁地怠慢放肆；诗上说'思无邪'，自家口读'思无邪'，心里却胡思乱想。这不是读书。口即是心，心即是口。又如说'足容重'，须着重是天理，合下付与自家便当重，自家若不重便自坏了天理了；'手容恭'，须着恭是天理，合下付与自家便当恭，自家若不恭便自坏了天理；'目容端'，须着端是天理，合下付与自家便当端，自家若不端便自坏了天理；'口容止'，须着止是天理，合下付与自家便当止，自家若不止便自坏了天理；'声容静'，须着静是天理，合下付与自家便当静，自家若不静便自坏了天理；'头容直'，须着直是天理，合下付与自家便当直，若不直便自坏了天理；'气容肃'，须着肃是天理，合下付与自家便当肃，自家若不肃便自坏了天理；'立容德'，须着德是天理，合下付与自家便当德，自家若不德便自坏了天理；'色容庄'，须着庄是天理，合下付与自家便当庄，自家若不庄便自坏了天理。把圣贤说话将来学，便是要补填得元初底教好。又如说'非礼勿视'自是天理，付与自家双眼，不曾教自家视非礼，才视非礼便不是天理；'非礼勿听'自是天理，付与自家双耳，不曾教自家听非礼，才听非礼便不是天理；'非礼勿言'自是天理，付与自家一个口，不曾教自家言非礼，才言非礼便不是天理；'非礼勿动'自是天理，付与自家一个身心，不曾教自家动非礼，才动非礼便不是天理。"

○ 贺孙问："初学心下恐空闲未得。试验之平日，常常看书，否

"此心虚明，万理具足，外面理会得者即里面本来有底，只要自大本而推之达道耳。"先生又谓时举曰："朋友相处要得更相规戒，有过则相告。"时举应喏。先生曰："然小过只哓哓底说，又似没紧要相似。大底过失又恐他已深固，不容易说。要知只尽公之诚意耳。"又云："本领上欠了工夫，外面都是闲。须知道大本若立，外面应事接物上道理都是大本上发出。如人折这一枝花，只是这花根本上物事。"以上并时举自录。按董铢录同，但次序小异，更不复出。

○ 洪庆将归，先生召入与语。出洪庆前所问卷子，示曰："议论也平正。两日来反覆为看，所说者非不是，但其中言语多似不自胸中流出。原其病痛只是浅耳，故觉见枯燥，不甚条达。合下原头欠少工夫，今先须养其源始得。此去且存养，要这个道理分明常在这里，久自有觉，觉后自是此物洞然通贯圆转。"乃举孟子"求放心"、"操则存"两节，及明道先生语录中"圣贤教人千言万语，下学上达"一条云："自古圣贤教人也只就这理上用功。所谓放心者，不是走作向别处去。盖一瞬目间便不见，才觉得便又在面前，不是苦难收拾，公且自去提撕便见得是如此。"又曰："如今要下工夫且须端庄存养，独观昭旷之原，不须枉费工夫钻纸上语。待存养得此中昭明洞达，自觉无许多窒碍。恁时方取文字来看，则自然有意味，道理自然透彻，遇事时自然迎刃而解，皆无许多病痛。此等不欲对诸人说，恐他不肯去看文字，又不实了。且教他看文字，撞来撞去将来自有撞着处。公既年高，又做这般工夫不得，若不就此上面着紧用工，恐岁月悠悠，竟无所得。"又曰："近来学者，如漳泉人物于道理上发得都浅，却是作文时文采发越粲然可观；谓尧卿、至之。浙间士人又却好就道理上壁角头着工夫，如某人辈，子善、叔恭。恐也是风声气习如此。"又云："今之学者有三样人才，一则资质浑厚，却于道理上不甚透彻，一则尽理会得道理，又生得直是薄，一则资质虽厚，却飘然说得道理尽多，又似承当不起。要个恰好底，难得。此间却

○ 贺孙请问,语声末后低,先生不闻。因云:"公仙乡人,何故声气都恁地?说得个起头,后面赖将去。子夏曰'听其言也厉'。公只管恁地,下梢不好,见道理不分明,将渐入于幽暗,含含胡胡,不能到得正大光明之地。说话须是一字是一字,一句是一句,便要见得是非。"

○ 先生谓贺孙:"也只是莫巧。公乡间有时文之习,易得巧。"

○ "浙中朋友,一等底只理会上面道理,又只理会一个空底物事,都无用,少间亦只是计较利害;一等又只就下面理会事,眼前虽粗有用,又都零零碎碎了,少间只见得利害。如横渠说释氏有'两末之学',两末,两头也,都是那中间事物转关处都不理会。"贺孙问:"如何是转关处?"曰:"如致知、格物便是就事上理会道理。理会上面底,却弃置事物为陈迹,便只说个无形影底道理;然若还被他放下来,更就事上理会又却易。只是他已见得上面一段物事不费气力,省事了,又那肯下来理会?理会下面底又都细碎了,这般道理须是规模大方理会得。"遂举伊川说,"曾子易箦便与'有天下,行一不义、杀一不辜,不为'一同。后来说得来便无他气象。大底却可以做小,小底要做大却难,小底就事物细碎上理会。"

○ 先生因学者少宽舒意,曰:"公读书恁地缜密固是好,但恁地逼截成一团,此气象最不好,这是偏处。如一项人恁地不子细,固是不成个道理。若一向蹙密,下梢却展拓不去。明道一见显道,曰:'此秀才展拓得开,下梢可望。'"又曰:"于辞气间亦见得人气象。如明道语言固无甚激昂,看来便见宽舒意思。龟山,人只道恁地宽,看来不是宽,只是不解理会得,不能理会得。范纯夫语解比诸公说理最平浅,但自有宽舒气象,尽好。"

○ 尝见陆子静说"且恁地依傍看",思之,此语说得好。公看文字亦且就分明注解依傍看教熟,待自家意思与他意思相似,自通透。也自有一般人敏捷,都要看过,都会通晓。若不恁地,只是且就晓得处依傍看。如公读论语,还常文义晓得了未?若文义未晓得,又且去看某家如此说,某家如彼说,少间都搅得一场没理会。尹和靖只是依傍伊川许多说话,只是他也没变化,然是他守得定。

○ 辞先生,同黄敬之归乡赴举。先生曰:"仙里士人在外孰不经营伪牒?二公独迳还乡试,殊强人意。"

○ 人合是疑了问,公今却是拣难处来问,教人如何描摸?若说得,公又如何便晓得?若升高必自下。今人要入室奥须先入门入庭,见路头熟,次第入中间来。如何自阶里一造要做后门出?伊川云"学者须先就近处"。

○ 仁父、味道却是别,立得一个志趋却正,下工夫却易。以上并贺孙自录。

○ 与立问:"常苦志气怯弱,恐惧太过,心下常若有事,(然)少悦豫底意思,不知此病痛是如何?"先生曰:"试自思自家是有事,是无事?"应曰:"本无事,自觉得如此。"先生曰:"若是无事便是无事,又恐惧个甚?只是见理不彻后如此,若见得理彻,自然心下无事。然此亦是心病。"因举遗书捉虎及满室置尖物事。又曰:"且如今人洁病,那里有洁病?只是疑病,疑后便如此。不知在君父之前还如此得否?"黩又因论气质各有病痛不同。曰:"才明理后气质自然变化,病痛都自不见了。"以下训黩。

○ 先生诲与立等曰："为学之道无他，只是要理会得目前许多道理，世间事无大无小皆有道理。如中庸所谓'率性之谓道'也只是这个道，'道不可须臾离'也只是这个道。见得是自家合当做底便做将去，不当做底断不可做，只是如此。"又曰："为学无许多事，只是要持守身心、研究道理、分别得是非善恶，直是'如好好色，如恶恶臭'，到这里方是踏着实地，自住不得。"又曰："经书中所言只是这一个道理，都重三叠四说在里，只是许多头面出来。如语、孟所载也只是这许多话。一个圣贤出来说一番了，一个圣贤又出来从头说一番。如书中尧之所说也只是这个，舜之所说也只是这个，以至于禹、汤、文、武所说也只是这个，又如诗中周公所赞颂文、武之盛德亦只是这个。便若桀、纣之所以危亡，亦只是反了这个道理。若使别撰得出来，古人须自撰了。惟其撰不得，所以只共这个道理。"又曰："读书须是件件读。理会了一件方可换一件，这一件理会得通彻是当了，则终生更不用再理会，后来只须把出来温寻涵泳便了。若不与逐件理会，则虽读到老依旧是生底，又却如不曾读一般，又济甚事。正如吃饭，不成一日都要吃得尽，须与分做三顿吃，只恁地顿顿吃去，知一生吃了多少饭！读书亦如此。"黻因说："学者先立心志为难。"先生曰："也无许多事，只是一个敬，彻上彻下只是这个道理。到得刚健，便自然胜得许多物欲之私。"温公谓："人以为如制驿马、如斡磐石之难也。静而思之，在我而已。如转户枢，何难之有？"以上黻自录，下见诸录。

○ 杨黻问："'思无邪'，固要得如此，不知如何能得如此？"曰："但邪者自莫思便了。"又问："且如持敬，岂不欲纯一于敬？然自有不敬之念固欲与己相反，愈制则愈甚。或谓只自持敬，虽念虑妄发莫管他，久将自定，还如此得否？"曰："要之，邪正本不对立，但恐自家胸中无个主。若有主，邪自不能入。"又问："不敬之念非出于本心。如忿欲之萌，学者自当自克，虽圣贤亦无如之何。至于思虑妄发，欲制之而不能。"曰："才觉恁地，自家便揫起了，但莫先去防他。然此只是自家见理不透，做主不定，所以如此。大学曰'物格而后知至，知至而后意诚'，才意诚则自然无此病。"与立。

○ 一日因论读大学，答以每为念虑搅扰，颇妨工夫。先生曰："只是不敬。敬是惺惺底法，以敬为主则百事皆从此做去。今人都不理会我底，自不知心所在，都要理会他事，又要齐家、治国、平天下。心者，身之主也。撑船须用篙，吃饭须使匙，不理会心是不用篙、不使匙之谓也。摄心只是敬。才敬，看做甚么事，登山亦只这个心，入水亦只这个心。"训蕈，自录。

○ 先生问时举云："子善别后做甚工夫？"时举云："自去年书院看孟子至告子，归后虽日在忧患中，然夜间亦须看一二章。至今春看了，却看中庸。见读程易。此读书工夫如此。若里面工夫，尚多间断，未接续成片段，将如之何？"先生曰："书所以维持此心，若一时放下则一时德性有懈，若能时时读书，则此心庶可无间断矣。"因问："'日夜之所息'，旧兼止息之义，今只（在）〔作〕生息之义，如何？"先生云："近看得只是此义。"时举云："凡物日夜固有生长，若良心既放而无操存之功，则安得自能生长？"先生曰："放去未远故亦能生长，但夜间长得三四分，日间所为又做了七八分，却折转来，都消磨了这些子意思，此所以终至于梏亡也。"以下训时举。

○ 先生问时举："观书如何？"时举自言："常苦于粗率，无精密之功，不知病根何在？"先生曰："不要讨甚病根，但知道粗率，便是病在这上，只便更加子细便了。今学者亦多来求甚病根，某向他说头痛灸头，脚痛灸脚。病在这上只治这上便了，更别讨甚病根也。"

○ 问"管仲之器小哉"处，说及王伯之所以异。先生曰："公看文字好立议论，是先以己意看他，却不以圣贤言语来浇灌胸次，争这些子不好。自后只要白看乃好。"

○ 先生历言诸生之病甚切。谓时举："看文字也却细腻亲切，也却去身上做工夫，但只是不去正处看，却去偏傍处看。如与人说话相似，不向面前看他，却去背后寻索，以为面前说话皆不足道，此亦不是些小病痛。想见日用工夫也只去小处理会，此亦是立心不定故尔，切宜戒之。"

○ 时举请问云："久侍师席，今将告违，不胜依恋。然气质偏蔽，不能自知，尚望先生赐以一言，使终身知所佩服。"先生曰："凡前此所讲论者不过如此，亦别无他说，但于大本上用力，凡读书穷理须要看得亲切。某少年曾有一番专看亲切处，其他器数都未暇考。此虽未为是，却与今之学者泛然读过者似亦不同。"

○ 早拜朔，先生说："诸友相聚已半年，光阴易过。其间看得文义分明者所见亦未能超诣，不满人意。兼是为学须是己分上做工夫，有本领，方不作言语说。若无存养，尽说得明，自成两片，亦不济事，况未必说得明乎？要须发愤忘食，痛切去做身分上功夫，莫荏苒，岁月可惜也！"是日，问时举："看诗外别看何书？"时举答："欲一面看近思录。"先生曰："大凡为学有两样，一者是自下面做上去，一者是自上面做下来。自下面做上者便是就事事上旋旋寻个道理凑合将去，得到上面极处亦只一理。自上面做下者便是先见得个大体，却自此而观事物，见其莫不有个当然之理，此所谓自大本而推之达道也。若会做工夫者也须从大本上面理会将去便好。昔明道在扶沟谓门人曰：'尔辈在此只是学某言语，盍若行之？'谢显道请问焉。却云：'且静坐。'"时举因云：

"'雷在地中，复。先王以至日闭关，商旅不行，后不省方'，在学者分上说便是要安静涵养，这些子善端耳定生。"曰："若着实做工夫，要知这说话也不用说，若会做工夫便一字也来这里使不着。此说某不欲说与人，却恐学者听去便做空虚认了。且如程门中如游定夫，后来说底话大段落空无理会处，未必不是在扶沟时只恁地听了。"时举因言平日学问次第云云。先生曰："此心自不用大段拘束他，既在这里，又要向那里讨他？要知只是争个醒与睡着耳。人若醒时耳目聪明，应事接物便自然无差错处。若被私欲引去，便一似睡着相似，只更与他唤醒来，才醒又便无事矣。"时举因云："释氏有豁然顿悟之（貌）〔说〕，不知使得否？不知倚靠得否？"先生曰："某也曾见丛林中有言顿悟者，然后来看这人也只寻常。如陆子静门人，初见他时常云有所悟，后来所为却更颠倒错乱。看来所谓豁然顿悟者，乃是当时略有所见，觉得果是净洁快活，然稍久则却渐渐淡去了。何尝倚靠得来？"时举云："旧时也有（过般狂戒）〔这般狂底〕时节，以为圣人便即日可到。到后来果如先生所云渐渐淡了，到今日却只得逐旋挨去。然早上闻先生赐教云'诸生工夫不甚超诣'，时举退而思之，不知如何便得超诣？"先生云："只从大本上理会，亦是逐旋挨去，自会超诣。且如今学者考理一如在浅水上撑船相似，但觉辛苦不能乡前。须是从上面放些水来添，便自然撑得动，不用费力，滔滔然去矣。今有学者在某门者，其于考理非不精当，说得来置水不漏，直是理会得好。然所为却颠倒错缪，全然与所知者相反。人只管说道某不合引他，如今被他累却不知。渠实是理会得，某如何不与他说？他凡所说底话，今世俗人往往有全晓不得者。他之所说非不精明，然所以所为背（晓）〔驰〕者，只是不曾在源头上用力故也。往往他一时明敏，随处理会，便自晓得分明，然源头上不曾用功，只是徒然耳。"时举因云："如此者，不是知上工夫欠，乃是行上全然欠耳。"先生曰："也又缘他知得不实，故行得无力。"时举云："惟其不见于行，是以知不能实。时举尝谓，知与行互相发明之说，诚不可易之论。"先生又云：

有一两个朋友理会得好。如公资质如此，何不为？只为源头处用工较少，而今须吃紧着意做取。尹和靖在程门直是十分钝底，被他只就一个'敬'字上做工夫，终被他做得成。"因说及陈后之、陈安卿二人为学颇得蹊径次第。又曰："颜子与圣人不争多，便是圣人地位，但颜子是水初平、风浪初静时，圣人则是水已平、风恬浪静时。"又曰："为学之道须先有得这个道理方可讲究。若居处必恭、执事必敬、与人必忠，要如颜子直须就视听言动上警戒到复礼处。仲弓'出门如见大宾，使民如承大祭'，是无时而不主敬。如今亦不须较量颜子、仲弓如何会如此，只将他那事就自家切己处便做他底工夫，然后有益。"又曰："为学之道如人耕种一般，先须办了一片地在这里了，方可在上耕种。今却就别人地上铺排许多种作底物色，这田地元不是我底。又如人作商，亦须先安排许多财本方可运动，若财本不赡则运动未得。到论道处，如说（水）〔冰〕只说是冷，不能以'不热'字说得；如说汤只说是热，不能以'不冷'字说得。又如饮食，吃着酸底便知是酸底，吃着咸底便知是咸底始得。"语多不能尽记，姑述其大要者如此。训洪庆，自录。按林恰亦录此条，前略而后异，今附，云："石子余将告归，先生留饭，饭罢，召入与语，将子余所问目出，曰：'两日反覆与公看，见得公所说非是不是，其病痛处只是浅耳。浅，故觉得枯燥，不怆条达，是源头处元不曾用工夫来。今须是整肃，存养得这个道理分明，常在这里，持之以久，自然得。看文字自然通彻，遇事自然圆转，不见费力。'乃举孟子'学问之道无它，求其放心而已矣'、'操则存，舍则亡，出入无时，莫知其乡'二节，及明道先生语录'圣贤千言万语，只是欲人将已放之心约之使反覆入（自）〔身〕来，下学而上达'，云：'自古圣贤教人只是就这个道理上用功。放心不是走作别处去。一劄眼间即便不见，才觉便又在面前，不是难收拾，公后来自去提撕，便见得是如此。今要下工夫，（告）且独观昭旷之原，不须得柱用工夫钻纸上语。存得此中昭明条畅，自觉无许多窒碍，方取文字来看，便见有味。道理通透，遇事则迎刃而解，无许多病痛。然此等语不欲对诸公说，且教它自用工夫，撞来撞去自然撞着。公既年高，若不如此下工夫，恐悠悠岁月，竟无所得。'又云：'某少时为学。十六岁便好理学，十七岁便有如今学者见识。后得谢显道论语，甚喜，乃熟读。先将朱笔抹出语意好处；又熟读得趣，觉见朱抹处太烦，再用墨抹出；又熟读得趣，别用青笔抹出；又熟读得其要领，乃用黄笔抹出。至此，自见所得处甚约，只是一两句上，却日夜就此一两句上用意玩味，胸中自是洒落。'"

○ 节问学问之端绪。答曰："且读书依本分做去。"以下训节。

○ 节问："事有合理而有意为之者，如何？"答曰："事虽义而心则私。如路，好人行之亦是路，贼行之亦是路。合如此者是天理，起计较便不是。"

○ "只是挥扇底，只是不得背着他。"节问曰："只顺他？"先生曰："只是循理。"

○ 节问："应事心便去了。"答曰："心在此应事，不可谓之出在外。"

○ 节问："欲求大本以总括天下万事。"答曰："江西便有这个议论。须是穷得理多，然后方有贯通处。今理会得一分便得一分受用，理会得二分便得二分受用。若'一以贯之'，尽未在。陆子静要尽扫去，从简易。某尝说，且如做饭，也须趁柴理会米，无道理合下便要简易。"

○ 不曾说教胡乱思，说"谨思"。

○ 将与人看不得。公要讨个无声无臭底道，虽视之不见、听之不闻，然却开眼便看见、开口便说着。虽"无极而太极"，然只是眼前道理。若有个高妙底道理而圣人隐之，便是圣人大无状。不忠不信，圣人首先犯着。

○ 节问：“笃行允蹈皆是作为，毕竟道自道，人自人，不能为一。”答曰：“为一则圣人矣，‘不勉而中，不思而得，从容中道’。”节又问：“颜子‘不远复’，‘择乎中庸’。颜子亦未到此地。”答曰：“固是。只为后人把做易了，后遂流为异端。”

○ 节问：“事事当理则必不能容，能容则必不能事事当理。”答曰：“容只是宽平不狭。如这个人当杀则杀之，是理合当杀，非是自家不容他。”

○ 节问：“节昔以观书为致知之方，今又见得是养心之法。”曰：“较宽，不急迫。”又曰：“一举两得，这边又存得心，这边理又到。”节复问：“心在文字，则非僻之心自入不得？”先生应。

○ 节问：“观书或晓其意而不晓字义。如‘从容’字，或曰‘横出为从，宽容为容’，如何？”曰：“这个见不得。莫要管他横出、包容，只理会言意。”

○ 节初到一二日，问“君子义以为质”一章。曰：“不思量后只管去问人，有甚了期？向来某人自钦夫处来，录得一册将来看。问他时，他说道那时陈君举将伊川先生易传在看，检两版又问一段，检两版又问一段。钦夫他又率略，只管为他说。据某看来自当不答。大抵问人，必说道古人之说如此，某看得来是如此，未知是与不是。不然，便说道据某看得来不如此，古人又如此说是如何。不去思量，只管问人，恰如到人家见人家有倚子，却去问他说道：‘你安顿这倚子是如何？’”

○ 节问：“何以验得性中有仁义礼智信？”先生怒曰：“观公状貌不离乎婴孩，高谈每及于性命。”与众人曰：“他只管来这里摸这性，性若是去捕捉他则愈远。理本实有条理，五常之体不可得而测度，其用则为五（官）〔教〕，孝于亲，忠于君。"又曰："必有本，如恻隐之类，知其自仁中发；事得其宜，知其自义中出；恭敬，知其自礼中出；是是非非，知其自智中出；信者，实有此四者。眼前无非性，且于分明处作工夫。"又曰："体不可得而见，且于用上着工夫则体在其中。"次夜曰："吉甫昨晚问欲要见得性中有仁义礼智。无故不解发恻隐之类出来，有仁义礼智，故有恻隐之类。"

○ 以某观之，做个圣贤，千难万难。如释氏则今夜痛说一顿，有利根者当下便悟，只是个无星之秤耳。

○ 节问："精神收敛便昏，是如何?"曰："也不妨。"又曰："昏毕竟是慢。如临君父、渊崖，必不如此。"又曰："若倦且瞌睡些时，无害。"节问："非是读书过当倦后如此，是才收敛来稍久便困。"曰："便是精神短后如此。"

○ 义刚问："打坐也是工夫否?"先生曰："也有不要打坐底，如杲老之属，他最说打坐不是。"又问："而今学者去打坐后，坐得瞌睡时心下也大故定。"先生曰："瞌睡时却不好。"以下训义刚。

○ 问说"漆雕开章"云云，先生不应。又说"与点章"云云，先生又不应。久之，却云："公那江西人只管要理会那漆雕开与曾点，而今且莫要理会。所谓道者，只是君之仁、臣之敬、父之慈、子之孝便是。而今只去理会'言忠信，行笃敬'、'博学而笃志，切问而近思，仁在其中矣'，须是要'坐如尸'、'立如齐'。而今却只管去理会那流行底，是甚么物事! 又不是打破一桶水，随科随坎皆是。"

○ 义刚又问："格物工夫至为浩大。如义刚气昏，也不解泛然格得。欲且将书细读，就上面研究义理，如何？"先生应云："那书上也便有那面前道理在。"义刚又言："古人为学皆是自小得人教之有方，所以长大来易入于道。如义刚日前只是习作举子业，好书皆不曾讲究。而今骤收其放心，觉用力倍难。今欲且将那小学等书理会，从洒扫应对进退与夫礼、乐、书、数、射、御，从头再理会起来，不知如何？"先生曰："也只是事事知致谨，常常持养，莫教放慢了便是。若是自家有个操柄时，便自不解到得十分走作了。"

○ 义刚启曰："向时请问平生多悔之病，蒙赐教，谓第二番莫为便了，也不必长长存在胸中。义刚固非欲悔，但作一事时千思万量，若思量不透处又与朋友相度。合下做时自谓做得谨密了，及事才过，又便猛省着有欠缺处。才如此略着，则便气动了志，便是三两日价精神不定。不知此病生于何处？"先生曰："便是难。"又言："便是难。不能得那恰好处。颜子'仰之弥高，钻之弥坚，瞻之在前，忽焉在后'，便是如此，便是不能得见这个物事定帖。这个也无着力处，圣人教人但不过是'博文约礼'，须是平时只管去讲明，讲明得熟时，后却解渐渐不做差了。"

○ "半年得侍洒扫，曲蒙提诲，自此得免小人之归，但气质昏蒙，自觉易为流俗所迁。今此之归，且欲闭门不出，刻意读书。皆未知所向，欲乞指示。"先生曰："只杜门便是所向，别也无所向。只是就书上子细玩味、考究义理便是。"又云："初拜先生，具述平日之非与所以远来之意，力求陶铸及所以为学之序。"先生曰："人不自讼则没奈他何。今公既自知其过，则讲书穷理，便是为学也，无他陶铸处。"问："读书以何者为先？"曰："且将论语、大学共看。"至是，又请曰："大学已看了，先生解得分明，也无甚疑。论语已看九篇。今欲看毕此书更看孟子，如何？"先生曰："好。孟子也分明，甚易看。"

○ "侍教半年，仰蒙曲赐提诲。自正月间看论语，自觉得略知入头处。先生所以教人只要逐章逐句理会，不要拣择。敬遵明训，岂敢违越！但此番归去，恐未便得再到侍下，如语孟中设有大疑则无可问处。今欲于此数月拣大头段来请教，不知可否？"先生曰："好。"以上并义刚自录。

○ 盖卿因言："致知、格物工夫既到，然后应事接物始得其宜。若工夫未到，虽于应事接物之际未尽合宜，亦〔只〕得随时为应事接物之计也。"先生曰："固是如此。若学力未到时，不成不去应事接物得！且如某在长沙时，处之固有一个道理；今在路途，道理又别。人若学力未到，其于应事接物之间且随吾学力所至处之。善乎明道之言曰'学者全体此心。学虽未尽，若事物之来不可不应，但随分限应之，虽不中，不远矣'。"以下训盖卿。

○ 盖卿言于先生曰："向来读大学、语、孟、中庸四书，如水投石。近年得先生所论四书读之，反覆潜玩，始觉意味深长。"先生曰："且如此做工夫，有未透处且须放下，别理会一件。"

○ 盖卿禀辞，且乞赠言。先生曰："逐日所相与言者皆所宜着工夫，不用重说。"盖卿又请曰："此来幸甚，侍传约之诲，所得洪多，然于承教之愿犹未深惬。来岁傥尚未死，继得为远谒函丈之计。"先生曰："人事不可预期。归日宜一面着实做工夫。"盖卿犹在先人服中。

○ 甲寅八月三日，盖卿以书见先生于长沙郡斋，请曰："盖卿愿从学久矣，乃今得遂所图。然先生以召命戒途有日，殊为匆匆，即欲随诸生遇晚听讲。"先生曰："甚好！甚好！"是晚请教者七十余人。或问先生云："向蒙见教，读书须要涵泳，须要浃洽。因看孟子千言万语只是论心。七篇之书如此看，是涵泳工夫否？"先生曰："某为见此中人读书大段卤莽，所以说读书须当涵泳，只要子细寻绎，令胸中有所得尔。如吾友所说又衬贴一件意思，硬要差排，看书岂是如此？"又有一士友曰："先生'涵泳'之说乃杜元凯'优而柔之'之意。"先生曰："固是如此，亦不用如此解说。所谓涵泳者，只是子细读书之异名也。大率与今人说话便是难处。某只是说一个'涵泳'，一人硬来差别，一人硬来解说。此是随诸生解，支离延蔓，闲说闲讲，少间展转，只是添得多、说得远，却要做甚？若是如此讲书、如此听人说话，全不是自做工夫，全无巴鼻，可知是使人说学是空谈。此中人所问大率如此，好理会处不理会，不当理会处却支离去说，说得全无意思。"以上盖卿自录。

○ 初见，先生云："某自到此，与朋友亦无可说，古人学问只是为己而已。圣贤教人具有伦理。学问是人合理会底事，学者须是切己方有所得。今世有人知为学者，听人说一席好话亦解开悟，到切己工夫却全不曾做，所以悠悠岁月，无可理会。若使切己下工，圣贤言语虽散在诸书，自有个通贯道理，须实有觅处，自然休歇不得。如人趁养家一般，一日不去趁便受饥饿。今人事无小大皆老草过了。只如读书一事，头边看得两段便揭过后面，或看得一二段，或看得三五行，或都不看，殊不曾子细理会，如何会有益？"或问："人讲学不明，用处全差了。"先生云："不待酬酢应变时。若学不切己，自家一个浑身自无处着，虽三魂七魄亦不知下落，何待用时方差？"坐间有言及傅子渊者。先生云："人虽见得他偏，见得他不是，此达却未有肯着力做自家工夫，如何不为他所谩？近世人大被人谩，可笑！见人胡乱一言一动便被降下了，只缘自无工夫，所以如此。便又有不读书之说可以诱人，宜乎陷溺者多。"先生又云："彼一般说话虽是说禅，却能鞭逼得人紧。后生于此边既无所得，一溺其说便把做件事做，如何可回？终竟他底不是，愈传愈坏了人。"或又云："近世学者多躐等。"先生云："亦更有不及等人。"以下训谦。

○　谦问："为学工夫，以何为先？"先生云："亦不过如前所说，专在人自立志。既知这道理，办得坚固心，一味向前，何患不进？只患立志不坚，只恁听人言语，看人文字，终是无得于己。"或云："须是做工夫，方觉言语有益。"先生云："别人言语亦当子细穷究。孟子说'我知言，我善养吾浩然之气'，知言便是穷（理）〔究〕别人言语。他自邪说，何与我事？被他谩过，理会不得，便有陷溺。所谓'生于其心，害于其政；作于其政，害于其事'，盖谓此也。"

○　"德之看文字尖新，如见得一路光明便射从此一路去。然为学读书宁详毋略，宁近毋远，宁下毋高，宁拙毋巧。若一向罩过，不加子细，便看书也不分晓。然人资质亦不同，有爱趋高者，亦有好务详者。虽皆有得，然详者终是看得溥博浃洽。"又言："大学等书向来人只说某说得详，如何不略说使人自致思？此事大不然。人之为学只是争个肯不肯耳。他若无得，不肯向这边，略亦不解致思；他若肯向此一边，自然有味，愈详愈有意味。"以上皆谦自录，下见诸录。

○　廖兄请曰："某远来求教，获听先生雅言至论，退而涵泳，发省甚多。旅中只看得先生大学章句、或问一过，所以诲人者至矣。为学入德之方无以加此，敢不加心！明日欲别诲席，更乞一言之赐。"先生曰："他无说，只是自下工夫便有益。此事元不用许多安排等待，所谓'造次颠沛必于是'也，人只怕有悠悠之患。"廖兄复对曰："学者之病多在于悠悠，极荷提策。"先生云："见得分晓便当下工夫。时难得而易失，不可只恁地过了。"盖卿。

○　先生问<u>自修</u>云："前此得书，甚要讲学，今有可说否？"<u>自修</u>云："适值先生去国匆匆，不及歆承教诲。"先生云："自家莫匆匆便了。"训<u>自修</u>，自录。

○　<u>绍熙甲寅四月二十一日晦庵朱先生</u>奉天子命就国于潭，道过<u>临江</u>。<u>长孺</u>自<u>吉州</u> <u>吉水县</u>山间越境迎见先生，与之进，某四拜，先生受半答半。某跪进劄子，其略云："某尝谓问答之际，此最学者之大机也。盖问必有疑，疑必有释，答必有要，要不容隐。窃观圣贤之间惟两答最亲切极至，学者不可忽也。'<u>子路</u>、<u>曾晳</u>、<u>冉有</u>、<u>公西华</u>侍坐。子曰："居则曰不吾知也，如或知尔则何以哉？"<u>子路</u>以使勇对，<u>冉有</u>以足民对，<u>子华</u>以小相对。三子者，夫子皆未之领许也。独<u>曾点</u>下一转语："异乎三子者之撰。莫春者，春服既成，冠者五六人，童子六七人，浴乎<u>沂</u>，风乎<u>舞雩</u>，咏而归。"夫子喟然叹曰："吾与<u>点</u>也！"'此是一问答。'<u>子贡</u>问："有一言而可以终身行之者乎？"子曰："其恕乎！"'此是一问答。是故善答者莫如<u>点</u>，善问者莫如<u>赐</u>。<u>点</u>之答□□而有德，<u>赐</u>之问搜径而无歧。其有德者，<u>颜子</u>不改其乐之意；其无歧□□□道一以贯之之意。故曰善答者莫如<u>点</u>，善问者莫如<u>赐</u>。晚进末学懵不知道，先生若曰：'如或知尔则何以哉？'<u>长孺</u>未有以对也。<u>长孺</u>狂妄，将有请问于先生曰：'有一言而可以终身而行之者乎？'先生推先圣之心，慰学者之望，不孤某所以委身受教之诚·赐金声玉振之音。"举<u>中说</u>云"通于夫子，受罔极之恩"。先生阅劄子毕，欣然一笑曰："恁地却不得。<u>子贡</u>问夫子：'得一言而可以终身行之者乎？'子曰：'其恕乎！'此只是就<u>子贡</u>身上与他一个'恕'字。若其他学者要学圣人，煞有事件，如何将一个字包括得尽。"某问曰："先生云一个字包不尽，极是，但大道茫茫，何处下手？也须有一个切要可以用功夫处。愿先生指教。"先生乃举<u>中庸</u>一章云："大哉圣人之道。洋洋乎发育万物，峻极于天，优优大哉。礼仪三百，威仪三千，待其人而后行。故曰苟不至德，至道不凝焉。故君子尊德性而道问学，致广大而尽精微，极高明而道中庸，温故而知新，敦厚以崇礼。"既诵讫，遂言曰："'尊德性，道问学；致广大，尽精微；极高明，道中庸；温故，知新；敦厚，崇礼'，只从此下工夫理会。"某问曰："何者是德性？何者是问学？"先生曰："不过是'居处恭，执事敬'、'言忠信，行笃敬'之类，都是德性。至于问学则煞阔，条项甚多。事事物物皆是问学，无穷无尽。"某曰："德性却如何尊？问学却如何道？"先生曰："尊德性做一件重事，莫轻忽他，只此是尊。"时先生手中持一扇，因举扇而言："且如这一柄扇，自家不会做，去问人扇如何做。人教之以如何做，既听得了须是自去做这扇便得，如此方是道问学。若问得去便掉下不去做，如此便不是道问学。"某曰："如先生之言，'道'字莫只是训'行'否？"先生颔之，而曰："自'尊德性'而下，虽是五句，却是一句总四句；虽是十件，却是两件总八件。"某问曰："如何是一句总四句？"先生曰："'尊德性，道问学'，这一句为主，都总得'致广大，尽精微；极高明，道中庸；温故，知新；敦厚，崇礼'四句。"某问曰："如何是两件统八件？不知分别那个四件属'尊德性'？那个四件属'道问学'？"先生曰："致广大、尽精微、极高明、道中庸，这四件属尊德性。温故、知新、敦厚、崇礼，这四件属道问学。"某问曰："如何'致广大'？如何'尽精微'？"先生曰："自家须要做圣贤事业，致圣贤地位，这是'致广大'。然须是从洒扫应对进退间色色留意方得，这是'尽精微'。"某曰："如何'极高明'，尚'道中庸'？"先生曰："此身与天地并，这是'极高明'。若只说却不踏实地，无进步处，亦只是胡说。也须是自家周旋委曲于规矩准绳之中，到俯仰无愧怍处始得，这是'道中庸'。"某问曰："如何'温故'？如何'知新'？"先生曰："譬如读论语，今日读这一段所得是如此，明日再读这一段所得又如此。两日之间所读同而所得不同，这便是'温故知新'。"某问曰："如何'敦厚'？如何'崇礼'？"先生曰："若只是恁地敦厚，却块然无用也，须见于运量酬酢、施为注措之间发挥出来始得。"某谢

曰:"先生教诲亲切明白,后学便可下工夫。极感!"先生又讽诵"大哉
圣人之道。洋洋乎发育万物,峻极于天,优优大哉。礼仪三百,威仪三
千,待其人然后行。故曰'苟不至德,至道不凝焉'"等数语而赞之,
曰:"这全在人。且如'发育万物,峻极于天'、'礼仪三百,威仪三
千',甚次第大事,只是一个人做了。然而下面又(待)〔特〕地拈出,
谓'苟不至德,至道不凝焉',结这两句最为要切。须先了得'礼仪三
百,威仪三千',然后到得'发育万物,峻极于天'去处。这一个'凝'
字最紧,若不能凝,则更无些子属自家,须是凝时方得。所谓'至德'
便是'礼仪三百,威仪三千',所谓'至道'便是'发育万物,峻极于
天',切须着力理会。"某请曰:"先生之教,某既得而闻之矣。恒某愚
陋,恐不能尽记先生之言论风指,不知先生或可以书为一说,使某奉承
而退,朝夕服膺,如何?"先生复笑曰:"某不立文字,寻常只是讲论。
适来所说尽之矣。若吾友得之于心,推而行之,一向用工,尽有无限,
何消某写出!若于心未决,纵使写在纸上,看来是甚么物事!吾友见在
纸上寻讨,又济甚事!"某谢曰:"先生之诲,敢不敬听!当自此探讨力
行。"先生曰:"且着力勉之!勉之!"某将起,先生留饭,置酒三行,
燕语久之,饭罢辞去,退而记之。训<u>长孺</u>,自录。

朱子语类卷第一百十七

朱子十四

训门人五

○　先生问："看论语了未？"广云："已看一遍了。"先生曰："太快。若如此看只是理会文义，不见得他深长底意味。所谓深长意味又也别无说话，只是涵泳久之自见得。"^{以下训广。}

○　先生谓广："看文字伤太快，恐不子细。虽是理会得底更须将来看，此不厌熟，熟后更看方始其滋味出。"因笑曰："此是做伪学底工夫。"

○　或问"诚敬"二字云云。先生曰："也是如此，但不去做工夫，徒说得不济事。且如公一日间曾有几多时节去体察理会来？若不曾如此下工夫，只据册上写底把来口头说，虽说得是，何益？某常说与学者，此个道理须是用工夫自去体究。讲论固不可缺，若只管讲，不去体究，济得甚事？盖此义理尽广大无穷尽，今日恁地说亦未必是，又恐他只说到这里，入深也更有在，若便领略将去，不过是皮肤而已，又不入思虑，则何缘会进？须是把来横看竖看，子细穷究，都理会不得底固当去看，便是领略得去者亦当如此看，看来看去方有疑处也。此个物事极密，毫厘间便相争，如何恁地疏略说得？若是那真个下工夫到田地底人，说出来自别。汉卿所问虽若近似，也则看得浅。须是理会来理会去，理会得意思到似被胶漆粘住时，方是长进也。"因问："'诚敬'二字如何看？"广云："先敬然后诚。"曰："且莫理会先后。敬是如何？诚是如何？"广曰："敬是把捉工夫，诚则到自然处。"曰："敬也有把捉时，也有自然时；诚也有勉为诚时，亦有自然诚时。且说此二字义，敬只是个收敛畏惧不纵放，诚只是个朴直悫实不欺诳。初时须着如此不纵放、不欺诳，到得工夫到时，则自然不纵放、不欺诳矣。"

○　或问："人之思虑有邪有正，若是大段邪僻之思却容易制，惟是许多无头无面不紧不要底思虑，不知何以制之？"曰："此亦无他，只是觉得不当思量底便莫要思，便从脚下做将去，久久纯熟自然无此等思虑矣。譬如人（生）〔坐〕不定者两脚常要行，但才要行时便自省觉莫要行，久久纯熟亦自然不要行而坐得定矣。前辈有欲澄治思虑者，于坐处置两器，每起一善念则投白豆一粒于器中，每起一恶念则投黑豆一粒于器中。初时黑豆多、白豆少，后白豆多、黑豆少，后来遂不复有黑豆，最后则虽白豆亦无之矣。然此只是个死法。若更加以读书穷理底工夫，则去那般不正当底思虑，何难之有？又如人有喜好做不要紧事，如写字、作诗之属。初时念念要做，更遏捺不得。若能将圣贤言语来玩味，见得义理分晓，则渐渐觉得此重彼轻，久久不知不觉自然剥落消殒去。何必横生一念，要得别寻一捷径尽去了意见然后能如此？隔夕尝有为"去意见"之说者。此皆是不奈烦去修治他一个身心了作此见解。譬如人做官则当至诚去做职业，却不奈烦去做，须要寻个幸门去钻，道钻得这里透时便可以超躐将去。今欲去意见者皆是这个心。学者但当就意见上分真妄，存其真者、去其妄者而已。若不问真妄尽欲除之，所以游游荡荡，虚度光阴，都无下工夫处。"因举中庸曰："'喜怒哀乐未发谓之中，发而皆中节谓之和。中也者天下之大本，和也者天下之达道。致中和，天地位焉，万物育焉'。只如喜怒哀乐皆人所不能无者，如何要去得？只是要发而中节尔。所谓致中，如孟子之'求放心'与'存心养性'是也；所谓致和，如孟子论平旦之气与充广其仁义之心是也。今却不奈烦去做这样工夫，只管要求捷径去意见，只恐所谓去意见者正未免为意见也。圣人教人如一条大路平平正正，自此直去可以到圣贤地位，只是要人做得彻，做得彻时也不大惊小怪，只是私意剥落净尽，纯是天理融明尔。"又曰："'兴于诗，立于礼，成于乐。'圣人做出这一件物事来，使学者闻之自然欢喜，情愿上这一条路去。四方八面揎掇他去这路上行。"又曰："所谓致中者，非但只是在中而已，才有些子偏倚便不可，须是常在那中心十字上立方是致中。譬如射，虽射中红心，然在红心边侧亦未当，须是正当红心之中，乃为中也。"广云："此非常存戒谨恐惧底工夫不可。"先生曰："固是。只是个戒谨恐惧，便是工夫。"广云："数日敬听先生教诲做工夫处，左右前后、内外本末无不周密，所谓盛水不漏。"先生曰："'博我以文，约我以礼'，圣门教人只此两事，须是互相发明。约礼底工夫深则博文底工夫愈明，博文底工夫至则约礼底工夫愈密。"

○ 问："'必有事焉'，在孟子论养气只是谓'集义'也，至程子以之说鸢飞鱼跃之妙乃是言此心之存耳。"曰："孟子所谓'必有事焉'者言养气当用工夫，而所谓工夫则集义是也，非便以此句为集义之训也。至程子则借以言是心之存而天理流行之妙，其只此一句已足。然又恐人大以为事得重则天理反塞而不得行，故又以'勿正心'言之，然此等事易说得近禅去。"广云："所谓'易说得近禅'者，莫是如程子所谓'事则不无，拟心则差'之说否？"先生曰："也是如此。"广云："若只以此一句说则易得近禅，若以全章观之，如'费而隐'与'造端乎夫妇'两句便自与禅不同矣。"先生曰："须是事事物物上皆见得此道理方是。(是) 他释氏也说'佛事门中，不遗一法'，然又却只是如此说，及看他做事，却全不如此。"广云："旧来说，多以圣人天地之所不知不能及鸢飞鱼跃为道之隐，所以易入于禅。唯谢氏引夫子'与点'之事以明之，实为精切，故程子谓：'"浴乎沂，风乎舞雩，咏而归"，言乐而得其所也。盖孔子之志在于"老者安之，朋友信之，少者怀之"，要使万物各得其性。曾点知之，故孔子喟然叹曰"吾与点也"。'"先生曰："曾点他于事事物物上真个见得此道理，故随所在而乐。"广云："若释氏之说，鸢可以跃渊，鱼可以戾天，则反更逆理矣。"曰："是。他须要把道理来倒说方是玄妙。"广云："到此已两月，蒙先生教诲，不一而足，不胜感激！近来静坐时收敛得心意稍定，读书时亦觉颇有意味，但广老矣，望先生痛加教诲！"先生笑曰："某亦不敢不尽诚。如今许多道理也只得恁地说。然所以不如古人者，只欠个古人真见尔。且如曾子说忠恕，是他开眼便见得真个可以一贯。忠为体，恕为用，万事皆可以一贯。如今人须是对册子上安排对副方始说得近似，少间不说又都不见了，所以不济事。"正淳云："某虽不曾理会禅，然看得来圣人之说皆是实理，故君君臣臣、父父子子、夫夫妇妇，皆是实理流行。释氏则所见偏，只管向上去，只是空理流行尔。"曰："他虽是说空理，然真个见得那空理流行。自家虽是说实理，然却只是说耳，初不曾真个见得那实理流行也。释氏空底却做得实，自家实底却做得空，紧要处只争这些子。如今伶俐者虽理会得文义，又（理）〔却〕不曾真见，质朴者又和文义都理会不得。譬如撑船，着浅了看如何撑，无缘撑得动，此须是去源头决开，放得那水来，则船无大小，无不浮矣。韩退之说文章亦说到此，故曰'气，水也；言，浮物也。水大则物之小大皆浮，气盛则言之短长与声之高下皆宜'。"广云："所谓'源头工夫'，莫只是存养修治底工夫否？"曰："存养与穷理工夫皆要到，然存养中便有穷理工夫，穷理中便有存养工夫。穷理便是穷那有得底，存养便是养那穷得底。"

○　先生谕广曰："今讲学也只如此，更须于主一上做工夫。若无主一工夫，则所讲底义理无安着处，都不是自家物事；若有主一工夫，则外面许多义理方始为我有，都是自家物事。工夫到时，才主一便觉意思好，卓然精明。不然便缓散消索了，没意思。"广云："到此侍教诲三月，虽昏愚，然亦自觉得与前日不同，方始有个进修底田地，归去当闭户自做工夫。"曰："也不问在这里不在这里，也不说要如何顿段做工夫，只自脚下便做将去。固不免有散缓时，但才觉便收敛将来，渐渐做去。但得收敛时节多，散缓之时少，便是长进处。故孟子说'学问之道无他，求其放心而已'，所谓'求放心'者，非是别去求个心来存着，只才觉放，心便在此。孟子又曰'鸡犬放则知求之，心放则不知求'，某尝谓鸡犬犹是外物，才放了须去外面捉将来；若是自家心更不用别求，才觉便在这里。鸡犬放犹有求不得时，自家心则无求不得之理。"因言："横渠说做工夫处，更精切似二程。二程先生资禀高，洁净，不大段用工夫，只恁地便可到。若横渠资禀则有偏驳夹杂处，他大段用工夫来，观其言曰'心清时少、乱时多。其清时视明听聪，四体不待羁束而自然恭谨。其乱时反是'，说得来大段精切。"

○ 广云："昨日闻先生教诲做工夫底道理。自看得来所以无长进者，政缘不曾如此做工夫，故于看文字时不失之肤浅，则入于穿凿。今若据先生之说便如此着实下工夫去，则一日须有一日之功，一月须有一月之功，决不到虚度光阴矣。"先生曰："昨日也偶然说到此。某将谓凡人读书都是如此用功，后来看得却多不如此。盖此个道理问也问不尽，说也说不尽，头绪尽多，须是自去看。看来看去则自然一日深似一日，一日分晓似一日，一日简易似一日，只是要熟。孟子曰'仁，亦在乎熟之而已'，熟则一唤便在面前。不熟时，才被人问着便须旋去寻讨，追寻讨得来时，意思已不如初矣。"

○ 先生又谓广："见得义理虽稍快，但言动之间觉得轻率处多。

子曰'仁者其言也讱'，仁者之言自不恁地容易，谢氏曰'视听言动不可易，易则多非礼'。须自时时自省觉、自收敛，稍缓纵则失之矣。"翌日广请曰："先生昨日言广言动间多轻率，无那'其言也讱'底意思，此深中广之病。盖旧年读书，到那适然有感发处，不过赞叹圣言之善耳，都不能玩以养心。自到师席之下，一日见先生泛说义理不是面前物，皆吾心固有者，如道家说存想法，所谓'铅汞龙虎'之属，皆人身内所有之物。又数日因广诵义理又向外去，先生云：'前日说与公，道皆吾心固有，非在外之物。'广不觉怃然有警于心。又一日侍坐，见先生说'如今学者大要在唤醒上'，自此方知得个做工夫底道理。而今于静坐时，读书玩味时，则此心常在。一与事接则其心便缓散了。所以轻率之病见于言动之间，有不能掩者。今得先生警诲，自此更当于此处加省察收摄之功。然侍教只数日在，更望先生痛加教饬。"先生良久，举伊川说曰："'人心有主则实，无主则虚'，又一说却曰'有主则虚，无主则实'。公且说看是如何？"广云："有主则实，谓人具此实然之理，故实。无主则实，谓人心无主，私欲为主，故实。"先生曰："心虚则理实，心实则理虚。'有主则实'，此'实'字是好，盖指理而言也；'无主则实'，此'实'字是不好，盖指私欲而言也。以理为主则此心虚明，一毫私意着不得。譬如一泓清水，有少许砂土便见。"

○ 广请于先生，求"居敬穷理"四字。曰："自向里做工夫可也，何必此？"因言："昔罗隐从钱王巡钱塘城，见楼橹之属，阳为不晓而问曰：'此何等物？'钱曰：'此为楼橹。'又问：'何用？'钱曰：'所以御寇。'曰：'果能尔则当移向内施之。'盖风之以寇在内故也。"

○ 先生问广："到此得几日矣？"广云："八十五日。"曰："来日得行否？"广曰："来早拜辞。"先生曰："有疑更问。"广云："今亦未有疑。自此做工夫去，须有疑却得拜书请问。"曰："且自勉做工夫。学者最怕因循，莫说道一下便要做成。今日知得一事亦得，行得一事亦得，只不要间断，积累之久自解做得彻去。若有疑处且须自去思量，不要倚靠人，道待去问他。若无人可问时不成便休也？人若除得个倚靠人底心，学也须会进。"以上并<u>广</u>自录，下见诸录。

○ 先生语<u>汉卿</u>："有所疑未决可早较量。"答云："眼下亦无所疑。且看做去，有碍方敢请问。"先生因云："人说道顿段做工夫，亦难得顿段工夫。莫说道今日做未得且待来日做。若做得一事便是一事工夫，若理会得这些子便有这些子工夫，若见处有积累则见处自然贯通，若存养处有积累则存养自然透彻。"<u>贺孙</u>。

○ 八日，见<u>文之</u>，甲戌生。午后过东书院侍坐。问平日工夫，<u>泳</u>对："理会时文。"先生曰："时文中亦自有工夫。"请读何书。曰："看<u>大学</u>。"以下训<u>泳</u>。

○ 九日，挈行李过<u>崇报精舍</u>，晚过楼下。说<u>大学</u>首章不当意。先生说："公读书，如骑马不会鞭策得马行，撑船不会使得船动。"

○ "读<u>大学</u>毕，次<u>论</u>、<u>孟</u>及<u>中庸</u>，兼看<u>近思录</u>。"先生曰："书读到无可看处恰好看。"

○ 先生与<u>泳</u>说："看文字罢，常且静坐。"以上<u>泳</u>自录。

○ 初投先生书，以此心不放动为主敬之说。先生曰："'主敬'二字只恁地做不得，须是内外交相养。盖人心活物，吾学非比<u>释氏</u>，须是穷理。"书中有云："近乃微测为学功用，此事乃切己事，所系甚重。"先生举以语朋友云："诚是如此。"以下诚<u>士毅</u>。

○　士毅问：“先生训以穷理，疑谓莫如先随事致察以求其当然之则。”先生曰：“是如此。”士毅问：“人固有非意于为过而终陷于过者，此则不知之失。然当不知之时正私意物欲方蔽固，切恐虽欲致察而不得其真。”先生曰：“却恁地两相担阁不得，须是察。”士毅问：“程子所谓‘涵养须用敬，进学则在致知’，是二句不可除一句。”先生曰：“如此方始是。”又曰：“知与敬是先立底根脚。”

○　人之本心不明，一如睡人都昏了，不知有一身，须是唤醒方知。恰如瞌睡，强自唤醒，唤之不已终会醒。某看来，大要工夫只在唤醒上，然如此等处须是体验教自分明。

○　士毅问：“唤醒是觉放肆时收敛否？”先生曰：“是。”又云：“唤醒是昏迷时。”又云：“放肆便是昏迷。”

○　“讲论自是讲论，须是将来自体验。说一段过又一段，〔何〕补？某向来从师，一日说话，晚头如温书一般须子细看过，有疑则明日又问。”士毅问：“士毅寻常读书须要将说心处自体之以心，言处事处推之以事，随分量分晓方放过，莫得体验之意思否？”先生曰：“亦是。”又曰：“体验是自心里暗自讲量一次。”按辅广录同而少异，今附，云：“或问：‘先生谓讲论固不可无，须是自云体认。如何是体认？’曰：‘体认是把那听得底自去心里重复思绎过，伊川先生曰“时复思绎，浃洽于中则悦矣”。某向来从师，一日间所闻说话，夜间如温书一般，一一子细思量过，才有疑，明日又（明）〔问〕。’”

○　士毅禀归，请教。先生曰：“只前数日说底便是，只要去做工夫。如饮食在前，须是去吃他，方知滋味。”又曰：“学者最怕不知蹊径，难与他说。今日有一朋友将书来，说从外面去，不知何益。不免说与他教看孟子‘存心’一段。人须是识得自家物事，且如存，若不识得他，如何存得？如今既知蹊径，且与他做去。只如主敬、穷理不可偏废，这两件事如踏一物一般，踏着这头，那头便动；如行步，左足起，右足自来。"又曰："更有一事，如今学者须是莫把做外面事看。人须要学，不学便欠缺了他底，学时便得个恰好。"以上士毅自录。

○　问思虑纷扰。先生曰："公不思虑时不识个心是何物。须是思虑时知道这心如此纷扰，渐渐见得，却有下工夫处。"以下训赐。

○　问："存心多被物欲夺了。"先生曰："不须如此说，且自体认自家心是甚物？自家既不曾识得个心，而今都说未得。才识得，不须操而自存。如水火相济，自不相离。圣贤说得极分明，夫子说了，孟子恐后世不识，又说向里。后之学者依旧不把做事，更说甚闲话。孟子四端处尽有可玩索。"以上赐自录。

○　问："而今看道理不出，只是心不虚静否？"先生曰："也是不曾去看。会看底就看处自虚静，这个互相发。"以下训夔孙。

○　先生谓夔孙云："公既久在此，可将一件文字与众人共理会，立个程限，使敏者不得而先，钝者不得而后。且如这一件事，或是甲思量不得，乙或思量得，这便是朋友切磋之义。"夔孙请所看底文字。曰："且将西铭看。"及看毕，夔孙依先生所解说过。先生曰："而今解得分晓了便易看，当初直是难晓。"夔孙请再看底文字。先生索近思录披数板，云："也拣不得，便漏了他底也不得。"遂云："'无极而太极'，而今人都想象有个光明闪烁底物事在那里。却不知本是说无这物事，只是有个理，解如此动静而已。及至一动一静便是阴阳，一动一静循环无端，'太极动而生阳'亦只是从动处说起。其实动之前又有静，静之前又有动。推而上之其始无端，推而下之以至未来之际其卒无终。自有天地便只是这物事在这里流转，一日便有一日之运，一月便有一月之运，一岁便有一岁之运，都只是这个物事衮衮将去。如水车相似，一个起，一个倒，一个上，一个下。其动也便是中、是仁，其静也便是正、是义。不动则静，不静则动。如人不语则默，不默则语，中间更无空处。又如善恶，不是善便是恶，不是恶便是善。'圣人定之以中正仁义'，便是主张这个物事。盖圣人之动便是元亨，其静便是利贞，都不是闲底动静，所谓'继天地之志，述天地之事'便是如此。如知得怎地便生，知得怎地便死，知得怎地便消，知得怎地便长，此皆是继天地之志。随他怎地进退消息盈虚，与时偕行。小而言之，饥食渴饮，出作入息；大而言之，君臣便有义，父子便有仁，此都是述天地之事，只是这个道理，所以君子修之便吉，小人悖之便凶。这物事机关一下拨转便拦他不住，如水车相似，才踏发这机更住不得。所以圣贤'兢兢业业，一日二日万几'，战战兢兢，至死而后知免。大化怎地流行，只得随他怎地，故曰'存心养性，所以事天也；夭寿不贰，修身以俟之，所以立命也'，这与西铭都相贯穿，只是一个物事。如云：'五行，一阴阳也；阴阳，一太极也；太极，本无极也。五行之生也，各一其性。无极之真，二五之精，妙合而凝。乾道成男，坤道成女。二气交感，化生万物，万物生生而变化无穷焉。'便只是'天地之塞吾其体，天地之帅吾其性'，只是说得有详略、缓急耳。而今万物到秋冬时各自敛藏便怎枯瘁，忽然一下春来，各自发生条畅，这只是一气，一个消，一个息。那个满山青黄碧绿，无非天地之化流行发见，而今自家吃他、着他、受用他，起居食息都在这里，离他不得，所以仁者见之便谓之仁，智者见之便谓之智，无非是此个物事。'继之者善'，便似日日装添模样；'成之者性'，便恰似造化都无可做了，与造化都不相关相似。到得'成之者性'，就那上流行出来，又依前是'继之者善'。譬如谷，既有个谷子，里面便有米，米又会生出来。如果子皮里便有核，核里便有仁，那仁又会发出来。人物莫不如此。如人方其在胞胎中受那父母之气，则是'继之者善'。及其生出来便自成一个性了，便自会长去，这后又是'继之者善'，只管如此。仁者谓之仁，便是见那发生处；智者谓之智，便是见那收敛处。'百姓日用而不知'，便是不知所谓发生，亦不知所谓收敛，醉生梦死而已。周先生太极通书便只是衮〔这〕几句，易之为义也只是如此，只是阴阳交错，千变万化皆从此出，故曰'易有太极'。这一个便生两个，两个便生四个，四个便生八个，八个便生十六个，十六个便生三十二个，三十二个便生六十四个，故'八卦定吉凶，吉凶生大业'。圣人所以说出时，只是使人不迷于利害之途耳。"少顷，又举"诚几德"一章，说云："'诚无为'，只是自然有实理恁地，不是人做底都不曾犯手势。'几善恶'便是心之所发处有个善、有个恶了。'德'便只是善底，为圣为贤只是这材料做。"又举第三"大本达道章"说云："未发时便是那静，已发时便是那动。方其静时便是有个体在里了，如这卓子，未用时已有这卓子在了，及其已发，便有许多用。一起一倒无有穷尽。若静而不失其体便是天下之大本立焉，动而不失其用便是天下之达道行焉。若其静而或失其体则天下之大本便昏了，动而或失其用则天下之达道便乖了。说来说去只是这一个道理。"夔孙问云："此个道理，孔子只说'一阴一阳之谓道，继之者善，成之者性'，都不会分别出性是如何。孟子乃分别出，说是有四者，然又只是以理言。到周先生说方始尽，方始见得人必有是四者，这四者亦有所附着。"先生曰："孔子说得细腻，说不曾了。孟子说得粗疏略，只是说'成之者性'，不曾从原头推说来。然其界分自孟子方说得分晓。"陈仲蔚因问："龟山说'知其理一，所以为仁；知其分殊，所以为义'，仁便是体，义便是用否？"先生曰："仁只是流出来底，义是合当做底。如水流动处是仁，流为江河、汇为池沼便是义。如恻隐之心便是仁；爱父母、爱兄弟、爱乡党、爱朋友故旧有许多等差，便是义。且如敬只是一个敬，到敬君、敬长、敬贤便有许多般样。礼也是如此，如天子七庙、诸侯五庙，这个便是礼；其或七或五之不同便是义。礼是理之节文，义便是事之所宜处。吕与叔说'天命之谓

性'：'自斩而缌，丧服异等而九族之情无所憾；自王公至皂隶，仪章异
制而上下之分莫敢争。自是天性合如此。'且如一堂有十房父子，到得
父各慈其子、子各孝其父而人不嫌者，自是合如此也。其慈、其孝，这
便是仁；各亲其亲、各子其子，这便是义。这个物事分不得，流出来便
是仁。仁打一动，义礼智便随在这里了，不是要仁使时又却留在后面，
少间放出来。便是实只是一个道理，论着界分便有许多分别。且如心性
情虚明应物，知得这事合恁地，那事合恁地，这便是心；当这事感则这
理应，当那事感则那理应，这便是性；出头露面来底便是情，其实只是
一个物事。而今这里略略动，这三个便都在，子细看来亦好则剧。"又
举邵子"性者道之形体"处，曰："道虽无所不在，然如何地去寻讨他？
只是回头来看都在自家性分之内。自家有这仁义礼智，便知得他也有仁
义礼智，千人万人，一切万物无不是这道理，推而广之亦无不是这道
理。他说'道之形体'便是说得好。"以上夔孙自录，（录）下见诸录。

○ 林子武初到时，先生问义刚云："子武在何处安下？"刘曰：
"未曾移入堂长房。"先生曰："也须是个有思量底。苏子容押'花'字
常要在下面，后有一人官在其上，却挨得他'花'字向上面去，他遂终
身悔其初无思量，不合押'花'字在下面。"及包显道等来，遂命子武
作堂长。义刚。

○ 庆元丁巳三月见先生于考亭。先生曰："甚荷远来，此意良厚，
然而不是时节。"又曰："公初从何人讲学？"曰："少时从刘衡州问学。"
先生曰："见衡州如何？"曰："衡州开明大体，使人知所向慕。"先生
曰："如何做工夫？"曰："却是无下手处。"先生曰："向来亦见庐陵诸
公有问目之类，大纲宽缓，不是斩钉截铁，真个可疑可问，彼此只做一
场话说休了。若如此悠悠，恐虚过岁月。某已前与朋友往来亦是如此。
后来钦夫说道：'凡肯向此者，吾二人只如此放过了，不特使人泛然来

行一遭，便道我曾从某人处讲论一向胡说，反为人取笑，亦是坏了许多好气质底。若只悠悠地去，可惜。今后须是截下，看晚年要成就得一二人，不妨是吾辈事业。'自后相过者，这里直是不放过也。"祖道又曰："顷年亦尝见陆象山。"先生笑曰："这却好商量。公且道象山如何？"对曰："象山之学，祖道晓不得，更是不敢学。"先生曰："如何不敢学？"祖道对曰："象山与祖道言：'目能视，耳能听，鼻能知香臭，口能知味，心能思，手足能运动，如何更要甚存诚持敬，硬要将一物去治一物？须要如此做甚？咏归舞雩自是吾子家风。'祖道对象山曰：'是则是有此理，恐非初学者所到地位。'象山曰：'吾子有之而必欲外铄以为本，可惜也！'祖道曰：'此恐只是先生见处。今使祖道便要如此，恐成猖狂妄行、蹈乎大方者矣！'象山曰：'缠绕旧习如落陷阱，卒除不得。'"先生曰："陆子静所学分明是禅。"又曰："江西人大抵秀而能文，若得人点化，是多少明快！盖有不得不任其责者，然今党事方起，能无所畏乎！忽然被他来理会，碍公进取时如何？"对曰："此是自家身己上事，进取何足议？"先生曰："可便迁入精舍。"以下训祖道。

○ 先生谓祖道曰："读书且去钻研求索，及反覆认得时且蒙头去做，久久须有功效。吾友看文字忒快了，却不沉潜见得他子细意思。莫要一领他大意便去抟摸，此最害事。且熟读，就他注解为他说一番。说得行时却又为他精思，久久自落窠臼。略知瞥见便立见解，终不是实，恐他时无把捉，虚费心力。"

○ 〔问〕进德之方。先生曰："大率要修身穷理。若修身上未有工夫，亦无穷理处。"问："修身如何？"曰："且先收放心。如心不在，无下手处，要去体察你平昔用心是为己为人。若读书计较求利禄，便是为人。"

○ "资禀纯厚者须要就上面做工夫。"问:"如何?"曰:"人生与天地一般,无些欠缺处。且去子细看秉彝常性是如何,将孟子言性善处看是如何善,须精细看来。"

○ 一日拜别先生,先生云:"归去各做工夫,他时相见却好商量也。某所解论孟和训诂注在下面,要人精粗本末、字字为咀嚼过。此书某自三十岁便下工夫,到而今改犹未了,不是草草者,看且归子细。"
以上并祖道自录。

○ 木之问:"承先生赐教读书之法,如今看来,圣贤言行本无相违。其间所以有可疑者,只是不逐处研究得通透,所以见得抵牾。若真个逐处逐节逐段见得精切,少间却自到贯通地位。"曰:"固是。如今若苟简看过,只一处便自未曾理会得了,却要别生疑义,徒劳无益。"训木之。自录。

○ 书只贵读,读多自然晓。今只思量得,写在纸上底也不济事,终非我有。只贵乎读,这个不知如何,自然心与气合,舒畅发越,自是记得牢。纵饶熟看过,心里思量过,也不如读。读来读去,少间晓不得底自然晓得,已晓得者越有滋味。若是读不熟,都没这般滋味。而今未说读得注,且只熟读得正经,行住坐卧,心尝在此,自然晓得。尝思之,读是学。夫子说"学而不思则罔,思而不学则殆",学便是读。读了又思,思了又读,自然有意。若读而不思,又不知其意。〔思而不读,纵使晓得,终是飘飘不安。一似倩得人来守屋相似,不是自家人终不属自家使唤。若读得熟而又思得精,自然心与理一,永远不忘。某旧苦记文字不得,后来只是读,今之记得者皆读之功也。老苏只取孟子、论语、韩子与诸圣人之书,安坐而读之者七八年,后来做出许多文字如此好。他资质固不可及,然亦须着如此读。只是他读时便只要模写他言语做文章，若移此心与这样资质去讲究义理，那里得来！是知书只贵熟读，别无方法。〕"又曰："公不可欲速，且读一小段。若今日读不得，明日又读；明日读不得，后日又读，须被自家读得。若只记得字义训释，或其中有一两字漏落，便是那腔子不曾填得满。如一个物事欠了尖角处相似，(少明)〔少间〕自家做出文字便也有所欠缺，不成文理。尝见蕃人及武臣文字常不成文理，便是如此。他心中也知得要如此说，只(被)是字义有所欠缺，下得不是。这个便是'不得于言，勿求于心'之患，是他心有所蔽，故如此。司马迁史记用字也有下得不是处。贾谊亦然，如治安策说教太子处云'太子少长知妃色则入于学'，这下面承接便用解说此义，忽然掉了，却说上学去云'学者所学之官也'，又说'帝入东学，上亲而贵仁'一段了，却方说上太子事，云'及太子既冠成人，免于保傅之严'云云，都不成文义，更无段落。他只是乘才快，胡乱写去，这般文字也不可以学。董仲舒文字却平正，只是又困善。仲舒、(康)〔匡〕衡、刘向诸人文字则皆善弱无气焰。司马迁、贾生文字雄豪可爱，只是逞快，下字时有不稳处，段落不分明。 (康)〔匡〕衡文字却细密，他看得经书极子细，能向里做工夫，只是做人不好，无气节。仲舒读书不如衡子细，疏略甚多，然其人纯正开阔，衡不及也。"又曰："荀子云〔'诵数以贯之，思索以通之'，〕诵数即今人读书记遍数也，古人读书亦如此。只是荀卿做得那文字不帖律处也多。"
以下训侗。

○ 问："寻常遇事时也知此为天理，彼为人欲。及到做时乃为人欲引去，事已却悔，此是如何？"曰："此便是无克己工夫，这样处极要与他扫除打叠方得。如一条大路，又有一条小路，自我也明知得合行大路，然小路面前有个物引着，自家不知不觉行从小路去，及至前面荆棘芜秽又却生悔。此便是天理人欲交战之机。须是遇事之时便与克下，不得苟且放过。此须明理以先之，勇猛以行之。若是上智圣人底资质，他不用着力，自然循天理而行，不流于人欲。若贤人之资质次于圣人者，到得遇事时固不会错，只是先也用分别教是而后行之。若是中人之资须大段着力，无一时一刻不照管克治始得。<u>曾子</u>曰：'仁以为己任（亦不）〔不亦〕重乎！死而后已不亦远乎！'又曰：'战战兢兢，如临深渊，如履薄冰。而今而后，吾知免夫。小子。'直是恁地用功方得。"

○ 问每日做工夫处。曰："每日工夫只是常常唤醒，如<u>程子</u>所谓'主一之谓敬'、<u>谢氏</u>所谓'常惺惺法'是也。然这里便有致知底工夫。<u>程子</u>曰'涵养须用敬，进学则在致知'，须居敬以穷理，若不能敬，则讲学又无安顿处。"

○ 又问："'色容庄'持久甚难。"曰："非用功于外也，心肃而容庄。"问："若非圣人说下许多道理，则此身四支耳目更无安顿处。"曰："然。古人因尝言之'非礼则耳目手足无所措'。"此条卓同。

○ 道理极是细腻。公门心都粗大，入那细底不得。

○ 今公掀然有飞扬之心，以为治国、平天下如指诸掌。不知自家一个身心都安顿未有下落，如何说功名事业？怎生治人？古时英雄豪杰不如此。<u>张子房</u>不问着他不说。<u>诸葛孔明</u>甚么样端严！公<u>浙</u>中一般学，是学为英雄之学，务为跔弛豪纵，全不点检身心。某这里须是事事从身心上理会起，举止动步事事有个道理，一毫不然便是欠阙了他道理。固是天下事无不当理会，只是有先后缓急之序，须先立其本，方以次推及其余。今公门学都倒了，缓其所急，先其所后，少间使得这身心飞扬悠远，全无收拾处。而今人不知学底，他心虽放，然犹放得近。今公虽曰知为学，然却放得远，少间会失心去，不可不觉。

○ 问："'鸢飞鱼跃'，南轩云'"鸢飞鱼跃"，天地之中庸也'。"曰："只看公如此说便是不曾理会得了。莫依傍他底说，只问取自家是真实见得不曾，自家信是信得个甚么。这个道理精粗小大、上下四方一齐要着到，四边合围起理会，莫令有些小走透，少间方从四边理会得些小有个见处，有个入头处。若只靠一边去理会，少间便偏枯了，寻捉那物事不得。若是如此悠悠，只从一路去攻击他而又不曾着力，何益于事！"李敬子曰："觉得已前都是如此悠悠过了。"曰："既知得悠悠，何不便莫要悠悠？便是觉得意思都不曾痛却。每日看文字，只是轻轻地拂过，寸进尺退都不曾依傍筑磕着那物事来。此间说时旋纽捏凑合说得些小，才过了又便忘了。或他日被人问起又遂旋纽捏说得些小，过了又忘记了。如此济得甚事？早间说如负痛相似。因言："持敬如书所云'若有疾'，如此方谓之持敬。"如人负一个大痛，念念在此，日夜求所以去之之术。理会这一件物须是彻头彻尾全文记得，始是如此，末是如此，中间是如此；如此谓之是，如此谓之非。须是理会教透彻，无些子凝滞方得。若只是如此轻轻拂过是济甚事！如两军〔厮杀，两边〕擂起鼓了，只得拼命进前，有死无二，方有个生路，更不容放慢，若才放慢，便被他杀。"

○ 某尝喜那钝底人，他若是做得工夫透彻时极好。却烦恼那敏底，他只是略绰看过，不曾深去思量。当下说也理会得，只是无滋味，工夫不耐久，如庄仲便是如此。某尝烦恼这样底，少间不济事。敏底人又却用做那钝底工夫方得。

○ 读书之法，既先识得他外面一个皮壳了，又须识得他里面骨髓方好。如公看诗只是识得个模象如此，他里面好处全不见得。自家此心都不曾与他相黏，所以眊燥无味，譬如人开沟而无水，如此读得何益！未论读古人书，且如读近世名公诗，也须知得他好处在那里。如何知得他好处？亦须吟哦讽咏而后得之。今人都不曾识，好处也不识，不好处以为不好者有之矣，好者亦未必以为好也。其有知得某人诗好、某人诗不好者，亦只是见已前人如此说，便承虚接响说取去。如矮子看戏相似，他见人道好，他也说好。及至问着他那里是好处？他元不曾识。举世皆然。只是不曾读，熟读后自然见得。"人而不为周南、召南，其犹正墙面而立也与"，今公读二南了，还能不正墙面而立否？意思都不曾相黏，济得甚事！前日所举韩退之、苏明允二公论作文处，他都是下这般工夫，实见得那好处，方做出这般文章，他都是将三代以前文字熟读后故能如此。如向者吕子约书来，说近来看诗甚有味，录得一册来，尽是写他读诗有得处。及观之，尽是说诗序。如关雎只是说一个"后妃之德也"，葛覃只是说得个"后妃之本"与"化天下以妇道也"，自"关关雎鸠"、"葛之覃兮"已下更不说着。如此读诗是读个甚么？吕伯恭大事记亦是如此，尽是编排诗序、书序在上面。他门读书尽是如此草草，以言事则不实，以立辞则害意。

○ 公而今只是说他人短长，都不自反己看。如公适间说学者来此不讲诵，蚤来莫去是理会甚事？自初来至去是有何所得？听得某说话有何警发？每日靠甚么做本？从那里做去？公却会说得个头势如此大，及至末梢，又却只是检点他人某事云云，元未有紧要，那人亦如何服公说？且去理会自己身心，煞有事在。以上并僩自录。

○ 友仁初参拜毕，出疑问一册，皆大学、语、孟、中庸平日所疑者。先生略顾之，谓友仁曰："公今须是逐一些子细理会始得，不可如此卤莽。公之意自道此是不可晓者故问，然其他不问者恐亦未必是，岂能便与圣贤之意合？须是坦会得底也来整理过方可。"以下训友仁。

○ 先生曰："公向道甚切，也曾学禅来。"曰："非惟学禅，如老、

庄及释氏教典，亦曾涉猎。自说法华经至要处乃在'是法非思量分别之
所能解'一句。"先生曰："我这正要思量分别，能思量分别方有豁然贯
通之理。如公之学也不易。"因以手指书院曰："如此屋相似，只中间洁
净，四边也未在。未能博学便要约礼，穷理处不曾用工，守约处岂免有
差！若差之毫忽，便有不可胜言之弊。"又顾同舍曰："德元却于此理见
得仿佛，惜乎不曾多读得书。"却谓友仁曰："更须痛下工夫读书始得。
公今所看大学或问 格物致知传，程子所说许多说话都一一记得，方有
可思索玩味。"

　　○　张问："先生论语或问甚好，何故不肯刊行？"先生曰："便是
不必如此。文字尽多，学者愈不将做事了，只看得集注尽得。公还尽记
得集注说话否？非唯集注，恐正文亦记不全，此皆是不曾子细用工夫。
且如邵康节始学于百原，坚苦刻厉，冬不炉，夏不扇，夜不就席者有
年，公门曾如此否？论语且莫说别处，只如说仁处，这里是如此说，那
里是如此说，还会合得否？"友仁曰："先生有一处解'仁'字甚晓然，
言：'仁者，人心之全德，必欲以身体而力行之，可谓重矣。一息尚存，
此志不容少懈，可谓远矣。'"先生不应。次日，却问："公昨夜举所解
仁说在何处？"友仁曰："在泰伯篇曾子言'仁以为己任'章。"先生曰：
"德元看文字却能记其紧要处。有万千人看文字者却不能于紧要处理会，
只于琐细处用工。前日他问中庸或问'不一其内，无以制其外；不齐其
外，无以养其中；静而不存，无以立其本；动而不察，无以胜其私'，
此皆是切要处。学者若能于切要处做工夫，又于细微处不遗阙了，久之
自然有得。"

　　○　问"邦畿千里，惟民所止"。先生曰："此是大率言物各有所止
之处。且如公，其心虽止得是，其迹则未在，心迹须令为一方可。岂有
学圣人之道，服非法之服、享非礼之祀者？程先生谓'文中子言心迹之

判便是乱说'者，此也。"友仁曰："舍此则无资身之策。"先生曰："'君子谋道不谋食'，岂有为人而忧此者！"

○ 拜辞，先生曰："公识性明，精力短，每日文字不可多看。又记性钝，但用工不辍，自有长进矣。"以上友仁自录，下见诸录。

○ 因诲郭兄云："读书者当将此身葬在此书中，行住坐卧念念在此，誓以必晓彻为期。看外面有甚事我也不管，只恁一心在书上，方谓之善读书。若但欲来人面前说得去，不求自熟，如此济得甚事！须是着起精神，字字与他看过。不惟念得正文注字，要自家暗地以俗语解得方是。如今自家精神都不曾与弓相入，念本文注字犹记不得，如何晓得！"卓。

○ 读书须立下硬寨，定要通得这一书方看第二书。若此书既晓未得，我宁死也不看那个。如此立志方成工夫。郭德元言记书不得，须是如此做工夫方得。公等每日只是闲用心，问闲事、说闲话底时节多，问紧要事、究竟自己事底时节少。若是真个做工夫底人，他自是无闲工夫说闲话、问闲事，圣人言语有几多紧要大节目都不曾理会。小者固不可不理会，然大者尤紧要。恪。

训门人六

○ 先生问伯羽：“如何用工？”曰：“且学静坐，痛抑思虑。”曰：
“痛抑也不得，只是放退可也。若全闭眼而坐，却有思虑矣。”又言：
“也不可全无思虑，无邪思耳。”以下训伯羽。

○ 学者博学、审问、谨思、明辩等多有事在。然初学且须先打叠
去杂思虑，作得基址方可下手。如起屋须有基址，许多梁柱方有顿处。

○ 观书须宽心平易看，先见得大纲道理了然，后详究节目。公今
如人入大屋，方在一重门外，里面更有数重门未入见，便要说他房里
事，如何得！

○ 公大抵容貌语言皆急迫，须打叠了令心下快活。如一把棼丝，
见自（而棼）〔棼而〕未定，才急下手去挐，愈乱。

○ 人须打叠了心下闲思杂虑。如心中纷扰，虽求得道理也没顿
处。须打叠了后得一件方是一件，两件方是两件。

○ 公看文字子细，却是急性、太忙迫，都乱了。又是硬钻凿求道理，不能平心易气看。且用认得定，用玩味宽看。

○ 问："读书莫有次序否? 余正叔云，不可读，读则蹉过了。"曰："论语章短者诚不可读，读则易蹉过后章去。若孟子、诗、书等，非读不可。盖它首尾自相应，全借读方见。"问："伯羽尝觉固易蹉了，专看则又易入于硬钻之弊，如何?"曰："是不可钻。书不可进前一步看，只有退看。譬如以眼看物，欲得其大体邪正曲直，须是远看方定，若近看愈狭了，不看见。""凡人谓以多事废读书，或曰气质不如人者皆是不责志而已。若有志时那问他事多，那问他气质不美?"曰："事多、质不美者，此言虽若未是太过，然即此可见其无志，甘于自暴自弃，过孰大焉! 真个做工夫人，便自不说此话。"

○ 蜚卿问："致知后须持养方力行?"曰："如是则今日致知，明日持养，后日力行。只持养便是行。正心、诚意岂不是行? 但行有远近，治国、平天下则行之远耳。"可学。

○ 蜚卿问："不知某之主一如何?"曰："凡人须自知，如己吃饭，岂可问他人饥饱?"又问："或于无事时更有思量否?"曰："无事时只是无事，更思个甚? 然人无事时少、有事时多，才思便是有事。"蜚卿曰："静时多为思虑纷扰。"曰："此只为不主一，人心皆有此病。不如且将读书程课系缚此心，逐旋行去，到节目处自见功效浅深。大凡理只在人心中，不在外面。只为人役役于不可必之利名，故本原固有者日加昏蔽，岂不可惜!"道夫。

○ 蜚卿欲类仁说看。曰："不必录。只识得一处，他处自然如破竹矣。"道夫。

○　先生谓蕈卿：“看公所疑是看论语未子细。这读书是要得义理通，不是要做赶课程模样。若一项未通，且就上思索教通透方得。初间疑处只管看来，自会通解。若便写在策上，心下便放却，于心下便无所得。某若有未通解处自放心不得，朝朝日日只觉有一事在这里。”贺孙。

○　蕈卿以书谒先生，有弃科举之说。先生曰：“今之士大夫应举干禄以为仰事俯育之计，亦不能免。公生事如何？”曰：“粗可伏腊。”曰：“更须自酌量。”道夫。

○　蕈卿曰：“某欲谋于先生，屏弃科举，望断以一言。”曰：“此事在公自看如何，须是度自家可以仰事俯育。作文字比之他人有可得之理否，亦须自思之。如人饥饱寒暖须自知之，他人如何说得！”道夫。

○　蕈卿云：“某正为心不定，不事科举。”曰：“放得下否？”曰：“欲放下。”曰：“才说‘欲’字便不得，须除去‘欲’字。若要理会道理，忙又不得，亦不得懒。”

○　“看今世学者病痛皆在志不立。尝见学者不远千里来此讲学，将谓真以此为事。后来观之，往往只要做二三分人，识些道理便是。不是看他不破，不曾以此语之。夫人与天地并立为三，自家当思量天如此高，地如此厚，自家一个七尺血气之躯如何会并立为三？只为自家此性元善，同是一处出来。一出一入若有若亡，元来固有之性不曾见得，则虽其人衣冠，其实与庶物不争多。伊川曰‘学者为气所（夺）〔胜〕、习所（胜）〔夺〕，只可责志’，颜渊曰‘仰之弥高，钻之弥坚，瞻之在前，忽焉在后。既竭吾才，如有所立卓尔’，在颜子分明见此物须要做得。如人在战阵，雷鼓一鸣，不杀贼则为贼所杀，又安得不向前！又如学者应举觅官，从早起来念念在此，终被他做得，但移此心向学，何所不至？孔子曰'吾十有五而志于学'至'三十而立'以上，节节推去。五峰曰'为学在立志，立志在居敬'，此言甚佳。夫一阴一阳相对。志才立则已在阳处立，虽时失脚入阴，然一觉悟则又在于阳。今之学者皆曰：'它是尧舜，我是众人，何以为尧舜？'为是言者曾不如佛家善财童子，曰：'我已发菩提心，行何行而作佛？'渠却办作佛，自家却不办作尧舜。"某因问："立志固是，然志何以立？"曰："自端本立。以身而参天地，以匹夫而安天下，实有此理。"方伯谟问："使齐王用孟子，还可以安天下否？"曰："孟子分明往见齐王，以道可行。只是他计些小利害，爱些小便宜，一齐昏了。自家只立得大者定，其他物欲一齐走退。"有举中庸一段："曰'德性'、曰'高明'、曰'广大'，皆是元来底。'问学'、'中庸'、'精微'，所以接续此也。"某问："孔门弟子问仁、问智皆从一事上做去。"曰："只为他志已立，故求所以趋向之路。然孔门学者亦有志不立底，如宰予、冉求是也。颜子固不待说，如'子路有闻，未之能行，惟恐有闻'，岂不是有志？至如漆雕开、曾点皆有志。孔子在陈思鲁之狂士，狂士何足思？盖取其有志，得圣人而师之，皆足为君子。"以下训可学。璘录云："同录异。"见后训璘。

○ 先生问："昨日与吾友说立志一段，退后思得如何？"某曰："因先生之言子细思之，皆是实理。如平日见害人之事不为，见非义之财不取，皆是自然如此。"曰："既自然如此，因何做尧舜不得？"某谓："尽其心则知其性。"曰："此不是答策题，须是实见得。'徐行后长者谓之弟'，须见得如何弟，是作得尧舜。"因语："'执德不弘，信道不笃，焉能为有？焉能为亡'，所谓天理人欲也。更将孟子'答滕文公'、'曹交问孟子'章熟读，才见得此甚省力。"

○ 问："作事多始锐而终辍，莫是只为血气使？"曰："虽说要义理之气，然血气亦不可无。孟子'气，体之充'，但要以义理为主耳。"

○ 问："讲学须当志其远者、大者。"曰："固是，然细微处亦须研穷。若细微处不研穷，所谓远者、大者只是揣作一头诡怪之语，果何益？须是知其大小、测其浅深，又别其轻重。"因问："平时读书，因见先生说乃知只得一模样耳。"曰："模样亦未易得，恐只是识文句。"

○ 问："反其性如何？"曰："只吾友会道个反时，此便是天性。只就此充之，别无道理。滕文公才问孟子，孟子便'道性善'。自今观之，岂不躐等？不知此乃是自家屋里物，有甚过当！既立得性了，则每事点检，视事之来，是者从之，非者违之。此下文甚长，且于根本上用工夫。既尚留此，便宜审观自见。"

○ 再见，请教。因问："平日读书时似亦有所见，既释书则别是一般。又，每若思虑纷扰，虽持敬亦未免弛慢，不知病根安在？"曰："此乃不求之于身而专求之于书，固应如此。古人曰'为仁由己，而由人乎哉'，凡吾身日用之间无非道，书则所以接凑此心耳，故必先求之于身而后求之于书，则读书方有味。"又曰："持敬而未免弛慢是未尝敬也，须是无间断乃可。至如言思虑多，须是合思即思，不合思者不必思，则必不扰乱。"又问："凡求之于心须是主一，为或于事事求之？"曰："凡事无非用心处，只如于孝则求其如何是孝，于弟则求其如何是弟，大抵见善则迁、有过则改，圣人千言万语不出此一辙。须积习时久，游泳浸（清）〔渍〕，如饮醇酒，其味愈长，始见其真是真非。若似是而非，似有（无）〔而〕实未尝有，终自恍惚，然此最学者之大病。"又问："读书宜以何为法？"曰："须少看。凡读书须子细研穷讲究，不可放过。假如有五项议论，开策时须逐一为别白，求一定说。若他日再看，又须从头检阅，而后知前日之读书草略甚矣。近日学者读书，六经皆云通，及问之则往往失对，只是当初读时绰过了。孟子曰'仁在乎熟'，吾友更详思之。大底古人读书与今人异，如孔门学者于圣人才问仁、问知，终身事业已在此。今人读书，仁义礼智总识而却无落泊处，此不熟之故也。昔五峰于京师问龟山读书法，龟山云：'先读论语。'五峰问：'论语二十篇以何为紧要？'龟山曰：'事事紧要。'看此可见。"

○ 问："可学禀性太急，数年来力于惩忿上做工夫，似减得分数。然遇事不知不觉忿暴，何从而去此病？"曰："亦在乎熟耳。如小儿读书遍数多自记得，此熟之验也。大抵禀赋得深，多少年月，一旦如何便尽打叠得！须是日夜惩戒之以至于熟，久当自去。"

○ 一日晚，同王春、先生亲戚魏才仲请见。问："吾友年几何？"对云："三十七。"曰："已自过时。若于此因循便因循了。昔人读书，二十四五时须已立得一门庭。"某因说："平日亦有志于学，只是为贫奔走，虽勤读书，全无趋向。"曰："读书须穷研道理。吾友日看论孟否？"对以常看。曰："如何看？"曰："日间只是看精义。"曰："看精义有利有害。若能因诸家之说以考圣人之意而得于吾心，则精义有益。若只鹘突绰过，如风过耳，虽百看何补！善看论孟者只一部论孟自亦可，何必精义？"因举"学而时习之"问曰："吾友何说？"某依常解云云。先生曰："圣人下五个字，无一字虚。学然后时习之，不学则何习之有？所谓学者不必前言往行，凡事上皆是学，如个人好，学其为人；个事好，学其为事。习之者，习其所学也。习之而熟，能无悦乎？近日学者多习而不学。"某又问："'学而不思则罔'，□□亦是此意？"曰："且就本文理会。牵〔傍〕会合最学者之病。"又问："'有朋自远方来'，何故乐？"对以得朋友而讲习故乐。曰："若是已得于己，何更待朋友？"再三请益。曰："且自思之。"

○ 语次，因道："某平日读（个）〔书〕不识涂径，枉费心力。适得先生开喻方知趋向。自此期早夜孜孜，无负教诲。"曰："吾友既如此说，须与人作样子。第一，下工夫莫草略，研究一章义理已得，方别看一章。近日学者多缘草略过了，故下梢头儹无去处，一齐弃了。大凡看书粗则心粗，看书细则心细。若研穷不熟，得些义理，以为是亦得，以为非亦得。须是见得'差之毫厘，缪以千里'方可。"

○ 问："昨日先生所问，退而以滕文公数章熟读。只如昨日所说四端，此便是真心、便是性善。今只是于天理人欲上判了，去得人欲，天理自明，自家家里事岂有不向前？"先生曰："然。未要论到人欲，人欲亦难去。只且自体认这个理如何的见是性善？尧舜是可为？如何是仁？如何是义？若于此有见，要已自已不得。孟子曰'求则〔得〕之，舍则失之'，今学者求不见得、舍不见失，只是悠悠，今日待明日，明日又待后日。"语未毕，伯谟至。先生云："适来所言，子上却有许多说话，德粹无说，然皆是不勉力作工夫。谢上蔡于明道前举史书成文，明道曰：'贤却会记得，可谓玩物丧志。'上蔡发汗，须是如此感动方可。今只且于旧事如此过，岂是感发？须是不安方是，所谓'不能以一朝居'。"

○ 问德粹："数日作何工夫？"曰："读告子。"曰："见得如何？"曰："固是要见，亦当于事上见之。"曰："行事上固要见，无事时亦合理会。如看古人书，或静坐，皆可以见。"又问某："见得如何？"曰："只是'操'、'舍'二字分判。"曰："操、舍固是，亦须先见其本。不然，方操而则存时，已舍而则亡矣。"又问："前说'有朋自远方来'，看见如何？"曰："前日说不是。'有朋自远方来'乃是善可以及人，善可以及人则合彼己为一，岂不乐？"先生曰："此是可以及人，为或已及人？"曰："惟其可以及人，所以能及人。"先生曰："乐是可以及人而乐？〔是已及人而乐？〕"曰："已及人而乐。"先生曰："然。伊川说已尽，后来诸公多变其说。云，朋友讲习，我若未有所得，谁肯自远方来? 要之，此道天下公共，既已得于己，必须及于人。'不知而不愠'，非君子成德不能。愠，非怒之谓。自君子以降，人不知己，亦不能无芥蒂于胸中。"

○ 先生问："近日所见如何?"某对："间断处颇知提撕。"曰："更宜加意。"

○ 先生问："近日如何?"曰："颇觉心定。""如何心定?"曰："每常遇无事却散漫，遇有事则旋求此心。今却稍胜前。"曰："〔读〕甚书?"曰："读告子，昨读至'夜气'之说，因觉病痛全在此心上。"曰："亦未说至此，须是见得有踊跃之意方可。"是日德粹又语小学。先生曰："德粹毕竟昏弱，子上尚杂，更宜加意。"

○ 问："人有刚果过于中，如何?"曰："只为见彼善于此，刚果胜柔，故一向刚。周子曰'刚善为义、为直、为断、为严毅、为干固，恶为猛、为隘、为强梁'，须如此别方可。"璘录云："问：'孙吉甫说性刚未免有失，如何?'先生举通书云：'"刚善"、"刚恶"，固是刚比之暗弱之人为胜，然只是彼善于此而已。毕竟未是。'"问："何以制之，使归于善?"曰："须于中求之。"问："昨日承先生教诲矫激事，归而思之，务为长厚固不可。然程氏教人却云当学颜子之浑厚。看近日之弊莫只是真伪不同?"曰："然。颜子却是浑厚，今人却是聂夹，大不同。且如当官必审是非、明去就，今做事至于危处却避祸，曰'吾为浑厚'可乎? 且如后汉诸贤与宦官为敌，既为冀州刺史，宦官亲戚在部内为害，安得不去之? 安得谓之矫激? 须是不做它官。故古人辞尊而居卑，辞富而居贫，居卑则不与权豪相抗，亦无甚职事。"符舜功云："如陈寔吊宦官之丧，是大要浑厚。"曰："然。"某问："如范滂之徒太甚。"曰："只是行其职。大抵义理所在当为则为，无浑厚，无矫激，如此方可。"某又问："李膺赦后杀人，莫不顺天理？"曰："然。士不幸遇乱世，不必仕。如赵台卿乃于杜子宾夹壁中坐过数年，又如蔡邕，更无整身处。"

○ 问："吾友昔从曾大卿游，于其议论云何？"曰："曾先生静嘿少言，有一二言不及其躬行者。"曰："曾卿齐家正身，不欺暗室，真难及！"

○ 郑子上因赴省经过，问左传数事。先生曰："数年不见公，将谓有异问相发明，却问这般不紧要者，何益？人若能于大学、语、孟、中庸四书穷究得通透，则经传中折莫甚大事，以其理推之无有不晓者，况此末事！今若此，可谓是'飓了甜桃树，沿山摘醋梨'也。"友仁。

○ 璘注鄂渚教官阙。先生曰："某尝劝人不如做县丞，随事犹可以及物。做教官没意思，说义理人不信，又须随分做课试方是闹热。"以下训璘。

○ 问："做何工夫？"璘对以未曾。曰："若是做得工夫，有疑可问，便好商量。若未做工夫，只说得一个为学大端，他日又如何得商量？尝见一般朋友，见事便奋发要议论，胡乱将经书及古人作议论，看来是没意思。又有一般全不做功夫底，更没下手商量处，又不如彼胡乱做功夫有可商议。且如论古人便是论错了，亦是曾考论古人事迹一过。他日与说得是，将从前错底改起便有用。"

○ 问为学大端。曰："且如士人应举是要做官，故其功夫勇猛、念念不忘，竟能有成。若为学须立个标准，我要如何为学？此志念念不忘，功夫自进。盖人以眇然之身与天地并立而为三，常思我以血气之身，如何配得天地？且天地之所以与我者色色周备，人自污坏了。"因举"万物皆备于我,反身而诚,乐莫大焉"一章。"今之为学须是求复其初,求全天之所以与我者始得。若要全天之所以与我者,便须以圣贤为标准,直做到圣贤地位,方是全得本来之物而不失,如此则功夫自然勇猛。临事观书常有此意自然接续。若无求复其初之志,无必为圣贤之心,只见因循荒废了。"因举"孟子道性善,言必称尧舜"一章,云:"'道性善'是说天之所以与我者,便以尧舜为样子,说人性善皆可以为尧舜,便是立个标准了。下文引成覸、颜渊、公明仪之言以明圣贤之可以必为。末后'若药不瞑眩,厥疾不瘳'最说得好。人要为圣贤,须是猛起服瞑眩之药相似,教他麻了一上了,及其定叠,病自退了。"又举颜子"仰之弥高"一段。又说:"人之为学正如说恢复相似,且如东南亦自有许多财赋、许多兵甲,尽自好了,如何必要恢复?只为祖宗元有之物须当复得,若不复得,终是不了。今人为学,彼善于此随分做个好人亦自足矣,何须必要做圣贤?只为天之所以与我者不可不复得,若不复得终是不了,所以须要讲论。学以圣贤为准,故问学须要复性命之本然、求造圣贤之极方是学问。可学录云:"如寻常人说且作三五分人有甚不可?何必须早夜孳孳?只为自家元有一个性甚是善,须是还其元物,不还元物毕竟欠阙。此一事乃圣人相传,立定一铁桩,移动不得。"然此是大端如此。其间读书考古验今,工夫皆不可废。"因举"尊德性而道问学"一章。又云:"有一般人只说天之所以与我者都是光明纯粹好物,其后之所以不好者人为有以害之,吾之为学只是去其所以害此者而已。害此者尽去则工夫便了,故其弊至于废学不读书,临事大纲虽好而所见道理便有偏处。为学既知大端是欲复天之所与而必为圣贤,便以'父子有亲,君臣有义,夫妇有别,长幼有序,朋友有信'此五者为五个大桩相似,念念理会,便有工夫可做。所以大学'在止于至善',只云'为人君止于仁,为人臣止于敬,为人子止于孝,为人父止于慈,与国人交止于信'。"

○ "从前朋友来此,某将谓不远千里而来须知个趣向了,只是随分为他说个为学大概去，看来都不得力，此某之罪。今日思之，学者须以立志为本。如昨日所说为学大端在于求复性命之本然，求造圣贤之极致，须是便立志如此便做去始得。若曰我之志只是要做个好人、识些道理便休，宜乎工夫不进，日夕渐渐消靡。今须思量天之所以与我者必须是光明正大，必不应只如此而止，就自家性分上尽做得去，不到圣贤地位不休。如此立志自是歇不住，自是尽有工夫可做。如颜子之'欲罢不能'，如小人之'孳孳为利'，念念自不忘。若不立志，终不得力。"因举程子云"学者为气所胜、习所夺，只可责志"，又举云"'志以定其本，居敬以持其志'，此是五峰议论好处"。又举"士尚志，何谓尚志，曰'仁义而已矣'"。又举"舜为法于天下可传于后世，我犹未免为乡人也，是则可忧也。忧之如何？如舜而已矣"。又举"三军可夺帅，匹夫不可夺志也"，如孔门亦有不能立志者，如冉求"非不说子之道，力不足也"是也，所以其后志于聚敛，无足怪。

○ 又曰："要知天之与我者，只如孟子说'无恻隐之心非人也，无羞恶之心非人也，无是非之心非人也，无辞逊之心非人也'。今人非无恻隐、羞恶、是非、辞逊发见处，只是不省察了。若于日用间试省察此四端者，分明迸儳出来，就此便操存涵养将去便是下手处。只为从前不省察了，此端才见，又被物欲汩了，所以秉彝不可磨灭处虽在，而终不能光明正大、如其本然。"

○ 试思人以渺然之身可以赞天地之化育，以常人而可以为圣贤，以四端之微而充之可以保四海，是如何而致？若分明见此，志自立，工夫自住不得。

○ "昨日所说为学大端在于立志必为圣贤，曾看得'人皆可以为尧舜'道理分明否？又见得我可以为尧舜而不为，其患安在？固是孟子说'性善'、'徐行后长'之类。然今人四端非不时时发见，非不能徐行，何故不能为尧舜？且子细看。若见得此分明，其志自立，其工夫自不可已。"因举"执德不弘，信道不笃，焉能为有，焉能为亡"，谓"不弘不笃，不当得一个人数，无能为轻重"。

○ 须常常自问："人人之性善而己之性却不见其善，'人皆可以为尧舜'而己之身即未见其所以为尧舜者，何故？"常常自问，知所愧耻，则勇厉奋发而志立矣。更将孟子告子篇反复读之，"指不若人"之类数段，可以助人兴发必为之志。

○ 问所观书。璘以读告子篇对。曰："古人'兴于诗'，'诗可以兴'，又曰'虽无文王犹兴'，人须要奋发兴起必为之心，为学方有端绪。古人以诗吟咏起发善心，今既不能晓古诗，某以为告子篇诸段读之可以兴发人善心者，故劝人读之。且如'义理之悦我心，犹刍豢之悦我口'，读此句须知义理可以悦我心否？果如刍豢悦口否？方是得。"璘谓："理义悦心亦是临事见得此事合理义，自然悦怿。"曰："今则终日无事，不成便废了理义，便无悦处。如读古人书，见其事合理义，思量古人行事与吾今所思虑欲为之事，才见得合理义则自悦，才见不合理义自有羞愧愤闷之心。不须一一临事时看。"

○ 问璘："昨日卧云庵中何所为？"璘曰："归时日已暮，不曾观书，静坐而已。"先生举"横渠'六有'说'言有法，动有教，昼有为，宵有得，息有养，瞬有存'，以为虽静坐亦有所存主始得，不然兀兀而已。"可学录云："先生问德粹：'夜间在庵中作何工夫？'德粹云云。先生曰：'横渠云"言有教，动有法，昼有为，宵有得，息有养，瞬有存"，此〔语〕极好。君子"终日乾乾"，不可食息闲，亦不必终日读书，或静坐存养亦是。天地之生物以四时运动，春生夏长固〔是〕不息，及至秋冬凋落，亦只是藏于其中，故明年复生。若使至秋冬已绝，则来春无缘复有生意。学者常唤令此心不死，则日有进。'"

○ 德粹问："在四明守官要顾义理，才到利害重处则顾忌，只是挤一去，如何？"先生曰："无他，只是志不立，却随利害走了。"可学。

○ 问德粹："此心动时应物，不动时如何？"曰："只是散漫。"曰："便是错了。自家一个心却令成两端，须是检点他。"可学。

○ "人在官固当理会官事，然做得官好只是使人道是一好官人。须讲学立大本则有源流。若只要人道是好官人，今日做得一件，明日又做一件，却穷了。"德粹云："初到明州，问为学于沈叔晦。叔晦曰'若要读书，且于婺源山中坐；既在四明，且理会官事'。"先生曰："县尉既做了四年，滕德粹元不曾理会。"可学。

○ 诲力行云："若有人云孔孟天资不可及，便知此人自暴自弃，万劫千生无缘见道，所谓'九万里则风斯下'。"以下训力行。

○ "讲学切忌研究一事未得又且放过别求一事，如此则有甚了期？须是逐件打结，久久通贯。"力行退读先生"格物"之说，见李先生所以教先生有此意。

○ 力行连日荷教。府判张丈退谓力行曰："士伭到此余五十日，备见先生接待学者多矣，不过诱之掖之，未见如待吾友着气用力、痛下钳锤如此。以九分欲打炼成器，不得不知此意。"

○ 问："事有最难底，奈何？"曰："亦有数等，或是外面阻遏做不得，或是里面纷乱处不去，亦有一种纷拏时，及纤毫委曲微细〔处〕

难〔处〕，全只在人自去理会。大概只是要见得道理分明，逐事上自有一个道理。易曰‘探赜索隐’，〔赜〕处不是奥，〔是〕纷乱时；隐是隐奥，也全在探索上。纷乱是他自纷乱，我若有一定之见，安能纷乱得我？大凡一等事固不可避，避事不是工夫。又有一等人情底事得遣退时且遣退，无时是了，不要搂揽。凡可以省得底事，省亦不妨，应接亦只是不奈何。有合当住不得底事，此却要思量处置，里面都自有个理。”或谓：“人心纷扰时难把捉。”曰：“真个是难把持。不能得久，又被事物及闲思虑引将去。孟子‘牛山之木’一章最要看‘操之则存，舍之则亡’。”或又谓：“把持不能久，胜物欲不去。”曰：“这个不干别人事。虽是难，亦是自着力把持，常惺惺不要放倒。觉得物欲来便着紧不要随他去，这个须是自家理会。若说把持不得，胜他不去，是自坏了，更说甚‘为仁由己，而由人乎哉’。”又曰：“把心不定，喜怒忧惧四者皆足以动心。”因问：“忧患恐惧，四字似一般?”曰：“不同。恐惧是目下逼来得紧底，使人恐惧失措；忧患是思虑，预防那将来有大祸福利害底事。此不同。”又问：“忿懥好乐乃在我之事，可以勉强不做。如忧患恐惧乃是外面来底，不由自家。”曰：“都不得。便是外面来底，须是自家有个道理处置得下，恐惧忧患只是徒然。事来亦合当思虑不妨，但只管累其本心，也不济得事。孔子畏匡人，文王囚羑里，死生在前了，圣人元不动心，处之恬然。只看此便是要见得道理分明，自然无此患，所以圣人教人致知、格物，考究一个道理。自此以上，诚意、正心皆相连上去也。”以下训明作。

○ 凡日用工夫须是自做吃紧把捉。见得不是处便不要做，勿徇他去。所说事有善者可从，又有不善者间之，依旧从不善处去；所思量事忽为别思量勾引将去，皆是自家不曾把捉得住，不干别人事。须是自把持，不被他引去方是。颜子问仁，孔子答许多话，其末却云“为仁由己，而由人乎哉”，看来不消此二句亦得。然〔许多〕话不是自己着力做又如何得？明知不善又去做，看来只是知得不亲切，若真个知得，定不肯做。正如人说饮食过度伤生，此固众所共知，然不是真知。偶一日饮食过度为害，则明日决不分外饮食，此真知其伤遂不复再为也。把捉之说固是自用着力，然又以枯槁无滋味，卒急不易着力。须平日多读书，讲明道理，以涵养灌培，使此心常与理相入，久后自熟，方见得力处。且如读书，便今日看得一二段，来日看三五段，殊未有紧要。须是磨以岁月，读得多，自然有用处。且约而言之，论孟固当读，六经亦当读，史书又不可不读，讲究得多便自然熟，但始初须大段着力穷究，理会教道理通彻。不过一二番稍难，向后也只是以此理推去，更不艰辛，可以触类而长。正如入仕之初看公案，初看时自是未相谙，较难理会。须〔着〕些心力，如法考究。若如此看得三五项了，自然便熟，向后看时更不似初间难，亦可类推也。又如人要知得轻重，须用秤方得。有拈弄得熟底，只把在手上便知是若干斤两，更不用秤。此无他，只是熟。今日也拈弄，明日也拈弄，久久自熟也，如百工技艺做得精者，亦是熟后便精。孟子曰"夫仁亦在乎熟之而已"，所以贵乎熟者，只是要得此心与义理相亲。苟义理与自家相近，则非理之事自然相远。思虑多走作亦只是不熟，熟后自无。又如说做事偶合于理则心安，或差时则馁，此固是可见得本然之理，所以差时便觉不安。然又有做得不是处，不知觉悟。须是常惺惺省察，不要放过。据某看，学问之道只是眼前日用底便是，初无深远玄妙。

○ "大凡学问不可只理会一端。圣贤千言万语看得虽似纷扰，然却都是这一个道理。而今只就紧要处做固好，然别个也须一一理会，凑得这一个道理都一般方得。天下事硬就一个做终是做不成，如庄子说'风之积也不厚，则其负大翼也无力'，须是理会得多，方始衬簟得起。且如'笾豆之事各有司存'，非是说笾豆之事置之度外不用理会。'动容貌'三句，亦只是三句是自家紧要合做底，笾豆是付与有司做底，其事为轻。而今只理会三句，笾豆之事都不理会，万一被有司唤笾做豆，若不曾晓得，便被他瞒。又如田子方说'君明乐官，不明乐音'，他说得不是。若不明得音，如何明得官？次第被他易宫为商也得。所以中庸先说个'博学之'，孟子曰'博学而详说之'，且看孔子虽曰生知，是事去问人，若问礼、问丧于老聃之类甚多，只如官名不晓得莫也无害，圣人亦汲汲去问郯子。盖是我不识底，须是去问人始得。"因说："南轩洙泗言仁编得亦未是。圣人说仁处固是仁，然不说处不成非仁。天下只有个道理，圣人说许多说话都要理会。岂可只去理会说仁处，不说仁处便掉了不管？子思做中庸大段周密不易，他思量如是。'德性'五句须是许多句方该得尽，然第一句为主。'致广大、极高明、温故、敦厚'，此上一截是'尊德性'事；如'道中庸、尽精微、知新、崇礼'，此下一截是'道问学'事。都要得纤悉具备，无细不尽，如何只理会一件？"或问知新之理。曰："新是故中之事，故是旧时底，温起来以'尊德性'。然后就里面讨得新意，乃为'道问学'。"

○ 一日因论读大学，答以每为念虑搅扰颇妨工夫。曰："只是不敬。敬是常惺惺底法，以敬为主，则百事皆从此做去。今人都不理会我底，自不知心所在，都要理会他事，又要齐家、治国、平天下。心者，身之主也。撑船须用篙，吃饭须用匙。不理会心是不用篙、不使匙之谓也。摄心只是敬。才敬，看做甚么事，登山亦只这个心，入水亦只这个心。"训愿。

○ 与立同问："常苦忘气怯弱，恐惧太过，心下常若有事，少悦豫底意思，不知此病痛是如何？"曰："试思自家是有事，是无事？"曰："本无事，自觉得如此。"曰："若是无事，便是无事，又恐惧个甚？只是见理不彻后如此，若见得理彻，自然心下无事，然此亦是心病。"因举遗书捉虎及满室置尖物事，又曰："且如今人害净洁病，那里有净洁病？只是疑病，疑后便如此。不知在君父之前还如此得否？"㣋又因论气质各有病痛不同。曰："才明理后气质自然变化，病痛都自不见了。"以下训与立㣋。

○ 先生诲与立等曰："为学之道无他，只是要理会得目前许多道理。世间事无大无小皆有道理，如中庸所谓'率性之谓道'也只是这个道理，'道不可须臾离'也只是这个道理。见得是自家合当做底便做将去，不当做底断不可做，只是如此。"又曰："为学无许多事，只是要持守身心研究道理，分别得是非善恶，直是'如好好色，如恶恶臭'。到这里方是踏着实地，自住不得。"又曰："经书中所言只是这一个道理，都重三叠四说在里，只是许多头面出来。如语孟所载也只是这许多话。一个圣贤出来说一番了，一个圣贤又出来从头说一番。如书中尧之所说也只是这个，舜之所说也只是这个，以至于禹、汤、文、武所说也只是这个。又如诗中周公所赞颂文、武之盛德亦只是这个，便若桀、纣之所以危亡亦只是反了这个道理。若使别撰得出来，古人须自撰了。惟其撰不得，所以只共这个道理。"又曰："读书须是件件读，理会了一件方可换一件，这一件理会得通彻是当了，则终身更不用再理会，后来只须把出来温寻涵泳便了。若不与逐件理会，则虽读到老依旧是生底，又却如不曾读一般，济甚事！如吃饭不成一日都要吃得尽，须与分做三顿吃，只恁地顿顿吃去，知一生吃了多少饭？读书亦如此。"㣋因说："学者先立心志为难。"曰："也无许多事，只是一个敬，彻上彻下只是这个道理，到得刚健便自然胜得许多物欲之私。"温公谓："人以为如制悍马、如（幹）〔幹〕盘石之难也。静而思之，在我而已。如转户枢，何难之有？"

○ 㣋问："'思无邪'，固要得如此，不知如何能得如此？"曰："但邪者自莫思便了。"又问："且如持敬，岂不欲纯一于敬？然自有不敬之念固欲与己相反，愈制则愈甚。或谓只自持敬，虽念虑妄发，莫管他，久将自定，还如此得否？"曰："要之，邪正本不对立，但恐自家胸中无个主。若有主，且自不能入。"又问："不敬之念非出于本心。如忿欲之萌，学者固当自克，虽圣贤亦无如之何，至于思虑妄发，欲制之而不能。"曰："才觉恁地，自家便揫起了，但莫先去防他。然此只是自家见理不透，做主不定，所以如此。大学曰'物格而后知至，〔知〕至而后意诚'，才意诚则自然无此病。"

○ 拜先生讫，坐定。先生云："文振近看得文字较细，须用常提掇起得惺惺不要昏晦，若昏晦则不敬莫大焉。才昏晦时少间一事来一齐被私意牵将去，做主不得。须用认取那个是身，那个是心？卓然在目前便做得身主，少间事物来逐一区处得当。"以下训南升。

○ 又云："看文字须以郑文振为法，理会得便说出，待某看；甚处未是、理会未得，便问。"又云："渠今退去，心中却无疑也。"

○ 先生曰："文振近来看得须容易了。"南升曰："不敢容易看。但见先生集注字字着实，故易得分明。"先生曰："潘兄、郑兄要看文字，可明日且同文振从后段看起，将来却补前面。廖兄亦可从此看起。"谓潘立之、郑神童、廖晋卿也。

○ "朋友多是方理会得文字好又归去。"似指植言。又云："郑文振能平心看文字，看得平正周匝，只无甚精神。如立之则有说得到处。如文振无甚卓然到处，亦无甚不到处。"植。

○ 先生问倪："已前做甚工夫？"曰："只是理会举业。"曰："须有功夫。"曰："只是习春秋。"又问："更做甚工夫？"曰："曾涉猎看先生语孟精义。"曰："近来作春秋义，穿凿殊甚。如绍兴以前只是讳言攘夷复仇事，专要说和戎，却不至如此穿凿。某那时亦自说春秋不可做，而今穿凿尤甚。"倪曰："缘是主司出题目，多是将不相属处出，致举子不得不如此。"曰："却是引得他如此。"又曰："向来沈司业曾有申请，令主司不得断章出题，后来少变。"曰："向在南康日，教官出题不是，也不免将他申请下郡学，令不得如此。近来省试，如书题，依前如此。"又曰："看来不要作春秋义，可别治甚经。"训倪。时举云："问游和之：'曾看甚文字？'曰：'某以春秋应举，粗用力于此经，似不免有科第之心，故不知理义之要。'曰：'春秋难治，故出经义往往都非经旨。某见绍兴初治春秋者，经义中只避数项说话，如复仇讨贼之类而已。如今却不然，往往所避者多，更不复依傍春秋经意说，只自做一种说话，知他是说甚么！大凡科举之事，士子固未能免，然只要识得轻重。若放那一头重、这一头轻，是不足道。然两头轻重一般也只不得，便一心在这里、一心在那里，于本身易得悠悠。须是教令这头重、那头轻方好。孟子云"今之人修其天爵以要人爵"，凡要人爵者固是也理会天爵，然以要人爵而为之，则所修者皆非切己之学。'"

○ （问倪）〔倪问〕"未识下手工夫"。曰："举业与这个道理一似个藏子，做举业只见那一边，若将此心推转看这一边极易。孟子云'古人修其天爵而人爵从之，今人修其天爵以要人爵'。"又将起扇子云："公只是将那头放重、这头放轻了便得，若两头平也不得。"

○ 倪求下手工夫。曰："只是要收敛此心莫要走作，走作便是不敬，须要持敬。尧是古今第一个人，书说尧劈头便云'钦明文思'，'钦'便是敬。"问："敬如何持？"曰："只是要莫走作。若看见外面风吹草动去看觑他，那得许多心去应他，便也是不收敛。"问："莫是'主一之谓敬'？"曰："主一是敬表德，只是要收敛。处宗庙只是敬，处朝廷只是严，处闺门只是和，便〔是〕持敬。"时举闻同。见后。

○ 倪曰："自幼既失小学之序，愿授<u>大学</u>。"曰："授<u>大学</u>甚好，也须把小学书看，只消旬日功夫。"

○ "诸公固皆有志于学，然持敬工夫大段欠在。若不知此，何以为进学之本？<u>程先生</u>云'涵养须用敬，进学则在致知'，此最切要。"<u>和之</u>问："不知敬如何持？"曰："只是要收敛此心，莫令走失便是。今人精神自不曾定，读书安得精专？凡看山看水、风惊草动，此心便自走失，视听便自眩惑。此何以为学？诸公切宜勉此！"时举。

○ 紧切详密。以下训<u>至</u>。

○ 书云："千万更加勉力，就日用实事上提撕，勿令昏纵为佳！"<u>至</u>自谓："从来于喜怒哀乐之发，虽未敢自谓中节，自觉亦无甚过差。"曰："若不穷理，则喜怒哀乐之发便有过差处也不觉，所以贵于穷理。"

○ 书云："日用之间常切操存，读书穷理亦勿废惰，久久当自觉有得力处。"

○ 又书云："要须反己深自体察，有个火急痛切处方是入得门户。若只如此悠悠，定是闲过日月。向后无得力处，莫相怪也。"三书文集未载。

○ <u>杨子顺</u>、<u>杨至之</u>、<u>赵唐卿</u>辞归请教。先生曰："学不是读书，然不读书又不知所以为学之道。圣贤教人只是要诚意、正心、修身、齐家、治国、平天下。所谓学者，学此而已。若不读书，便不知如何而能修身，如何而能齐家、治国。圣贤之书说修身处便如此，说齐家、治国处便如此。节节在那上，自家都要去理会，一一排定在这里，来便应将去。"淳。

○ 杨问："某多被思虑纷扰，思这事又虑做那一事去，虽知得了自是难止。"曰："既知不是便当绝断，更何必问。"寓。

○ 至之少精深，蕫卿少宽心，二病正相反。道夫。

○ 植再举曾子"忠恕一贯"及子贡"闻一知二"章。曰："大概也是如此，更须依曾子逐事经历做过，方知其味。"先生断问或人："理会得所举忠恕否?"陈因问集注中举程子第一段。先生曰："明道说此一段甚好，非程子不能道得到。自'忠恕一以贯之'以后说忠恕，至'达道也'住，乃说'一以贯之'之忠恕。其曰'此与违道不远异者，动以天尔'，何也? 盖此数句乃动以天尔。如'推己及人，违道不远'则动以人尔。"又问："如此则有学者之忠恕?"曰："圣人不消言恕，故集注中云借学者之事而言。"以下训植。

○ 植举"仁者，爱之理，心之德"，绅绎说过。曰："大概是如此，而今只是做仁工夫。"植因问："颜子'博文约礼'是循环工夫否?"曰："不必说循环。如左脚行得一步了，右脚方行得一步；右脚既行得一步，左脚又行得一步。此头得力，那头又长；那头既得力，此头又长，所以欲罢而不能。所谓'欲罢不能'者是它先见得透彻，所以复乎天理，欲罢不能。如颜子教他复天理，他便不能自已，教他徇人欲，便没举止了。盖惟是见得通透方无间断，不然安得不间断!"

○ 过见先生。越数日，问曰："思得为学之要只在主敬以存心，格物以观当然之理。"曰："主敬以存心却是，下句当云'格物所以明此心'。"以下训过。

○　先生教过为学不可粗浅，因以橘子譬云："皮内有肉，肉内有子，子内有仁。"又云："譬如扫地，不可只扫面前，如椅子之下及角头背处，亦须扫着。"

○　先生语过以为学须要专一用功，不可杂乱，因举异教数语云："用志不分，乃凝于神。置之一处，无事不办。"

○　谓林正卿曰："理会这个且理会这个，莫引证见，相将都理会不得。理会'刚而塞'且理会这一个'刚'字，莫要理会'沉潜刚克'。各自不同。"节。训学蒙。

○　问思虑纷扰。曰："公不思虑时不识个心是何物。须是思虑时知道这心如此纷扰，渐渐见得，却有下工夫处。"以下训赐。

○　问："存心多被物欲夺了。"曰："不须如此说，且自体认自家心是甚物？自家既不曾识得个心，而今都说未得。才识得不须操而自存，如水火相济自不相离。圣贤说得极分明。夫子说了，孟子恐后世不识，又说向里，后之学者依旧不把做事，更说甚闲话。孟子四端处尽有可玩索。"

○　问："每日暇时略静坐以养心，但觉意自然纷起，要静越不静。"曰："程子谓'心自是活底物事，如何窒定教他不思？只是不可胡乱思'，才着个要静底意思便是添了多少思虑。且不要恁地拘迫他，须自有宁息时。"又曰："要静便是先获，便是助长，便是正。"以下训胡泳。

○　问："程子教人每于己分上提撕，然后有以见流行之妙。正如先生昨日答语中谓'理会得其性情之德，体用分别，各是何面目'一段一般。"曰:"是如此。"问:"人之手动足履须还是都觉得始得,看来不是处都是心不在后挫过了。"曰:"须是见得他合当是恁地。"问:"'立则见其参于前,在舆则见其倚于衡',只是熟后自然见得否?"曰:"也只是随处见得那忠信笃敬是合当如此。"又问:"旧见敬斋箴中云'择地而蹈,折旋蚁封',遂欲如行步时要步步觉得他移动。要之,无此道理,只是常常提撕。"曰:"这个病痛须一一识得方得。且如事父母,方在那奉养时又自著注脚解(一)〔说〕道这个是孝;如事兄长,方在那顺承时又自著注脚解说道这个是弟。便是两个了。"问:"只是如事父母,当劳苦有倦心之际,却须自省觉说这个是当然。"曰:"是如此。"

○ 伯量问:"南轩所谓'敬者通贯动静内外而言',泳尝验之,反见得静时工夫少,动时工夫多,少间随事逐物去了。"曰:"随事逐物,也莫管他。有事来时须着应他,也只得随他去,只是事过了自家依旧来这里坐,所谓'动亦敬,静亦敬'也。"又问:"但恐静时工夫少,动时易得挠乱耳。"曰:"如何去讨静得!有事时须着应。且如早间起来有许多事,不成说事多挠乱人,我且去静坐。不是如此。无事时固是敬,有事时敬便在事上。且如早间人客来相见,自家须着接它,接它时敬便在交接处。少间又有人客来,自家又用接它。若自朝至暮人客来不已,自家须尽着接它,不成不接它,无此理。接他时敬便随着在这里。人客去后敬亦是如此。若厌人客多了心烦,此却是自挠乱其心,非所谓敬也。所以程子说'学问到专一时方好',盖专一则有事无事皆是如此。程子答或人之问说一大片,末梢只有这一句是紧要处。"又曰:"不可有厌烦好静之心。人在世上无无事底时节,要无事时,除是死也。随事来便着应他。有事无事,自家之敬元未尝间断也。若事至面前而自家却自主静,顽然不应,便是心死矣。"僩。

○ 寿昌问:"鸢飞鱼跃何故仁便在其中?"先生良久,微笑曰:

"公好说禅，这个亦略似禅，试将禅来说看。"寿昌对："不敢。"曰：
"莫是'云在青天水在瓶'么?"寿昌又不敢对。曰："不妨试说看。"
曰："渠今正是我，我且不是渠。"曰："何不道我今正是渠?"既而又
曰："须将中庸其余处一一理会令教子细。到这个田地时，只恁地轻轻
拈掇过便自然理会得，更无所疑，亦不着问人。"训寿昌。

○ 先生顾寿昌曰："子好说禅，禅则未必是，然其所趣向犹以为
此是透脱生死底等事。其见识犹高于世俗之人，纷纷然抱头聚议，不知
是照证个甚底事!"

○ 先生曰："子所谓'贤者过之也'。夫过犹不及，然其玩心于高
明，犹贤于一等辈。"〔因〕问："子游庐山，尝闻人说一周宣幹否?"寿
昌对以闻之，〔今〕见有一子颐字龟父者在。先生曰："周宣幹有一言极
好：'朝廷若要恢复中原，须要罢三十年科举始得!'"

○ 先生问寿昌："近E教浩读甚书?"寿昌对以方伯谟教他午前即
理论语，仍听讲，晓些义理；午后即念些苏文之类，庶学作时文。先生
笑曰："早间一服木附汤，午后又一服清凉散。"复正色云："只教读诗
书便好。"

○ 先生问寿昌："子好说禅，何不试说一上?"寿昌曰："明眼人
难谩。"先生曰："我则异于是，越明眼底越当面谩他。"

○ 先生问寿昌："子见疏山有何所得?"对曰："那个且拈归一壁
去。"曰："是会了拈归一壁，是不会了拈归一壁?"寿昌欲对云"总在
里许"，然当时不曾敢应。会先生为寿昌题手中扇云"长忆江南三月里，
鹧鸪啼处百花香"，执笔祝寿昌曰："会么? 会也不会?"寿昌对曰："总

在里许。"

○ 先生奉天子命就国于潭，道过临江。长孺自吉水山间越境迎见。某四拜，先生受半答半。跪进劄子，略云："窃观圣贤之间惟两答问最亲切极至。'子路、曾皙、冉有、公西华侍坐。子曰："居则曰不吾知也，如或知尔则何以哉？"子路以使勇对，冉有以足民对，子华以小相对。三子者，夫子皆未所领许也。独曾点下一转语："异乎三子者之撰。莫春者，春服既成，冠者五六人，童子六七人，浴乎沂，风乎舞雩，咏而归。"夫子喟然叹曰："吾与点也！"'此是一问答。'子贡问："有一言而可以终身行之者乎？"子曰："其恕乎！"'此是一问答。是故善答莫如点，善问者莫如赐。长孺懵不知道，先生若曰'如或知尔则何以哉'，长孺未有以对也。长孺狂妄，将有请问于先生曰：'有一言而可以终身行之者乎？'先生推先圣之心、慰学者之望，不孤长孺所以委身受教之诚，赐金声玉振之音。"先生阅劄子，笑曰："恁地却不得。子贡问夫子'有一言而可以终身行之者乎'，子曰'其恕乎'，此只是就子贡身上与他一个'恕'字。若其他学者要学圣人煞有事件，如何将一个字包括得尽。"问曰："先生云一个字包不尽，极是。但大道茫茫，何处下手？须有一个切要可以用功夫处。"先生乃举中庸"大哉圣人之道"至"敦厚以崇礼"一章。诵讫遂言曰："'尊德性，道问学；致广大，尽精微；极高明，道中庸；温故，知新；敦厚，崇礼'，只从此下功夫理会。"曰："何者是德性？〔何〕者是问学？"曰："不过是'居处恭，执事敬'、'言忠信，行笃敬'之类，都是德性。至于问学却煞阔，条项甚多。事事物物皆是问学，无穷无尽。"曰："德性却如何尊？问学却如何道？"曰："将这德性做一件重事，莫轻忽他，只此是尊。"时先生手中持一扇，因举扇而言："且如这一柄扇，自家不会做，去问人扇如何做。人教之以如何做、如何做，既听得了，须是去做这扇便得，如此方是道问学。若只问得去，却掉下不去做，如此便不是道问学。"曰："如先生之言，'道'字莫只是训'行'否？"先生颔之，而曰："自'尊德性'而下虽是五句，却是一句总四句。虽是十件，却两件统八件。""如何是一句总四句？"曰："'尊德性，道问学'，这一句为主，都总得'致广大，尽精微；极高明，道中庸；温故，知新；敦厚，崇礼'四句。"问："如何是两件统八件？不知分别那个四件属'尊德性'？那个四件属'道问学'？"曰："'致广大，尽精微；极高明，道中庸'，这四件属尊德性。'温故，知新；敦厚，崇礼'，这四件属道问学。"按章句"'尊德性所以存心'，致广大、极高明、温故、敦厚，皆存心之属也。'道问学所以致知'，尽精微、道中庸、知新、崇礼，皆致知之属也"。此录盖误。问："如何'致广大'？如何'尽精微'？"曰："自家须要做圣贤事业、到圣贤地位，这是'致广大'。然须是从洒扫应对进退间色色留意方得，这是'尽精微'。"问："如何'极高明'？如何'道中庸'？"曰："此身与天地并，这是'极高明'。若只说却不踏实地，无渐进处，亦只是胡说。也须是自家周旋委曲于规矩准绳之中，到俯仰无愧怍处始得，这是'道中庸'。"问："如何'温故'？如何'知新'？"曰："譬如读论语，今日读这一段所得是如此，明日再读这一段所得又如此。两日之间所读同而所得不同，这便是'温故知新'。"问："如何'敦厚'？如何'崇礼'？"曰："若只是恁地敦厚却块然无用，也须是见之运量酬酢，施为注措之间发挥出来始得。"长孺谢云："教诲亲切明白，后学便可下工夫。"先生又讽诵"大哉圣人之道。洋洋乎发育万物，峻极于天。优优大哉，礼仪三百，威仪三千，待其人然后行。故曰'苟不至德，至道不凝焉'"等数语而赞之曰："这全在人。且如'发育万物，峻极于天。礼仪三百，威仪三千'，甚次第大事只是一个人做了。然而下面又特地拈出，谓'苟不至德，至道不凝焉'，结这两句最为要切。须先了得'礼仪三百，威仪三千'，然后到得'发育万物，峻极于天'去处。这一个'凝'字最紧。若不能凝则更没些子属自家，须是凝时方得。所谓'至德'便是'礼仪三百，威仪三千'，所谓'至道'便是'发育万物，峻极于天'，切须着力理会。"按章句，至德指其人，至道指"发育万物，峻极于天"与"礼仪三百，威仪三千"两节。此录亦误。<u>长孺</u>请曰："愚陋恐不能尽记先生之言，不知先生可以书为一说如何？"先生笑曰："某不立文字，寻常只是讲论。适来所说尽之矣。若吾友得之于心，推而行之，一向用工，尽有无限，何消某写出！若于心未契，纵使写在纸上，看来是甚么物事！吾友只在纸上寻讨，又济甚事！"<u>长孺</u>谢曰："敢不自此探讨力行！"曰："且着力勉之！勉之！"<u>长孺</u>起，先生留饭，置酒三行，燕语久之，饭罢辞去，退而记之。训<u>长孺</u>。

○　因言异端之学，曰："尝见先生答'死而不亡'说，其间数句'大率禅学只是于自己精神魂魄上认取一个有知觉之物，把持玩弄，至死不肯放舍'，可谓直截分晓。"曰："何故只举此数句，其他平易处都不说？只是务要痛快说话，只此便是病处。初在<u>临江</u>见来剑固已疑其有此，今见果然。"问："平日自己不知病痛，今日得蒙点破，却望指教如何医治？"曰："大凡自家见得都是，也且做一半是，留取一半且做未是。万一果是，终久不会变着；万一未是，将久浃洽，自然贯通。不可才有所见，便就上面扭捏。如孟子中'养气'一段，是学者先务。"问："'养气'一段不知要紧在甚处？"曰："从头至尾都要紧。"因指静香堂言："今人说屋只说栋梁要紧，不成其他椽桷事事都不要？"以下训琛。

○　问："<u>程子</u>之言有传远之误者，愿先生一一与理会过。"曰："今之所言与<u>程子</u>异者亦多矣。"曰："节目小者不必论。且如金縢一说，<u>程子</u>谓，此但是<u>周公</u>发于诚心，不问有此理无此理。如圣人自在天理上行，岂有无此理而圣人乃为之者！此等语恐误。"曰："然则有此理乎？"曰："详考金縢首尾，<u>周公</u>初不曾代<u>武王</u>死。"曰："'以<u>旦</u>代某之身'却是如何？"曰："<u>武王</u>有疾，<u>周公</u>恐是三后在天有所谴责，故以身代行事而请命焉耳。"先生举"予仁若考"以下至"无坠天之降宝命"，曰：

"此一段却如何解?"曰:"如古注之说,恐待周公太薄。"曰:"今却要如何说?"曰:"窃详周公之意,盖谓尽其材艺于鬼神之事者己所能也,己所能则己所当任其责,非武王之责也。受命帝庭而敷佑四方,定尔子孙而使民祗畏,是则武王之所能。若今三后以鬼神之事责武王,是'坠天之降宝命'也。"曰:"只务说得响快。前圣后贤都是恁地解说将来,如何一旦要改换他底?此非学者之先务。须于自家身己上理会,方是实学问。格物之学须是穷见实理,今若于圣人分上不能实见,何以学圣人?"曰:"自己一个身心元不理会,却只管去议论别人不是,枉了工夫。"曰:"平日读至此有疑,愿求是正。"曰:"只缘自己处工夫少,所以别人处议论多。且理会自家应事接物处与未应接时此心如何。"曰:"昨日先生与诸人答问心说,或谓存亡出入皆是神明之妙,或谓存底入底亦不是。先生之说云'入而存者,道心也;出而亡者,人心也'。琼谓通四句只是说人心,'操之则存,舍之则亡',于是'出入无时,莫知其乡',言其所以危者如此。若是道心,则湛然常存,不惟无出亦自无入,不惟不舍,虽操亦无所用。"曰:"且道如何是人心?如何是道心?"曰:"心一也。方寸之间,人欲交杂则谓之人心,纯然天理则谓之道心。"曰:"人心,尧舜不能无;道心,桀纣不能无。盖人心不全是人欲,若全是人欲则直是丧乱,岂止危而已哉!只饥食渴饮、目视耳听之类是也,易流故危。道心即恻隐、羞恶之心,其端甚微故也。"问:"'惟精惟一',不知学者工夫多在'精'字上,或多在'一'字上?"曰:"'惟精惟一'是一样说话。"曰:"琼意工夫合多在'精'字上。"曰:"如何见得?"曰:"譬如射,艺精则一,不精则二三。"曰:"如何得精?"曰:"须从克己中来。若己私未克则被粗底夹和在,何止二三?"曰:"'精'字只是于缝脉上见得分明,'一'字却是守处。"问:"如此恐'允执厥中'更无着力处?"曰:"是其效也。"

○ 或问:"今日挑讲,诸生所请何事?"曰:"萍乡一士人问性无复。其说虽未是，其意却可进。”因言：“‘克己复礼’，今人全不曾子细理会。”琼问：“克己铭一篇如颜子分上，恐不必如此。”曰：“何故？”曰：“颜子‘不远复’，‘有不善未尝不知，知之未尝复行’，安用张皇如此？”曰：“又只是议论别人。”又曰：“此‘己’字未与物为对，只己意发处便自克了。”问：“是‘克家’之‘克’，非‘克敌’之‘克’也。”曰：“林三山亦有此说。大凡孔门为仁，言虽不同，用工处都一般。”又问：“如‘子贡问为仁。子曰“工欲善其事，必先利其器。居是邦也，事其大夫之贤者，友其士之仁者”’，不知此言是筑底处，或尚有进步处？”曰：“如何？”曰：“事贤、友仁方是利其器处。”曰：“亦是如此。”

○ “圣贤言语只管将来玩弄，何益于己？”曰：“旧学生以论题商议，非敢推寻立论。”曰：“不问如此。只合下立脚不是，偏在语言上去，全无体察工夫，所以神气飞扬。且如仲方主张‘克己’之说只是治己，还曾如此自治否？仁之为器重、为道远，举莫能胜，行莫能至。果若以此自任是大（事）〔小〕大事，形神自是肃然，‘无有师保，如临父母’。曾子所谓‘战战兢兢，如临深渊，如履薄冰’，如此气象，何暇轻于立论！仲方此去，须觉识见只管迟钝，语言只管畏缩，方是自家进处。”琼起谢云：“先生教诲之言可谓深中膏肓，如负芒刺。自惟病根生于‘思而不学’，于是不养之气袭而乘之，‘征于色，发于声’而不自知也。孟子曰‘持其志，毋暴其气’，琼虽不敏，请事斯语矣！”曰：“此意固然。志不立，后如何持得？”曰：“更愿指教。”曰：“‘大学之道在明明德、在新民’，是立志处。”

朱子语类卷第一百十九

朱子十六

训门人七

○ 欲速之患终是有，如一念虑间便出来，如看书欲都了之意是也。以下训方。

○ 方行屋柱边转，擦下柱上黑。见云："若'周旋中规，折旋中矩'，不到得如此。"大率多戒方欲速也。

○ 方云："此去当自持重以矫轻。"先生曰："旧亦尝戒择之以安重。"

○ 方云："此去欲看论语，如何？"曰："经皆好看，但有次第耳。"前此尝令方熟看礼记。

○ 临行请教。曰："累日所讲无非此道，但当勉之。"又曰："持守可以自勉，惟穷理须讲论，此尤当勉。"又曰："经书正须要读。如史书要见事变之血脉，不可不熟。"又曰："持敬工夫愈密愈精。"因曰："自浮沉了二十年，只是说取去，今乃知当涵养。"

○ 包显道言："杨子直论孟子'四端'，也说得未是。"先生笑曰：
"他旧曾去晁以道家作馆，晁教他校正辟孟子说，被以道之说入心后，
因此与孟子不足。后来所以抵死要与他做头抵，这亦是拗。人才拗便都
不见正底道理。诸葛诚之尝言，孟子说'性善'说得来缓，不如说恶底
较好。那说恶底便使得人戒谨恐惧后方去为善。不知是怎生见得偏后恁
地跷蹊。尝见他执得一部吕不韦吕览，（到）〔说〕道里面煞有道理，不
知他见得是如何。晁以道在经筵讲论语毕，合当解孟子，他说要莫讲。
高宗问他如何。曰：'孟子与孔子之道不同，孔子尊王，孟子却教诸侯
行王道。'由此遭论去国。他当时也是博学，负重名，但是而今将他几
个劄子来看却不可晓，不知是如何。李觏也要骂孟子。不知只管要与孟
子做头抵做甚？你且拣个小底来骂也得。"义刚。

○ 包显道领生徒十四人来，四日皆无课程。先生令义刚问显道所
以来故，于是次日皆依精舍规矩说论语。一生说"时习"章。先生曰：
"只是熟，故说，到说时自不肯休了。而今人所以恁地作辍者只是未熟。
'以善及人而信从者众'，此说地步阔。盖此道理天下所公共，我独晓之
而人不晓得也自闷。今'有朋自远方来'则从者众，故可乐。这个自是
地位大段高了。'人不知而不愠'也是难，愠不是大段怒，但心里略有
不平底意便是愠。此非得之深、养之厚，何以至此？"一生说"务本"
章。先生曰："'君子务本，本立而道生'，这是掉开说。凡事若是务本
时，道便自然生。此若拈定孝弟说，下面自不要这两句了。"又曰："爱
是仁之发，谓爱是仁却不得。论性则仁是孝弟之本，惟其有这仁所以能
孝弟。仁是根，孝弟是发出来底；仁是体，孝弟是用；仁是性，孝弟是
仁里面事。某尝谓孟子论'四端'处说得最详尽，里面事事有，心、
性、情都说尽。心是包得这两个物事。性是心之体，情是心之用；性是
根，情是那芽子。恻隐、羞恶、辞逊、是非皆是情。恻隐是仁之发，谓
恻隐是仁却不得，所以说道是仁之端也。'端'便是那端绪子。读书须

是子细, '思之弗得, 弗措也; 辩之弗明, 弗措也', 如此方是。今<u>江西</u>人皆是要偷(然)〔闲〕自在, 才读书便要求个乐处, 这便不是了。某说, 若是读书寻到那苦涩处方觧有醒悟。<u>康节</u>从<u>李挺之</u>学数, 而曰: '但举其端勿尽其言, 容某思之。'它是怕人说尽了, 这便是有志底人。"因言: "圣人漉得那天理似泥样熟。只看那一部<u>周礼</u>无非是天理, 纤悉不遗。"一生说"三省"章。先生曰: "忠是发于心而形于外。信也是心里发出来, 但却是就事上说。而今人自谋时思量得无不周尽, 及为人谋, 则只思量得五六分便了, 这便是不忠。'与朋友交'非谓要安排去罔他为不信, 只信口说出来, 说得不合于理便是不信。谋是主一事言, 信是泛说。"一生说"敬事而信"章。先生曰: "大事小事皆要敬, 圣人只是理会一个'敬'字。若是敬时方解信与爱人、节用、使民, 若是不敬则其他都做不得。<u>学而</u>一篇皆是就本领上说。如治国, 礼乐刑政尚有多少事, 而夫子却只说此五项者, 此盖本领所在。"一生说"入孝出弟"章。先生曰: "夫子只是泛恁地说, 说得较宽, <u>子夏</u>说得较力。他是说那诚处, '贤贤易色'是诚于好善, '事父母能竭其力'是诚于〔事〕亲, '事君能致其身'是诚于事君, '与朋友交, 言而有信'是诚于交朋友。这说得都重, 所以恁地说。他是要其终而言。道理也是恁地, 但不合说得大力些。"〔<u>义刚</u>〕问: "'贤贤易色', 如何在先?"曰: "是有那好善之心底方能如此。"一生说"温良恭俭"章。先生曰: "夫子也不要求之于己而后得, 也不只是有此五德。若说求之于己而后得, 则圣人又无这般意思。这只是说圣人谨厚退让, 不自以为圣贤, 人自然乐告之。'夫子之求之也', 此是反语。言夫子不曾求, 不似其它人求后方得, 这是就问者之言以成语, 如'吾闻以<u>尧舜</u>之道要<u>汤</u>, 未闻以割烹也'。<u>伊尹</u>不是以<u>尧舜</u>之道去要<u>汤</u>是定, 这只是表得不曾割烹耳。"一生说"<u>颜子</u>不愚"章。先生曰: "圣人更是一片赤骨立底天理, 光明照耀, 更无蔽障。<u>颜子</u>则是有一重皮了。但其他人则被这皮子包裹得厚, 剥了一重又一重, 不能得便见那里面物事。<u>颜子</u>则皮子甚薄, 一剥便爆出来。夫子与他说，只是要与它剥这一重皮子。它缘是这皮子薄，所以一说便晓，更不要再三。如说与它'克己复礼'，它更不问如何是克己、如何是复礼，它便晓得，但问其自如何而已。"以下训杨。义刚。

○　先生谓显道曰："久不相见，不知年来做得甚工夫？"曰："只据见成底书读。"夔孙录云："包显道侍坐，先生方修书，语之曰：'公辈逍遥快活，某便是被这事苦。'包曰云云。"先生曰："圣贤已说过，何待更去理会他？但是不恁地，恁地都不济事。"次日又言："昨夜睡不着，因思显道恁地说不得，若是恁地，便不是'自强不息'底道理。人最是怕陷溺其心，而今显道辈便是以清虚寂灭陷溺其心，刘子澄辈便是以务求博杂夔孙录作"求多务博"。陷溺其心。'周公思兼三王，以施四事，其有不合者仰而思之，夜以继日。幸而得之，坐以待旦'，圣贤之心直是如此。"已而其生徒复说"孝弟为仁之本"。先生曰："说得也都未是。"因命林子武说一过。既毕，先生曰："仁是根，恻隐是根上发出底萌芽，亲亲、仁民、爱物便是枝叶。"次日，先生亲下精舍大会学者。夔孙录云："显道请先生为诸生说书。"先生曰："荷显道与诸兄远来，某平日说底便是了，要特地说又似无可说。而今与公乡里平日说不同处，只是争个读书与不读书，讲究义理与不讲究义理。如某便谓是须当先知得方始行得，如孟子所谓诐、淫、邪、遁之辞何与自家事？而自家必欲知之何故？若是不知其病痛所自来，少间自家便落在里面去了。孔子曰'诗，可以兴，可以观，可以群，可以怨；迩之事父，远之事君，多识于鸟兽草木之名'，那上面六节固是当理会，若鸟兽草木之名，何用自家知之？但是既为人，则于天地之间物理须要都知得方可。若头上髻子便十日不梳后待如何？便一月不梳待如何？但须是用梳方得。张子曰'书所以维持此心，一时放下，则一时德性有懈'，也是说得'维持'字好，盖不读书则此心便无用处。今但见得些子便更不肯去穷究那许多道理，陷溺其心于清虚旷荡之地，却都不知，岂可如此！直卿与某相聚多年，平时看文字甚子细，数年在三山也煞有益于朋友，今可为某说一遍。"直卿起辞。先生曰："不必多让。"显道云："可以只将昨日所说'有子'章申之。"于是直卿略言此章之指，复历述圣贤相传之心法。既毕，先生曰："仁便是本，仁更无本了。若说孝弟是仁之本，则是头上安头、以脚为头。伊川所以将'为'字属'行'字读，盖孝弟是仁里面发出来底。'性中只有个仁义礼智，何尝有个孝弟来'，它所以恁地说时，缘是这四者是本，发出来却有许多事，千条万绪皆只是从这四个物事里面发出来。如爱便是仁之发，才发出这爱来时便事事有：第一是爱亲，其次爱兄弟，其次爱亲戚、爱故旧，推而至于仁民，皆是从这物事发出来。人生只是个阴阳，那阴中又自有个阴阳，阳中又自有个阴阳，物物皆不离这四个。而今且看：如天地便有个四方，以一岁言之便有个四时，以一日言之便有个昼夜昏旦，以十二时言之便是四个三，若在人则只是这仁义礼智这四者。如这火炉有四个角样，更不曾折了一个。方未发时便只是仁义礼智，及其既发则便有许多事，但孝弟至亲切，所以行仁以此为本。如这水流来下面做几个塘子，须先从那第一个塘子过，那上面便是水源头，上面更无水了。仁便是本，行仁须是从孝弟里面过，方始到那第二个、第三个塘子。但据某看，孝弟不特是行仁之本，那三者皆然。如亲亲、长长，须知亲亲当如何，长长当如何。'年长以倍则父事之，十年以长则兄事之，五年以长则肩随之'，这便是长长之道。事君时是一般，与上大夫言是一般，与下大夫言是一般，这便是贵贵之道。如此便是义。事亲有事亲之礼，事兄有事兄之礼。如今若见父不揖后谓之孝弟，可不可？便是行礼也由此过。孟子说'孩提之童无不知爱其亲，及其长也无不知敬其兄'，若是知得亲之当爱、兄之当敬而不违其事之之道，这便是智。只是这一个物事，推于爱则为仁，宜之则为义，行之以逊则为礼，知之则为智。"良久，显道云："江西之学大要也是以行己为先。"先生曰："如孝弟等事数件合先做底也易晓，夫子也只略略说过。如孝弟、谨信、泛爱、亲仁，也只一处恁地说。若是后面许多合理会处须是从讲学中来。不然，为一乡善士则可，若欲理会得为人许多事则难。"义刚。

○ 先生因论杨书，谓："江南人气粗劲而少细腻，浙人气和平而力弱，皆其所偏也。"杨。

○ 浩作卷子，疏已上条目为问。先生逐一说过了。浩乞逐段下疏数语。先生曰："某意思到处或说不得，说得处或写不得。此据所见尽说了，若写下未必分明，却失了先间言语。公只记取，若未安，不妨反覆。"训邵浩。

○ 砥初见，先生问："曾做甚工夫？"对以近看大学章句，但未知下手处。曰："且须先操存涵养，然后看文字，方始有浃洽处。若只于文字上寻索，不就自家心里下工夫，如何贯通？"问："操存涵养之道如何？"曰："才操存涵养，则此心便在。"仲思问："操存未能无纷扰之患。"曰："才操便存。今人多于操时不见其存，过而操之，愈自执捉，故有纷扰之患。"此下训砥。

○ 问："有事时须应事接物，无事时此心如何？"曰："无事时亦只如有事时模样，只要此心常在也。"又问："程子言'未有致知而不在敬'，如何？"曰："心若走作不定，如何见得道理？且如理会这一件事未了，又要去理会那一件事，少间都成没理会。须是理会这事了方去理会那事。"又问："只是要主一？"曰："当如此。"又问："思虑难一如何？"曰："徒然思虑济得甚事。某谓若见得道理分晓自无闲杂思虑，人之所以思虑纷扰，只缘未实见得此理，若实见得此理，更何暇思虑。'天下何思何虑'，不知有甚事可思虑也。"又问："伊川尝教人静坐，如何？"曰："亦是他见人要多思虑，且以此教人收拾此心耳，若初学者亦当如此。"

○ 用之问:"动容周旋未能中礼,于应事接物之间未免有碍理处,如何?"曰:"只此便是学,但能于应酬之顷逐一点检,便一一合于理,久久自能中礼也。"砥。训砺。

○ 问论孟疑处。曰:"今人读书有疑皆非真疑。某虽说了,只做一场话说过,于切己工夫何益!向年在南康,都不曾与诸公说。"次日求教切己工夫。曰:"且如论语说'孝弟为仁之本',因甚后便可以为仁之本?'巧言令色鲜矣仁',却为甚不鲜礼、不鲜义而但鲜仁?须是如此去着实体认,莫要才看一遍不通便掉下了。盖道本无形象,须体认之可矣。"以下训煇。

○ 问:"私欲难克,奈何?"曰:"'为仁由己,而由人乎哉'。所谓'克己复礼为仁'者正如以刀切物,那刀子乃我本自有之器物,何用更借别人底?(不)〔只〕认我一己为刀子而克之,则私欲去而天理见矣。"

○ 陈芝廷秀以谢昌国尚书书及尝所往来诗文来见。且曰:"每尝读书须极力苦思,终尔不似。"曰:"不知所读何书?"曰:"尚书、语、孟。"曰:"不知又何所思?"曰:"只是于文义道理致思尔。"曰:"也无大段可思,圣贤言语平铺说在里。如夫子说'学而时习之',自家是学何事便须着时习,习之果能说否?'有朋自远方来'果能乐不乐?今人学所以求人知,人不见知果能不愠否?至孟子见梁王便说个仁义与利。今但看自家所为是义乎,是利乎?向内便是义,向外便是利,此甚易见。虽不读书,只恁做将去,若是路陌正当,即便是义。读书是自家读书,为学是自家为学,不干别人一钱事,别人助自家不得。若只是要人道好，要求人知，便是为人，非为己也。"因诵子张"问达"一章，语音琅然，气节慷慨，闻者耸动。道夫。以下训芝。

○ 廷秀问："今当读何书?"曰："圣贤教人都提切己说话，不是教人向外，只就纸上读了便了。自家今且剖判一个义利，试自睹当自家今是要求人知，要自为己? 孔子曰'君子喻于义，小人喻于利'，又曰'古之学者为己，今之学者为人'。孟子曰'亦有仁义而已矣，何必曰利'，孟子虽是为时君言，在学者亦是切身事。大凡为学且须分个内外，这便是生死路头。今人只一言一动、一步一趋，便有个为义为利在里，从这边便是为义，从那边便是为利；向内便是入圣贤之域，向外便是趋愚不肖之途。这里只在人劂定脚做将去，无可商量。若是已认得这个了，里面煞有工夫，却好商量也。"顾谓道夫曰："曾见陆子静'义利'之说否?"曰："未也。"曰："这是他来南康，某请他说书，他却说这义利分明，是说得好。如云'今人只读书便是为利。如取解后又要得官，得官后又要改官。自少至老、自(项)〔顶〕至踵，无非为利'，说得来痛快，至有流涕者。今人初生稍有知识，此心便悒瞢瞢地去了，干名逐利浸浸不已，其去圣贤日以益远，岂不深可痛惜!"道夫。

○ 先生谓陈廷秀曰："今只理会下手做工夫处，莫问他气禀与习。只是是底便做，不是底莫做，一直做将去。那个万里不留行，更无商量。如今推说虽有许多般样，到做处只是是底便做。一任你气禀物欲，我只是不恁地。如此则'虽愚必明，虽柔必强'，气习不期变而变矣。"道夫。

○ 为学有用精神处，有惜精神处；有合着工夫处，有枉了工夫处。要之，人精神有得亦不多，自家将来枉用了亦可惜，惜得那精神便将来看得这文字。某旧读书，看此一书只看此一书，那里得恁闲工夫录人文字。<u>廷秀</u>、<u>行夫</u>都未理会得这个工夫在。今当截头截尾、劄定脚跟将这一个意思帖在上面，上下四旁都不管他，只见这物事在面前。任你<u>孔夫子</u>见身也还我理会这个了，直须抖擞精神，莫要昏钝，如救火治病，岂可悠悠岁月。<u>道夫</u>。

○ <u>廷秀</u>问："某缘不能推广。"曰："而今也未要理会如此。如佛家云'只怕不成佛，不怕成佛后不会说话'，如公却是怕成佛后不会说话了。"<u>廷秀</u>又问："莫是见到后自会恁地否？"曰："不用恁地问。如今只用下工夫去理会，见到时也着去理会，见不到时也着去理会。且如见得此段后如何便休得？自着去理会。见不到时也不曾说自家见不到便休了，越着去理会，理会到死。若理会不得时，亦无可奈何。"<u>道夫</u>。

○ <u>陈芝</u>拜辞，先生赠以<u>近思录</u>，曰："公事母，可检'干母之蛊'看，便自见得那道理。"因言："<u>易传</u>自是成书，<u>伯恭</u>都摭来作圝范，今亦载在<u>近思录</u>。某本不喜他如此，然细点检来，段段皆是日用切近功夫而不可（阘）〔阙〕者，于学者甚有益。"<u>友仁</u>。

○ 问每日做工夫处。曰："每日工夫只是常常唤醒，如<u>程先生</u>所谓'主一之谓敬'，<u>谢氏</u>所谓'常惺惺法'是也。然这里便是致知底工夫，<u>程先生</u>曰'涵养须是敬，进学则在致知'，须居敬以穷理，若不能敬，则讲学又无安顿处。"

○ 问："'主一无适'亦是遇事之时也须如此。"曰："于无事之时这心却只是主一，到遇事之时也是如此。且如这事当治不治，当为不为，便不是主一了。若主一时坐则心坐，行则心行，身在这里，心亦在这里。若不能主一，如何做得工夫？"又曰："人之心不正，只是好恶昏了他。<u>孟子</u>言'平旦之气，其好恶与人相近者几希'，盖平旦之时得夜间息得许久，其心便明则好恶公：好则人之所当好，恶则人之所恶，而无私意于其间。过此时则喜怒哀乐纷扰于前，则必有以动其气，动其气则必动其心，是'梏之反覆'而夜气不能存矣。虽得夜间稍息而此心不能自明，是终不能善也。"

○ 问："每常遇事时也分明知得理之是非，这是天理，那是人欲。然到做处又却为人欲引去，及至做了又却悔。此是如何？"曰："此便是无克己工夫，这样处极要与他扫除打叠。如一条大路又有一条小路，自家也知得合行大路，然被小路有个物事引着，不知不觉走从小路去，及至前面荆棘芜秽，又却生悔。此便是天理人欲交战之机，须是遇事时便与克下，不得苟且放过。明理以先之，勇猛以行之。若是上智圣人底资质，它不用着力，自然循天理而行，不流于人欲。若贤人之资次于圣人者，到得遇事时固不会错，只是先也用分别教是而后行之。若是中人之资须大段着力，无一时一刻不照管克治始得。曾子曰'仁以为己任不亦重乎，死而后已不亦远乎'，须是如此做工夫。其言曰'战战兢兢，如临深渊，如履薄冰。而今而后吾知免夫，小子'，直是恁地用功方得。"

○ 语黄先之病处，数日谆谆。先之云："自今敢不猛省！"曰："何用猛省？见得这个是要紧便拽转来。如东边不是便挈过西边，更何用猛省！只某夜来说得不力，故公领得尤未切。若领会得切，只眼下见不是便一下打破沙瓶便了。公今只看一个身心是自家底，是别人底？是自家底时今才挈转便都是天理，挈不转便都是人欲。要识许多道理是为自家，是为别人？看许多善端是自家本来固有，是如今方从外面强取来附在身上？只恁地看便洒然分明。'未之思也，夫何远之有'，才思便在这里。某尝说孟子鸡犬之喻也未甚切，鸡犬有求而不得，心则无求而不得，才思便在这里，更不离步。庄子云'其热焦火，其寒凝冰，其疾俯仰之间而再抚四海之外'，心之变化如此，只怕人自不求。如桀、纣、盗跖，他自向那边去，不肯思。他若才会思便又在这里。心体无穷，前做不好便换了后面一截，生出来便是良心、善性。"_{贺孙。}

○ 昨夜与<u>先之</u>说"思则得之"。才思便在这里，这失底已自过去了。自家才思，这道理便自生，认得着莫令断始得。一节断，一节便不是。今日恁地一节断了，明日又恁地一节断，只管断了，一向失去。<u>贺孙</u>。

○ <u>德辅</u>言："自承教诲，两日来读书觉得只是熟时自见道理。"曰："只是如此，若忽下趋高以求快，则都不是。'下学而上达'，初学直是低。"_{以下训<u>德辅</u>。}

○ <u>德辅</u>言："今人看文字义理如何得恁不细密？"曰："只是不曾仔细读那书，枉用心错思了。<u>孔子</u>说'吾尝终日不食、终夜不寝以思，无益，不如学也'正谓这样底。所谓'思而不学则殆'，'殆'者，心陷机危殆不安。<u>尹和靖</u>读得<u>伊川</u>说话煞熟，虽不通透，渠自有受用处。<u>吕坚中</u>作<u>尹</u>墓志、祭文，云<u>尹</u>于六经之书'耳顺心通，如诵己言'。尝爱此语说得好，但<u>和靖</u>却欠了思。"

○ 问<u>汪长孺</u>所读何书。<u>长孺</u>诵<u>大学</u>所疑。先生曰："只是轻率。公不惟读圣贤之书如此，凡说话及论人物亦如此，只是不敬。"又云："<u>长孺</u>气粗，故不仔细。为今工夫须要静，静多不妨，今人只是动多了静。静亦自有说话，<u>程子</u>曰'为学须是静'。"又曰："静多不妨。才静事都见得，然总亦只是一个敬。"_{恩。}

○ <u>长孺</u>向来自谓有悟，其狂怪殊不可晓，恰与<u>金溪</u>学徒相似。尝见受学于<u>金溪</u>者便一似咽下个甚物事，被他挠得来恁地。又如有一个蛊在他肚中，蟬得他自不得由己样。某（之）〔又〕皆譬云，<u>长孺</u>、<u>叔权</u>皆是为酒所使，一个善底只是发酒慈，那一个便酒颠。<u>必大</u>。

○ <u>姜叔权</u>也是个资质好底人，正如<u>吴公济</u>相似。<u>汪长孺</u>正好得他这般人相处，但<u>叔权</u>也昏钝，不是个拨着便转、挑着便省底，于道理只是慢慢思量后方说得。若是<u>长孺</u>说话，恁地横后跳踯，他也无奈他何。<u>道夫</u>。

○ 问<u>孟子</u>"如不得已"一段。曰："公念得'如不得已'一句字重了，声高。但平看便理会得。"因此有警，以言语太粗急也。<u>训振</u>。

○ 先生问："日间做甚工夫？"<u>震</u>曰："读<u>大学章句</u>、<u>或问</u>，玩味先生所以警策学者着实用工处。"曰："既知工夫在此，便把<u>大学</u>为主，我且做客，听命于<u>大学</u>。"又问："<u>或问</u>中载诸先生敬之说，<u>震</u>尝以'整齐严肃'体之于身，往往不能久。此心又未免出入，不能自制。"曰："只要常常操守，人心如何免得出入！正如人要去又且留住他，莫教他去得远。"<u>训震</u>。

○ <u>椿</u>临行请教。曰："凡人所以立身行己、应事接物，莫大乎诚敬。诚者何？不自欺、不妄之谓也。敬者何？不怠慢、不放荡之谓也。今欲作一事，若不立诚以致敬，说这事不妨胡乱做了，做不成又付之无可奈何，这便是不能敬。人面前底是一样，背后又是一样；外面做底事，内心却不然。这个皆不诚也。学者之心，大凡当以诚敬为主。"<u>训椿</u>。

○ <u>绍熙</u>甲寅良月，先生繇经筵奉祠，待命<u>灵芝</u>，<u>杞</u>往见。首〔问〕："曾作甚工夫？"曰："向蒙<u>程先生</u>曰<u>端蒙</u>赐教，谓人之大伦有五，紧要最是得寸守寸，得尺守尺。"曰："如何得这寸，得这尺?"曰："大概以持敬为本，推而行之于五者之间。"曰："大纲是如此。"顾苏兄云："凡人为学须穷理，穷理以读书为本。孔子曰'好古敏以求之'，若不穷理便只守此，安得有进底工夫? 如李兄所云固是。且更穷理就事物上〔着〕〔看〕，穷得这个道理到底了，又却穷那个道理。如此积之以久，穷理益多，自然贯通。穷理须是穷得到底方始是。"杞云："莫'致知在格物'否?"曰："固是。大学论治国、平天下许多事，却归在格物上。凡事事物物各有一个道理，若能穷得道理，则施之事物，莫不各当其位。如'人君止于仁，人臣止于敬'之类，各有一至极道理。"又云："凡万物莫不各有一道理，若穷理则万物之理皆不出此。"曰："此是'万物皆备于我'?"曰："极是。"训（祖）〔杞〕。

○ 初投先生书，以此心不放动为主敬之说。先生曰："'主敬'二字只恁地做不得，须是内外交相养。盖人心活物，吾学非比释氏，须是穷理。"书中有云："近乃微（侧）〔测〕为学功用，知此事乃切己事，所系甚重。"先生举以语朋友云："诚是如此。"以下训士毅。

○ 问："穷理莫如随事致察，以求其当然之则。"曰："是如此。"问："人固有非意于为过而终陷于过者，此则不知之失。然当不知之时正私意物欲方蔽锢，切恐虽欲致察而不得其真。"曰："这（过）〔却〕恁地两相担阁不得，须是察。"问："程子所谓'涵养须用敬，进学则在致知'，不可除一句。"曰："如此方始是。"又曰："知与敬是先立底根脚。"

○ "讲论自是讲论，须是将来自体验。说一段过又一段，何补! 某向来从师，一日说话，晚头如温书一般，须子细看过。有疑则明日又问。"问："士毅寻常读书须要将说心处（将）自体之以心，言处事处推之以事，随分量分晓方放过，莫得体验之意否？"曰："亦是。"又曰："体验是自心里暗自讲量一次。"广录云："或问：'先生谓讲论固不可无，须是自去体认。如何是体认？'曰：'体认是把那听得底自去心里重复思绎过。伊川曰"时复思绎，浃洽于中，则说矣。"某向来从师，日间所闻说话，夜间如温书一般，一一子细思量过。方有疑，明日又问。'"

○　士毅禀归，请教。曰："只前数日说底便是，只要去做工夫，如饮食在前须是去吃他方知滋味。"又曰："学者最怕不知蹊径，难与他说。今日有一朋友将书来，说从外面去，不知何益。不免说与他，教看孟子'存心'一段。人须是识得自家物事，且如存，若不识得他如何存得？如今既知蹊径，且与他做去。只如主敬、穷理不可偏废，这两件事如踏一物一般，踏着这头，那头便动。如行步，左足起，右足自来。"又曰："更有一事，如今学者须是莫把做外面事看。人须要学，不学便欠阙了〔他〕底，学时便得个恰好。"

○　"人须做工夫方有疑。初做时事定是触着相碍，没理会处。只如居敬、穷理，始初定分作两段。居敬则执持在此，才动则便忘了也。"问："始学必如此否？"曰："固然。要知居敬在此，动时理便自穷。只是此话工夫未到时难说。"又曰："但能无事时存养教到，动时也会求理。"

○　问："如何是反身穷理？"曰："反身是着实之谓。"又曰："向自家体分上求。"以下训栐。

○　问："天理真个难明，己私真个难克，望有以教之。"先生骂曰："公不去用力，只管说道是难。孟子曰'道若大路然，岂难知哉？人病不求耳'，往往公亦知得这个道理好，才下手，见未有入头处，便说道是难而不肯用力，所以空过了许多月日，可惜！可惜！公若用力久，亦自有个入头处，何患其〔难〕？"

○ 枅尝问先生："自谓矫揉之力虽劳，而气禀之偏自若；警觉之念虽至，而惰怠之习未除；异端之教虽非所愿学，而芒忽之差未能辨；善、利之间虽知所决择，而正行、恶声之念或潜行而不自觉；先觉之微言奥论，读之虽间有契而不能浃洽于心意之间"云云。曰："所论皆切问近思。人之为学惟患不自知其所不足，今既知之，则亦即此而加勉焉耳。为仁由己，岂他人所能与？惟读书穷理之功，不可不讲也。"

○ 先生语枅曰："看公意思好，但本原处殊欠工夫。莫如此过了日月。可惜！"

训门人八杂训诸门人者为此卷

○　因说<u>林择之</u>，曰："此人晓事非其他学者之比。"徐又曰："到他己分，事事却暗。"<u>文蔚</u>。

○　先生问<u>尧卿</u>："近看道理所得如何？"曰："日用间有些着落，不似从前走作。"曰："此语亦是鹘突，须是端的见得是如何。譬如饮食须见那个是好吃，那个滋味是如何，不成说道都好吃。"<u>淳</u>。

○　问<u>尧卿</u>："今日看甚书？"曰："只与<u>安卿</u>较量下学处。"曰："不须比<u>安卿</u>。公年高，且据见定底道理受用。<u>安卿</u>后生有精力，日子长，尽可阔着步去。"<u>淳</u>。

○　<u>李丈</u>问："前承教，只据见定道理受用。某日用间已见有些落着，事来也应得去，不似从前走作。"曰："日用间固是如此，也须随自家力量成就去看如何。"问："工夫到此自是不能间断得？"曰："'博学、审问、慎思、明辩、笃行'，这个工夫常恁地。昔<u>李初平</u>欲读书，<u>濂溪</u>曰：'公老，无及矣，只待某说与公，二年方觉悟。'他既读不得书，<u>濂</u>

溪说与他，何故必待二年之久觉悟？二年中说多少事，想见事事说与他。不解今日一说，明日便悟，顿成个别一等人，无此理也。公虽年高，更着涵养工夫。如一粒菜子中间含许多生意，亦须是培壅浇灌方得成。不成说道有那种子在此，只待他自然生根生苗去。若只见道理如此便要受用去，则一日止如一日，一年止如一年，不会长进。正如菜子无粪去培壅、无水去浇灌也。须是更将语、孟、中庸、大学中道理来涵养。"淳。义刚同。

○ 尧卿问："事来断制 享录作"置"。不下，当何以处之？"曰："便断制不得也着断制，不成掉了。"又问："莫须且随力量做去？"曰："也只得随力量做去。"又问："事有至理，理有至当十分处。今已看得七八分，待穷来穷去，熟后自觉到那分数足处。"曰："虽未能从容，只是熟后便自会，只是熟，只是熟。"义刚。淳录略。

○ 傅诚 至叔请教。曰："圣贤教人甚分晓，但人不将来做切己看，故觉得读所做时文之书与这个异。要之，只是这个书。今人但见口头道得，笔下去得，纸上写得，以为如此便了。殊不知圣贤教人初不如是，而今所读亦自与自家不相干涉也。"道夫。

○ 与杨通老说："学问最怕悠悠。读书不在贪多，未能读从后面去，且温习前面已晓底。一番看，一番别。"贺孙。

○ 通老问："孟子说'浩然之气'，如何是浩然之气？"先生不答。久之，曰："公若留此数日，只消把孟子白去熟读。他逐句自解一句，自家只排句读将去，自见得分明，却好来商量。若蓦地问后，待与说将去也徒然。康节学于穆伯长，每有扣请，必曰'愿开其端，勿尽其意'，他要待自思量得。大凡事理若是自去寻讨得出来，直是别。"贺孙。

○ 语通老：“早来说无事时此理存，有事时此理亡。无他，只是把事做等闲，须是于事上穷理方可。理于事本无异，今见事来别把做一般看，自然错了。”<u>可学</u>。

○ <u>周公谨</u>问：“学者理会文字又却昏了，若不去看，恐又无路可入。”曰：“便是难。且去看圣贤气象，识他一个规模。若欲尽穷天下之理亦甚难，且随自家规模大小做去。若是迫切求益亦害事，岂不是私意！”<u>泳</u>。

○ <u>李公谨</u>问：“读书且看大意，有少窒碍处且放过，后来旋理会。如何？”曰：“公合下便立这规模便不济事了。才恁地立规模只是要苟简，小处晓不得，也终不见大处。若说窒碍，到临时十分不得已只得且放下，如何先如此立心！”<u>贺孙</u>。

○ 语<u>敬子</u>曰：“读书须是心虚一而静，方看得道理出。而今自家心只是管外事，硬定要如此，要别人也如此做，所以来这里看许多时文字都不济事，不曾见有长进。是自家心只在门外走，与人相抵拒在这里，不曾入得门中，不知屋里是甚模样。这道理本自然，不消如此。如公所言说得都是，只是不曾自理会得公身上事，所以全然无益。只是硬桩定方法抵拒将去，全无自然意思，都无那活底水，只是聚得许多死水。”<u>李</u>曰：“也须是积将去。”曰：“也只积得那死水，那源头活水不生了。公只是每日硬用力推这车子，只见费力。若是有活水来，那车子自转，不用费力。”<u>李</u>曰：“恐才如此说，不善听者放宽便不济事。”曰：“不曾教你放宽。所以学问难，才说得宽便不着紧，才太紧又不济事。宽固是便狼狈，然紧底下梢头也不济事。”<u>倜</u>。

○ <u>敬子</u>问：“人患多惧，虽明知其不当惧，然不能克。莫若且强

制此心使不动否?"曰:"只管强制也无了期。只是理明了自是不惧,不
须强制。"偓。

○ 胡叔器问:"每常多有恐惧,何由可免?"曰:"须是自下工夫,
看此事是当恐惧不当恐惧。遗书云'治怒难,治惧亦难。克己可以治
怒,明理可以治惧',若于道理见得了,何惧之有?"义刚。

○ 问叔器:"看文字如何?"曰:"两日方在思量颜子乐处。"先生
疾言曰:"不用思量。他只(道)〔是〕'博我以文,约我以礼'后见得
那天理分明,日用间义理纯熟后不被那人欲来苦楚,自恁地快活。而今
只去博文约礼便自见得,今却索之于杳冥无朕之际,去何处讨这乐处?
将次思量得成病。而今一部论语说得恁地分明,自不用思量,只要着实
去用工。前日所说人心、道心便只是这两事,只去临时思量那个是人
心、那个是道心。便颜子也只是使人心听命于道心,不被人心胜了道
心。今便须是常常拣择教精,使道心常常在里面如个主人,人心只如客
样。常常如此无间断,便能'允执厥中'。"义刚。

○ 胡问静坐用功之法。曰:"静坐只是恁静坐,不要闲勾当,不
要闲思量,也无法。"问:"静坐时思一事则心倚靠在事上,不思量则心
无所倚靠,如何?"曰:"不须得倚靠。若然,又是道家数出入息、目视
鼻端白一般,他亦是心无所寄寓,故要如此倚靠。若不能断得思量,又
不如且恁地,也无害。"淳。义刚录同。又曰:"静坐、息闲杂思量,则养得来
便条畅。"

○ 胡叔器患精神短。曰:"若精神少也只是做去,不成道我精神
少便不做。公只是思索义理不精,平日读书只泛泛地过,不曾贴里细密
思量。公与安卿之病正相反。安卿思得义理甚精,只是要将那粗底物事

都掉了。公又不去义理上思量，事物来皆奈何不得，只是不曾向里去理会。如入市见铺席上都是好物事，只是自家没钱买得；如书册上都是好说话，只是自家无奈他何。如黄兄前日说忠恕。忠恕只是体用，只是一个物事，犹形影，要除一个除不得。若未晓且看过去，（那）〔却〕时复把来玩味，少间自见得。"叔器曰："安之在远方。望先生指一路脉，去归自寻。"曰："见行底便是路，那里有别底路来？道理星散在事物上，却无总在一处底。而今只得且将论、孟、中庸、大学熟看。如论语上看不出，少间就孟子上看得出。孟子上底只是论语上底，不可道孟子胜论语。只是自家已前看不到，而今方见得到。"又问："'优游涵泳，勇猛精进'字如何？"曰："也不须恁地立定牌榜，㳦录作"做题目"。也不须恁地起草，只做将去。"又问："应事当何如？"曰："士人在家有甚大事？只是着衣吃饭，理会眼前事而已。其他天下事，圣贤都说十分尽了。今无他法，为高必因丘陵，为下必因川泽，自家只就他说话上寄搭些工夫，便都是我底。某旧时看文字甚费力，如论、孟，诸家解有一箱，每看一段必检许多，各就诸说上推寻意脉，各见得落着然后断其是非。是底都抄出，一两字好亦抄出。虽未如今集注简尽，然大纲已定。今集注只是就那上删来，但人不着心守见成说，只草草看了。今试将精义来参看一两段所以去取底是如何，便自见得。大抵事要思量、学要讲，如古人一件事有四五人共做，自家须看那人做得是、那人做得不是。又如眼前一件事有四五人共议，甲要如此，乙要如彼，自家须见那人说得是、那人说得不是。便待思量得不是，此心曾经思量一过，有时那不是底发我这是底。如十个物事，团九个不着，那一个便着，则九个不着底也不是枉思量。又如讲义理有未通处，与朋友共讲，十人十样说，自家平心看那个不是。或他说是底却发得自家不是底，或十人都说不是有时因此发得自家是底。所以适来说，有时是这处理会得，有时是那处理会得，少间便都理会得。只是自家见识到，别无法。学者须是撒开心胸，事事逐件都与理会过。未理会得底且放下，待无事时复将来理会，少间甚事理会不得！"<u>义刚</u>。

○ <u>林恭甫</u>问："论语记门人问答之辞，而<u>尧</u>曰一篇乃记<u>尧</u>、<u>舜</u>、<u>汤</u>、<u>武</u>许多事，何也？"曰："不消恁地理会文字，只消理会那道理。譬如吃饭，碗中盛得饭，自家只去吃，看那滋味如何，莫要问他从那处来。<u>尧</u>曰一篇，某也尝见人说来，是夫子尝诵述前圣之言，弟子类记于此。先儒亦只是如此说。然道理紧要却不在这里，这只是外面一重，读书须去里面理会。譬如看屋须看那房室间架，莫要只去看那外面墙壁粉饰。如吃荔枝须吃那肉，不吃那皮。公而今却是剥了那肉，却吃那皮核。读书须是以自家之心体验圣人之心，少间体验得熟，自家之心便是圣人之心。某自二十时看道理便要看那里面，尝看<u>上蔡</u>论语，其初将红笔抹出，后又用青笔抹出，又用黄笔抹出，三四番后又用墨笔抹出，是要寻那精底。看道理须是渐渐向里，寻到那精英处方是。如射箭：其初方上垛，后来又要中帖，少间又要中第一晕，又要中第二晕，后又要到红心。公而今只在垛之左石或上或下，却不要中的，恁地不济事。须是子细看，看得这一般熟后，事事书都好看，便是七言杂字也有道理。未看得时正要去紧要处钻，少间透彻，则无书不可读。而今人不去理会底固是不足说，去理会底又不知寻紧要处，也却讨头不着。"<u>义刚</u>。

○ <u>子升</u>问："向来读书病于草草，所以多疑而无益。今承先生之教，欲自<u>大学</u>温去。"曰："然。只是着便把做事。如说持敬，便须入只脚在里面做，不可只作说话看了。"<u>木之</u>。

○ <u>子升</u>问："主一工夫兼动静否？"曰："若动时收敛心神在一事上，不胡乱思想，东去西去，便是主一。"又问："由敬可以至诚否？"曰："诚自是真实，敬自是严谨。如今正不要如此看，但见得分晓了，便下工夫做将去，如'整齐严肃'、'其心收敛'、'常惺惺'数条，无不通贯。”木之。

○ 子升问遇事心不存之病。曰：“只随处警省，收其放心，收、放只在自家俄顷瞬息间耳。”或举先生与吕子约书有“知其所以为放者而收之则心存矣”，此语最切要。又问曾子谓孟敬子“君子所贵乎道者三”之意。曰：“曾子之意且将对下面‘笾豆之事则有司存’说。言君子动容貌要得远暴慢，正颜色要得近信，出辞气要得远鄙倍，此其本之所当先者。至于‘笾豆之事则有司存’，盖末而当后者耳，未说到做工夫上。若说三者工夫，则在平日操存省察耳。”木之。

○ 黎季成问：“向来工夫零碎，今闻先生之诲，乃见得人之所任甚重，统体通贯。”曰：“季成只是守旧窠窟，须当进步。”盖卿。

○ 敬之黄名显子。问：“理既明于心，须又见这样子方始安稳。”曰：“学问思辨亦皆是学，但学是习此事，思是思量此理者。只说见这样子又不得，须是依样去做。然只依本画葫芦又不可，须是百方自去寻讨始得。”寓。

○ 语敬之：“今看文字专要看做里面去。如何里面也更无去处，不〔看〕〔着〕得许多言语？这里只‘主一无适’、‘敬以直内’涵养去。尝谓文字宁是看得浅，不可太深；宁是低看，不可太高。盖浅近虽未能到那切近处，更就上面推寻，却有见时节。若太深远，更无回头时。恰似人要来建阳，自信州来，行到崇安歇了，却不妨，明日更行须会到。若不问来由，一向直走过均亭去，迤逦前去，更无到建阳时节。”寓。

○ 语敬之曰：“这道理也只是如此看，须是自家自奋迅做去始得。看公大病痛只在个懦弱，须是便勇猛果决，合做便做。不要安排，不要等待，不要靠别人，不要靠书籍言语，只是自家自检点。公曾看易，易里说阳刚阴柔，阴柔是极不好。"贺孙。

○ 语黄敬之："须是打扑精神，莫教恁地慢。慢底须是矫教紧，是极不好。"贺孙。

○ 语黄敬之："须是打扑精神，莫教恁地慢。慢底须是矫教紧，紧底须是莫放教慢。"贺孙。

○ 语敬之曰："敬之意气甚弱，看文字都恁地迟疑不决，只是不见得道理分明。"贺孙问："先生向令敬之看孟子。若读此书透，须自变得气质否？"曰："只是道理明自然会变。今且说读孟子，读了只依旧是这个人，便是不曾读，便是不曾得他里面意思，孟子自是孟子，自家身己自是自家身己。读书看道理也须着些气力打扑精神，看教分明透彻，方于身上有功。某近来衰晚，不甚着力看文字。若旧时看文字，有一段理会未得须是要理会得，直是辛苦。近日却看得平易。旧时须要勉强说教得方了，要知初间也着如此着力。看公如今只恁地慢慢，要进又不敢进，要取又不敢取，只如将手恁地探摸，只怕物事触了手相似。若恁地看文字，终不见得道理，终不济事，徒然费了时光。须是勇猛向前，匹马单枪做将去看如何，只管怕个甚么？'彼丈夫也，我丈夫也，吾何畏〔彼〕哉'，他合下也有许多义理，自家合下也有许多义理；他做得，自家也做得。某近看得道理分明，便是有甚利害、有甚祸福直是不怕，只是见得道理合如此便做将去。"贺孙。

○ 黄敬之有书，先生示人杰。人杰云："其说名义处或中或否。盖彼未有实功，说得不济事。"曰："也须要理会，若实下工夫，亦须先理会名义都要着落。彼谓'易者心之妙用，太极者性之本体'，其说有

病。如伊川所谓'其体则谓之易，其理则谓之道，其用则谓之神'，方
说得的当。然伊川所谓'体'字与'实'字相似，乃是该体、用而言。
如阴阳动静之类，毕竟是阴为体、阳为用，静而动、动而静，是所以为
易之体也。"人杰云："向见先生云，体是形体，却是着形气说，不如说
该体、用者为备耳。"曰："若作形气说，然却只说得一边。惟说作该
体、用乃为全备，却统得下面'其理则谓之道，其用则谓之神'两句。"
人杰。

○　"某平生不会懒，虽甚病，然亦一心欲向前做事，自是懒不得。
今人所以懒，未必是真个怯弱，自是先有畏事之〔心〕。才见一事，便
料其难而不为。缘先有个畏缩之心，所以习成怯弱而不能有所为也。"
昌父云："某平生自觉血气弱，日用工夫多只拣易底事做。或尚论人物，
亦只取其与己力量相近者学之，自觉难处进步不得也。"曰："便当这易
处而益求其所谓难，因这近处而益求其所谓远，不可只守这个而不求进
步。纵自家力量到那难处不得，然不可不勉慕而求之。今人都是未到那
做不得处便先自懒怯了，虽是怯弱，然岂可不向前求其难者远者！但求
之，无有不得。若真个着力求而不得，则无如之何也。"赵曰："某幸闻
诸老先生之绪言，粗知谨守而不敢失坠尔。"曰："固是好，但终非活法
尔。"偈。

○　昌父辞，请教。曰："当从实处作工夫。"可学。

○　饶幹廷老问："今之学者不是忘便是助长。"曰："这只是见理
不明耳。理是自家固有底，从中而出如何忘得？使他见之之明如饥而必
食、渴而必饮，则何忘之有？如食而至于饱则止，饮而至于满腹则止，
又何助长之有？此皆是见理不明之病。"道夫。

○ 先生谓饶廷老曰："观公近日都汩没了这个意思。虽县事丛冗，自应如此，更宜做工夫。"盖卿。

○ 二彭寻、蠡。初见，问平居做甚工夫。曰："为科举所累，自时文外不曾为学。"曰："今之学者多如此，然既读圣人书，当反身而求可也。"二公颇自言其居家实践等事。曰："躬行固好，亦须讲学。不讲学，遇事便有嶔𡲿不自安处。讲学明则坦坦地行将去。此道理无出圣人之言，但当熟读深思。且如人看生文字与熟文字自是两般，既熟时他人说底便是我底。读其他书不如读论语最要，盖其中无所不有。若只躬行而不讲学，只是个鹘突底好人。"又曰："论语只是个坯璞子，若子细理会，煞有商量处。"谟。

○ 语泉州赵公曰："学固不在乎读书，然不读书则义理无由明。要之，无事不要理会，无书不要读。若不读这一件书便阙了这一件道理，不理会这一事便阙这一事道理。要他底须着些精彩方得，然泛泛做又不得，故程先生教人以敬为本，然后心定理明。孔子言'出门如见大宾'云云也是散说要人敬，但敬便是个关聚底道理，非专是闭目静坐，耳无闻、目无见，不接事物，然后为敬。整齐收敛，这身心不敢放纵，便是敬。尝谓'敬'字似甚字？恰似个'畏'字相似。"㝢。

○ 萧兄问心不能自把捉。曰："自是如此。盖心便能把捉自家，自家却如何把捉得他！唯有以义理涵养耳。"又问："'持其志'如何却又要主张？"曰："志是心之发，岂可听其自放而不持之？但不可硬守定耳。"盖卿。

○ 问曾光祖曰："公读书有甚大疑处？"曰："觉见持敬不甚安。"曰："初学如何便得安？除是孔子方始'恭而安'。今人平日恁地放肆，身心一下自是不安。初要持敬也须有些勉强，但须觉见有些子放去，便须收敛提掇起教在这里，常常相接，久后自熟。"又曰："虽然这个也恁地把捉不得，须是先理会得个道理，而今学问便只要理会一个道理。'天生烝民，有物有则'，有一个物便有一个道理，所以<u>大学</u>之道教人去事物上逐一理会得个道理。若理会一件未得直须反覆推究研穷，行也思量，坐也思量；早上思量不得，晚间又把出思量；晚间思量不得，明日又思量。如此岂有不得底道理！若只略略地思量，思量不得便掉了，如此千年也理会不得，只管责道是自家鲁钝。某常谓此道理无他，只是要熟。只是今日把来恁地看过，明日又把来恁地看过，看来看去，少间自然看得。或有看不得底，少间遇着别事没巴没鼻，也会自然触发，盖为天下只是一个道理。"_{贺孙。}

○　<u>光祖</u>说："<u>大学</u>首尾该贯，_{此处必有脱字。}初间看便不得如此。要知道理只是这个道理，只缘失了多年，卒急要寻讨不见。待只管理会教熟，却便这个道理初间略见得些少时也似。"曰："生恁地自无安顿去处，到后来理会熟了，便自合当如此。如一件器用掉在所在多年，卒乍要讨，讨不得。待寻来寻去忽然讨见，即是元初的定底物事。"_{贺孙。}

○　<u>光祖</u>说："治国、平天下皆本于致知、格物，看来只是敬。"又举<u>伊川</u>说"内直则外无不方"。曰："<u>伊川</u>亦只是大体如此说。看来世上自有一般人，不解恁地内直外便方正，只是了得自身己，遇事应物都颠颠倒倒没理会。<u>大学</u>须是要人穷理。今来一种学问正坐此病，只说我自理会得了，其余事皆截断不必理会，自会做得，更不解商量，更不解讲究，到做出都不合义理。所以圣人说'敬以直内'又说'义以方外'，是见得世上有这般人。学者须是要穷理，不论小事大事都识得通透，直得自本至末、自（项）〔顶〕至踵并无些子夹杂处。若说自家资质恁地好，只消恁地做去，更不解理会其他道理，也不消问别人，这倒是夹杂，倒是私意。"_{贺孙}。

○　光祖告行，云："蒙教诲读大学，已略知为学之序。平日言语动作亦自常去点检。又恐有发露而不自觉，乞指示箴戒。"曰："看公意思迟重，不到有他过。只是看文字上更子细加功，更须着些精采。"_{贺孙}。

○　曾问："读大学已知纲目次第了，然大要用工夫，恐在'敬'之一字。前见伊川说'敬以直内，义以方外'处。"先生曰："能'敬以直内'矣，亦须'义以方外'，方能知得是非，始格得物。不以义方外则是非好恶不能分别，物亦不可格。"曾又问："恐敬立则义在其中，伊川所谓'弸诸中，彪诸外'，是也。"曰："虽敬立而义在，也须认得实方见得。今有人虽胸中知得分明，说出来亦是见得千了百当，及到应物之时颠倒错谬，全是私意。不知圣人所谓敬义处全是天理，安得有私意？"因言："今释老所以能立个门户恁地，亦是他从旁窥得近似。他所谓敬时亦却是能敬，更有'笠影'之喻。"_卓。

○　程次卿自述："向尝读伊洛书。妄谓人当随事而思，视时便思明，听时便思聪。视听不接时皆不可有所思，所谓'思不出其位'。若无事而思，则是纷纭妄想。"曰："若闲时不思量义理，到临事而思已无及。若只块然守自家个躯壳，直到有事方思，闲时都莫思量，这却甚易，只守此一句足矣，圣贤千千万万在这里何用？如公所说，则六经语孟之书皆一齐不消存得。以孔子之圣也只是好学：'我非生而知之者，好古敏以求之者也。''文武之道未坠于地，在人。贤者识其大者，不贤者识其小者，莫不有文武之道焉。夫子焉不学？而亦何常师之有！'若说闲时都莫思，则世上大事小事都莫理会，如此却都无难者。事事须先理会，知得了方做得、行得。何故中庸却不先说'笃行之'，却先说

'博学之，审问之，谨思之，明辨之'？大学何故却不先说'正心诚意'，却先说致知是如何如何？孟子却说道'诐辞知其所蔽，淫辞知其所陷，邪辞知其所离，遁辞知其所穷'？若如公说，闲时都不消思量。"季通问："程君之意是如何？"曰："他只要理会自家这心在里面，事至方思，外面事都不要思量理会。"蔡云："若不理会得世上许多事，自家里面底也怕理会不得。"曰："只据他所见，自守一个小小偏枯底物事，无缘知得大体。"因顾贺孙曰："公乡间陈叔向正是如此。如他说格物云：'物是心，须是格住这心。致知如了了的当，常常知觉。'他所见既如彼，便将圣贤说话都入他腔里面，不如此则他所学无据。这都是不曾平心读圣贤之书，只把自家心下先顿放在这里，却捉圣贤说话压在里面。如说随事而思，无事不消思，圣贤也自有如此说时节，又自就他地头说。只如公说'思不出其位'，也不如公说，这'位'字却不是只守得这躯壳。这'位'字煞大，若见得这意思，天下甚么事不关自家身己？极而至于参天地、赞化育，也只是这个心，都只是自家分内事。"蔡云："陆子静正是不要理会许多。王道夫乞朝廷以一监书赐象山，此正犯其所忌。"曰："固是。"蔡云："若一向是禅时也终是高。"曰："只是许多模样，是甚道理如此？若实见得自家底分明，看彼许多道理不待辨而明。如今诸公说道这个也好，某敢百口保其自见不曾分明。如云洛底也是，蜀底也是，某定道他元不曾理会得。如熙丰也不是，元祐也不是，某定保他自元不曾理会得。如云佛氏也好，老氏也好，某定道他元不曾理会得。若见得自底分明，是底直是是，非底直是非，那得怎地含含胡胡怕触着人，这人也要周旋，那人也要周旋！"贺孙。

○　程又问："某不是说道闲时全不去思量，意谓临事而思，如读书时只思量这书。"曰："读书时思量书，叠了策时都莫思量去，行动时心下思量书都不得。在这里坐只思量这里事，移过那边去坐便不可思量这里事。今日只思量今日事，更不可思量明日事。这不成说话！试自去平心看圣贤书，都自说得尽。"<u>贺孙</u>。

○ <u>吴伯英</u>初见，问："书如何读？"曰："读书无甚巧妙，只是熟读。字字句句对注解子细辩认语意。解得一遍是一遍工夫，解得两遍是两遍工夫，工夫熟时义理自然通贯，不用问人。"先生问："居常看甚文字？"曰："曾读大学。"曰："看得如何？"曰："不过寻行数墨，解得文义通，自不曾生眼目于言外求意。"曰："如何是言外意？"曰："且如臣之忠、子之孝、火之热、水之寒，只知为臣当忠、为子当孝、火性本热、水性本寒，不知臣之所以忠、子之所以孝、火之所以热、水之所以寒。"曰："格物只是就事物上求个当然之理。若臣之忠，臣自是当忠；子之孝，子自是当孝。为臣试不忠，为子试不孝，看自家心中如何？火热水寒，水火之性自然如此。凡事只是寻个当然，不必过求，便生鬼怪。"<u>僩</u>。

○ <u>吴伯英</u>问："某当从致知、持敬，如此用工夫？"曰："此自吾友身上合做底事，不须商量。"<u>盖卿</u>。

○ <u>吴伯英</u>问持敬之义。曰："且放下了持敬，更须向前进一步。"问："如何是进步处？"曰："心中若无一事时便是敬。"<u>盖卿</u>。

○ <u>吴伯英</u>讲书。先生因曰："凡人读书须虚心入里玩味道理，不可只说得皮肤上。譬如一食物，滋味尽在里面，若舐嗫其外而不得其味，无益也。"

○ 问<u>器远</u>所学来历。曰："自年二十从<u>陈</u>先生。其教人读书但令事事理会，如读<u>周礼</u>便理会三百六十官如何安顿，读<u>书</u>便理会二帝三王所以区处天下之事，读<u>春秋</u>便理会所以待伯者予夺之义。至论身己上工夫，说道：'"形而上者谓之道，形而下者谓之器"，器便有道，不是两样，须是识礼乐法度皆是道理。'"曰："礼乐法度，古人不是不理会。只是古人都是见成物事，到合用时便将来使。如告<u>颜渊</u>'行<u>夏</u>之时，乘<u>殷</u>之辂'只是见成物事。如学字一般，从小儿便自晓得，后来只习教熟。如今礼乐法度都一齐散乱，不可稽考，若着心费力在上面，少间弄得都困了。"_{贺孙}。

○　<u>器远</u>言："少时好读<u>伊</u>洛诸书。后来见<u>陈先生</u>，却说只就事上理会较着实。若只管去理会道理，少间恐流于空虚。"曰："向见<u>伯恭</u>亦有此意，却以<u>语</u><u>孟</u>为虚着。<u>语</u><u>孟</u>开陈许多大本原，多少的实可行，反以为恐流于空虚，却把<u>左传</u>做实，要人看。殊不知少间自都无主张，只见许多神头鬼面，一场没理会，此乃是大不实也。又只管教人看史书，后来诸生都衰了。如<u>潘叔度</u>临死却去讨佛书看，且是<u>止</u>不得。缘是他那里都无个捉摸，却来寻讨这个。如人乘船，一齐破散了，无奈何，将一片板且守得在这里。"又曰："<u>孟子</u>曰'作于其心，害于其事；作于其事，害于其政'。若不就自家身心理会教分明，只道有些病痛不妨，待有事来旋作安排，少间也把捉得一事了，只是有些子罅缝，少间便是一个祸端。这利害非轻，假饶你尽力极巧，百方去做，若此心有些病根，只是会不好。"又曰："又有说道，身己自着理会，一种应出底事又自着理会。这分明分做两边去，不知古人说修身而天下平，须说做不是始得。<u>大学</u>云'物格而后知至，知至而后意诚'云云，今来却截断一项，只便要理会平天下，如何得！"又曰："圣门之中，得其传者惟<u>颜子</u>。<u>颜子</u>之问，夫子之答有二项：一则问为仁，一则问为邦。须知得那个是先、那个是后，也须从'克己复礼'上做来，方可及为邦之事，这事最分晓可见。"又曰："公适来说<u>君举</u>要理会经世之学。今且理会一件要紧事，如国家养许多归明、归正及还军年老者，费粮食供之，州郡困乏，展转二三十年，都缩手坐视其困。<u>器远</u>且道合如何商量？去之则伤恩，养之则益困。若壮资其力而老弃其人，是大不可，须有个指实。"器远言："乡间诸先生尝怀见先生之意，却不得面会剖析使这意思合。"又曰："某不是要教人步步相循都采入这圈套，只是要教人分别是非教明白，是底还他是，不是底还他不是。大家各自着力、各自撑柱、君尽其职、臣效其功，各各行到大路头，自有个归一处，是乃不同之同乃所以为真同也。若乃依阿鹘突、委曲包含、不别是非，要打成一片，定是不可。"贺孙。

○ 器远问："初学须省事方做得工夫。"曰："未能应得事，终是省好，然又怕要去省却有不省病痛。某尝看有时做事要省些工夫，到得做出却有不好，却不厌人意。且如出路要减些用度令简便，到要用时没讨处也心烦，依前是不曾省得。若可无事时且省尽好。若主家事，及父母在上当代劳役，终不成掉了去闲所在坐不管。省事固好，然一向不经历，到得事来却会被他来倒了。"问："处乡党固当自尽，不要理会别人。若有事与己相关、不可以不说当如何？"曰："若合说便着说，如所谓'若要我头也须说'。若是不当自家说与其人不可说，则只得不说。然自家虽然是不说，也须示之以不然之意。只有个当说与不当说，若要把他不是处做是说，便决是不可！"贺孙。

○ 曹问："先生所解'致知格物'处，某即就这上做去。如未能到贯通处，莫也无害否？"曰："何谓无害？公只是不曾学。岂有不贯通处？学得熟便通，且如要去所在须是去到方得。若行得一日又说恐未必能到，若如此怎生到得？天下只有一个道理紧包在那下，撒破便光明，那怕不通？"曹叔远。

○ 又问："如孟子言'勿忘，勿助长'却简易，而今要从细碎做去，却怕不能贯通。"曰："'勿忘，勿助长'自是言养气，试取孟子说处子细看。大凡为学最切要处在吾心身，其次便是做事，此是的实紧切处。又那里见得如此？须是圣人之言。今之学者须是把圣人之言来穷究，见得身心要如此，做事要如此。天下自有一个道理若大路然，圣人之言便是那引路底。"

○ 江文卿博识群书，因感先生之教，自咎云："某五十年前枉费许多工夫记许多文字。"曰："也不妨。如今若理会得这要紧处，那许多都有用。如七年十载积叠得柴了，如今方点火烧。"贺孙。

○ 谓江文卿曰："'多闻，择其善者而从之；多见而识之'，公今却无择善一着。圣人择善便是事不遗乎理。公今知得，便拽转前许多工夫自不妨，要转便转，更无难者。觉公意思尚放许多不下，说几句又渐渐走上来，如车水相似，又滚将去。"又曰："东坡说话固多不是，就他一套中间又自有精处。如说易，说甚性命全然恶模样。如说书却有好处，如说帝王之兴、受命之祥，如河图、洛书、玄鸟、生民之诗固有是理，然非以是为先，恨学者推之过详，流入谶纬，后人举从而废之，亦过矣。这是他说得好处。公却不记得这般所在，亦是自家本领不明。若理会得原头正，到得看那许多方有辨别。如程先生与禅子读碑，云：'公所看都是字，某所看都是理。'似公如今所说亦都是字，自家看见都是理。"贺孙。

○ 周兄良问："某平时所为，把捉这心教定，一念忽生，则这心返被他引去。"曰："这个亦只是认教熟，熟了便不如此。今日一念才生，有以制之，明日一念生，又有以制之，久后便无此理。只是这边较少，那边较多，便被他胜了。如一车之火，以少水胜之，水扑处才灭而火又发矣。又如弱人与强人相牵一般，强人在门外，弱人在门里，弱底不能胜，便被他强底拖去了，要得胜他，亦只是将养教力壮后，自然可

以敌得他去，非别有个道理，也只在自家心有以处之耳。孟子所谓舍则
亡、操则常存在此。大学所谓忿懥、好乐等事，亦是除了此心则心自然
正，不是把一个心来正一个心。"又曰："心只是敬。程子所谓'主一无
适'，主一只是专一。如在这里读书，又思量做文字，〔又〕思量别事
去，皆是不专。"又曰："见得彻处，彻上彻下只是一个道理，须是见得
实方是。见得铁定，如是便为善，不如是便为恶，此方是见得实。"卓。

○ 诸生说书毕，先生曰："诸公看道理，寻得一线子路脉着了，
说时也只是恁地，但于持守处更须加工夫。须是着实于行己上做得三两
分始得，只恁说过不济事。"周贵卿曰："非不欲常常持守，但志不能帅
气，后临事又变迁了。"曰："只是乱道！岂是由他自去？正要待他去时
拨转来。'为仁由己，而由人乎哉'，'止，吾止也；往，吾往也'。"
义刚。

○ 李周翰请教，屡叹年岁之高未免时文之累。曰："这须是自见
得，从小儿也须读孝经、论语来，中间何故不教人如此？曾读书也须疑
着。某所编小学，公且子细去看，也有古人说话，也有今人说话，且看
是如何。古人都自少涵养好了。"后因说"至善"，又问作时文。先生
曰："读书才说要做文字使，此心便错了。若剩看得了，到合说处便说，
当不说处不说也得，本来不是要人说得便了。如时文，也只不出圣贤
（不）〔许〕多说话翻誊出来，且如到说忠信处他也会说做好，只是与自
身全不相干。"因举："在漳州日，词讼讫，有一士人立庭下。待询问，
乃是要来从学。居泉州，父母遣学举业，乃厌彼，要从学。某以其非父
母命，令且归去，得请再来，始无所碍。然其有所见如此，自别。"
贺孙。

○ 吴棨直翁问："学亦颇知自立，而病痛犹多，奈何？"曰："未

论病痛，人必全体是而后可以言病痛。譬如纯是白物事了，而中有黑点始可言病痛。公今全体都未是，何病痛之可言！设虽有善，亦只是黑上出白点，特其义理之不能已与气质之或美耳。大抵人须先要趋向是，若趋向正底人，虽有病痛，也是白地上出黑花。此特其气禀之偏，未能尽胜耳，要之白地多也。趋向不正底人，虽有善，亦只是黑地上出白花，却成差异事。如孔门弟子亦岂能纯善乎？然终是白地多，可爱也。人须先拽转了自己趋向始得。孔子曰'苟志于仁矣，无恶也'，既志于义理自是无恶，虽有未善处只是过耳，非恶也。以此推之，不志于仁则无善矣，盖志在于利欲，假有善事亦偶然耳，盖其心志念念只在利欲上。世之志利欲与志理义之人自是不干事，志利欲者便如趋夷狄禽兽之径，志理义者便是趋正路。乡里如江德功、吴公济诸人，多少是激恼人，然其志终在于善。世亦有一种不激恼人底，又见人说道理他也从而美之，见人非佛老他亦从而非之，但只是胡乱顺人情说而心实不然，不肯真个去做，此最不济事。"伯羽。

○ "某人来说书，大概只是捏合来说，都不详密活熟。此病乃是心上病，盖心不专静纯一，故思虑不精明。要须养得此心令虚明专静，使道理从里面流出便好。"铢曰："豫六二'介于石，不终日，贞吉'，正谓此。"曰："然。"张仁叟问："何以能如此？莫只在静坐否？"曰："自去检点。且一日间试看此几个时在内，几个时在外？小说中载赵公以黑白豆记善恶念之起，此是古人做工夫处。如此检点，则自见矣。"又曰："读书须将心帖在书册上，逐字看得各有着落，方好商量。须是收拾此心令专静纯一，日用动静间都在，不驰走散乱，方看得文字精审，如此方是有本领。"铢。

○ 先生语陈公直曰："读书且逐些子理会，莫要搅动他别底。今人读书多是从头一向看到尾，都搅浑了。"道夫。

○ 先生尝谓刘学古曰："康节诗云'闲居谨莫说无妨'，盖道无妨便是有妨，要做好人则上面煞有等级，做不好人则立地便至，只在把住、放行之间尔。"道夫。

○ 彦忠问："居常苦私意纷搅，虽即觉悟而痛抑之，然竟不能得洁静不起。"先生笑曰："此正子静'有头'之说，却是使得。惟其此心无主宰，故为私意所胜。若常加省察使良心常在，见破了这私意只是从外面入，纵饶有所发动，只是以主待客、以逸待劳，自家这里亦容他不得。此事须是平日着工夫，若㝎他起后方省察，殊不济事。"道夫。

○ 林士谦初见，问仁智自得处。曰："仁者得其为仁，智者得其为智，岂仁智之外更有自得？公此问不成问。且去将论语从'学而时习'读起，孟子将梁惠王读起，大学从'大学之道在明明德'读起，中庸从'天命之谓性'读起。某之法是如此，不可只摘中间一两句来理会，意脉不相贯。"㽎。

○ 苏宜久辞，问归欲观易。曰："而今若教公读易只看古注并近世数家注，又非某之本心。若必欲教公依某之易看，某底又只说得三分，自有六七分晓不得，亦非所以为教。看来易是个难理会底物事，卒急看未得，不若且未要理会。圣人云'诗、书、执礼，皆雅言也'，看来圣人教人不过此数者。公既理会诗了，只得且理会书，理会书了，便当理会礼。礼之为书浩瀚难理会，卒急如何看得许多？且如个仪礼也是几多头项。某因为思得一策，不若且买一本温公书仪归去子细看。看得这个，不惟人家冠、昏、丧、祭之礼便得他用，兼以之看其他礼书，如礼记、仪礼、周礼之属，少间自然易，不过只是许多路径节目。温公书仪固有是有非，然他那个大概是。"僩。

○ 廖晋卿请读何书。曰："公心放已久，精神收拾未定，无非走作之时。可且收敛精神，方好商量读书。"继谓之曰："玉藻九容处且去子细体认，待有意思，却好读书。"时举。

○ 厚之临别请教，因云："看文字生。"曰："日子足便熟。"可学。

○ 陈希周请问读书修学之门。曰："所谓读书者只是要理会这个道理。治家有治家道理，居官有居官道理，虽然头面不同，然又只是一个道理。如水相似，遇圆处圆，方处方，小处小，大处大，然亦只是一个水耳。"时举。

○ 先生谓郑光弼子直曰："书虽是古人书，今日读之，所以蓄自家之德，却不是欲这边读得些子便搬出做那边用。易曰'君子以多识前言往行，以蓄其德'，公今却是读得一书便做得许多文字，驰骋跳踯，心都不在里面。如此读书，终不干自家事。"又曰："义利之辨，正学者所当深知。"道夫。

○ 子合纯笃，肤仲疏敏。道夫。

○ 先生谓正甫任忠厚，遂安人。"精神专一"。倪。

○ 钟唐杰问"穷理、持敬"。曰："此事不用商量。若商量持敬，便不成持敬，若商量穷理，便不成穷理，须令实理在题目之后。"盖卿。

○ 闾丘次孟言："尝读曲礼、遗书、康节诗，觉得心意快活。"曰："他本平铺地说在里，公却帖了个飞扬底意思在上面，可知是恁地。康节诗云'真乐攻心不奈何'，某谓此非真乐也，真乐便不攻心。如颜子之乐，何尝恁地！"曰："<u>次孟</u>何敢望<u>康节</u>，直涂之人尔。"曰："涂人却无许多病。公正是肚里有许多见识、道理，搅得恁地叫唤来。"又举<u>曲礼</u>成诵。先生曰："但<u>曲礼</u>无许多叫唤。"曰："<u>次孟</u>气不足。"曰："非气不足，乃气有余也。"<u>道夫</u>。

○　语<u>元昭</u>："且要虚心，勿要周遮。"<u>元昭</u>以十诗献，诗各以二句命题，如"实理"之类，节节推之。先生指立命诗两句："'几度风霜猛摧折，依前春草满池塘'，既说道<u>佛老</u>之非又却流于<u>佛老</u>，此意如何？"<u>元昭</u>曰："言其无止息。"曰："观此诗与贤说话又异，此只是要斗胜。知道安用许多言！<u>颜子</u>当时不曾如此，此只是要人知，安排饾饤出来便不是。末篇极致尤不是，如何便到此直要撞破天门！前日说话如彼，今日又如此，只是说话。"<u>可学</u>。

○　<u>元昭</u>告归。先生曰："归以何为工夫？"曰："子细观来平生只是不实，当于实处用工夫。"曰："只是粗，除去粗便是实。"曰："每尝观书多只理会大意，元不曾子细讲究。"曰："大意固合理会，文义亦不可不讲究，最忌流于一偏。<u>明道</u>曰'与贤说话却似扶醉汉，救得一边，倒了一边'，今之学者大抵皆然，如今人读史成诵，亦是玩物丧志。学者若不理会得，闻这说话又一齐弃了，只是停埋摊布使表里相通方可。然亦须量力。若自家力不及，多读无限书，少间埋没于其间，不惟无益，反为所害。近日学者又有一病，多求于理而不求于事，求于心而不求于身。如说'一日克己复礼，天下归仁'，既能克己则事事皆仁，天下皆归仁于我。此皆有实迹，而必曰'天下皆归吾仁之中'，只是无形无影。自<u>龟山</u>以来皆如此说。<u>徐承叟</u>亦云见<u>龟山</u>说如此。"

○　先生问<u>元昭</u>："近来颇觉得如何？"曰："自觉此心不实。"曰："但不要穷高极远，只于言行上点检便自实。今人论道，只论理不论事，只说心不说身。其说至高而荡然无守，流于空虚异端之说。且如'天下归仁'只是天下与其仁，程子云'事事皆仁'是也。今人须要说天下皆归吾仁之中，其说非不好，但无形无影，全无下手脚处。夫子对颜子'克己复礼'之目，亦只是就视听言动上理会，凡思虑之类皆'动'字上包了，不曾更出'非礼勿思'一条。盖人能制其外，则可以养其内。固是内是本、外是末，但偏说存于中，不说制于外，则无下手脚处，此心便不实。外面尽有过言、过行更不管，却云吾正其心，有此理否？浙中王蘋信伯亲见伊川来，后来设教作怪。舒州有语录之类，专教人以'天下归仁'，才见人便说'天下归仁'，更不说'克己复礼'。"璘。

○ 杨丞问心思扰扰。曰："程先生云'严威整肃则心便一，一则自无非僻之干'，只才整顿起处便是天理，无别天理，但常常整顿起，思虑自一。"璘。

○ 黄达才言思不能精之病。曰："硬思也不得。只要常常提撕莫放下，将久自解有得。"义刚。

○ 立之问："某常于事物未来、思虑未萌时觉见有惺惺底意思，故其应变接物虽动，却有不动之意存。未知是否？"曰："应变接物只要得是。如'敬以直内，义以方外'，此可以尽天下之事。若须要不动，则当好作事处又蹉过了。"时举。

○ 李伯诚曰："打坐时意味也好。"曰："坐时固是好，但放下脚、放开眼便不惬地了，须是临事接物时长如坐时方可。如挽一物样，待他要去时硬挽将转来方得。"义刚。

○ 张以道请诲。曰："但长长照管得那心便了，人若能提掇得此心在时煞争事。"<u>义刚</u>。

○ <u>刘炳</u> <u>韬仲</u>以书问格物未尽、处义未精。曰："此学者之通患。然受病不在此,这前面别有受病处。"<u>余正叔</u>曰："岂其自然乎?"曰："都不干别事,本不立耳。"<u>伯羽</u>。

○ <u>郑昭先</u> <u>景绍</u>请教。曰："今人却是倒置,古人学而后仕,今人却反仕而后学。其未仕也非不读书,但心有所溺,圣贤意思都不能见。科举也是夺志,今既〔免〕此亦须汲汲于学。为学之道,圣经贤传所以告人者已竭尽而无余,不过欲人存此一心,使自家身有主宰。今人驰骛纷扰,一个心都不在躯壳里。<u>孟子</u>曰'学问之道无他,求其放心而已',又曰'存其心,养其性,所以事天也',学者须要识此。"<u>道夫</u>。

○ <u>丘玉甫</u>作别,请益。曰："此道理尽说只如此。工夫全在人,人却听得顽_{去声}了,不曾真个做。须知此理在己不在人,得之于心而行之于身方有得力,不可只做册子工夫。如某文字说话,朋友想都曾见之。想只是看过,所以既看过依旧只如旧时,只是将身挂在理义边头,不曾真个与之为一。须是决然见得未尝离、不可相舍处,便自然着做不能已也。"又曰："学者肯做工夫,想是自有时。然所谓时者不可等候,只自肯做时便是也。今学者自不以为饥,如何强他使食?自不以为渴,如何强他使饮?"<u>必大</u>。

○ <u>江元益</u>问入德。曰："德者,己之所自有,入德只是进得底。且如仁义礼智,自家不得便不是自家底。"<u>銖</u>。

○ <u>江元益</u>问:"门人勇者为谁?"曰:"未见勇者。"<u>銖</u>。

○　林叔和别去，请教。曰："根本上欠工夫，无归宿处。如读书、应事接物固当用功，不读书、不应事接物时如何?"林好主叶正则之说。曰："病在先立论，圣贤言语却只将来证他说。凡读书须虚心，且似未识字底，将本文熟读平看，今日看不出，明日又看，看来看去，道理自出。"闳祖。

○　周元卿问："读书，有时半板前心在书上，半板后忽然思虑他事，口虽读，心自在别处，如何得心只在书上?"曰："此最不可。'不诚无物'，虽读犹不读也。'诚者物之终始'，如半板已前心在书上，则只在半板有始有终，半板以后心不在焉，则无物矣。"壮祖。

○　谓诸友曰："郑仲履之学只管从小小处看，不知经旨初不如此。观书当从大节目处看，程子有言'平其心，易其气，阙其疑，则圣人之意可见矣'。"盖卿。

○　方叔弟问："平居时习，而习中每觉有愧，何也?"曰："如此只是工夫不接续，要习须常令工夫接续则得。"又问寻求古人意思。曰："某尝谓学者须是信，又须不信，久之，却自寻得个可信底道理，则是真信也。"大雅。

○　先生以林一之问卷示诸生，曰："一之怎地沉沦，不能得超脱。他说生物之心我与那物同，便会相感。这生物之心只是我底，触物便自然感;非是因那物有此心，我方有此心。且赤子不入井、牛不觳觫时，此心何之? 须常妆个赤子入井、牛觳觫在面前方有此恻隐之心，无那物时便无此心乎? 又说义利作甚? 此心才有不存便错了，未说到那义利处。"淳。

○ 林一之问："先生说动静莫只是动中有静、静中有动底道理？"曰："固是如此。然何须将来引证？某僻性最不喜人引证。动中静、静中动，古人已说了，今更引来要如何引证得是？但与此文义不差耳，有甚深长？今自家理会这处便要将夹得使，怎地泛泛引证作何用！明道言介甫说塔不是上塔，今人正是说塔，须是要直上那顶上去始得，说得济甚事？如要去取咸阳，一直去取便好，何必要问咸阳是如何广狭，城池在那处，宫殿在那处？亦何必说是雍州之地？但取得其地便是。今怎地引证，恰似要说咸阳，元不曾要取他地。"寓。

○ 郭叔云问："为学之初在乎格物，物物有理，从何处下手？"曰："人个个有知，不成都无知，但不能推而致之耳。格物是格物理至彻底处。"又云："致知、格物只是一事，非是今日格物、明日又致知。格物以理言，致知以心言。"恪。

○ 先生教郭曰："为学切须收敛端严，就自家身心上做工夫，自然有所得。"恪。

○ 与冯德贞说为己、为人。曰："若不为己，看做甚事都只是为别人，虽做得好亦不关己。自家去从师也不是要理会身己，自家去取友也不是要理会身己，只是漫怎地，只是要人说道也曾如此，要人说道好。自家又识得甚么人，自家又有几个朋友，这都是徒然。说道，看道理，不曾着自家身己，如何会晓得？世上如此为学者多。只看为己底是如何，他直是苦切，事事都是自家合做底事，如此方可，不如此定是不可。今有人苦学者，他因甚怎地苦？只为见这物事是自家合做底事，如人吃饭是自家肚饥定是要吃。又如人做家主要钱使，在外面百方做计，一钱也要将归。这是为甚如此？只为自家身上事。若如此为学，如何会无所得？"贺孙。

○ 余国秀问治心、修身之要。以为虽知事理之当为，而念虑之间多与日间所讲论相违。曰："且旋恁地做去，只是如今且说个'熟'字，这'熟'字如何便得到这地位？到得熟地位自有忽然不可知处。不是被你硬要得，直是不知不觉得如此。"贺孙。

○ 国秀问："向曾问身心性情之德，蒙批诲云云。宋杰窃于自己省验，见得此心未发时，其仁义礼智之体浑然未有区别。于此敬而无失，则发而为恻隐、羞恶、辞逊、是非之情自有条理而不乱。如此体认，不知是否？"曰："未须说那'敬而无失'与'未有区别'及'自有条理而不乱'在。且要识认得这身心性情之德是甚底模样。说'未有区别'亦如何得？虽是未发时无所分别，然亦不可不有所分别。盖仁自有一个仁底模样物事在内，义自有个义底模样物事在内，礼、智皆然。今要就发处认得在里面物事是甚模样，故发而为恻隐必要认得恻隐之根在里面是甚底物事，发而为羞恶必要认得羞恶之根在里面是甚底物事，礼、智亦如之。譬如木有四枝，虽只一个大根，然必有四根，一枝必有一根也。"又问："宋杰寻常觉得资质昏愚，但持敬则此心虚静觉得好。若敬心稍不存，则里面固是昏杂，而发于外亦鹘突，所以专于'敬而无失'上用功。"曰："这里未消说敬与不敬在。盖敬是第二节事，而今便把来夹杂说则鹘突了，愈难理会。且只要识得那一是一、二是二，便是虚静也要识得这物事，不虚静也要识得这物事。如未识得这物事时，则所谓虚静亦是个黑底虚静，不是白底虚静。而今须是要打破那黑底虚静，换做个白净底虚静，则八窗玲珑无不融通，不然则守定那里底虚静，终身黑淬淬地莫之通晓也。"寿。

○ 问先生答余国秀云"须理会得其性情之德"。曰："须知那个是仁义礼智之性，那个是恻隐、羞恶、恭敬、是非之情，始得。"问："且如与人相揖便要知得礼数合当如此，不然则'行矣而不著，习矣而不察'。"曰："常常恁地觉得，则所行也不会大段差舛。"<u>胡泳</u>。

○ <u>用之</u>举似："先生向日曾答<u>蔡丈</u>书，承喻'以礼为先'之说，又'"似识造化"之云不免倚于一物，未知亲切工夫耳。大抵<u>濂溪</u>说得的当，<u>通书</u>中数数拈出"几"字。要当如此瞥地即自然有个省力处，无规矩中却有规矩，未造化时已有造化'，此意如何？"曰："'几'〔个〕〔是〕要得，且于日用处省察，善便存放这里，恶便去而不为，便是自家切〔己〕处。古人礼仪都是自少理会了，只如今人低躬唱喏，自然习惯。今既不可考，而今人去理会合下便别将做一个大头项。又不道且理会切身处，直是要理会古人因革一副当，将许多精神都枉耗了，元未切自家身己在。"又曰："只有<u>大学</u>教人致知、格物底便是就这处理会，到意诚、心正处展开去自然大。若便要去理会其造化，先将这心弄得大了，少间都没物事说得满。"<u>贺孙</u>。

○ <u>林仲参</u>问下学之要受用处。曰："泼底椅卓在屋下坐便是受用，若贪慕外面高山曲水便不是受用底。"举诗云："'贫家净扫地，贫女好梳头。下士晚闻道，聊以拙自修'，前人只恁地说了。"<u>铢</u>。

○ <u>刘淮</u>求教。曰："某无别法，只是将圣贤之书虚心下气以读之。且看这个是，那个不是，待得一回推出一回新，便是进处。不然，只是外面事，只管做出去，不见里滋味，如何责得他！"

○ <u>赵恭父</u>再见。问："别后读书如何？"曰："近觉得意思却不甚迫切。"曰："若只恁地据见定做二夫，却又有苟且之病去。"曰："安敢苟且？"曰："既不迫切便相将向这边来，又不可不察。"又问："切己工夫如何愈见得己私难胜？"曰："这个也不须苦苦与他为敌，但才觉得此心随这物事去便与他唤回来，便都没事。"

○ 谓南城熊曰："圣贤语言只似常俗人说话。如今须是把得圣贤言语凑得成常俗言语方是，不要引东引西。若说这句未通又引那句，终久两下都理会不得。若这句已通，次第到那句自解通。"铢。

○ 看文字不可过于疏，亦不可过于密。如陈德本有过于疏之病，杨志仁有过于密之病。盖太谨密则少间看道理从那穷处去，更插不入，不若且放下，放开阔看。焘。

○ 器之看文字见得快。叔蒙亦看得好，与前不同。贺孙。

○ 许敬之侍教，屡与言不合。曰："学未晓理亦无害，说经未得其意亦无害。且须静听说话，寻其语脉是如何。一向强辩，全不听所说，胸中殊无主宰，少间只成个狂（忘）〔妄〕人去。"淳。

○ 淳叟问："方读书时觉得无静底工夫，（得）〔须〕有读书之时，有虚静之时。"曰："某旧见李先生尝教令静坐。后来看得不然，只是一个'敬'字好，方无事时敬于自持，凡心不可放入无何有之乡，须收敛在此。及应事时敬于应事，读书时敬于读书，便自然该贯动静，心无时不存。"德明。

○ 先生见刘淳叟闭目坐，曰："淳叟待要遗物，物本不可遗。"大雅。

○ 坐间有及刘淳叟事。曰："不意其变常至此！某向往奏事时来相见，极口说陆子静之学大谬。某因诘之云：'若子静学术自当付之公论，公如何得如此说他？'此亦见他质薄处。然其初间深信之，毕竟自家唤做不知人。"贺孙。

○ 辨奸论谓"事之不近人情者，鲜不为大奸慝"，每常嫌此句过
当，今见得亦有此样人。某向年过江西与子寿对语，而刘淳叟尧夫独
去后面角头坐，都不管，学道家打坐。被某骂云："便是某与陆丈言不
足听，亦有数年之长，何故恁地作怪！"义刚。

○ 因论刘淳叟事，云："添差倅亦可以为。"论治三吏事，云：
"漕自来为之亦好，不然委别了事人。淳叟自为太掀揭，故生事。"因
论："今赵帅可语，盐弊，何不一言？"云："某如何敢与？大率以沉审
为是，出位为戒。"振。

○ 陈寅仲问刘淳叟。曰："刘淳叟，方其做工夫时也过于陈正己，
及其狼狈也甚于陈正己。陈正己轻薄，向到那里觉得他意思大段轻薄，
每事只说道他底是。他资质本自捞攘，后来又去合那陈同父。兼是伯恭
教他时只是教他权数了，伯恭教人不知是怎生地至此。"笑云："向前见
他门人有个祭文云，其有能底则教他立功名作文章，其无能底便语他
'正心、诚意'。"义刚。

○ 先生说："陈正己，薛象先喜之者何事？"贺孙云："想是喜其
有才。汪长孺谓：'并无其才，全做事不成。'"曰："叔权谓长孺'他
日观气质之变，以验进退之浅深'，此说最好。大凡人须是子细沉静，
大学谓'知止而后有定，定而后能静，静而后能安，安而后能虑，虑而
后能得'，如一件物事，自家知得未曾到，这里所见未曾定，以无定之
见遂要决断此事，如何断得尽！一件物事有长有短，自家须实见得他那
处是长、那处是短，如今便一定把着他短处便一齐没他长处。若只如
此，少间一齐不通。礼记云'疑事毋质，直而勿有'，看古人都是恁地
不敢草草。周先生所以有'主静'之说。如蒙、艮二卦皆有静止之体。
洪范五事'听曰聪，聪作谋'，谋属金，金有静密意思，人之为谋亦欲

静密。'貌曰恭，恭作肃'，肃属水，水有细润意思，人之举动亦欲细润。圣人所以为圣人，只是'动静不失其时，时止则止，时行则行'，圣人这般所在直是则得好。自家先恁地浮躁，如何要发得中节！做事便事事做不成，说人则不曾说得着实。"又曰："老子之术自有退后一着。事也不搀前去做，说也不曾说将出，但任你做得狼狈了，自家徐出以应之。如人当纷争之际自去僻静处坐，任其如何，彼之利害长短一一都冷看破了，从旁下一着定是的当。此固是不好底术数，然较之今者浮躁、胡说乱道底人，彼又较胜。"因举老子语："'豫兮若冬涉川，犹兮若畏四邻，俨若客，涣若冰将释'，子房深于老子之学，曹参学之，有体而无用。"贺孙。

○ 问："姜叔权自言终日无思虑，有'寂然不动'之意。德辅疑其已至。"曰："且问他还能'感而遂通天下之故'否？须是穷理。若只如此则不须说格物、致知。"问："如此则叔权之静未是至？"曰："固是。"德辅。

○ 戴明伯请教。曰："且将一件书读。圣人之言即圣人之心，圣人之心即天下之理。且逐段看令分晓，一段分晓又看一段，如此至一二十段亦未解便见个道理，但如此心平气定，不东驰西骛，则道理自逐旋分明，去得自家心上一病便是一个道理明也。道理固是自家本有，但如今隔一隔了，须逐旋揩磨呼唤得归。然无一唤便见之理。如金溪只要自得，若自得底是个善，若自得底非却如何？不若且虚心读书。读书切不可自谓理会得了，便理会得且只做理会不得。某见说不会底便有长进，不长进者多是自谓已理会得了底，如此则非特终身不长进，便假如释氏三生十六劫，也终理会不得。"又云："此心先错用向东去，及至唤回西边，又也只是那向东底心，但只列转些顿放，元不曾改换。有一学者先佞佛，日逐念金刚、大悲咒不停口。后来虽不念佛，来诵大学、论、孟，却依旧赶遍数，荒荒忙忙诵过，此亦只是将念<u>大悲咒</u>时意思移来念儒书尔。"<u>必大</u>。

○ <u>括苍</u><u>徐元明</u>、<u>名琳</u>。<u>郑子上</u>同见。先生说："'博学而详说之，将以反说约也'，今<u>江西</u>诸人之学只是要约，更不务博。本来虽有些好处，临事尽是凿空杜撰。至于<u>吕子约</u>又一向务博而不能反约，读得书多左牵右撰，横说直说皆是此理，只是不洁净、不切要，有牵合无谓处。<u>沈叔晦</u>不读书，不教人，只是所守者浅狭，只有些子道理便守定了，亦不博之弊。"<u>璘</u>。

○ <u>陆深甫</u>问为学次序。曰："公家庭尊长平日所以教公者如何？"<u>陆</u>云："<u>删定</u>叔祖所以见教者，谓此心本无亏欠，人须见得此心，方可为学。"曰："此心固是无亏欠，然须是事事做得是方无亏欠。若只说道本无亏欠，只见得这个便了，岂有是理！"因说："<u>江西</u>学者自以为得<u>陆删定</u>之学，便高谈大论，略无忌惮。忽一日自以为悟道，明日与人饮酒，如法骂人。某谓<u>贾谊</u>云秦二世今日即位而明日射人，今<u>江西</u>学者乃今日悟道而明日骂人，不知所悟者果何道哉！"<u>时举</u>。

○ <u>包详道</u>书来言"自壬子九月一省之后"云云。先生谓<u>显道</u>曰："人心存亡之决只在出入息之间。岂有截自今日今时便鬼乱，已后便悄悄之理？圣贤之学是捔揹定定做，不知不觉自然做得彻。若如所言，则是圣贤修为讲学都不须得，只等得一旦恍然悟去，如此者起人侥幸之心。"<u>义刚</u>。

○ "看<u>孙吉甫</u>书见得是要做文字底气习。且如<u>两汉</u>、<u>晋</u>、<u>宋</u>、<u>隋</u>、<u>唐</u>风俗，何尝有个人要如此变来？只是其风俗之变滚来滚去，自然如此。<u>汉</u>末名节之极便变作清虚底道理，到得<u>陈</u>、<u>隋</u>以后都不理会名节，也不理会清虚，只是相与做一般纤艳底文字。君臣之间把这文字做一件大事理会，如进士举是隋炀帝做出来，至唐三百年以至国初，皆是崇尚文辞。"郑子上问："风俗滚来滚去，如何到本朝程先生出来，便理会发明得圣贤道理？"曰："周子、二程说得道理如此，亦是上面诸公那趋将来。当杨、刘时只是理会文字。到范文正、孙明复、石守道、李太伯、常夷甫诸人，渐渐刊落枝叶，务去理会政事，思学问见于用处。及胡安定出，又教人作'治道斋'，理会政事，渐渐那得近里。所以周、程发明道理出来，非一人之力也。"璘。

〇 先生谓杜叔高曰："学贵适用。"

〇 先生谓鲁可几曰："事不要察取尽。"道夫。

〇 或问徐子颜。曰："其人有守，但未知所见如何。"文蔚。

〇 今学者有两样：意思钝底又不能得他理会得；（到德）〔到得〕意思快捷底虽能当下晓得，然又恐其不牢固。如龚郯伯理会也快，但恐其不牢固。贺孙。

〇 先生问郭廷硕："今如何？"曰："也只如旧为学。"曰："贤江西人，乐善者多，知学者少。"又说："杨诚斋廉介清洁，直是少。谢尚书和易宽厚，也煞朴直。昔过湘中时曾到谢公之家，颓然在败屋之下，全无一点富贵气，也难得。"又曰："闻彭子寿造居甚大，何必如此！"又及一二人，曰："以此观谢尚书直是朴实。"祖道。

〇 先生问："湘乡旧有从南轩游者，为谁？"佐对以："周奭允升、佐外舅舒谊周臣。外舅没已数岁，南轩答其论知言疑义一书载文集中。

允升藏修之所正枕江上，南轩题曰‘涟溪书室’，乡曲后学讲习其间，但允升今病不能出矣。"先生曰："南轩向在静江曾得书，甚称说允升所见必别，安得其一来，次第送少药物与之。"佐。

○ 直卿告先生以赵友裕复有相招之意。先生曰："看今世务已自没可奈何。只得随处与人说，得识道理人多，亦是幸事。"贺孙。

○ 吕德远辞，云将娶，拟某日归。及期，其兄云："与舍弟商量了，且更承教一月却归。"曰："公将娶了，如何又恁地说？此大事，不可恁地。宅中想都安排了，须在等待，不可如此了。"即日归。义刚。

○ 季绎劝蔡季通酒，止其泉南之行。蔡决于先生，先生笑而不答。良久，云："身劳而心安者为之，利少而义多者为之。"人杰。广录云："或有所欲为，谋于先生。曰：‘心佚而身劳为之，利少而义多为之。’"

○ 先生看糊窗，云："有些子不齐整，便不是他道理。"朱季绎云："要好看却从外糊。"直卿云："此自欺之端也！"贺孙。

朱子语类卷第一百二十一
朱子十八

训门人九<small>总训门人而无名氏者为此卷</small>

○　朋友乍见先生者，先生每曰："若要来此，先看<u>熹</u>所解书也。"<u>过</u>。

○　<u>世昌</u>问："先生教人有何宗旨?"曰："某无宗旨，寻常只是教学者随分读书。"<u>文蔚</u>。

○　读书须是成诵方精熟。今所以记不得、说不去，心下若存若亡，皆是不精不熟之患。若晓得义理又皆记得固是好，若晓文义不得只背得，少间不知不觉自然相触发，晓得这义理。盖这一段文义横在心下自是放不得，必晓而后已。若晓不得又记不得，更不消读书矣。<u>横渠</u>说"读书须是成诵"，今人所以不如古人处只争这些子。古人记得故晓得，今人卤莽，记不得故不得。紧要处、慢处皆须成诵，自然晓得也。今学者若已晓得大义，但有一两处阻碍说不去，某这里略些数句发动，自然晓得。今诸公尽不曾晓得，纵某多言，何益? 无他，只要熟看、熟读而已，别无方法也。<u>卓</u>。<u>偶略</u>。

○ 一学者患记文字不起。先生曰："只是不熟，不曾玩味入心，但守得册子上言语，所以见册子时记得，才放下便忘了。若使自家实得他那意思，如何会忘？譬如人将一块生姜来，须知道是辣；若将一块砂糖来，便不信是辣。"<u>端蒙</u>。

○ 谓："一士友日向尝收书，云'读书不用精熟'，又云'不要思惟'。读书正要精熟而言不用精熟，学问正要思惟而言不可思惟，只为此两句在胸中做病根。正如人食冷物留于脾胃之间，十数年为害。所以与吾友相别十年只如此者，病根不除也。"<u>盖卿</u>。

○ 尝见<u>老苏</u>说他读书："<u>孟子</u>、<u>论语</u>、<u>韩子</u>及其他圣人之文，兀然端坐终日以读者（十）〔七〕八年。方其始也，入其中而惶然，博观于其外而骇然以惊。及其久也，读之益精而其胸中豁然以明，若人之言固当然者，犹未敢自出其言也。时既久，胸中之言日益多，不能自制，试出而书之，已而再三读之，浑浑乎觉其来之易矣。"又<u>韩退之</u><u>答李翊</u>、<u>柳子厚</u><u>答韦中立书</u>，言读书用功之法亦可见。某尝叹息，以为此数人者但求文字言语声响之工，用了许多功夫，费了许多精力，甚可惜也！今欲理会这个道理，是天下第一至大至难之事，乃不曾用得旬月功夫熟读得一卷书，只是泛然发问、临时凑合，元不曾记得本文，及至问着，元不曾记得一段首尾，其能言者不过敷演己说，与圣人言语初不相干，是济甚事！今请归家正襟危坐，取<u>大学</u>、<u>论语</u>、<u>中庸</u>、<u>孟子</u>，逐句逐字分晓精切，求圣贤之意，切己体察，着己践履，虚心体究。如是两三年然后方去寻师证其是非，方有可商量，有可议论，方是"就有道而正焉"者。入道之门是将自家身己入那道理中去渐渐相亲，久之与己为一。而今人道理在这里，自家身在外面，全不曾相干涉。

○ 因言及<u>释氏</u>，而曰："<u>释子</u>之心却有用处。若是好丛林得一好长老，他直是朝夕汲汲不舍，所以无有不得之理。今公等学道，此心安得似他！是此心元不曾有所用，逐日流荡放逐，如无家之人。思量一件道理不透，便飐去声。掉放一壁，不能管得，三日五日不知拈起，每日只是悠悠度日，说闲话逐物而已。敢说公等无一日心在此上！莫说一日，一时也无；莫说一时，顷刻也无。悠悠漾漾似做不做，从生至死忽然无得而已。今朋友有谨饬不妄作者，亦是他资禀自如此，然其心亦无所用，只是闲慢过日。"或云："须是汲汲。"曰："公只会说汲汲，元不曾汲汲。若是汲汲用功底人自别，他那得工夫说闲话？精专恳切，无一时一息不在里许。思量一件道理直是思量得彻底透熟，无一毫不尽。今公等思量这一件道理，思量到半间不界便掉了，少间又看那一件。那件看不得又掉了，又看那一件。如此没世不济事。若真个看得这一件道理透，入得这个门路，以之推他道理也只一般。只是公等不曾通得这个门路，每日只是在门外走，所以都无入头处，都不济事。"又曰："若是大处入不得，便从小处入，东边入不得，便从西边入。及至入得了，触处皆是此理。今公等千头万绪，不曾理会得一个透彻，所以东（解）〔触〕西模，（便）〔更〕无一个入头处。"又曰："学道做工夫须是奋厉警发，怅然如有所失，不寻得则不休。如自家有一大光明宝藏被人偷将去，此心还肯放舍否？定是去追捕寻捉得了方休。做工夫亦须如此。"㽦。

○　诸公来听说话，某所说亦不出圣贤之言。然徒听之亦不济事，须是便去下工夫始得。近觉得学者所以不成头项者，只缘圣贤说得多了，既欲为此又欲为彼。如夜来说"敬以直内，义以方外"，若实下工夫见得真个是敬立则内直，义形而外方，这终身可以受用。今人却似见得这两句好，又见说"克己复礼"也好，又见说"出门如见大宾"也好。空多了，少间却不把捉得一项周全。贺孙。

○　"今学者看文字不必自立说，只记得前贤与诸家说便得。而今看自家如何说终是不如前贤，须尽记得诸家说方有个衬簟处，这义理根脚方牢，这心也有杀泊处。心路只在这上走，久久自然晓得透熟。今公辈看文字大概都有个生之病，所以说得来不透彻。只是去巴揽包笼他，元无实见处。某旧时看文字极难，诸家说尽用记。且如毛诗，那时未似如今说得如此条畅。古今诸家说（盖）〔尽〕用记取，闲时将起思量：这一家说得那字是、那字不是，那一家说得那字不是、那字是，那家说得全是，那家说得全非，所以是者是如何，所以非者是如何。只管思量，少间这正当道理自然光明灿烂，在心目间如指诸掌。今公们只是纽捏巴揽来说，都记得不熟，所以这道理收拾他不住，自家也使他不动，他也不服自家使，相聚得一朝半日又散去了，只是不熟。这个道理，古时圣贤也如此说，今人也如此说，说得大概一般。然今人说终是不似，所争者只是熟与不熟耳。纵使说得十分全似犹不似在，何况和那十分似底也不曾看得出？"敬子云："而今每日只是优游和缓，分外看得几遍，分外读得几遍，意思便觉得不同。"曰："而今使未得优游和缓，须是苦心竭力下工夫方得。那个优游和缓须是做得八分九分成了，方使得优游和缓，而今便说优游和缓只是泛泛而已矣。这个做工夫须是放大火中锻炼，锻教他通红、溶成汁、泻成铤方得。今只是略略火面上燆得透，全然生硬，不属自家使在，济得甚事！须是纵横舒卷皆由自家使得，方好搦成团、捺成匾，放得去、收得来方可。某尝思，今之学者所以多不得力、不济事者只是不熟。平生也费许多功夫看文字，下梢头都不得力者，正缘不熟耳。只缘一个不熟，少间无一件事理会得精。吕居仁记老苏说，平生因闻'升里转，斗里量'之语遂悟作文章妙处。这个须是烂泥酱熟，纵横妙用皆由自家，方济得事也。"偰。

○　某煞有话要与诸公说，只是觉次序未到。而今只是面前小小文义尚如此理会不透，如何说得到其他事？这个事须是四方上下、小大本末一齐贯穿在这里，一齐理会过。其操存践履〔处固是紧要，不可间断。至于道理之大原固要理会，〕纤悉委曲处也要理会，制度文为处也要理会，古今治乱处也要理会，精粗大小无不当理会。四边一齐合起，功夫无些罅漏。东边见不得，西边须见得；这下见不得，那下须见得。既见得一处，则其他处亦可类推。而今只从一处去攻击他，又不曾着力，济得甚事！如坐定一个地头，而他支脚也须分布摆阵。如大军厮杀相似，大军在此坐以镇之，游军依旧去别处邀截，须如此作功夫方得。而今都只是悠悠，碍定这一路略略拂过，今日走来挨一挨又退去，明日亦是如此，都不曾抓着那痒处，何况更望掐着痛处！所以五年十年只是恁地，全不见长进。这个须是勇猛奋厉、直前不顾去做，四方上下一齐着到方有个入头。<u>孔子</u>曰"仁远乎哉？我欲仁，斯仁至矣"，这个全要人自去做。<u>孟子</u>所谓奕秋只是争这些子，一个进前要做，一个不把当事。某八九岁时读<u>孟子</u>到此未尝不慨然奋发，以为为学须如此做工夫。当初便有这个意思如此，只是未知得那棋是如何着，是如何做功夫。自后更不肯休，一向要去做功夫。今学者不见有奋发底意思，只是如此悠悠地过，今日见他是如此，明日见他亦是如此。

○　因<u>建阳</u>士人来请问，先生曰："公们如此做工夫大故费日子，觉得今年只似去年，前日只是今日，都无昌大发越底意思。这物事须教看得精透后一日千里始得，而今都只泛泛在那皮毛上理会，都不曾抓着那痒处，济得甚事！做工夫一似穿井相似，穿到水处自然流出来不住，而今都干燥，只是心不在，不曾着心。如何说道出去一日便不曾做得工夫？某常说正是出去路上好做工夫。且如出十里外，既无家事炒又无应接人客，正好提撕思量道理。所以学贵时习，到时习自然说也。如今不敢说时习，须看得见那物事方能时习。如今都看不见，只是不曾入心，所以在窗下看，才起去便都忘了。须是心心念念在上，便记不得细注字，也须时时提起经正文在心，也争事。而今都只在那皮毛上理会，尽不曾抓着痒处。若看得那物事熟时，少间自转动不得，自家脚才动，自然踏着那物事行。”又云：“须是得这道理入心不忘了，然后时时以义理浇灌之。而今这种子只在地面上，不曾入地里去，都不曾与土气相接着。”

○ “学者悠悠是大病。今觉诸公都是进寸退尺，每日理会些小文义，都轻轻地拂过，不曾动得皮毛上。这个道理规模大，体面阔，须是四面去包括，方无走处。今只从一面去，又不曾着力，如何可得？且如<u>曾点</u>、<u>漆雕开</u>两处，<u>漆雕开</u>事言语少，难理会；<u>曾点</u>底须子细看他是乐个甚底，是如何地乐。不只是圣人说这个事可乐便信着，他原是自见得个可乐底，依人口说不得。”又曰：“而今持守便打叠教净洁，看文字须着意思索，应接事物都要是当。四面去讨他，自有一面通处。”又曰：“如见陈厮杀，擂着鼓只是向前去，有死无二，莫更回头始得。”<u>胡泳</u>。

○ 或言：“在家衮衮，但不敢忘书册，亦觉未免间断。”曰：“只是无志。若说家事，又如何汩没得自家？如今有稍高底人也须会摆脱得过，山间坐一年半岁是做得多少工夫。只恁地也立得个根脚。若时往应事亦无害，较之一向在事务里衮，是争那里去！公今三五年不相见又只恁地悠悠，人生有几个三五年耶！”<u>贺孙</u>。

○ 或有来省先生者。曰：“别后读何书？”曰：“虽不敢废学，然家间事亦多，难得全功。”曰：“觉得公今未有个地头在，光阴可惜！不知不觉便是三五年。如今又去赴官，官所事尤多，益难得余力。人生能得几个三五年？须是自强。若寻得个僻静寺院做一两年工夫，须寻得个地头可以自上做将去。若似此悠悠，如何得进？”<u>广</u>。

○ 某见今之学者皆似个无所作为、无图底人相似。人之为学，当如救火追亡，犹恐不及。如自家有个光明宝藏被人夺去，寻求赶捉，必要取得始得。今学者只是悠悠地无所用心，所以两年、三年、五年、七年相别，及再相见只是如此。恪。

○ 谓诸生曰："公皆如此悠悠，终不济事。今朋友着力理会文字，一日有一日工夫，然尚恐其理会得零碎，不见得周匝。若如诸公悠悠，是要如何？光阴易过，一日减一日，一岁无一岁，只见老大。忽然死着，思量来这是甚则剧，恁地悠悠过了。"贺孙。

○ 某平日于诸友看文字相待甚宽，且只令自看。前日因病，觉得无多时月，于是大惧。若诸友都只恁悠悠，终于无益，只要得大家尽心看得这道理教分明透彻。所谓道理也只是将圣贤言语体认本意，得其本意则所言者便只此道理，一一理会令十分透彻，无些罅缝蔽塞方始住。每思以前诸先生尽心尽力理会许多道理，当时亦各各亲近师承，今看来各人自是一说。本来诸先生之意初不体认得，只各人挑载得些去自做一家说话，本不曾得诸先生之心。某今惟要诸公看得道理分明透彻，无些小蔽塞。某之心即诸公之心，诸公之心即某之心，都只是这个心。如何有人说到这地头？又如何有人说不（得）〔到〕这地头？这是因甚恁地？这须是自家大段欠处。贺孙。

○ 先生痛言诸生工夫悠悠，云："今人做一件事，没紧要底事也着心去做方始会成，如何悠悠会做得事！且如好写字底人，念念在此，则所见之物无非是写字底道理。又如贾岛学作诗，只思'推'、'敲'两字，在驴上坐，把手作推、敲势。大尹出，有许多车马人从，渠更不见，不觉犯了节。只此'推'、'敲'二字计甚利害？他直得恁地用力，所以后来做得诗来极是精高。今吾人学问是大小大事，却全悠悠若存若亡，更不着紧用力，反不如他人做没要紧底事，可谓倒置，诸公切宜勉之！"时举。

○ 诸友只有个学之意，都散漫，不恁地勇猛，恐度了日子。须着火急痛切意思，严了期限，趱了工夫，（辨）〔办〕几个月日气力去攻破一过，便就里面旋旋涵养。如攻寨须出万死一生之计，攻破了关限始得。而今都打寨未破，只循寨外走。道理都咬不断，何时得透！淳。

○ 谓诸生曰："公说欲迁善改过而不能，只是公不自去做工夫。若恁地安安排排，只是做不成。如人要赴水火，这心才发便入里面去。若说道在这里安排，便只不成。看公来此逐日只是相对默坐无言，恁地慢滕滕，如何做事？"数日后，复云："坐中诸公有会做工夫底，有病痛底，某一一都看见，逐一救正他。惟公恁地循循默默，都理会公心下不得，这是幽冥暗弱，这是大病。若是刚勇底人，见得善（别）〔便〕还他做得透，做不是处也显然在人耳目，人皆见之。前日公说'风雷益'，看公也无些子风意思，也无些子雷意思。"贺孙。

○ "某于相法，却爱苦硬清癯底人，然须是做得那苦硬底事。若只要苦硬，亦不知为学，何贵之有？而今朋友远处来者或有意于为学，眼前朋友大率只是据见定了，更不求进步。而今莫说更做甚工夫，只真个看得百十字精细底也不见有。"或曰："今之朋友大率多为作时文妨了工夫。"曰："也不曾见做得好底时文，只是剽切乱道之文而已。若要真个做时文底也须深资广取以自辅益，以之为时文莫更好。只是读得那乱道底时文，求合那乱道底试官，为苟简蔑裂底工夫。他亦不曾子细读那好底时文，和时文也有时不子细读得。某记少年应举时尝下视那试官，说：'他如何晓得我底意思！'今人尽要去求合试官，越做得那物事低了。尝见已前相识间做赋者甚么样读书，无书不读。而今只念那乱道底赋有甚见识？若见识稍高，读书稍多，议论高人，岂不更做得好文字出？他见得底只是如此，遂互相仿效，专为苟简灭裂底工夫。"叹息者久之。㑦。

○ 看来如今学者之病多是个好名。且如读书，却不去子细考究义理教极分明，只是才看过便了，只道自家已看得甚么文字了，都不思量于身上济得甚事。这个只是做名声。其实又做得甚么名声？下梢只得人说他已看得甚文字了。这个非独卓丈如此，看来都如此。若恁地也是枉了一生。贺孙。

○ 今学者大抵不曾子细玩味得圣贤言意，却要悬空妄立议论。一似吃物事相似，肚里其实未曾饱，却以手鼓腹向人说："我已饱了。"只此乃是未饱，若真个饱者，却未必说也。人人好做甚铭、做甚赞，于己分上其实何益？既不曾实读得书，玩味得圣贤言意，则今日所说者是这个话，明日又只是这个话，岂得有新见邪？切宜戒之！时举。

○ 今朋友之不进者皆有"彼善于此为足矣"之心，而无求为圣贤之志，故皆有自恕之心而不能痛去其病。故其病常随在，依旧逐事物流转，将求其彼善于此亦不可得矣。大雅。

○ 昌父言："学者工夫多间断。"曰："圣贤教人只是要救一个间断。"文蔚。

○ 因说学者工夫间断，谓："古山和尚自言'吃古山饭，阿古山矢，只是看得一头白水牯'，今之学者却不如他。"文蔚。

○ 有一等朋友始初甚锐意，渐渐疏散，终至于忘了。如此是当初不立界分做去。士毅。

○ 今来朋友相聚，都未见得大底道理。还且谩恁地逐段看，还要直截尽理会许多道理教身上没些子亏欠？若只恁地逐段看，不理会大底道理，依前不济事。这大底道理如旷阔底基址，须是开垦得这个些，方始架造安排有顿放处。见得大底道理方有立脚安顿处，若不见得大底道理，如人无个居着，趁得百十钱归来也无顿放处，况得明珠至宝安顿在那里？自家一身都是许多道理。人人有许多道理，盖自天降衷，万理皆具，仁义礼智、君臣父子、兄弟朋友夫妇，自家一身都担在这里。须是理会了，体认教一一周足，略欠缺些子不得。须要缓心，直要理会教尽。须是大作规模，阔开其基，广辟其地，少间到逐处即看逐处都有顿放处。日用之间只在这许多道理里面转，吃饭也在上面，上床也在上面，下床也在上面，脱衣服也在上面，更无些子空阙处。尧、舜、禹、汤也只是这道理。如人刺绣花草，不要看他绣得好，须看他下针处；如人写字好，不要看他写得好，只看他把笔处。贺孙。

○ 先生问："诸公莫更有甚商量？"坐中有云："此中诸公学问皆溺于高远无根，近来方得先生发明，未（据）〔遽〕有问。将来有所疑，却写去问。"先生曰："却是'以待来年然后已'说话，此只是不曾切己立志。若果切己立志，睡也不着，起来理会。所（以）〔谓〕'发愤忘食'，'终日不食，终夜不寝'去理会。今人有两般见识：一般只是谈虚说妙，全不切己，把做一场说话了；又有一般人说此事难理会，只恁地做人自得，让与他们自理会。如人交易，情愿批退帐待别人典买。今人情愿批退学问底多。"谦。

○ "诸公数日看文字但就文字上理会，不曾切己。凡看文字非是要理会文字，正要理会自家性分上事。学者须要主一，主一当要心存在这里方可做工夫。如人须寻个屋子住，至于为农、工、商、贾方（性）〔惟〕其所之。主者无个屋子，如小人趁得百钱亦无归宿。孟子说'求其放心'已是两截。如常知得心在这里，则心自不放。"又云："无事时须要知得此心。不知此心恰似睡困，都不济事。今看文字又理会理义不出，亦只缘主一工夫阙。"<u>植</u>。时举同。

○ 先生一日谓诸生曰："某患学者读书不求经旨、谈说空妙，故欲令先通晓文义、就文求意，下梢头往往又只守定册子上言语，却看得不切己。须是将切己看，玩味入心、力去行之，方有所益。"<u>端蒙</u>。

○ 学者说文字或支离泛滥，先生曰："看教切己。"<u>文蔚</u>。

○ "学者讲学多是不疑其所当疑，而疑其所不当疑。不疑其所当疑，故眼前合理会处多蹉过；疑其所不当疑，故枉费了工夫。<u>金溪</u>之徒不事讲学，只将个心来作弄，胡撞乱撞。此间所以令学者入细观书做工夫者，正欲其熟考圣贤言语，求个的确所在。今却考索得如此支离，反不济事。如某向来作<u>或问</u>，盖欲学者识取正意，观此书者当于其中见得此是当辨、此不足辨，删其不足辨者令正意愈明白可也，若更去外面生出许多议论，则正意反不明矣。今非特不见经文正意，只诸家之说亦看他正意未着。"又曰："<u>中庸</u>言'慎思'，何故不言深思，又不言（劝）〔勤〕思？盖不可枉费心去思之，须是思其所当思者，故曰'慎思'也。"<u>必大</u>。

○ 或问："向蒙见教，读书须要涵泳、须要浃洽。因看<u>孟子</u>千言万语只是论心。七篇之书如此看，是涵泳工夫否？"曰："某为见此中人读书大段卤莽，所以说读书须当涵泳，只要子细看玩寻绎，令胸中有所得尔。如吾友所说又衬贴一件意思硬要差排，看书岂是如此？"或曰："先生涵泳之说乃<u>杜元凯</u>'优而游之'之意。"曰："固是如此，亦不用如此解说。所谓'涵泳'者只是子细读书之异名。与人说话便是难。某只是说一个'涵泳'，一人硬来安排，一人硬来解说。此是随语生解，支离延蔓，闲说闲讲，少间展转只是添得多、说得远，却要做甚？若是如此读书，如此听人说话，全不是自做工夫，全无巴鼻。可知是使人说学是空谈。此中人所问大率如此，好理会处不理会，不当理会处却支离去说，说得全无意思。"盖卿。

○　或解"居处恭，执事敬，与人忠"，云："须是从里面做出来，方得他外面如此。"曰："公读书便是多有此病。这里面又那得个里面做出来底说话来？只是居处时便用恭，执事便用敬，与人时便用忠，'虽之夷狄，不可弃也'。不过只是如此说。大凡看书须只就他本文看教直截，切忌如此支离蔓衍，拖脚拖尾，不济得事。圣贤说话那一句不直截？如利刃削成相似。虽以孔子之语浑然温厚，然他那句语更是斩截。若如公，说一句更用数十字去包他，则圣贤何不逐句上更添几字教他分晓？只看濂溪、二程、横渠们说话无不斩截有力，语句自是恁地重。无他，所以看得如此宽缓无力者，只是心念不整肃，所以如此。缘心念不整肃所以意思宽缓，都凑泊他那意思不着，说从别处去。须是整肃心念，看教他意思严紧，说出来有力，四方八面截然有界限始得。如今说得如此支蔓，都不成个物事，其病只在心念不整肃上。"佣。

○　读书之法只要落窠槽。今公们读书不曾落得那窠槽，尽只是走向外去思量，所以都说差去。如初间大水弥漫，少间水既退，尽落低洼处方是入窠槽。今尽是泛泛说从别处去。某常以为书不难读，只要人紧贴就圣人言语上平心看，他文义自见。今都是硬差排，思其所不当思，疑其所不当疑，辨其所不当辨，尽是〔枉〕了，济得甚事！佣。

○　"某尝说文字不难看，只是读者心自崎崎了，看不出。若大着意思反复熟看，那正当道理自涌出来。不要将那小意智、私见识去间乱他，如此无缘看得出。如千军万马从这一条大路去，行伍纪律自是不乱。若拨数千人从一小路去，空搅乱了正当底行阵，无益于事。"又曰：

"看书且要依文看得大概意思了，却去考究细碎处。如今未曾看得正当底道理出，便落草了，堕在一隅一角上，心都不活动。这个似转水车相似，只拨转机关子，他自是转，连那上面磨子筛箩一齐都转，自不费力。而今一齐说得枯燥，无些子滋味，便更看二十年也只不济事。须教他心里活动转得，莫着在那角落头处。而今诸公看文字，如一个船阁在浅水上转动未得，无那活水泛将去，更将外面事物搭载放上面，越见动不得。都是枉用了心力，枉费日子。天下道理更有几多，若只如此看，几时了得！某而今（一）〔也〕自与诸公们说不（辨）〔办〕，只觉得都无意思。所愿诸公宽着意思，且看正当道理，教他活动有长进处方有所益，如一条死蛇弄教他活。而今只是弄得一条死蛇，不济事。"<u>佣</u>。

○ 学者须要无事时去做得功夫，然后可来此剖决是非。今才一不在此便弃了这个，至此又却临时逐旋寻得一两句言语来问，则又何益！<u>寿昌</u>。

○ 或曰："某寻常所学多于优游涵泡中得之。"曰："若遽然便以为有所见亦未是。大抵于'博学、审问、谨思、明辨'，且未可说'笃行'，只这里便是涵泡处。<u>孔子</u>所以'好古敏以求之'，其用力如此。"<u>谟</u>。

○ 人合是疑了问，公今却是拣难处来问，教人如何描摸？若说得公又如何便晓得？若升高必自下。今人要入室奥须先入门入庭，见路头熟，次第入中间来。如何自阶里一造要做后门出！<u>伊川</u>云"学者须先就近处"。<u>贺孙</u>。

○ 而今人听人说话未尽，便要争说。亦须待他人说教尽了，他人有说不出处更须反覆问。教说得尽了，这里方有处置在。<u>贺孙</u>。

○　或人请诸经之疑，先生既答之，复曰："今虽尽与公说，公尽晓得，不于自家心地上做工夫，亦不济事。" <u>道夫</u>。

○　诸公所以读书无长进，缘不会疑。某虽看至没紧要底物事亦须致疑，才疑便须理会得彻头。<u>佃</u>。

○　或谓："问难只是作话头，不必如此。"曰："不然。到无疑处不必问，疑则不可不问。今如此云云，不是恶他人问，便是自家读书未尝有疑。" <u>可学</u>。

○　读语录玩了却不如乍见者勇于得，此是病。<u>方</u>。

○　诸生请问不切。曰："群居最有益，而今朋友乃不能相与讲贯，各有疑忌自私之意，不知道学问是要理会个甚么？若是切己做工夫底，或有所疑，便当质之朋友，同共商量，须有一人识得破者已是讲得七八分，却到某面前商量，便易为力。今既各自东西，不相讲贯，如何得会长进！欲为学问，须要打透这些子放令开阔，识得个'以能问于不能，以多问于寡'底意思方是切于为己。" <u>时举</u>。

○　或问太极。曰："看如今人与太极多少远近？"或人自说所读书。曰："徒然说得一片，恁地多不济事。如今且要虚心，心若不虚，虽然恁地问，待别人恁地说（看）〔自〕不入。他听之如不闻，只是他自有个物事横在心下。如颜子，人道他'得一善则拳拳服膺而不失'，他不曾自知道'得一善拳拳服膺而不失'；他'见不善未尝不知，知之未尝复行'，他不曾自知道'见不善未尝不知，知之未尝复行'；他'不迁怒，不贰过'，他不曾自知道'不迁怒，不贰过'。他只见个道理当如此。易曰'君子以虚受人'，书曰'惟学逊志'，旧有某人来问事，略不虚心，一味气盈色满。当面与他说，他不全听得。"<u>贺孙</u>。

○ "天下之理有长有短、有大有小，当各随其义理看。某看得学者有个病：于他人如此说处又讨个义理，责其不如彼说，于其如彼说处又责其不如此说。"因举所执扇反复为喻，曰："此扇两边各有道理。今学者待他人说此边道理便翻转那一边难之，及他说那一边却又翻转这一边难之。"<u>必大</u>。

○ 问："气质之害直是今人不觉。非特读书就他气质上说，只如每日听先生说话，也各以其所偏为主，如十句有一句合他意，便硬执定这一句。"曰："是如此。且如<u>仲山甫</u>一诗，<u>苏子由</u>专叹美'既明且哲，以保其身'二句，<u>伯恭</u>偏喜'柔嘉维则'一句。某何不将那'柔亦不茹，刚亦不吐'以下四句做好？某意里又爱这四句。"问："这四句如何？"曰："也自刚了。"问："刚底终是占得分数多？"曰："也不得，只是比柔又较争。"<u>胡泳</u>。

○ 质敏不学乃大不敏。有圣人之资必好学，必下问。若就自家杜撰，更不学，更不问，便已是凡下了。圣人之所以为圣也，只是好学下问。<u>舜</u>自耕稼陶渔以至于帝，无非取诸人以为善。<u>孔子</u>说礼吾闻诸<u>老聃</u>，这也是学于<u>老聃</u>〔方〕知得这一事。<u>贺孙</u>。

○ 先生因学者少宽舒意，曰："公读书恁地缜密固是好，但恁地逼截成一团，此气象最不好，这是偏处。如一项人恁地不子细固是不成道理，若一向蠚密，下梢却展拓不去。<u>明道</u>一见<u>谢显道</u>，曰：'此秀才展拓得开，下梢可望。'"又曰："于词气间亦见得人气象。如<u>明道</u>语言固无甚激，看来便见宽舒意思。<u>龟山</u>，人只道恁地宽，看来不是宽，只是不解理会得，不能理会得。<u>范纯夫</u>语解比诸公说理最平浅，但自有宽舒气象，尽好。"贺孙。

○　因人之昏弱而箴之曰："人做事全靠这些子精神。"节。

○　有言贫困不得专意问学者。曰："不干事。世间岂有无事底人？但十二时看那个时闲，一时闲便做一时工夫，一刻闲便做一刻工夫，积累久自然别。"或又以离远师席、不见解注为说。曰："且如某之读书，那曾得师友专守在里？初又曷尝有许多文字？也只自着力耳。"或曰："先生高明，某何敢望？"曰："如此则全未知自责。'尧舜与人同耳'，曷（当）〔尝〕有异？某尝谓此皆是自恕之语，最为病痛。"道夫。

○　或言气禀昏弱，难于为学。曰："谁道是公昏弱？但反而思之，便强便明。这气色打一转，日日做工夫，日日有长进。"〔子〕蒙。

○　或问："某欲克己而患未能。"曰："此更无商量。人患不知耳，既已知之便合下手做，更有甚商量？'为（人）〔仁〕由己，而由人乎哉。'"雉。

○　或言："今且看先生动容周旋以自检。先生所著文义，却自归去理会。"曰："文义只是目下所行底，如何将文义别做一边看？若不去理会文义，终日只管相守闲坐，如何有这道理？文义乃是躬行之门路，躬行即是文义之事实。"贺孙。

○　或问："人固欲事事物物理会，然精力有限，不解一一都理会得。"曰："固有做不尽底。但立一个纲程，不可先自放倒。也须静着心、实着意，沉潜反覆，终久自晓得去。"祖道。

○　或说"居敬、穷理"。曰："都不须如此说。如何说又怕居敬不得？穷理有穷不去处？岂有此（意）〔理〕！只是自家元不曾居敬，元不曾穷理，所以说得如此。若真个去穷底，岂有穷不得之理？若心坚便是石也穿，岂有道理了穷不得之理？而今说又怕有穷不得处，又怕如何，又计较如何，都是枉了。只恁勇猛坚决向前去做，无有不得之理，不当如此迟疑。如人欲出路，若有马便骑马去，有车便乘车去，无车便徒步去。只是从头行将去，岂有不到之理？"倜。焘录云："问：'理有未穷，且只持敬否？'曰：'不消恁地说。持敬便只管持将去，穷理便只管穷将去。如说前面万一持不得、穷不得处又去别生计较，这个都是枉了思量。然亦只是不曾真个持敬、穷理，若是真个曾持敬、穷理，岂有此说？譬如出路，要乘轿便乘轿，要乘马便乘马，要行便行。都不消思量前面去不得时又着如何，但当勇猛坚决向前。那里要似公说居敬不得处又着如何，穷理不得处又着如何。古人所谓心坚石穿，盖未尝有做不得底事。如公几年读书不长进时，皆缘公恁地，所以搭滞了。'又曰：'圣人之言本自直截。若里面有屈曲处，圣人亦必说在上面。若上面无底，又何必思量从那屈曲处去？都是枉了工夫。'"

○　或问："格物一项稍支离。"曰："公依旧是个计较利害底心下在这里。公且试将所说行将去看何如，若只管在这里拟议，如何见得？如做得个船且安排桨楫，解了绳，放了索，打将去看，却自见涯岸。若不放船去，只管在这里思量，怕有风涛，又怕有甚险，如何得到岸？公今恰似个船全未曾放离岸，只管计较利害，圣贤之说那尚恁地？'子路有闻，未之能行，唯恐有闻。'如今说了千千万万，却不曾去下得分寸工夫。"又曰："圣人常说'有杀身以成仁'，今看公那边人，教他'杀身以成仁'，道他肯不肯？决定是不肯。才说着，他也道是怪在。"又曰："'吾未见刚者'，圣人只是要讨这般人，须是有这般资质方可将来磨治。诗云'追琢其章，金玉其相'，须是有金玉之质，方始琢磨得出。若是泥土之质，假饶你如何去装饰，只是个不好物事，自是你根脚本领不好了。"又曰:"如读书只是理会得便做去,公却只管在这里说道如何理会。伊川云'人所最可畏者,便做'。"贺孙。

○ 先生问学者曰:"公今在此坐,是主静,是穷理?"久之未对。曰:"便是公不曾做工夫。若不是主静,便是穷理,只有此二者。既不主静,又不穷理,便是心无所用,闲坐而已。如此做工夫,岂有长进之理?佛者曰'十二时中除了着衣吃饭,是别用心',夫子亦云'造次必于是,颠沛必于是',须是如此做工夫方得。公等每日只是闲用心,问闲事、说闲话底时节多,问紧要事、究竟自己底事时节少。若是真个做工夫底人,他自是无闲工夫说闲话、问闲事。圣人言语有几多紧要大节目都不曾理会,小者固不可不理会,然大者尤紧要。"僩。

○ 或问:"致知当主敬。"又问:"当如先生说次第观书。"曰:"此只是说话,须要下工夫方得。"盖卿。

○ 诸公且自思量,自朝至暮,还曾有顷刻心从这躯壳里思量过否?僩。

○ 贤辈但知有营营逐物之心,不知有真心,故识虑皆昏。观书察理皆草草不精,眼前易晓者亦看不见,皆由此心杂而不一故也。所以前辈语初学者必以敬,曰"未有致知而不在敬者"。今未知反求诸心,而胸中方且丛杂错乱未知所守,持此杂乱之心以观书察理,故凡工夫皆从一偏一角做去,何缘会见得全理?某以为诸公莫若且收敛身心、尽扫杂虑,令其光明洞达,方能作得主,方能见理,不然亦终岁而无成耳。〔大〕雅。

○ "诸公皆有志于学,然持敬工夫大段欠在。若不知此,何以为进学之本？程先生云'涵养须用敬，进学则在致知'，此最切要。"游和之问："不知敬，如何持？"曰："只是要收敛身心，莫令走失而已。今人精神自不曾定，读书安得精专？凡看山看水，风吹草动，此心便自走失，何以为学？诸公切宜勉此！"南升。

○　先生语诸生曰："人之为学，五常百行，岂能尽常常记得？人之性惟五常为大，五常之中仁尤为大，而人之所以为是仁者，又但当守'敬'之一字。只是常求放心，昼夜相承，只管提撕，莫令废惰，则虽不能常常尽记众理，而义礼智信之用自然随其事之当然而发见矣。子细思之，学者最是此一事为要，所以孔门只是教人求仁也。"壮祖。

○　或曰："每常处事，或思虑之发，觉得发之正者心常安，其不正者心常不安。然义理不足以胜私欲之心，少间安者却容忍，不安者却依旧被私欲牵将去。及至事过又却悔，悔时依旧是本心发处否？"曰："然。只那安、不〔安〕处便是本心之德。孔子曰'志士仁人无求生以害仁，有杀身以成仁'，求生如何便害（人）〔仁〕？杀身如何便成仁？只是个安与不安而已。"又曰："不待接事时方流入于私欲，只那未接物时此心已自流了。须是未接物时也常剔抉此心教他分明，少间接事便不至于流。上蔡解'为人谋而不忠'云：'为人谋而忠非特临事而谋，至于平居静虑，思所以处人者一有不尽，则非忠矣。'此虽于本文说得来大过，然却如此。今人未到为人谋时方不忠，只平居静虑闲思念时，便自怀一个利便于己、将不好处推与人之心矣。须是于此处常常照管得分明方得。"僩。

○　或问："静时见得此心，及接物时又不见。"曰："心如何见得？接物时只要求个是。应得是便是心得其正，应得不是便是心失其正，所以要穷理。且如人唱（若）〔喏〕须至诚还他喏，人问何处来须据实说某处来，即此便是应物之心，如何更要见此心？浙间有一般学问又是得江西之绪余，只管教人合眼端坐，要见一个物事如日头相似便谓之悟，此大可笑。夫子所以不大段说心，只说实事，便自无病。至孟子始说'求放心'，然大概只要人不驰骛于外耳，其弊便有这般底出来，以此见圣人言语不可及。"学蒙。

○ 或问："觉得意思虚静时应接事物少有不中节者。才是意思不虚静，少间应接事物便都错乱。"曰："然。然公又只是守得那块然底虚静，虽是虚静，里面黑漫漫地。不曾守得那白底虚静，济得甚事！所谓虚静者，须是将那黑底打开成个白底，教他里面东西南北玲珑透彻，虚明显敞，如此方唤做虚静。若只确守得个黑底虚静，何用也？"价。

○ 有问："程门教人说敬却遗了恭，中庸说'笃恭而天下平'又不说敬。如何恭、敬不同？"曰："昔有人曾以此问上蔡。上蔡云：'不同。恭是平声，敬是侧声。'"举坐大笑。先生曰："不是如此理会，随他所说处理会。如只比并作个问头又何所益？"谦。

○ 先生尝语在坐者云："学者常常令道理在胸中流转。"过。

○ 先生见学者解说之际或似张大，即语之曰："说道理不要大惊小怪。"过。

○ 今之学者只有两般，不是玄空高妙，便是肤浅外驰。

○ 张洽因先生言近来学者多务高远，不自近处着工夫，因言："近来学者诚有好高之弊。昔有问伊川：'如何是道？'伊川曰：'行处是。'又问明道：'如何是道？'明道令于君臣、父子、兄弟上求。诸先生之言不曾有高远之说。”先生曰：“<u>明道</u>之说固如此。然君臣、父子、兄弟之间各有个当然之理，此便是道。”

○ 因说今人学问，云：“学问只是一个道理。不知天下说出几多言语来，若内无所主一，随人脚跟转，是坏了多少人！吾人日夜要讲明此学，只为要理明学至，不为邪说所害，方是见得道理分明。圣贤真可到，言话真不误人。今人被人引得七上八下，殊可笑。”_{谦。}

○ 或问<u>左传</u>疑义。曰：“公不求之于六经、语、孟之中，而用功于<u>左传</u>。且<u>左传</u>有甚么道理？纵有，能几何？所谓‘弃却甜桃树，缘山摘醋梨’，天之所赋于我者如光明宝藏，不会收得，却上他人门教化一两钱，岂不哀哉！只看圣人所说无不是这个大本，如云‘天高地下，万物散殊，而礼制行矣；流而不息，合同而化，而乐兴焉’。不然，<u>子思</u>何故说个‘天命之谓性，率性之谓道，修道之谓教’？此三句是怎如此说？是乃天地万物之大本大根，万化皆从此出。人若能体察得，方见得圣贤所说道理皆从自己胸襟流出，不假他求。某向尝见<u>吕伯恭</u>爱与学者说<u>左传</u>，某尝戒之曰：‘语、孟、六经许多道理不说，恰限说这个。纵那上有些零碎道理，济得甚事？’<u>伯恭</u>不信，后来又说到<u>汉书</u>。若使其在，不知今又说到甚处，想益卑矣，固宜为<u>陆子静</u>所笑也。<u>子静</u>底是高，只是下面空疏，无物事承当。<u>伯恭</u>底甚低，如何得似他？”又曰：“人须是于大原本上看得透，自然心胸开阔，见世间事皆琐琐不足道矣。”又曰：“每日开眼便见这四个字在面前：仁、义、礼、智。只趯着脚指头便是。这四个字若看得熟，于世间道理沛然若决江河而下，莫之能御矣。若看得道理透，方见得每日所看经书无一句一字一点一画不是道理之流行，见天下事无大无小，无一名一件不是此理之发见。如此方见得这个道理浑沦周遍不偏枯，方见得所谓‘天命之谓性’底全体。今人只是随所见而言，或见得一二分，或见得二三分，都不曾见那全体，不曾到那极处，所以不济事。"偊。

○ "浙中朋友，一等底只理会上面道理，又只理会一个空底物事，都无用，少间亦只是计较利害；一等又只就下面（里）〔理〕会事，眼前虽粗有用，又都零零碎碎了，少间只见得利害。如横渠说释氏有'两末之学'，两末，两头也，（都）〔却〕是那中间事物转关处都不理会。"贺孙问："如何是转关处？"曰："如致知、格物，便是就事上理会道理。理会上面底，却弃置事物为陈迹，更只说个无形影底道理；然若还被他放下来，更就事上理会又却易。只是他已见得上面一段物事，不费气力，省事了，又那肯下来理会！理会下面底，又都细碎了。这般道理须是规模大，方理会得。"遂举"伊川说'曾子易箦，便与有天下，行一不义、杀一不辜不为一同'，后来说得来便无他气象。大底却可做小，小底要做大却难，小底就事物细碎上理会"。贺孙。

○ 先生问浙间事。某曰："浙间难得学问，会说者不过孝、悌、忠、信而已。"曰："便是守此四字不得，须是从头理会来，见天理从此流出便是。"炎。

○ 谓邵武诸友："公看文字看得紧切好。只是邵武之俗不怕不会看文字，不患看文字不切，只怕少宽舒意思。"贺孙。

○ 方伯谟以先生教人读集注为不然。蔡季通丈亦有此语，且谓"四方从学之士稍自负者，皆不得其门而入，去者亦多"。某因从容侍坐，见先生举以与学者云："读书须是自肯下工夫始得。某向得之甚难，故不敢轻说与人。至于不得已而为注释者，亦是博采诸先生及前辈之精微写出与人看，极是简要，省了多少工夫。学者又自轻看了，依旧不得力。"盖是时先生方独任斯道之责，如西铭、通书、易象诸书方出，四方辨诘纷然。而<u>江西</u>一种学问又自善鼓扇学者，其于圣贤精义皆不暇深考，学者乐于简易，甘于诡僻，和之者亦众，然终不可与入<u>尧</u><u>舜</u>之道。故先生教人专以主敬、穷理为主，欲使学者自去穷究，见得道理如此便自能立，不待辨说而明，此引而不发之意。其为学者之心盖甚切，学者可不深味此意乎？_炎。

○　或问："所谓'穷理'，不知是反己求之于心，惟复是逐物而求于物？"曰："不是如此。事事物物皆有个道理，穷得十分尽方是格物。不是此心，如何去穷理？不成物自有个道理，心又有个道理。枯槁其心，全与物不接，却使此理自见，万无是事。不用自家心，如何别向物上求一般道理？不知物上道理，却是谁去穷得？近世有人为学专要说空说妙，不肯就实，却说是悟。此是不知学，学问无此法。才说一'悟'字，便不可穷诘，不可研究，不可与论是非，一味说入虚谈，最为惑人。然亦但能谩得无学底人，若是有实学人，如何被他谩？才说'悟'，便不是学问。奉劝诸公且子细读书。书不曾读，不见义理，乘虚接渺，指摘一二句来问人，又有涨开其说来问，又有牵甲证乙来问，皆是不曾有志朴实头读书。若是有志朴实头读书，真个逐些理会将去，所疑直是疑，亦有可答。不然彼己无益，只是一场闲说话尔，济得甚事！且如读此一般书只就此一般书上穷究，册子外一个字且莫兜揽来炒，将来理明，却将已晓得者去解得未晓者。如今学者将未能解说者却去参解说不得者，鹘突好笑，悠悠岁月，只若人耳。"_谦。

○　或问："所守所行似觉简易，然茫然未有所获。"曰："既觉得简易自合有所得，却曰茫然无所获者如何？"曰："比之以前为学多岐，今来似觉简略耳。愚殊不敢望得道，只欲得一个入头处。"曰："公之所以无所得者，正坐不合简易。<u>扬子云</u>曰'以简以易，焉支焉离'，盖支离所以为简易也。人须是'博学之，审问之，谨思之，明辨之，笃行之’，然后可到简易田地。若不如此用工夫，一蹴便到圣贤地位，却大段易了，古人何故如此‘博学、审问、谨思、明辨、笃行’乎？夫是五者无先后，有缓急。不可谓博学时未暇审问，审问时未暇谨思，谨思时未暇明辨，明辨时未暇笃行。五者从头做将下去，只微有少差耳，初无先后也。如此用工，他日自然简易去。谟录注云：“包显道以书论此，先生面质如此。”孟子曰‘博学而详说之，将以反说约也’，语云‘博我以文，约我以礼’，须是先博然后至约，如何便先要约得？人若先以简易存心，不知‘博学、审问、谨思、明辨、笃行’，将来便入异端去。”去伪。谟同。

○ 先生言：“此两日甚思诸生之留书院者，不知在彼如何。孔子在陈思鲁之狂士。孟子所记本亦只是此说。‘狂狷’即‘狂简’，‘不忘其初’即‘不知所以裁之’。当时随圣人在外底却逐日可照管他，留鲁者却不见得其所至如何，然已说得‘成章’了。成章是有首有尾，如异端亦然，释氏亦自说得有首有尾，道家亦自说得有首有尾。大抵未成者尚可救，已成者为（是）〔足〕虑。”时先生在郡中。必大。

○ 或云：“尝见人说，凡是外面寻讨入来底都不是。”曰：“吃饭也是外面寻讨入来，若不是时须在肚里做病，如何又吃得安稳？盖饥而食者即是从里面出来。读书亦然，书固在外，读之而通其义者却自是里面事，如何都唤做外面入来得？必欲尽舍诗书而别求道理，异端之说也。”璘。

○ 天下道理自平易简直。人于其间只是为剖析人欲以复天理，教明白洞达，如此而已。今不于明白处求，却求之于偏旁处，纵得些理，其能几何！今日诸公之弊却自要说一种话，云“我有此理，他人不知”，安有此事？只是一般理，只是要明得，安有人不能而我独能之事？如此则是错了！可学。

○ "学者同在此，一般讲学，及其后说出来便各有差误。要其所成有上截底无下截，有下截底无上截，有皮壳底无肚肠，有肚肠底无皮壳。不知是如何？"必大曰："工夫有间断，亦是气质之偏使然。"曰："固是气质，然大患是不子细。尝谓今人读书得如汉儒亦好。汉儒各专一家，看得极子细。今人才看这一件又要看那一件，下梢都不曾理会得。"必大。

○ 看二十五条，曰："此正与前段相反，却有上截无下截。天资高底固有能不为富贵所累，然下此者亦必思所以处之。'贫而乐'者固胜如'无谄'，'富而好礼'者固胜如'无骄'，若未能'无谄'、'无骄'底，亦须且于此做工夫。顷见一文集云，有一人天资善弈，极高，遂入京见国手。国手与之下了，但云：'可随我诸处，看我与人弈。'如此者半年，遂遣之。其人曰：'某随逐许时，未蒙教得有所长。'国手曰：'汝棋本高，但未曾识低着，却恐与人下时错了。我带你去半年，只是欲汝识低着耳。'"因论棋，又曰："默堂集中亦载一说：有两个对弈，方争一段，甚危。其人忽舍所争，却别于闲处下一着，众所不晓。既毕，或问之。曰：'所争处已自定，此一着亦有利害，不可不急去先下一着，然对者固未必晓。'问者曰：'既见得其人未必晓，又何用急去下？'曰：'在彼虽可忽，在我者不可不尽耳。'天下事皆当如此，不独弈也。"銍。

○ 政和有客同侍坐。先生曰："这下人全不读书。莫说道教他读别书，只是要紧如六经、汉书、唐书、诸子，也须着读始得。又不是大段直钱了，不能得他读。只问人借将来读也得。如何一向只去读时文？如何担当个秀才名目在身己上？既做秀才，未说道要他理会甚么高深道理，也须知得古圣贤所以垂世立教之意是如何，古今盛衰、存亡、治乱事体是如何，从古来人物议论是如何，这许多眼前底都全不识，如何做士人！须是识得许多，方始成得个人。"又云："向来人读书为科举计已自是末了，如今又全不读而赴科举又末之末者。若以今世之所习，虽做得官，贵穷公相，也只是个没见识底人。若依古圣贤所教做去，虽极贫贱，身自躬耕，而胸次亦自浩然，视彼污浊卑下之徒曾犬彘之不若。"又曰："如今人也须先立个志趣始得。还当自家要做甚么人，是要做圣贤，是只要苟简做个人？天教自家做人，还只教恁地便是了？闲时也须思量着。圣贤还是元与自家一般，还是有两般？天地交付许多与人，不独厚于圣贤而薄于自家。是有这四端，是无这四端？只管在尘俗里面衮，还曾见四端头面，还不曾见四端头面？且自去看。最难说是意趣卑下，都不见上面许多道理。公今如只管去吃鱼咸，不知有刍豢之美。若去吃刍豢，自然见鱼咸是不好吃物事。"又云："如论语说'学而时习之'，公且自看平日是曾去学，不曾去学？曾去习，不曾去习？学是学个甚么？习是习个甚么？曾有说意思，无说意思？且去做好。读圣贤之书，熟读自见。如孟子说'亦有仁义而已'，这也不待注解，如何孟子须教人舍利而就义？如今人如何只去义而趋利？"贺孙。

○　问曾点。曰："今学者全无曾点分毫气象。今整日理会一个半个字有下落犹未分晓，如何敢望他？他直是见得这道理活泼泼地快活。若似而今诸公样做工夫，如何得似它？"问："学者须是打叠得世间一副当富贵利禄底心，方可以言曾点气象，方有可用功处。"曰："这个大故是外面粗处。某常说这个不难打叠，极未有要紧，不知别人如何。正当是里面工夫极有细碎难理会处要人打叠得，若只是外面富贵利禄，此何足道！若更这处打（一个）〔不〕透，说甚么学？正当学者里面工夫多有节病。人亦多般样。而今自家只见得这个重便说难打叠，它人病痛又有不在是者。若人人将这个去律它，教须打并这个了方可做那个，则其无此病者却觉得缓散无力，急这一边便缓却那一边。所以这道理极难，要无所不用其力。莫问他急缓先后，只认是处便奉行，不是处便紧闭，教他莫要出来。所以说'是故君子无所不用其极'，'是故君子戒慎乎其所不睹，恐惧乎其所不闻。莫见乎隐，莫显乎微'，又曰'仁以为己任，不亦重乎'，四方八面尽要照管得到。若一处疏阙，那病痛便从那疏处入来。如人厮杀，凡山川途径、险阻要害，无处不要防守。如姜维守蜀，它只知重兵守着正路，以为魏师莫能来，不知邓艾却从阴平、武都而入，反出其后。它当初也说那里险阻，人必来不得。不知意之所不备处才有缝罅，便被贼人来了。做工夫都要如此，所以这事极难，只看'是故君子无所不用其极'一句便见。而今人有终身爱官职不知厌足者；又有做到中中官职便足者；又有全然不要，只恁地懒惰因循，我也不要官职，我也无力为善，平平过者；又有始间是好人，末后不好者；又有始间不好，到末好者。如此者多矣。又有做到宰相了犹未知厌足，更要经营久做者。极多般样。"佣。

○　先生过信州，一士子请见，问为学之道。曰："'道二，仁与不仁而已矣'，圣人千言万语，只是要教人做人。"文蔚。

○　先生曰："相随同归者，前面未必程程可说话；相送至此者，一别又不知几年。有话可早商量。"久而无人问。先生遂云："学者须要勇决，须要思量，须要着（业）〔紧〕。"又云："此间学者只有过底，无有不及底。"在大桂铺说。震。

○　与或人说："公平日说甚刚气，到这里为人所转，都屈了。凡事若见得了，须使坚如金石。"

○　旧看不尚文华、薄势利之类说话便信以为然，将谓人人如在。

后方知不然。此在资质。

○ 学者轻俊者不美，朴厚者好。振。

○ 先生因言："学者平居议论多颓塌，临事难望它做得事。"遂说："一姓王学者后来狼狈，是其平时议论亦专是回互。有一处责曾子许多时用大夫之箦，临时不是童子说则几失易箦。王便云：'这是曾子好处。既受其箦，若不用之，必至取怒季孙，故须且将来用。'大抵今之学者多此病，如学夫子便学他'微服过宋'、'君命召，不俟驾'、'见南子'与'佛肸召'之类。有多少处不学，只学他这个。"胡泳。

○ 大率为善须自有立。今欲为善之人不可谓少，（言）〔然〕多顾浮议，浮议何足恤！盖彼之是非，干我何事！亦是我此中不痛切耳。若自着紧，自痛切，亦何暇恤它人之议哉！大雅。

○ 或言某人好善。曰："只是徇人情与世浮沉，要教人道好。又一种人见如此却欲矫之，一味只是说人短长，道人不是，全不反己。且道我是甚么人，它是如何人，全不看他所为是如何，我所为是如何，一向只要胡乱说人。此二等人皆是不知本领，见归一偏，坐落在窠臼中不能得出，圣贤便不如此。"谦。

○ 因说："而今人须是它晓得方可与它说话。有般人说与眼前事尚不晓，如何要他知得千百年英雄心事？"焘。

○ 有一朋友轻慢，去后因事偶语及之。先生曰："何不早说，得某与他道？"坐中应曰："不欲说。"曰："他在却不欲说，去后却后面说他，越不是。"端蒙。

○　因论诸人为学，曰："到学得争纲争纪，学却反成个不好底物事。"杨曰："大率是人小故然。又各人合下有个肚私见识，世间书人无所不有，又一切去附会上，故皆偏侧违道去。"先生甚然之。<u>杨</u>。

○　门人有与人交讼者，先生数责之，云："欲之甚则昏蔽而忘义理，求之极则争夺而至怨仇。"<u>贺孙</u>。

○　每夜诸生会集，有一长上才坐定便闲话。先生责曰："公年已四十，书读未通，才坐便说别人事。夜来诸公闲话至二更，如何如此相聚，不回光反照作自己工夫，却要闲说。"叹息久之。<u>贺孙</u>。

○　有侍坐而困睡者，先生责之。<u>敬子</u>曰："僧家言，常常提起此志令坚强，则坐得自直，亦不昏困。才一纵肆，则嗒然颓放矣。"曰："固是。道家修养也怕昏困，常要直身坐，谓之'生腰坐'。若昏困倒靠，则是死腰坐矣。"因举<u>小南</u>和尚少年从师参禅，一日偶靠倚而坐，其师见之，叱曰："'得恁地无脊梁骨！'<u>小南</u>悚然，自此终身不靠倚坐。"又举<u>徐处仁</u>知<u>北京</u>日，早晨会僚属治事讫，复穿（秉）〔衣〕会坐（设）〔谈〕厅上。<u>徐</u>多记览，多说平生履历州郡利害、政事得失及前言往行。终日危坐，僚属甚苦之。尝暑月会坐，有<u>秦兵曹</u>者瞌睡，<u>徐</u>厉声叱之起，曰："某在此说话，公却瞌睡，岂以某言为不足听耶？未论某是公长官，只论乡曲，亦是公丈人行，安得如此！"叫客将掇取<u>秦兵曹</u>坐椅子去。问："<u>徐</u>后来做宰相却无声誉。"曰："他只有治郡之才。"<u>僩</u>。

○　有学者每相揖毕，辄缩左手袖中。先生曰："公常常缩着一只手是如何？也似不是举止模样。"<u>义刚</u>。

○ 先生读书屏山书堂。一日，与诸生同行登台，见草盛，命数兵耘草，分作四段令各耘一角。有一兵逐根拔去，耘得甚不多，其它所耘处一齐了毕。先生见耘未了者，问诸生曰："诸公看几个耘草，那个快？"诸生言诸兵皆快，独指此一人以为钝。曰："不然。某看来此卒独快。"因细视诸兵所耘处草皆去不尽，悉复呼来再耘。先生复曰："那一兵虽不甚快，看它甚子细，逐根云令尽。虽一时之难，却只是一番工夫便了。这几个又着从头再用工夫，只缘其初欲速苟简，致得费力如此。看这处便是学者读书之法。"<u>寓</u>。

○ <u>留丞相</u>以书问诗集传数处。先生以书示学者曰："他官做到这地位，又年齿之高如此，虽在贬所，亦不曾闲度日。公等岂可不惜寸阴！"<u>友仁</u>。

○ 先生气疾作，诸生连日皆无问难。一夕，遣介召入卧内，诸生亦无所请。先生怒曰："诸公恁地闲坐时是怎生地？恁地便归去强，不消得恁地远来！"<u>义刚</u>。

○ 大有事用理会在，某今只是觉得后面日子短促了，精力有所不逮，然力之所及亦不敢不勉，思量着有万千事要理会在，自是不容已。只是觉得后面日子大故催促人，可为慨叹耳！

○ 先生言："日来多病，更无理会处，恐必不久于世。诸公全靠某不得，须是自去做工夫始得。且如看文字须要此心在上面，若心不在上面，便是不曾看相似，所谓'视之不见，听之不闻'只是'心不在焉'耳。"<u>时举</u>。

○ 先生不出，令入卧内相见，云："某病此番甚重。向时见文字也要议论，而今都怕了。诸友可各自努力，全靠某不得。"时举。

○ "讲学须要着实。向来诸公多见得不明，却要做一罩说。"语次，云："目前诸友亦多有识门户者。某且暮死耳，不敢望大行，且得接续三四十年说与后进令知亦好。"可（举）〔学〕。

○ 先生一日腰疼甚，时作呻吟声。忽曰："人之为学，如某腰疼方是。"在坐者皆不能问。泳久而思之，恐是为学工夫意思接续，自然无顷刻之忽忘，然后进进不已。痛楚在身，虽欲无之而不可得，故以开谕学者。其警人之意深矣。胡泳。

○ 因说工夫不可间断，曰："某若臂痛，常以手擦之，其痛遂止。若或时擦或时不擦，无缘见效。即此便是做工夫之法。"正叔退，谓文蔚曰："擦臂之喻最有味。"文蔚。

朱子语类卷第一百二十二

东莱_{子约及门人附}

○ 伯恭因言，少时多爱使性气，才见使令者不如意，便躁怒。后读论语至"躬自厚而薄责于人"，遂更不复如此。某尝问路德章，不知曾见东莱说及此否。广。

○ 某尝谓，人之读书宁失之拙，不可失之巧；宁失之低，不可失之高。若伯恭之弊，尽在于巧。伯羽。

○ 伯恭说义理太多伤巧，未免杜撰。子静使气，好为人师，要人悟。一本云："吕太巧，杜撰。陆喜同己，使气。"闳祖。

○ 吕伯恭教人看文字也粗。有以论语是非问者，伯恭曰："公不会看文字，管他是与非做甚？但有益于我者、切于我者看之，足矣。"且天下须有一个是与不是，是处便是理，不是处便是咈理，如何不理会得？赐。

○ 或问："东莱、陆象山之学如何？"先生曰："伯恭失之多，子静失之寡。"柄。

○ 东莱聪明，看文理却不子细。向尝与较程易，到噬嗑卦"和而且治"，一本"冶"作"治"。据"治"字于理为是，他硬执要做"冶"

字。"和"已有洽意，更下"洽"字不得。缘他先读史多，所以看粗着眼<u>陈本无"多所"以下七字，有"失多而杂"四字</u>。读书须是以经为本，而后读史。<u>义刚</u>。按，<u>陈淳录同而少异</u>。

○ 说<u>同父</u>，因谓："<u>吕伯恭</u>乌得为无罪？恁地横论却不与他剖说打教破，却和他都自被包裹在里。今来<u>伯恭</u>门人却亦有为〔<u>同父</u>〕之行者，二家打成一片，可怪。<u>君举</u>只道某不合与说，只是他见不破。天下事不是是便是非，直截两边去，如何恁地含糊鹘突。某乡来与说许多，岂是要眼前好看？青天白日在这里，而今人虽不见信，后世也须有人看得此说，也须回转得几人。"又叹惜久之，云："今有一等自恁地高出圣人之上，一等自恁地陷身污浊，要担头出不得。"<u>贺孙</u>。

○ <u>李德之</u>问："<u>系辞精义</u>编得如何？"先生曰："编得亦杂，只是前辈说话有一二句与<u>系辞</u>相杂者皆载。只如'触类而长之'，前辈曾说此便载入，更不暇问是与不是。"<u>盖卿</u>。

○ 或问<u>东莱</u>所编<u>系辞精义</u>。曰："这文字虽然是裒集得做一处，其实于本文经旨多有难通者。如<u>伊川先生</u>说话与<u>横渠先生</u>说话，都有一时意见如此，故如此说，若用本经文一二句看得亦自通，只要成片看便上不接得前，下不带得后。如<u>程先生</u>说<u>孟子</u>'勿忘，勿助长'，只把几句来说敬。后人便将来说此一章，都前后不相通，接前不得，接后不得。若知得这般处是假借来说敬，只恁地看也自见得<u>程先生</u>所以说之意，自与<u>孟子</u>不相背驰。若此等处最不可不知。"<u>贺孙</u>。

○ 人言<u>何休</u>为<u>公</u>（穀）〔<u>羊</u>〕忠臣，某尝戏<u>伯恭</u>为<u>毛郑</u>之佞臣。<u>道夫</u>。

○ 上蔡说"思无邪"一条未甚亲切。东莱诗记编在擗初头。看他意只说得个"诗可以怨"底意思，如何说"思无邪"！贺孙。

○ 或曰："先儒以三百篇之义皆'思无邪'。"先生笑曰："如吕伯恭之说亦是如此。读诗记序说一大段主张个诗，说三百篇之诗都如此。看来只是说得个'可以怨'，言诗人之情宽缓不迫、优柔温厚而已。只用他这一说，便瞎却一部诗眼矣。"僩。

○ 问："如先生说，'思无邪'一句却如何说？"先生曰："诗之意不一，求其切于大体者，惟'思无邪'足以当之。非是谓作者皆无邪心也，为此说者乃主张小序之过。诗三百篇大抵好事足以劝，恶事足以戒。如春秋中好事至少，恶事至多。此等诗，郑渔仲十得其七八。如将仲子诗只是淫奔，艾轩亦见得。向与伯恭论此，如桑中等诗，若以为刺则是抉人之阴私而形之于诗，贤人岂宜为此？伯恭云：'只是直说。'答之云：'伯恭如见人有此事，肯作诗直说否？伯恭平日作诗亦不然。'伯恭曰：'圣人"放郑声"又却取之，如何？'答曰：'放者，放其乐耳；取者，取其诗以为戒。今所谓郑、卫乐，乃诗之所载。'伯恭云：'此皆是雅乐。'曰：'雅则大雅、小雅，风则国风，不可紊乱。言语之间亦自可见。且如清庙等诗是甚力量！郑、卫风如今歌曲，此等诗岂可陈于朝廷宗庙！'此皆司马迁之过，伯恭多引此为辨。尝语之云：'司马迁何足证！'子约近亦以书问'止乎礼义'，答之云'诗有止乎礼义者，亦有不止乎礼义者'。"可学。

○ 义刚问东莱之学。先生曰："伯恭门于史时却分外去子细，于经却不甚知理会。尝有人问他：'忠恕，杨氏、侯氏之说孰是？'他却说：'公是如何恁地不会看文字？这个都好。'不知他是如何看来。他要说为人谋不尽心为忠，知伤人害物为恕，恁地时他方说不是。"义刚曰：

"他也是相承那江浙间一种史学，故恁地。"先生曰："史甚么学？只是见得浅。"义刚。

○ 先生问某："向见伯恭有何说？"某对曰："吕丈劝令看史。"先生曰："他此意便是不可晓。某寻常非特不敢劝学者看〔史，亦不敢劝学者看〕经，只语孟亦不敢便教他看，且令看大学。伯恭动劝人看左传、迁史，令子约诸人抬扛得司马迁不知大小，恰比作孔子相似。"伯丰。

○ 伯恭、子约宗太史公之学，以为非汉儒所及，某尝痛与之辨。子由古史言马迁"浅陋而不学，疏略而轻信"，此二句最中马迁之失，伯恭极恶之。古史序云"古之帝王，其必为善，如火之必热，水之必寒；其不为不善，如驺虞之不杀，窃脂之不谷"，此语最好。某尝问伯恭："此岂马迁所能及？"然子由此语虽好，又自有病处，如云"帝王之道以无为宗"之类。他只说得个头势大，然下面工夫又皆空疏。亦犹马迁礼书云"大哉礼乐之道！洋洋乎鼓舞万物，役使群动"，说得头势甚大，然下面亦空疏，却引荀子诸说以足之。又如诸侯年表盛言形势之利，有国者不可无，末却云"形势虽强，要以仁义为本"。他上文本意主张形势，而其末却如此说者，盖他也知仁义是个好底物事不得不说，且说教好看。如礼书所云亦此意也。伯恭极喜渠此等说，以为迁知"行夏之时，乘殷之辂，服周之冕"，为得圣人为邦之法，非汉儒所及。此亦众所共知，何必马迁？然迁尝从董仲舒游，史记中有"余闻之董生云"，此等语言亦有所自来也。迁之学也说仁义，也说诈力，也用权谋，也用功利，然其本意却只在于权谋、功利。又如伯夷传，孔子正说伯夷"求仁得仁，又何怨"，他一传中首尾皆是怨辞，尽说坏了伯夷。子由古史皆删去之，尽用孔子之语作传，岂可以子由为非，马迁为是？可惜子由死了，此论至死不曾明。圣贤以六经垂训，炳若丹青，无非仁义道德之说。今求义理不于六经，而反取疏略浅陋之子长，亦惑之甚矣！倜。

○　木之问："东莱大事记有续春秋之意，中间多主史记。"曰："公乡里主张史记甚盛，其间有不可说处，都与他出脱得好。如货殖传，便说他有讽谏意之类，不知何苦要如此？世间事是还是，非还非，黑还黑，白还白，通天通地，贯古贯今，决不可易。若使孔子之言有未是处也只还他未是，如何硬穿凿说！"木之又问："左氏传合如何看？"曰："且看他纪载事迹处。至如说道理全不似公穀。要知左氏是个晓了识利害底人，趋炎附势。如载刘子'天地之中'一段，此是极精粹底。至说'能者养之取福，不能者败以取祸'，便只说向祸福去了。大率左传只道得祸福利害底说话，于义理上全然理会不得。"又问："所载之事实否？"曰："也未必一一实。"子升问："如载卜妻敬仲与季氏生之类，是如何？"曰："看此等处便见得是六卿分晋、田氏篡齐以后之书。"又问："此还是当时特故撰出此等言语否？"曰："有此理。其间做得成者如斩蛇之事，做不成者如丹书狐鸣之事。看此等书，机关熟了，少间都坏了心术。庄子云'有机械者必有机事，有机事必有机心，有机心则纯白不备。纯白不备者，道之所不载也'。今浙中于此二书极其推尊，是理会不得。"因言："自孟子后圣学不传，所谓'轲之死不得其传'。如荀卿说得自头绪多了，都不纯一。至扬雄，所说底话又多是庄老之说。至韩退之，唤做要说道理，又一向主于文词。至柳子厚却反助释氏之说。因言异端之教，汉魏以后只是老庄之说。至（唐）〔晋〕时肇法师，释氏之教始兴。其初只是说，未曾身为。至达磨面壁九年，其说遂炽。"木之。

○　说要编通鉴纲目不成，以为伯恭大事记忒藏头亢脑，又题目之类太多。寯。

○ 先生言"伯恭解说文字甚尖巧。渠曾被人说不晓事,故作此等文字出来,极伤事。"敬之问:"大事记所论如何?"曰:"如论公孙洪等处亦伤太巧。"德明。

○ 东莱自不合做这大事记。只他那时自感疾了,一日要做一年。若不死,自汉武至五代只千来年,他三年自可了此文字。人多云其解题煞有工夫,其实他当初作题目却煞有工夫,只一句要包括一段意。解题只见成,检令诸生写。伯恭病后,既免人事应接,免出做官,若不死,大段做得文字。贺孙。

○ 因说伯恭少仪外传多琐碎处,曰:"人之所见不同。某只爱看人之大体大节活络处,这般琐碎便懒看。伯恭又爱理会这处,其间多引忍耻之说,最害义。此等语,盖缘他资质弱,与此意有合,遂就其中推广得大。想其于忠臣义士死节底事却不爱。他亦有诗,说张巡、许远那时不应出来。"〔淳。〕

○ 或言:"东莱馆职策、君举治道策颇涉清谈,不如便指其事说,自包治道大原意。"曰:"伯恭策止缘里面说大原不分明,只自恁地依傍说,更不直截指出。"贺孙。

○ 东莱文鉴编得泛,然亦见得近代之文。如沈存中律历一篇,说浑天亦好。淳。

○ 先生方读文鉴而学者至。坐定。语学者曰:"伯恭文鉴去取之文,若某平时看不熟者也不敢断他,有数般皆某熟读底,今拣得也无巴鼻。如诗,好底都不在上面,却载那衰飒底,把作句法又无好句法,把作好意思又无好意思,把作劝戒又无劝戒。"林择之云:"他平生不会作诗。"先生云："此等有甚难见处？"义刚。按，陈淳录同而略，今附，云："吕伯恭文鉴去取未足为定论。"

○ 观吕子约书有论读诗及刘壮舆字画一段。先生曰："某之语诗与子约异。诗序多附会，须当观诗经。渠平日写书来，字画难晓。昔日刘元城戒刘壮舆，谓此人字画不正，必是心术不明，故写此一段与之。"子约书又云："昨读左传刘康公说'民受天地之中以生'，下云'君子勤礼，小人尽力'，见得古人说道理平实、不张皇，而着实下手处随贵贱高卑皆有地位。非如后世此之为可而彼之为不可，人有所不可为，道有所不可行也。"先生曰："此一段议论却好。"可学。以下子约。

○ "可怜子约一生辛苦读弓，只是竟与之说不合。今日方接得他三月间所寄书，犹是论'寂然不动'，依旧主他旧说。时子约已死。它硬说'寂然不动'是耳无闻，目无见，心无思虑，至此方是工夫极至处。伊川云'要有此理，除是死也'，几多分晓！某尝答之云：'洪范五事：貌曰恭，言曰从，视曰明，听曰聪，思曰睿。若如公说则当云：貌曰僵，言曰哑，视曰盲，听曰聋，思曰塞。方得。还有此理否？'渠至死此论不晓，不知人如何如此不通？"用之云："释氏之坐禅入定者便是无闻无见，无思无虑。"曰："然。它是务使神轻去其体，其理又不同。神仙则使形神相守，释氏则使形神相离。佛家有'白骨观'，初想其形从一点精气始，渐渐胞胎孕育，生产稚乳，长大壮实，衰老病死，以至尸骸胖胀枯僵，久之化为白骨。既想为白骨，则视其身常如白骨，所以厌弃脱离，而无留恋之念也，此又释氏工夫之最下者。"僴。

○ 答子约书云："目下放过了合做底亲切工夫，虚度了难得少壮底时日。"方子。

○ 吕子约死，先生曰："子约竟赍着许多浑突道理去矣！"<u>贺孙</u>。

○ 先生问曰："吕子约近况如何？"曰："吕丈在乡里，方取其家来，骨肉得团聚不至落寞。"曰："得渠书，多说仙郡士友日夕过从，以问学为乐。罪大责轻，迁客得如此，过分矣。亦是仙郡士友好学乐善，岂非衡州流风余韵所及乎！"嗟叹久之。又问曰："识章茂献否？"曰："尝见之，亦蒙教诲。"曰："江西士大夫如茂献亦难得。"又言："吴伯丰有见识，力学不倦。"祖道因言伯丰自植立事。曰："此某知之有未尽，不意伯丰能如此。"<u>祖道</u>。

○ 伯恭门徒气宇厌厌，四分五裂，各自为说，久之必至销歇。<u>子静</u>则不然，精神紧峭，其说分明，能变化人，使人且异而晡不同，其流害未艾也。<u>道夫</u>。以下门人。

○ 叔度应童子进士词科，然竟以不能随世俯仰，不肯一日置其身于仕路也。<u>道夫</u>。

○ 自叔度以正率其家，而子弟无一人敢为非义者。<u>道夫</u>。

○ 叔度与伯恭为同年进士，年又长，自视其学非伯恭比，即俯首执弟子礼而师事之，略无难色，亦今世之所无耳。<u>道夫</u>。〔<u>叔度</u>。〕

朱子语类卷第一百二十三

陈君举 _{陈同父 叶正则 附}

○　孝宗_{池本作"光宗"}。尝问陈君举云："闻卿博学。"君举因奏云："臣平生于周官粗尝用心。有周官说数篇，容缮写进入。"大概推周官制度亦自详密，但说官属不悉以类聚，错总互见，事必相关处却多含糊。或者又谓有互相检制之意，此尤不然。何圣人不以君子长者之道待其臣？既任之而复疑之耶？殊不知大行人司仪掌宾客之事，当属春官而乃领于司寇者，盖诸侯朝觐、会同之礼既毕，则降而肉袒请刑，同寇主刑故也。职方氏辨正封疆之事，当属地官而乃领于司马者，盖诸侯有罪则六师移之，不得有其土地，司马主兵，有威怀诸侯之义故也。或问："冬官司空掌何事？"曰："次第是掌土田之事。盖职方氏但正其疆域之制，至申画井地、创置纤悉必属于司空，而今亡矣。"_{儒用}。

○　先生问德粹："去年何处作考官？"对以永嘉。问："曾见君举否？"曰："见之。"曰："说甚话？"曰："说洪范及春秋左传。"先生曰："洪范如何说？"滕曰："君举以为读洪范方知孟子之'道性善'。如前言五行、五事，则各言其德性而未言其失，及过于皇极则方辨其失。"先生曰："不然。且各还他题目，一则五行，二则五事，三则八政，四则五纪，五则皇极，至其后庶征、五福、六极，乃权衡圣道而著其验耳。"又问："春秋如何说？"滕云："君举云：'世人疑左丘明好恶不与圣人同，谓其所载事多与经异。此则有说。且如晋先蔑奔，人但谓先蔑奔秦耳。此乃先蔑立嗣不定，故书"奔"以示贬。'"先生曰："是何言语！先蔑实是奔秦，如何不书‘奔’？且书‘奔秦’谓之‘示贬’，不书‘奔’则此事自不见，何以为褒？昨说与吾友所谓‘专于博上求之，不反于约’，乃谓此耳，是乃于穿凿上益加穿凿。疑误后学。”可学因问：“左氏识见如何？”先生曰：“左氏乃一个趋利避害之人。要置身于稳地而不识道理，于大伦处皆错，观其议论往往皆如此。且大学论所止，便只说君臣父子五件，左氏岂知此？如云‘周郑交质’而曰‘信不由中，质无益也’，正如田客论主而责其不请吃茶。使孔子论此肯如此否？尚可谓其好恶同圣人哉？又如论宋宣公事曰‘宋宣公可谓知人矣。立穆公，其子飨之，命以义夫’，是何等言谈？”可学曰：“此一事，公羊议论却好。”先生曰：“公羊乃儒者之言。”可学又问：“林黄中亦主张左氏，如何？”先生曰：“林黄中却会占便宜。左氏疏脱多在‘君子曰’，渠却把此殃苦刘歆。昔吕伯恭亦多劝学者读左传，（常）〔尝〕语之云：‘论孟圣贤之言不使学者读，反使读左传？’伯恭曰：‘读论孟使学者易向外走。’因语之云：‘论孟却向外走，左氏却不向外走？读论孟皆且先正人之见识，以参他书，无所不可。此书自传惠公元妃孟子起，便没理会。’大抵春秋自是难看。今人说春秋有九分九厘不是，何以知圣人之意是如此？平日学者问春秋，且以胡文定传语之。”可学。

○ 先生问：“赴试用甚文字？”贺孙以春秋对。曰：“春秋为仙乡陈、蔡诸公穿凿得尽。诸经时文愈巧愈凿，独春秋为尤甚，天下大抵皆为公乡里一变矣。”贺孙。

○ “陈君举得书云：‘更望以雅颂之音消铄群慝，章句训诂付之诸生。’问他看如何是雅颂之音？今只有雅颂之辞在，更没理会，又去那里讨雅颂之音？便都只是瞒人。又谓某前番不合与林黄中、陆子静诸人辨，以为‘相与诘难，竟无深益。盖刻画太精，颇伤易简；矜持己甚，反涉吝骄’。不知更如何方是深益。若孟子之辟杨、墨，也只得恁地辟。他说'刻画太精'便只是某不合说得太分晓，不似他只恁地含糊。他是理会不得，被众人拥从，又不肯道我不识，又不得不说，说又不识，所以不肯索性开口道这个是甚物事，又只恁鹘突了。<u>子静</u>虽占奸不说，然他见得成个物事，说话间便自然有个痕迹可见。只是人理会他底不得，故见不得，然亦易见。<u>子静</u>只是人未从，他便不说；及钩致得来便直是说，方始与你理会。至如<u>君举</u>，胸中有一部<u>周礼</u>都撑肠拄肚，顿着不得。如<u>游古山诗</u>又何消说着？只是他稍理会得便自要说，又说得不着。如<u>东坡</u>、<u>子由</u>见得个道理更不成道理，又却便开心见胆，说教人理会得。"又曰："他那似得<u>子静</u>！<u>子静</u>却是见得个道理，却成一部禅。他和禅识不得。"<u>贺孙</u>。

○ "古人纪纲天下，凡措置许多事都是心法从这里流出，是多少正大！今若去逐些子搜抉出来评议，恐不得。凡看文字也须待自有忽然凑合见得异同处，若先去逐些安排比并便不是。"因问："<u>君举</u>说<u>汉</u>、<u>唐</u>好处与三代暗合，是如何？"<u>曹</u>曰："亦只就事上看，如<u>汉</u>初待群臣不专执其权，略堂陛之严，不恁地摸切，如财散于天下之类。"先生曰："这也自是事势到这里，见得<u>秦</u>时君臣之势如此间隔，故<u>汉</u>初待宰相如此。然而<u>萧何</u>是多少功劳！几年宰相，一旦系狱，这唤做操切〔不操切〕？又如<u>周勃</u>终身有功，后来也下狱对问。又如<u>贾谊</u>书中所说是如何？财用那时自宽饶，不得不散在郡县。且如而今要散在郡县，得也不得？上面又不储蓄，财赋闲在那里，只是每年合天下之所入不足以供一年之用，一月之入不足以供一月之用，逐时挨展将去。将<u>汉</u>初来看，要散之郡县得否？这只是闲说。第一项最是养许多坐食之兵，其费最广。州郡自是州郡底，如许多大军是如何区处？无祖宗天下之半而有祖宗所无之兵。如州郡兵还养在，何用！若留心太守，又会去教他攀些弓、射些弩，教他做许多模样，也只是不忍将许多钱粮白（地）与他。到有厮杀时，你道他与你去厮杀否？只是徒然！"问："<u>君举</u>曾要如何措置？"答曰："常常忧此，但措置亦未曾说出。"问："看唐事如何？"曰："闻之陈先生说，唐初好处也是将三省推出在外。这却从魏晋时自有里面一项，唐初却尽属之外，要成一体。如唐经祸变后便都有诸王出来克复，如肃宗事。及代宗后来，虽是郭子仪，也有个主出来。"曰："三省在外，怕自隋时已如此，只唐时并属之宰相。诸王克复，代宗事，只是郭子仪，怕别无诸王。唐官，看他六典将前代许多官一齐尽置得偏官，如何不冗？今只看汉初时官如何，到得元成间如何，又看东汉和时如何，到得东汉末时如何，到得三国魏晋以后如何。只管添，只管杂。"贺孙。

○ 器远言："乡间诸先生所以要教人就事上理会教着实，缘是向时诸公多是清谈，终于败事。"曰："便是而今自恁地说，某尚及见前辈都不曾有这话。是三十年前如此，不曾将这个分作两事。如所谓'推倒墙，撞倒壁'，如此粗话，那时都恁地，然恁地粗却有好处。南渡时有许多人出来做得事，经变故后将许多人都摧折了。到而今却是气卑弱了，凡事都无些子正大，只是细巧。"曰："陈先生要人就事上理会教实之意，盖怕下梢用处不足。如司马公居洛六任，只理会得个通鉴，到元祐出来做事却有未尽处，所以激后来之祸。如今须先要较量教尽。"曰："便是如今都要恁地说话。如温公所做，今只论是与不是，只论合当做与不合当做，如何说他激得后祸？这是全把利害去说。温公固是有从初讲究未尽处，也是些小事。如役法变得未尽，只是东南不便，他西北边已自便之。那时节已自极了，温公只得如此做，若不得温公如此做，更自有一场出丑。今只将纸上语去看便道温公做得过当，子细看那时节，若非温公如何做？温公是甚气势！天下人心甚么样感动！温公直有旋乾转坤之功。温公此心可以质天地，通幽明，岂容易及！后来吕微仲、范尧夫相，用调亭之说，兼用小人，更无分别，所以成后日之祸。今人却不归咎于调亭，反归咎于元祐之政。若直是见得君子小人不可杂处，如何要委曲遮护得！蔡确也是卒急难去，也是猾。他置狱倾一从官得从官，置狱倾一参政得参政，置狱倾一宰相得做宰相。看温公那时已自失委曲了。如王安石罪既已明，向后既加罪于蔡确之徒，论来安石是罪之魁首，却于其死又加太傅及赠礼皆备，想当时也道要委曲周旋他。如今看来，这般却煞不好。要好，便合当显白其罪，使人知得是非邪正，所谓‘明其为贼，敌乃可服’，须是明显其不是之状。若更加旌赏，却惹得后来许多群小不服。今又都没理会，怕道要做朋党，那边用几人，这边用几人，不问是非，不别邪正，下梢还要如何？某看来，天下事须是先论其大处，如分别是非邪正、君子小人端的是如何了，方好于中间酌量轻重浅深施用。”贺孙。

○ 器远言：“陈丈大意说，格君且令于事上转移他心下归于正。如萧何事汉，令散财于外，可以去其侈心，成其爱民之心。说北齐宣帝云云。”曰：“欲事君者岂可以此为法？自元魏以下至北齐最为无纲纪法度，自家却以为事君法。”贺孙。

○ 德粹问陈君举福州事。先生曰：“无此，只是过当，作一添倅而一州之事皆欲为之。益之初九曰‘利用为大作，元吉，无咎’，象曰‘元吉，无咎，下不厚事也’，初九欲为九四作事，在下本不当处厚事，以为上之所任，故为之而致元吉，乃为之，若不然，不惟己不安，而亦累于上。〔璘录云：“初九上为四所任而作大事，必尽善而后无咎，若所作不尽善，未免有咎也，故孔子释之曰‘下不厚事也’。盖在下之人不当重事，若在下之人为在上之人作事未能尽善，自应有咎。”〕向编近思录，说与伯恭：‘此一段非常有，不必入。’伯恭云：‘既云非常有，则有时而有，岂可不书以为戒？’及后思之，果然。”可学。〔璘录少异。〕

○ 陈同父祭东莱文云：“在天下无一事之可少，而人心有万变之难明。”先生曰：“若如此，则鸡鸣狗盗皆不可无。”因举易曰：“天下之动，贞夫一者也。天下何思何虑？同归而殊涂，一致而百虑。天下何思何虑？"又云："同父在利欲胶漆盆中。"闳祖。下陈同父。

○　同父才高气粗，故文字不明莹。要之，自是心地不清和也。道夫。

○　因言："陈同父读书譬如人看劫盗公案，看了，须要断得他罪及防备禁制他，教做不得。它却不要断他罪及防备禁制他，只要理会得许多做劫盗底道理，待学他做。"广。

○　先生说："看史只如看人相打，相打有甚好看处？陈同父一生被史坏了。"直卿亦言："东莱教学者看史，亦被史坏。"泳。

○　或谓："同父口说皇王帝霸之略而一身不能自保。"先生曰："这只是见不破，只说个是与不是便了。若做不是，恁地依阿苟免以保其身，此何足道！若做得是，便是委命杀身，也是合当做底事。"贺孙。

○　陈同父学已行到江西，浙人信向已多。家家谈王伯不说萧何、张良，只说王猛；不说孔孟，只说文中子。可畏！可畏！可学。

○　叶正则说话只是杜撰，看他进卷可见大略。泳。以下叶正则。

○　叶进卷待遇集毁板，亦毁得是。淳。

○　或曰："永嘉诸公多喜文中子。"曰："然，只是小。它自知定学做孔子不得了，才见个小家活子，便悦而趋之。譬如泰山之高它不敢登，见个小土堆子便上去，只是小。"侗。玖下之论，永嘉、永康之学。

○　见或人所作讲义，不知如何如此。圣人见成言语明明白白，人尚晓不得，如何须要立一文字，令深于圣贤之言！如何教人晓得？戴肖望比见其湖南语说却平正，只为说得太容易了，兼未免有意于弄文。贺孙。

○　"永嘉看文字，大字平白处都不看，偏要去注疏小字中寻节目以为博。只如韦玄成传庙议，槀自不理会得，却引周礼'守祧掌守先王先公之庙祧'注云：'先公之迁主藏于后稷之庙，先王之迁主藏于文武之庙。'遂谓周后稷别庙。殊不知太祖与三昭三穆皆各自为庙，岂独后稷别庙！"又云："后稷不为大祖，甚可怪也！"闳祖。

○　季通文及敬之皆云："永嘉貌敬甚至。及与宫祠乃缴之，云：'朱某素来迂阔，臣所不取，但陛下进退人才不当如此。'"以（明）〔问〕先生，先生云："不曾见此文字。怎见得？"闳祖。

○　婺州士友只流从祖宗故事与史传一边去。其驰外之失不少，病在不曾于论语上加工。升卿。

○　先生出示〔答〕孙自修书，因言："陆氏之学虽是偏，尚是要去做个人，若永嘉永康大不成学问，不知何故如此。他日用动静间全是这个本子，卒乍改换不得。如吕氏言汉高祖当用夏之忠，却不合黄屋左纛。不知纵使高祖能用夏忠，能乘商辂，亦只是个汉高，他骨子不曾改变。盖本原处不在此。"铢。

朱子语类卷第一百二十四
陆子静

○ 胡叔器问象山师承。先生曰："它们天资高，不知师谁，然也不问师传。学者多是就气禀上做，解偏了。"义刚。

○ 性质。陆子美。精神。子静。若海。

○ 节问陆梭山同异辨。曰："若本有，却如何扫荡得？若本无，却如何建立得？他以佛氏亦晓得理。如他既晓得理后，却将一个空底物事来口头说时，佛不到今日了。他自见得他一个道理，只是空。"又曰："佛也只是理会这个性，吾儒也只理会这个性，只是他不认许多带来底。"又记曰："只是他不认带来许多底。"节。

○ 向尝见陆子静与王顺伯论儒释，某尝窃笑之。儒释之分只争虚、实而已。如老氏亦谓"恍兮惚兮，（冥）〔其〕中有物；窈兮冥兮，其中有精"，所谓"物"、"精"亦是虚。吾道虽有"寂然不动"，然其中粲然者存，事事有。节。

○ 吴仁父说及陆氏之学。曰："只是禅。初间犹自以吾儒之说盖覆，如今一向说得炽，不复遮护了。渠自说有见于理，到得做处一向（恁）〔任〕私意做去，全不睹是。人同之则喜，异之则怒。至任喜怒，胡乱便打人骂人。后生才登其门，便学得不逊无礼，出来极可畏。世道衰微，千变百怪如此。可畏！可畏！"木之。

○ 又曰："<u>陆子静</u>之学，他自是胸中无奈许多禅何了，看是甚文字不过假借以说其胸中所见者<u>已</u>。据其所见，本自不须圣人文字得，他却须要以圣人文字说者，此正如贩私盐者本只是贩私盐，但上面须得数片鲞鱼遮盖方过得关津，不被人捉了耳。"<u>广</u>。

○ 吾儒头项多，思量着得人头痹。而今似<u>陆子静</u>样不立文字也是省事，只是那书也不是分外底物事，都是说我这道理，从头理会过更好。<u>侃</u>。

○ <u>子静</u>"应无所（是）〔住〕以生其心"。<u>闳祖</u>。

○ <u>汪长孺</u>说："<u>江西</u>所说'主静'，看其语是要不消主这静，只我这里动也静，静也静。"先生云："若如其言，天自春了夏、夏了秋、秋了冬，自然如此，也不须要'辅相'、'裁成'始得。"<u>贺孙</u>。

○ <u>江西</u>之学无了恻隐辞逊之心，但有羞恶之心。然不羞其所当羞，不恶其所当恶。有是非之心，是其所非，而非其所是。<u>方子</u>。

○ <u>潘恭叔</u>说："<u>象山</u>说得如此，待应事都应不是。"曰："可知是如此，他所学、所说尽是杜撰，都不依见成格法。他应事也只是这般杜撰，如何得会是，得合道理！某向与<u>子静</u>说话，<u>子静</u>以为意见。某曰：'邪意见不可有，正意见不可无。'<u>子静</u>说道：'此是闲议论。'某曰：'闲议论不可议论，合议论则不可不议论。'"先生又曰："<u>大学</u>不曾说'无意'而说'诚意'。若无意见将何物去择乎中庸？将何物去察迩言？<u>论语</u>中谓'无意'只是要无私意，若是正意则不可无。"先生又曰："他之无意见则是不理会，只是胡撞将去。若无意见，成甚么人在这里！"芝。

○ 或问："陆丈子静每见学者才有说话，不曰'此只是议论'，即曰'此只是意见'。果如是则议论、意见皆可废乎？"先生曰："既不尚议论，则是默然无言而已；既不贵意见，则是寂然无思而已。圣门问学不应如此。若曰偏议论、私意见则可去，不当概以议论、意见为可去也。"柄。

○ "禅学炽则佛氏之说大坏。缘他本来是大段着工夫收拾这心性，今禅说只恁地容易做去。佛法固是本不见大底道理，只就他本法中是大段细密，今禅说只一向粗暴。陆子静之学，看他千般万般病只是在不知有气禀之杂，把许多粗恶底气都只把做心之妙理，合当恁地自然做将去。向在铅山得他书云，看见佛之所以与儒异者，止是他底全是利，吾儒止是全在义。某答他云，公亦只见得第二着。看他意只说吾儒绝断得许多利欲便是千了百当，一向任意做出都不妨。不知初自受得这气禀不好，今才任意发出，许多不好底也只都做好商量了。只道这是胸中流出自然天理，不知气有不好底夹杂在里一齐衮将去，道害事不害事？看子静书信只见他许多粗暴底意思。可畏！其徒都是这样，才说得几句便无大无小，无父无兄，只我胸中流出底是天理，全不着得些工夫。看来这错处只在不知有气禀之性。"又曰："'论性不论气，不备'，孟子不说到气一截，所以说万千与告子几个，然终不得他分晓。告子以后，如荀扬之徒，皆是把气做性说了。"贺孙。

○ 陆子静说只是一心，一边属人心，一边属道心，那时尚说得好在。芝。

○ 先生谓<u>祖道</u>曰："<u>陆子静</u>答贤书说个'简易'字，他却说得错了。'乾以易知，坤以简能'是甚意思？如何只容易说过了。乾之体健而不息，行而不离，故易；坤则顺其理而不为，故简。不是容易苟简也。"<u>祖道</u>。

○ 问<u>象山</u>言"'本立而道生'多却'而'字"。曰："圣贤言语一步是一步。近来一种议论只是跳蹑，初则两三步做一步，甚则十数步作一步，又甚则千百步作一步，所以学之者皆颠狂。"<u>方子</u>。

○ <u>陆子静</u>说"克己复礼"，云，不是克去己私利欲之类，别自有个克处。又却不肯说破。某尝代之下语云："不过是要'言语道断，心行路绝'耳。"因言："此是陷溺人之深坑，学者切不可不戒！"<u>广</u>。

○ 有一学者云："学者须是除意见。<u>陆子静</u>说<u>颜子</u>克己之学非如常人克去一切忿欲利害之私，盖欲于意念所起处将来克去。"先生痛加诮责，以为："此三字误天下学者。自<u>尧舜</u>相传至历代圣贤书册上并无此三字。某谓除去不好底意见则可，若好底意见须是存留。如饥之思食，渴之思饮，合做底事恳量去做皆意见也。圣贤之学如一条大路，甚次第分明。缘有'除意见'横在心里便更不去做。如日间所行之事，想见只是不得已去做，才做便要忘了，生怕有意见。所以目视霄汉，悠悠过日，下梢只成得个狂妄。今只理会除意见，安知除意见之心，又非所谓意见乎？"<u>人杰</u>。

○ 先生又问："曾见<u>陆子寿</u>志道据德说否？"对曰："未也。其说如何？"先生曰："大概亦好。"<u>伯丰</u>。

○ 顷有一朋友作书与<u>陆子静</u>，言陆之学荡而无所执。陆复书言，

荡本是好，（诗）〔语〕云"君子坦荡荡"，尧（舜）"荡乎无能名"，诗云
"荡荡上帝"，书云"王道荡荡"，皆以荡为善，岂可以为不善邪？其怪
如此！僩。

　　○　子静常言颜子悟道后于仲弓，又曰易系决非夫子作，又曰孟子
无奈告子何。陈正己录以示人。先生申言曰："正己也乖。"道夫。

　　○　杨至之问孟子"告子不得于言，勿求于心"处。先生云："陆
子静不着言语，以学正似告子，故常讳。"至之云："陆且云，人不惟不
知孟子高处，也不知告子高处。先生语陆云，试说看。陆只鹘突说过。"
先生因语诸生云："陆子静说告子也高，也是他尚不及告子。告子将心
硬制得不动，陆〔遇〕事未必皆能不动。"植。

　　○　先生问人杰："别后见陆象山如何？"答云："枉都下相处一月，
议论间多不合。"因举戊戌春所闻于象山者，多是分别"集义所生，非
义袭而取之"两句。曰："彼之病处正在此，其说'集义'却是'义
袭'。彼之意盖为学者须是自得于己，不为文义牵制方是集义。若以此
义从而行之，乃是求之于外，是义袭而取之也。故其弊自以为是，自以
为高，而视先儒之说皆与（一）〔己〕不合。至如与王顺伯书论释氏义
利公私皆说不着，盖释氏之言见性只是虚见，儒者之言性止是仁义礼
智，皆是实事。今专以义利公私断之，宜顺伯不以为然也。"人杰。〔燾
录详。〕

　　○　江西士风好为奇论，耻与人同，每立异以求胜。如陆子静说告
子论性强孟子，又说荀子"性恶"之论甚好，使人警发，有缜密之功。
昔荆公参政日作兵论稿，压之砚下。刘贡父谒见，值客，径坐于书院，
窃取视之。既而以未相见而坐书院为非，遂出就客次。及相见，荆公问

近作，<u>贡父</u>以近作<u>兵论</u>对，乃窃<u>荆公</u>之意而易其文以诵之。(则)〔荆〕公退，碎其砚下之稿，以为所论同于人也。皆是<u>江西</u>之风如此。_{淳。}

○ <u>陆子静</u>说"良知良能"、"四端"等处，且成片举似经语，不可谓不是，但说人便能如此，不假修为存养，此却不得。譬如旅寓之人，自家不能送他回乡，但与说云："你自有田有屋，大段快乐，何不便回去？"那人既无资送，如何便回去得？又如脾胃伤弱、不能饮食之人，却硬要将饭将肉塞入他口，不问他吃得与吃不得。若是一顿便理会得亦岂不好？然非生知安行者岂有此理？便是生知安行也须用学。大抵<u>子思</u>说"率性"，<u>孟子</u>说"存心养性"，大段说破。夫子更不曾说，只说"孝弟"、"忠信笃敬"，盖能如此，则道理在其中矣。_{人杰。}

○ 因说象山，曰："圣人教人，大概只是说孝弟忠信日用常行底话。人能就上面做将去则心之放者自收，性之昏者自著。如'心'、'性'等字，到<u>子思</u>、<u>孟子</u>方说得详。"_{儒用。}

○ 圣贤教人有定本，如"博学、审问、谨思、明辨、笃行"是也。其人资质刚柔、敏钝不可一概论，其教则不易。禅家教人更无定，今日说有定，明日又说无定，<u>陆子静</u>似之。圣贤之教无内外本末上下，今<u>陆子静</u>却要理会内，不管外面，却无此理。硬要转圣贤之说为他说，宁若尔说且作尔说，不可诬罔圣贤亦如此。〔<u>泳</u>。周公谨记。〕

○ <u>陆子静</u>寻常与吾人说话会避得个"禅"字，及与其徒却只说禅。〔<u>自修</u>。〕

○ <u>曹叔远</u>问："<u>陆子静</u>教人合下便是，如何？"先生曰："如何便是？公看经书中还有此样语否？若云便是，夫子当初引带三千弟子日日说来说去则甚？何不云你都是了，各自去休？也须是做工夫始得。"又问："或有性识明底合下便是后如何？"先生曰："须是有那地位方得。如'舜与木石俱，与鹿豕游；及闻一善言，见一善行，沛然若决江河，莫之能御'，须是有此地位方得。如'尧舜之道孝悌'，不成说才孝悌便是尧舜，须是诵尧言、行尧行，真个能'徐行后长'方是。"㽦。

○　问："陆象山道当下便是。"答云："看圣贤教人曾有此等语无？圣人教人皆从平实地上做去，所谓'克己复礼，天下归仁'，直须是先克去己私方得。孟子虽云'人皆可以为尧舜'，也须是'诵尧之言，行尧之道'方得。圣人教人，告颜子以'克己复礼'，告仲弓以'出门如见大宾，使民如承大祭'，告樊迟以'居处恭，执事敬，与人忠'，告子张以'言忠信，行笃敬'，这个是说甚底话？又平时告弟子也须道是'学而时习'、'行有余力则以学文'，又岂曾说个当下便是底语？大抵今之为学者有二病，一种只当下便是底，一种便是如公平日所习底，却是这中间一条路却不曾有人行得。而今人既不能知，但有圣贤之言可以引路。圣贤之言分分晓晓、八字打开，无些子回互隐伏说话。"卓。

○　有自象山来者。先生问："见子静多说甚话？"曰："恰如时文相似，只连片衮将去。"曰："所说者何？"曰："他只说'天地之性人为贵'，人为万物之灵，人之所以贵与灵者，只是这心。其说虽详多，只恁衮去。"先生曰："信如斯言，虽圣贤复生与人说，也只得恁地。自是诸公以时文之心观之，故见得它个是时文也。便若时文中说得恁地，便是圣贤之言也。公也须自反，岂可放过！"道夫。

○　陆子静学者欲执喜怒哀乐未发之中，不知如何执得？那事来面前只得应他，当喜便喜，当怒便怒，如何执得！文蔚。

○　先生问贺孙："再看论语前面，见得意思如何？"曰："初看有未通处，今看得通。如'孝弟为仁之本'一章，初看未甚透，今却看得分晓。"先生曰："如此等说话，陆象山都不看。凡是诸弟子之言便以为不是而不足看，其无细心看圣贤文字直至如此。凡说未通处便将个硬说辟倒了，不消看。后生才入其门便学得他许多不好处，便悖慢无礼，便胡说乱道，更无礼律，只学得许多凶暴。可畏！可畏！不知如何学他许多不好恁地〔快〕？"贺孙又曰："'孝弟为仁之本'，集注云'学者务此，则仁道自此而生'，'此'字亦只指孝悌？"〔先生曰："觉此句亦欠'本立'字。"贺孙云："上文已说孝弟乃是行仁之本。"〕先生曰："此段若无程先生说，终无人理会得透。看杨、谢诸说如何是理会得？谢说更乖，'孝弟非仁，乃近仁也'，不知孝弟非仁，孝弟是甚么物事？孝弟便是仁，非孝弟外别有个仁，非仁外别有个孝弟。如诸公说，将体用一齐都没理会了。"贺孙。

○　因言读书之法，曰："一句有一句道理，穷得一句便得这一句道理。读书须是晓得文义了，便思量圣贤意指是如何，要将作何用。"因坐中有江西士人问为学，曰："公门都被陆子静误，教莫要读书，误公一生！使公到今已老，此心怅怅然如村愚（拍）〔目〕盲无知之人，撞墙撞壁，无所知识。使得这心飞扬跳踯，渺渺茫茫都无所主，若涉大水，浩无津涯，少间便会失心去。何故？下此一等只会失心，别无合杀也。傅子渊便是如此。名梦泉，陆子静上足也。〔子渊后以丧心死。〕岂有学圣人之道，临了却反有失心者！是甚道理？吁，误人！误人！可悲可痛！分明是被他涂其耳目，至今犹不觉悟。今教公之法，只讨圣贤之书逐日逐段分明理会，且降伏其心，逊志以求之，理会得一句便一句理明，理会得一段便一段义明，积累久之，渐渐晓得。近地有朋友便与近地朋友商量，近地无朋友便远求师友商量，莫要闲过日子，在此住得旬日便做旬日工夫。公看此间诸公，每日做工夫都是逐段逐句理会，如此久之，须渐见得些道理。公今只是道听涂说，只要说得。行若圣贤之道只是说得赢，何消做工夫？只半日便说尽了。'博学、审问、谨思、明辨'是理会甚事？公今莫问陆删定先生如何，只认问取自己便了。陆删定还替得公（座）〔么〕？陆删定他也须读书来，只是公那时见他不读书便说他不读书。他若不读书，如何（替）〔做〕得许多人先生？吁！误人！误人！"又曰："从陆子静者不问如何，个个学得不逊。只才从他门前过便学得悖慢无礼，无长少之节。可畏！可畏！"僩。

○　象山死，先生率门人往寺中哭之。既罢，良久，曰："可惜死了告子！"此说得之文卿。泳。

○　因说陆子静，云："这个只争些子，才差了便如此。他只是差过去了，更有一项却是不及。若使过底拗转来却好，不及底趱向上去却好。只缘他才高了便不肯下，才（到）不及了便不肯向上。过底便道是只就过里面求个中，不及底也便道是只就不及里面求个中，初间只差了些子，所谓'差之毫厘，缪以千里'。"又曰："如伯夷之清，柳下惠之和，孟子便说道'隘与不恭，君子不由也'。如孔子说'逸民，伯夷、叔齐'，这已是甚好了，孔子自便道'我则异于是，无可无不可'。"又曰："某看近日学问，高者便说做天地之外去，卑者便只管陷溺；高者必入于佛老，卑者必入于管商。定是如此！定是如此！"贺孙。

○　或问："陆象山大要说当下便是，与圣人不同处是那里？"曰："圣人有这般说话否？圣人不曾恁地说，圣人只说'克己复礼'，'一日克己复礼，天下归仁'。他而今便截断'克己复礼'一段，便道只恁地便了。不知圣人当年领三千来人积年累岁是理会个甚么？何故不说道才见得便教他归去自理会便了？陆子静如今也有许多人来从学，亦自长久相聚，还理会个甚么？何故不教他自归去理会？只消恁地便了？且如说

'尧舜之道，孝悌而已矣'，却似亦须是做得尧许多工夫方到得尧，须是做得舜许多工夫方到得舜。"又曰："某看来如今说话只有两样，自淮以北不可得而知，自淮以南不出此两（字）〔者〕。如说高底，便如'当下便是'之说，世间事事都不管。这个本是专要成己而不要去成物，少间只见得上面许多道理，切身要紧去处不曾理会，而终亦不足以成己。如那一项却去许多零零碎碎上理会，事事要晓得。这个本是要成物而不及于成己，少间只见得下面许多罗罗嘈嘈，自家自无个本领，自无个头脑了，后去更不知得那个直是是，那个直是非，都恁地鹘鹘突突，终于亦不足以成物。这是两项如此，真正一条大路却都无人识，这个只逐一次第行将去。那一个只是过，那一个只是不及，到得圣人大道只是个中。然如今人说那中也都说错了，只说道恁地含含胡胡、同流合污便唤做中。这个中本无他，只是平日应事接物之间，每事理会教尽，教恰好，无一毫过、不及之意。"<u>贺孙</u>。

○ "<u>陆子静</u>之学只管说一个心怎地如何，本来是好底物事，上面更着不得一个字，只是人被私欲遮了。若识得这一个心了，万法流出，更都无许多事。他却是实见得个道理恁地，所以不怕天不怕地，一向胡叫胡喊。"又曰："如<u>东莱</u>便是如何云云，是不得似他见得恁地直拔俊伟。下梢<u>东莱</u>学者一人自执一说，更无一人守其师说，亦不知其师紧要处是在那里，都只恁地衰塌不起了，其害小。他学者是见得个物事便都恁地胡叫胡说，实是卒动他不得，一齐地无大无小，便只是'天上天下，惟我独尊'。若我见得，我父不见得便是父不似我，兄不见得便是兄不似我。更无大小，其害甚大。不待至后世，即今便是。"又曰："<u>南轩</u>初年说却有些似他，如<u>岳麓书院记</u>却只恁地说。如爱牛、如赤子入井，这个便是真心，若理会得这个心了都无事。后来说却不如此。<u>子静</u>却杂些禅，又有术数，或说或不说。<u>南轩</u>却平直恁地说，却逢人便说。"又曰："<u>浙中</u>之学，一种只说道理底又不似他实见得，若不识又不肯道我不识，便即含胡鹘突遮盖在这里。"又因说："人之喜怒忧惧皆是人所不能无者，只是差些便不正。所以学者便要于此处理会，去其恶而全其善。今他便只说一个心了便道是了，如何解得！虽曾子、颜子，是着多少气力方始庶几其万一。"又曰："孟子更说甚'性善'与'浩然之气'，孔子便全不说，便是怕人有走作，便只教人'克己复礼'。到克尽己私、复还天理处，自是实见得这个道理，便是贴实底圣贤。他便只说恁地了便是圣贤，然无这般颠狂底圣贤。圣人说'克己复礼'便是真实下工夫，'一日克己复礼'，施之于一家则一家归其仁，施之一乡则一乡归其仁，施之天下则天下归其仁，是真实从手头过，便（为）〔如〕饮酒必醉、食饭必饱。他门便说一日悟得'克己复礼'想见天下归其仁，便是想象饮酒便能醉人，恰似说'如饮醇酎'意思。"又曰："他是会说得动人，便〔会使〕得人都恁地快活，便会使得人都恁地发颠发狂。某也会恁地说，使人便快活，只是不敢，怕坏了人。他之说，却是使人先见得这一个物事了，方下来做工夫，都是上达而下学，与圣人'下学上达'都不相似。然他才见了便发颠狂，岂肯下来做？若有这个直截道理，圣人那里教人恁地步步做上去？"<u>贺孙</u>。

○ <u>陆子静</u>分明是禅，但却成一个行户据处。如<u>叶正则</u>说，则只是要教人都晓不得。尝得一书来，言世间（自）〔有〕一般魁伟底道理〔自不乱于三纲五常。既说不乱三纲五常，又说别是个魁伟底道理，〕却是个甚么物事？也是乱道。他不说破，只是笼统恁地说以谩人。及人理会得来都无效验时，他又说便未晓他到这里。他自（要）〔也〕晓不得，他之说最误人，世间呆人都听他瞒，不自知。<u>义刚</u>。〔<u>叶正则</u>。〕

○ <u>许行父</u>谓："<u>陆子静</u>只要顿悟，更无工夫。"曰："如此说不得，不曾见他病处，说他不倒。大抵今人多是望风便骂将去，都不曾根究到底。且如见他不是，须子细推原怎生不是始得，此便是穷理。既知他不是处须知是处在那里，他既错了自家合当如何，方始有进。子静固有病，而今人却不曾似他用功，如何便说得他！所谓'五谷不熟，不如稊稗'，恐反为子静之笑也。且如看史传，其间有多少不是处。见得他不是，便有个是底在这里，所以无（徒）〔往〕非学。"闳祖。

○　先生问："曾见陆子静否？"可学对以："（尚）〔向〕在临安，欲往见。或云，吾友方学，不可见。见，归必学参禅。"先生曰："此人言极有理。吾友不去见亦是。然更有一说：须修身立命，自有道理则自不走往他。若是自家无所守，安知一旦立脚得牢？正如人有屋可居，见他人有屋宇必不起健羡。若是自家自无住处，忽见人有屋欲借自家，自家虽欲不入，安得不入？切宜自作工夫。"可学。

○　守约问："吾徒有往从陆子静者，多是举得这下些小细碎文义。致得子静谓先生教人只是章句之学，都无个脱洒道理。其实先生教人岂曾如此？又有行不掩其言者，愈招他言语。"先生曰："不消得如此说。是他行不掩言，自家又奈何得他？只是自点检教行掩其言便得。看自家平日是合当恁地，不当恁地，不是因他说自家行不掩言，自家方始去行掩其言。而今不欲穷理则已，若欲穷理如何不在读书讲论？而今学者有几个（道）理会得章句？也只是浑沦吞枣，终不成又学他于章句外别撰一个物事与他斗。"又曰："某也难说他，有多多少少某都不敢说他，只是因诸公问，不得不说。他是向一边去，拗不转了，又不信人言语，又怎奈何他？自家只是理会自家是合当做。圣人说'言忠信，行笃敬'、'居处恭，执事敬，与人忠'等语，都是实语，铁定是恁地，无一句虚说。只是教人就这上做工夫，做得到便是道理。"贺孙。

○　"学者须是培养。今不做培养工夫，如何穷得理？程子言'动容貌，整思虑，则自生敬。敬只是主一也。存此则自然天理明'，又曰

'整齐严肃则心便一，一则自是无非僻之干。此意但涵养久之，则天理自然明'，今不曾做得此工夫，胸中胶扰驳杂，如何穷得理？如它人不读书是不肯去穷理，今要穷理，又无持敬工夫。从陆子静学，如杨敬仲辈，持守得亦好，若肯去穷理须穷得分明。然它不肯读书，只任一己私见，有似个稊稗。今若不做培养工夫，便是五谷不熟，又不如稊稗也。"次日又言："陆子静、杨敬仲有为己工夫，若肯穷理当甚有可观，惜其不改也。"德明。

○ 至之举似杨简敬仲诗云："'有时父召急趋前，不觉不知造渊奥'，此意如何"？曰："如此却二了。有个父召急趋底心，又有个造渊奥底心。才二便生出无限病痛。盖这个物事知得是恁地便行将去，岂可更帖着一个意思在那上？某旧见张子韶有个文字论仁义之实，云'当其事亲之时，有以见其温然如春之意便是仁；当其从兄之际，有以见其肃然如秋之意便是义'。某尝对其说，古人固有习而不察，如今却是略略地习却加意去察；古人固有由之而不知，如今却是略略地由却加意去知。"因笑云："李先生见某说，忽然曰：'公适间说得好，可更说一遍看。'"道夫。

○ 杨敬仲己易说雷霆事，身上又安得有？且要着实。可学。

○ "杨敬仲说，阳爻一画者在己，阴爻一画者应物底是。"先生云："正是倒说了。应物者却是阳。"泳。

○ 杨敬仲有易论。林黄中有易解，春秋解专主左氏。或曰："林黄中文字可毁。"先生曰："却是杨敬仲文字可毁。"泳。

○ 抚学有首无尾，婺学有尾无首。（潭）〔禅〕学首尾皆无，只是与人说。<u>泳</u>。

　　○　有说悟者，有说端倪者。若说可欲是善，不可欲是恶，而必自寻一个道理以为善，〔根脚虚矣，〕非乡人皆可为<u>尧舜</u>之意。说悟者指<u>金溪</u>，说端倪者指<u>湖南</u>。<u>人杰</u>。

老氏 _{庄 列 等附}

老子

○　康节尝言"老氏得易之体，孟子得易之用"，非也。老子自有老子之体用，孟子自有孟子之体用。"将欲取之，必固与之"，此老子之体用也；存心养性，充广其四端，此孟子之体用也。广。

○　老子之术须自家占得十分稳便方肯做，才有一毫于己不便便不肯做。闳祖。

○　老子之术〔谦〕冲〔俭〕啬，〔全〕不肯役精神。闳祖。

○　问："老子与乡原如何?"曰："老子是出人理之外，不好声，不好色，又不做官，然害伦理。乡原犹在人伦中，只是个无〔见识〕底好人。"淳。

列子

○　列子平淡疏旷。方子。

庄子

○　庄子比邵子见较高，气较豪。他是事事识得又却蹴踏了，以为不足为。邵子却有规矩。方子。

○　李梦先问："庄子、孟子同时，何不曾一相遇？又不闻相道及，林作"其书亦不相及"。是如何？"先生曰："庄子当时也无人宗之，他只是在僻处自说，然亦止是杨朱之徒。〔但杨氏说得大了，故孟子力排之。〕"〔义刚。夔孙同。〕

○　问："孟子与庄子同时否？"曰："庄子后得几年，然亦不争多。"或云："庄子都不说着孟子一句。"曰："孟子平生足迹只在齐、鲁、滕、宋、大梁之间，不曾过大梁之南。庄子自是楚人，想见声闻不相接。大抵楚地便多有此样差异底人物学问，所以孟子说陈良曰'陈良，楚产也。悦周公、仲尼之道，北学于中国'。"广云："如今看许行之说如此鄙陋，当时亦有数十百人从他，是如何？"曰："不特此也，如庄子书中说惠施、邓析之徒，与夫'坚白异同'之论，历举其说。是甚么学问？然亦自名家。"或云："他恐是借此以显理？"曰："便是禅家要如此。凡事须要倒说，如所谓'不管夜行，投明要到'，如'人上树，口衔树枝，手足悬空，却要答话'，皆是此意。"广云："通鉴中载孔子顺与公孙龙辩说数语似好。"曰："此出在孔丛子，其他说话又不如此。此书必是后汉时人撰者。若是古书，前汉时又都不见说，是如何。其中所载孔安国书之类，其气象萎茶，都不似西京时文章。"广。

老庄

○　老子犹要做事在。到庄子都不要做了，又却说道他会做，只是不肯做。〔广。〕

○　"庄周是个大秀才，他都理会得，只是不把做事。观其第四篇人间世及渔父篇以后，多是说孔子与诸人语，只是不肯学孔子，所谓'知者过之'者也。如说'易以道阴阳，春秋以道名分'等语，后来人如何下得？它直是似快刀利斧劈截将去，字字有着落。"公晦曰："庄子较之老子较平帖些。"曰："老子极劳攘。庄子得些，只也乖。庄子跌荡。老子收敛，齐脚敛手。庄子却将许多道理掀翻说，不拘绳墨。〔方子录云："庄子是一个大秀才，他事事识得。如天下篇后面乃是说孔子，似用快刀利斧斫将去，更无些碍，且无一句不着落。如说'易以道阴阳'等语大段说得好，然却不肯如此做去。老子犹是欲敛手齐脚去做，他却将他窠窟一齐踢翻了。"〕庄子去孟子不远，其说不及孟子者亦是不闻。今亳州明道宫乃老子所生之地。庄子生于蒙，在淮西间。孟子只往来齐、宋、邹、鲁，以至于梁而止，不至于南。然当时南方多是异端，如孟子所谓'陈良，楚产也，悦周公、仲尼之道，北学于中国'，又如说'南蛮鸠舌之人，非先王之道'，是当时南方多异端。"或问："许行怎地低，也有人从之。"曰："非独是许行，如公孙龙'坚白同异'之说是甚模样？也使得人终日只弄这个。"
汉卿问："孔子顺许多话却好。"曰："出于孔丛子，不知是否？只孔丛子说话多类东汉人文，其气软弱。又全不似西汉人文。兼西汉初若有此等话，何故不略见于贾谊、董仲舒所述？恰限到东汉方突出来？皆不可晓。"按，李方子录一段上"不拘绳墨"而语不同。

　　○　问："老子与庄子似是两般说话。"曰："庄子于篇末自说破矣。"问："先儒论老子多为之出脱，云老子乃矫时之说。以某观之不是矫时，只是不见实理，故不知礼乐刑政之所出而欲去之。"曰："渠若识得'寂然不动，感而遂通天下之故'，自不应如此。它本不知下一节，欲占一简径言之。然上节无实见，故亦不脱洒。今读老子者亦多错。如道德经云'名可名，非常名'，则下文有名、无名皆是一义，今读者皆将'有'、'无'作句。又如'常无欲以观其妙，常有欲以观其徼'，只是说'无欲'、'有欲'，今读者乃以'无'、'有'为句，皆非老子之意。"可学。

庄列

　　○　孟子、庄子文章皆好。列子便有迂僻处，左氏亦然，皆好高而少事实。人杰。

　　○　庄周、列御寇亦似曾点底意思。他也不是专学老子，吾儒书他都看来，不知如何被他睜见这个物事便放浪去了。今禅学也是恁地。淳。〔义刚同。〕

　　○　因言，列子语，佛氏多用之。庄子全写列子，又变得峻奇。列子语温纯，柳子厚尝称之。佛家于心地上煞下工夫。贺孙。

○ 列、庄本杨朱之学，故其书多引其语。庄子说"子之于亲也，命也，不可解于心"，至臣之于君，则曰"义也，无所逃于天地之间"，是他看得那君臣之义却似是逃不得，不奈何，须着臣服他。更无一个自然相胥为一体处，可怪！故孟子以为无君，此类是也。大雅。

老庄列子

○ 庄子是个转调底。老子、列子又细似庄子。

○ "雷击所在只一气衮来，间有见而不为害，只缘气未揱裂，有所击者皆是已发。"蔡季通云："人于雷所击处收得雷斧之属，是一气击后方始结成，不是将这个来打物。见人拾得石斧如今斧之状，似细黄石。"因说道士行雷法。先生云："今极卑陋是道士，许多说话全乱道。"蔡丈云："禅家又胜似他。"先生云："禅家已是九分乱道了，他又把佛家言语参杂在里面。如佛经本自远方外国来，故语音差异。有许多差异字，人都理会不得。他便撰许多符咒，千般万样，教人理会不得，极是陋。"蔡云："道士有个庄老在上却不去理会。"先生曰："如今秀才读多少书，理会自家道理不出，他又那得心情去理会庄老。"蔡云："无人理会得老子通透，大段鼓动得人，恐非佛教之比。"先生曰："公道如何？"蔡云："缘他带治国、平天下道理在。"先生曰："做得出也只是个曹参。"蔡云："曹参却能尽其术。"先生曰："也只是恁地，只是藏缩无形影。"因问蔡曰："公看'道可道，非常道；名可名，非常名。无名天地之始，有名万物之母'，是如何说？"蔡云："只是无名是天地之始，有名便是有形气了。向见先生说庚桑子一篇都是禅，今看来果是。"曰：
"若其它篇亦自有禅话，但此篇首尾都是这话。"又问蔡曰："庄子'虚
无因应'，如何点？"曰："只是恁地点。""多有人将'虚无'自做一句，
非是。他后面又自解如何是无，如何是因。"又云："庄子文章只信口流
出，煞高。"蔡云："列子亦好。"先生云："列子固好，但说得困弱，不
如庄子。"问："老子如何？"先生曰："老子又较深厚。"蔡云："看庄周
传说，似乎庄周师于列子。云先有作者（知）〔如〕此，恐是指列子。"
先生曰："这自说这道理，未必是师列子。"蔡问："'皆原于道德之意'
是谁道德？"先生曰："这道德只自是他道德。"蔡云："人多作吾圣人道
德。太史公智识卑下，便把这处作非细看，便把作大学、中庸看了。"
先生曰："大学、中庸且过一边，公恁地说了，主张史记人道如何？大
凡看文字只看自家心下，先自偏曲了，看人说甚么事都只入这意来。如
大路看不见，只行下偏蹊曲径去。如分明大字不看，却只看从罅缝偏旁
处去。如字写在上面不看，却就字背下后面看。如人眼自花了，看见眼
前物事都差了，便说道只恁地。"蔡云："不平心看文字，将使天地都易
位了。"先生曰："道理只是这一个道理，但看之者情伪变态，言语文章
自有千般万样。合说东却说西，合说这里自说那里，都是将自家偏曲底
心求古人意。"又云："如太史公说话，也怕古人有这般人，只自家心下
不当如此。将临川、何言、江默之事观之，说道公羊、穀梁是姓姜人一
手做，也有这般事。尚书序不似孔安国作，其文软弱，不似西汉人文，
西汉文粗豪；也不似东汉人文，东汉人文有骨肋；也不似东晋人文，东
晋如孔坦疏也自得。他文是大段弱，读来却宛顺，是做孔丛子底人一
手做。看孔丛子撰许多说话极是陋，只看他撰造说陈涉，那得许多说话
正史都无之？他却说道自好，陈涉不能从之。看他文卑弱，说到后面都
无合杀。"蔡云："恐是孔家子孙。"曰："也不见得。"蔡说："春秋，吕
氏解煞好。"先生曰："那个说不好？如一句经在这里，说做褒也得，也
有许多说话；做贬也得，也有许多说话。都自说得似。"又云："如史记

秦纪分明是国史，中间尽谨严。若如今人把来生意说也都由他说，春秋
只是旧史录在这里。"蔡云："如先生做通鉴纲目是有意，是无意？须是
有去取。如春秋，圣人岂无意？"曰："圣人虽有意，今亦不可知，却妄
为之说不得。"蔡云："左氏怕是左史倚相之后，盖左传中楚事甚详。"
先生曰："以三传较之，在左氏得七八分。"蔡云："道理则谷梁乃七八
分。或云，三传中间有许多驳处都是其学者后来添入。"贺孙。

○　儒教自开辟以来，二帝三王述天理，顺人心，治世教民，厚典
庸礼之道。后世圣贤遂著书立言以示后世。及世之衰乱，方外之士厌一
世之纷拏，畏一身之祸害，耽空寂以求全身于乱世而已。及老子唱其
端，而列御寇、庄周、杨朱之徒和之。孟子尝辟之以为无父无君，比之
禽兽。然其言易入，其教易行。当汉之初，时君世主皆信其说而民亦化
之。虽以萧何、曹参、汲黯、太史谈辈亦皆主之，以为真足以先于六经，
治世者不可以莫之尚也。及后汉以来，米贼张陵、海岛寇谦之之徒遂为
盗贼。曹操以兵取阳平，陵之孙鲁即纳降款，可见其虚缪不足稽矣。佃。

老子道德经

道可道章第一

○　问："老子'道可道'章，或欲以'常无'、'常有'为句读，
而'欲'字属下句者，如何？"曰："先儒亦有如此做句者，不妥贴。"
问："'三十辐共一毂，当其无，有车之用'，'无'是车之坐处否？"曰：
"恐不然。若以坐处为无，则上文自是就辐毂而言，与下文户牖、埏埴
是一例语。某尝思之，无是毂中空处，惟其中空，故能受轴而运转不

穷，犹伞柄上木管子，众骨所会者，不知名何。缘管子中空，又可受伞柄而辟阖下上。车之毂亦犹是也。<u>庄子</u>所谓'枢始得其环中以应无穷'亦此意。"<u>佣</u>。

谷神不死章第六

○ （周）〔<u>沈</u>〕<u>庄仲</u>问："'谷神不死是谓玄牝'，如何？"先生曰："谷神是那个虚而应物底物事。"又问："'常有欲以观其徼'，'徼'之义如何？"先生曰："（窍）〔徼〕是那边（窍）〔徼〕，如边界相似，是说那个应接处。向来人皆作'常无'、'常有'点，不若只作'常有欲'、'无欲'点。"<u>义刚</u>问："<u>原壤</u>看来也是学那<u>老子</u>。"先生曰："他也不似<u>老子，老子</u>却不恁地。"<u>庄仲</u>曰："却似<u>庄子</u>模样。"先生曰："是。便是夫子时已有这样人了。"<u>庄仲</u>云："<u>庄子</u>虽以<u>老子</u>为宗，然<u>老子</u>之文字却尚要出来应世，<u>庄子</u>却不如此。"先生曰："<u>庄子</u>说得较开阔、较高远，然却较虚，走了<u>老子</u>意。若在<u>老子</u>当时看来，也不甚喜他如此说。"<u>庄仲</u>问："'道可道'如何解？"先生曰："道而可道则非常道，名而可名则非常名。"又问"玄"之义。先生曰："玄，只是深远而至于黑窣窣地处，那便是众妙所在。"又问"宠辱若惊，贵大患若身"。先生曰："向前理会，晓这一章不得。"<u>义刚</u>。

○ 玄牝盖言万物之感而应之不穷，又言受而不先。如言"圣人执左契而不责于人"，契有左右，左所以衔右。言左契，受之义也。<u>方子</u>。

○ 问"谷神不死"。曰："谷之虚也，声达焉则响应之，乃神化之自然也。'是谓玄牝'，玄，妙也；牝是有所受而能生物者也。至妙之理有生生之意焉，<u>程子</u>所以取<u>老氏</u>之说也。"<u>人杰</u>。

○ 张以道问"载营魄"〔与"抱一能无离乎"之义。曰:"魄〕是一,魂是二;一是水,二是火。二抱一,火守水;魂载魄,动守静也。"义刚。

○ "专气致柔",只看他这个甚么样工夫。"专"非守之谓也,只是专一无间断。"致柔"是到那柔之极处。才有一毫发露便是刚,这气便粗了。㤗。

○ "老子之学只要退步柔伏,不与你争。才有一毫主张计较思虑之心,这气便粗了,故曰'致虚极,守静笃',又曰'专气致柔,能如婴儿乎',又曰'知其雄,守其雌,为天下谿;知其白,守其黑,为天下谷'。所谓'谿'、所谓'谷'只是低下处。让你在高处,他只要在卑下处,全不与你争。他这工夫极难。常见画本老子便是这般气象,笑嘻嘻地,便是个退步占便宜底人。虽未必肖他,然亦是它气象也。只是他放出无状来便不可当。如曰'以正治国,以奇用兵,以无事取天下',他取天下便是用此道。如子房之术全是如此。峣关之战,啖秦将以利,与之连和,即回兵杀之。与项羽约和,已讲解了,即劝高祖追之。汉家始终治天下全是得此术,至武帝尽发出来。便即当子房闲时不做声气,莫教他说一语,更不可当。少年也任侠杀人,后来因黄石公教得来较细,只是都使人不疑他,此其所以乖也。庄子比老子便不同。庄子又转调了精神,发出来粗。列子比庄子又较细腻。"问:"御风之说亦寓言否?"曰:"然。"㤗。

古之为善士章第十五

○ 甘叔怀说:"先生旧常谓老子也见得此个道理,只是怕与事物交涉，故其言有曰'豫兮若冬涉川，犹兮若畏四邻，俨若容'。"广因以质于先生。曰："老子说话大抵如此。只是欲得退步占奸，不要与事物接。如'治人事天莫若啬'，'迫之而后动，不得已而后（已）〔起〕'，皆是这样意思。故为其学者多流于术数，如申韩之徒皆是也。其后则兵家亦祖其说，如阴符经之类是也。正如他说'以正治国，以奇用兵，以无事取天下'。据他所谓无事者乃是大奇耳，故后来如宋齐丘遂欲以无事窃人之国。如今道家者流又却都不理会得他意思。"广。

将欲噏之章第三十六

○ 问老氏柔能胜刚、弱能胜强之说。曰："它便拣便宜底先占了。若这下，则刚柔宽猛各有用时。"德明。

上德不德章第三十八

○ 郭德元问："老子云'夫礼，忠信之薄而乱之首'，孔子又却问礼于他，不知何故？"曰："他晓得礼之曲折，只是他说这是个无紧要底物事，不将为事。某初间疑有两个老聃，横渠亦意其如此。今看得来不是如此。他曾为柱下史，故礼自是理会得，所以与孔子说得如此好。只是他又说这个物事不用得亦可，一似圣人用礼时反若多事，所以如此说。礼运中'谋用是作而兵由此起'等语，便自有这个意思。"文蔚。

反者道之动章第四十

○ 问"反者道之动，弱者道之用"。曰："老子说话都是这样意思。缘他看得天下事变熟了，都于反处做起。且如人刚强，咆哮跳踯之不已，其势必有时而屈，故他只务为弱。人才弱时却蓄得那精刚完全，及其发也自然不可当。故张文潜说老子惟静故能知变，然其势必至于忍心无情，视天下之人皆如土偶尔。其心都冷冰冰地了，便是杀人也不恤，故其流多入于变诈刑名。太史公将他与申、韩同传是非强安排，其源流实是如此。"广。

○　易不言有无，老子言"有生于无"便不是。闳祖。

道生一章第四十二

○　一便生二，二便生四。老子却说"二生三"，便是不理会得。

名与身章第四十四

○　多藏必厚亡，老子也是说得好。义刚。

天下有道章第四十六

○　"天下有道却走马以粪车"是一句，谓以走马载粪车也。顷在江西见有所谓粪车者方晓此语。今本无"车"字，不知先生所见何本。侗。

治人事天章第五十九

○　老子言"治人事天莫若啬。夫惟啬是谓早服，早服谓之重积德，重积德则无不克"，他底意思只要收敛，不要放出。友仁。

○　俭德极好。凡事俭则鲜失。老子言"治人事天莫若啬。夫惟啬是谓早服，早服是谓重积德"，被它说得曲尽。早服者言能啬则不远而复，便在此也。重积德者言先已有所积，复养以啬，是又加积之也。如修养者，此身未有所损失而又加以啬养，是谓早服而重积。若待其已损而后养，则养之方足以补其所损，不得谓之重积矣。所以贵早服。早服者，早觉未损而啬之也。如某此身已衰耗，如破屋相似，东扶西倒，虽欲修养，亦何能有益耶！今年得季通书说，近来深晓养生之理，尽得其法，只是城郭不完，无所施其功也。看来是如此。㣙。

○　老子"治人事天莫如啬"，啬，养也。先生曰："'啬'只是吝啬之'啬'，它说话只要少用些子。"举此一段至"莫知其极"。〔河。〕

庄子南华真经

内篇养生第三

○　"'因者，君之纲'，道家之说最要这因，万件事且因来做。"因举史记老子传赞云云"虚无因应，变化于无穷"。曰："虚无是体，与'因应'字当（有）〔为〕一句。盖'因应'是用因而应之之义云尔。"〔植。〕

○ 因论"庖丁解牛"一段至"恢恢乎其有余刃",先生曰:"理之〔得〕名（如）〔以〕此。"僩。

○ 所见无全牛,熟。〔僩。〕

外篇天地第十二

○ "庄子云'各有仪则之谓性',此谓'各有仪则'如'有物有则',比之诸家差善。董仲舒云'质朴之谓性,性非教化不成',性本自成,于'教化'下〔下〕一'成'字极害理。"可学。

○ 节问:"'野马也,尘埃也,生物之以息相吹也',是如何?"曰:"他是言九万里底风,也是这个又记此二字是"恁地"字。推去。'息'是鼻息出入之气。"节。

○ 问:"庄子'实而不知以为忠,当而不知以为信',此语似好。"曰:"以'实'、'当'言'忠'、'信'也〔好〕,只是它意思不如此。虽实而我不知以为忠,虽当而我不知以为信。"问:"庄生他都晓得,只是却转了说。"曰:"其不知处便在此。"僩。

外篇天运第十四

○ 先生曰:"'天其运乎,地其处乎,日月其争于所乎。孰主张是? 孰纲维是? 孰居无事推而行是? 意者其有机缄而不得已邪? 意者其运转而不能自止邪? 云者为雨乎? 雨者为云乎? 孰（隆）〔降〕施是？孰居无事淫乐而劝是？'庄子这数语甚好，是他见得方说到此，其才高如老子。天下篇言'诗以导志，书以导事，礼以导行，乐以导和，易以导阴阳，春秋以导名分'，若见不分晓，焉敢如此道！要之，他病我虽理会得，只是不做。"又曰："庄、老二书解注者甚多，竟无一人说得他本义出，只据他臆说。某若拈出便别，只是不欲得。"〔友仁。〕

○ "烈风"，庄子音作"厉风"。如此之类甚多。节。

参同契

○ 先生以参同契示张以道云："近两日方令书坊开得，然里面亦难晓。"义刚问："曾景建谓参同契六是龙虎上经，果否？"先生曰："不然。盖是后人见魏伯阳有'龙虎上经'一句，遂伪作此经，大概皆是体参同契而为，故其间有说错了处。如参同中云'二用无爻位，周流行六虚'，二用者即易中用九、用六也。乾坤六爻，上下皆（是）有〔定〕位，唯用九、用六无位，故周流行于六虚。今龙虎经却错说作虚危去。盖讨头不见，胡乱牵合一字来说。"义刚。

○ "参同契所言'坎、离，水、火，龙、虎，铅、汞'之属，只是互换其名，其实只是精气二者而已。精，水也，坎也，龙也，汞也；气，火也，离也，虎也，铅也。其法以神运精气结而为丹，阳气在下，初成水，以火炼之则凝成丹。其说甚异。内外异色如鸭子卵，真个成此物。参同契文章极好，盖后汉之能文者为之，读得亦不枉。其用字皆根据古书，非今人所能解，以故皆为人妄解。世间本子极多。其中有云

'千周粲彬彬兮，万遍将可睹；神明或告人兮，魂灵忽自悟'，言诵之久则文义要诀自见。又曰'二用无爻位，周流行六虚'，二用者，用九、用六，九、六亦坎、离也。六虚者即乾坤之初、二、三、四、五、上六爻位也。言二用虽无爻位而常周流乎乾、坤六爻之间，犹人之精气上下周流乎一身而无定所也。世有龙虎经，云在参同契之先，季通亦以为好。及得观之，不然，乃檃括参同契之语而为之也。"僴。按，黄卓录大同，今附，云："'铅、汞、龙、虎、水、火、坎、离皆一样是精气。参同契尽被后人胡解。凡说铅、汞之属只是互换其名，其实只一物也。精与气二者，而以神运之耳。精，水也，坎也，龙也，汞也；气，火也，离也，虎也，铅也。它之法只是以神运精气结而为丹，阳气在下，初融为水，火炼之以凝成丹。其说堪异。内外异色如鸡卵，真个成此物。参同契文章极好，后汉之能文者为之。其用字根据古书皆有出处，非今人所能解，故尽被人错解。世间本子极多。其中有云"千周兮粲彬彬，用之万遍斯可睹；鬼神将告（子）〔予〕，神灵忽自悟"，言诵之久则文义要诀自见。又云"乾坤二用"，二用者，用九、用六也，九、六亦坎、离也。又云"二用无爻位，周流遍六虚"，今乾坤用九、用六，无爻位也。六虚者，乾之初九、九二、九三、九四、九五、上九，坤之初六、六二、六三、六四、六五、上六，六爻也。言二用虽无爻位，常周流乎乾、坤六爻之间，犹人身之精气常周流乎人之一身而无定所也。又云"往来无定所，上下无常居"，亦此意也。世有龙虎经，或者以为在参同契之先。尝见季通说好。及观之，不然，尽是檃括参同契为之。如说"二用六虚"处，彼不知为周易之"二用六虚"，尽错解了，遂分说云有六样虚，尽是乱说。参同契文章极好，念得亦不枉。其中心云，汝若不告人，绝圣道罪诛，言之著竹帛，又恐漏泄天机之意。故但为重覆反复之语，令人子细读之自晓。其法皆〔在〕其中，多不晓。'"

○ 参同契为艰深之词，使人难晓。其中有"千周万遍"之说，欲人之熟读以得之也。大概其说以为欲明言之恐泄天机，欲不说来又却可惜。人杰。

论修养

○ 人言仙人不死。不是不死，但只是渐渐销融了不觉耳。盖他能炼其形气使查滓都消融了，唯有那些清虚之气，故能升腾变化。汉书有云"学神仙尸解销化之术"，看得来也是好则剧，然久后亦须散了。且如秦汉间所说仙人后来都不见了，国初说钟离权、吕洞宾之属后来亦不见了。近来人又说刘高尚，过几时也则休也。广。

○ 长孺说修养、般运事。先生曰："只是屏气减息，思虑自少，此前辈之论也。今之人传得法时便授与人，〔更不问他人肥与瘠、怯与壮，但是一律教他，〕未有不败、不成病痛者。"

○ 因论道家修养，有默坐以心缩上气而致闭死者。先生曰："心缩气亦未为是。某（等）尝考究他妙法，只要神形全不挠动，故老子曰'心使气则强'，才使气便不是自然。只要养成婴儿，如身在这里坐，而外面行者是婴儿，但无工夫做此。其导引法，只如消息，皆是下策。"淳。

○ "阴符经恐是唐李佺所为，是他着意去做，学他古文。何故只因他说起便行于世？某向以语伯恭，亦以为然。一如麻衣易，只是戴氏自做自解，文字自可认。"道夫曰："向见南轩跋云'此真麻衣道者书也'。"曰："敬夫看文字甚疏。"道夫。

○ 闾丘次孟谓："阴符经所谓'自然之道静，故天地万物生；天地之道浸，故阴阳胜；阴阳相推，变化顺矣'。此数语，虽六经之言无以加。"先生谓："如他闾丘此等见处尽得。"〔今按阴符经无其语。〕道夫。

○ 阴符经云"天地之道浸"，这句极好。阴阳之道无日不相胜，只管逐些子（换去）〔挨出〕，这个退一分，那个便进一分。道夫。

○ 节问阴符经云"绝利一源"。曰："绝利而止守一源。"节。

○ 节问："阴符经'三反昼夜'是如何？"曰："三反如'学而时习之'，是贯上文言，言专而又审。'反'是反反覆覆。"节。

论道家神象

○ 道家之学出于老子。其所谓"三清"，盖仿释氏"三身"而为之尔。佛氏所谓"三身"：法身者，释迦之本性也；报身者，释迦之德业也；肉身者，释迦之真身而实有之人也。今之宗其教者遂分为三像而骈列之，则既失其指矣。而道家之徒欲仿其所为，遂尊老子为三清：元始天尊、太上道君、太上老君。而昊天上帝反坐其下。悖戾僭逆，莫此为甚！且玉清元始天尊既非老子之法身，上清太上道君又非老子之报身，设有二像又非与老子为一，而老子又自为太清太上老君，盖效释氏之失而又失之者也。况庄子明言老聃之死，则聃亦人鬼尔，岂可僭居昊天上帝之上哉？释老之学尽当毁废。假使不能尽去，则老氏之学但当自祀其老子、关尹、列、庄之徒，以及安期生、魏伯阳辈。而他百祠自当领于天子之祠官，而不当使道家预之，庶乎其可也。僩。

○ 论道家三清今皆无理会。如那两尊已是诡名侠户了，但老子但是人鬼，如何却居昊天上帝之上？朝廷更不正其位次。又如真武本玄武，避圣祖讳故云"真武"。玄，龟也；武，蛇也。此本虚、危星形似之，故因而名。北方为玄武七星，至东方则角亢心尾象龙，（后）故曰苍龙；西方奎娄状似虎，故曰白虎；南方张翼状似鸟，故曰朱鸟。今乃以玄武为真圣而作真龟蛇于下，已无义理。而又增天蓬、天猷及翊圣真君作四圣，殊无义理。所谓"翊圣"乃今所谓"晓子"者，真宗时有此神降，故遂封为"真君"。义刚。

○ "道家行法只是精神想出，恐人不信，故以法愚之。太史迁、吕与叔集记事极怪。旧见临漳有孙事道巡检亦能此。"某云："天下有许多物，想极，物自入来。"曰："然。"可学。

朱子语类卷第一百二十六

释氏

○　孟子不辟老、庄而辟杨、墨，杨、墨即老、庄也。今释子亦有
两般：禅学，杨朱也；苦行布施，墨翟也。道士则自是假，今无说可
辟。然今禅家亦自有非其佛祖之意者，试看古经如四十二章等经可见。
杨文公集传灯录说西天二十八祖，知他是否？如何旧时佛祖是西域夷狄
人，却会做中国样押韵诗？今看圆觉云"四大分散，今者妄身当在何
处"，即是窃列子"骨骸反其根，精神入其门，我尚何存"语。宋景文
说楞严前面咒是他经，后面说道理处是附会。圆觉前数叠稍可看，后面
一段淡如一段去，末后二十五定轮与夫誓语可笑。大雅。以下论释氏亦出
杨、墨。

○　时举问："佛老与杨、墨之学如何？"先生云："杨、墨之说犹
未足以动人。墨氏谓'爱无差等'，欲人人皆如至亲，此自难从，故人
亦未必信也。杨氏一向为我，超然远举，视营营于利禄者皆不足道，此
其为说虽甚高，然人亦难学他，未必尽从。杨朱即老子弟子。人言孟子
不辟老氏，不知但辟杨、墨则老、庄在其中矣。后世佛氏之学亦出于杨
氏。其初如不爱身以济众生之说，虽近于墨氏，然此说最浅近，未是他
深处。后来是达磨过来，初见梁武帝，武帝不晓其说，只从事于因果，
遂去面壁九年。只说人心至善，即此便是，不用辛苦修行。又有人取
庄、老之说从而附益之，所以其说愈精妙，然只是不是耳。又有所谓
'顽空'、'真空'之说，顽空者如（空）〔死〕灰槁木，真空则能摄众有

而应变，然亦只是空耳。今不消穷究他，伊川所谓‘只消就迹上断他便了。他既逃其父母，虽说得如何道理也使不得’，如此却自足以断之矣。"_{时举}。

○ 宋景文唐书赞说佛多是华人之谲诞者，攘庄周、列御寇之说佐其高。此说甚好。如欧阳公只说个礼法，程子又只说义理，皆不见他正赃，却是宋景文捉得他正赃。佛家先偷列子，列子说耳目口鼻心体处有六件，佛家便为六根，又三之为十八戒。_{此处更举佛经语与列子语相类处，当考。}初间只有四十二章经，无恁地多。到东晋便有谈议，小说及史多说此。如今之讲师做一篇议总说之。到后来谈议厌了，达磨便人来只静坐，于中有稍受用处，人又都向此。今则文字极多，大概都是后来中国人以庄、列说自文，夹插其间，都没理会了。(考)〔攻〕之者所执又只出禅学之下。_{淳。以下论释氏出于庄、老。}

○ "老子说他一个道理甚（续）〔缜〕密。老子之后有列子，亦未甚至大段不好。人说列子是郑穆公之时人，然穆公在孔子前，而列子中说孔子，则不是郑穆公时人，乃郑顷公时人也。列子后有庄子，庄子模仿列子，殊无道理。为他是战国时人，便有纵横气象，其文大段豪伟。列子序中说老子、列子言语多与佛经相类，觉得是如此。疑得佛家初来中国，多是偷老子意去做经，如说空处是也。后来道家做清静经，又却偷佛家言语，全做得不好。佛经所谓‘色即是空’处，他把色、受、想、行、识五个对一个‘空’字说，故曰‘空即是色，受、想、行、识亦复如是’，谓皆空也。而清净经中偷此句意思却说‘无无亦无’，只偷得他‘色即是空’，却不曾理会得他‘受、想、行、识亦复如是’之意，全无道理。佛家偷得老子好处，后来道家却只偷得佛家不好处。譬如道家有个宝藏被佛家偷去，后来道家却只取得佛家瓦砾，殊可笑也。人说孟子只辟杨、墨，不辟老氏。却不知道家修养之说只是为己，独自一身便了，更不管别人，便是杨氏为我之学。"又曰："孔子问老聃之礼，而老聃所言礼殊无谓，恐老聃与老子非一人，但不可考耳。"因说"子张学干禄"。先生曰："如今科举取者不问其能，应者亦不必其能，只是写得盈纸便可得而推行之。如除擢皆然。礼官不识礼，乐官不识乐，皆是〔吏〕人做上去。学官只是备员考试而已，初不是有德行道艺可为表率，仁义礼智从头不识到尾。国家元初取人如此，为之奈何！"明作。

〇　佛氏乘虚入中国。广大自胜之说、幻妄寂灭之论，自斋戒变为义学。如远法师、支道林皆义学，然又只是盗袭庄子之说。今世所传肇论云出于肇法师，有"四不迁"之说，"日月历天而不周，江河（兢泛）〔竞注〕而不流，野马飘鼓而不动，山岳偃仆而常静"，此四句只是一义，只是动中有静之意，如适间所说东坡"逝者如斯而未尝往也"之意尔。此是斋戒之学一变，遂又说出这一般道理来。及达磨入来，又翻了许多窠臼说出禅来，又高妙于义学，以为可以直超径悟。而其始者祸福报应之说又足以钳制愚俗，以为资足衣食之计。遂使有国、家者割田以赡之，择地以居之，以相从陷于无父无君之域而不自觉。盖道、释之教皆一再传而浸失其本真，有国、家者虽隆重儒学，而选举之制、学校之法、施设注措之方，既不出于文字言语之工，而又以道之要妙无越于释老之中，而崇重隆奉反在于彼。至于二帝三王述天理、顺人心、治世教民、厚典庸礼之大法，一切不复有行之者。唐之韩文公、本朝之欧阳公以及关洛诸公，既皆阐明正道以排释氏，而其言之要切，如傅奕本传、宋景文李蔚赞、东坡储祥观碑、陈后山白鹤宫记，皆足以尽见其失。此数人皆未深知道而其言或出于强为，是以终有不满人意处。至二苏兄弟晚年诸诗，自言不堕落，则又躬陷其中而不自觉。僩。

〇　道之在天下，一人说取一般。禅家最说得高妙去，盖自庄、老来说得道自是一般物事，（闻之）〔阗阗〕在天地间。后来佛氏又放开说，大决藩篱，更无下落，愈高愈妙，吾儒多有折而入之。把圣贤言语来看，全不如此。世间惑人之物不持尤物为然，一语一言可取亦是惑人，况佛氏之说足以动人如此乎！有学问底人便不被它惑。处谦。

○　释氏书其初只有四十二章经，所言甚鄙俚。后来日添月益，皆是中华文士相助撰集，如晋宋间自立讲师，孰为释迦、孰为阿难、孰为迦叶，各相问难，笔之于书，转相欺诳，大抵多是剽窃老子、列子意思变换推（行）〔衍〕以其文说。大般若经〔卷〕帙甚多，自觉支离，故节缩为心经一卷。楞严经只是强立一两个意义只管叠将去，数节之后全无意味。若圆觉经本初亦能几何？只鄙俚甚处便是，其余增益附会者尔。佛学其初只说空，后来说动静，支蔓既甚，达磨遂脱然不立文字，只是默然端坐，使心静见理。此说一行，前面许多皆不足道，老氏亦难为抗衡了。今日释氏其盛极矣，但程先生所谓"攻之者执理反出其下"。吾儒执理既自卑污，宜乎攻之而不胜也。说佛书皆能举其支离篇章成诵，此不能尽记。谟。

○　因论佛，曰："老子先倡说，后来佛氏又做得脱洒广阔，然考其语多本庄、列。"公晦云："曾闻先生说，庄子说得更广阔似佛，后人若有人推演出来，其为害更大在。"铢。

○　因说程子"耳无闻，目无见"之语，答曰："决无此理。"遂举释教中有"尘既不缘，根无所着，反流全一，六用不行"之说，苏子由以为此理至深至妙。盖他意谓六根既不与六尘相缘，则收拾六根之用反复归于本体而使之不行。顾乌有此理！广因举程子之说"譬如静坐时，忽有人唤自家，只得应他，不成不应"。曰："彼说出楞严经。此经是唐房融训释，故说得如此巧。佛书中唯此经最巧。然佛当初也不如是说，如四十二章经，最先传来中国底文字，然其说却自平实。道书中有真诰，末后有道授篇，却是窃四十二章经之意为之。非特此也，至如地狱、托生妄诞之说，皆是窃他佛教中至鄙至陋者为之。某尝谓其徒曰：'自家有个大宝珠被他窃去了，却不照管，亦都不知，却去他墙根壁角窃得个破瓶破罐用，此甚好笑！'西汉时儒者说道理亦只是黄老意思，如扬雄太玄经皆是，故其自言有曰'老子之言道德，吾有取焉耳'。后汉明帝时佛始入中国，当时楚王英最好之，然都不晓其说，直至晋宋间其教渐盛。然当时文字亦只是将庄、老之说来铺张，如远法师诸论，皆成片尽是老、庄意思。直至梁会通间达磨入来，然后一切被他扫荡，不立文字，直指人心。盖当时儒者之学既废绝不讲，老佛之说又如此浅陋，被他窥见这个罅隙了，故横说竖说，如是张（王）〔皇〕，没奈他何。人才聪明便被他诱引将去。尝见画底诸祖师，其人物皆雄伟，故杲老谓临济若不为僧，必作一渠魁也。又尝在庐山见归宗像，尤为可畏，若不为僧，必作一大贼矣。"广。

○ 谦之问："佛氏之空与老子之无一般否？"曰："不同。佛氏只是空豁豁然，和有都无了，所谓'终日吃饭不曾咬破一粒米，终日着衣不曾挂着一条丝'。若老氏犹骨是有，只是清净无为，一向恁地深藏固守，自为玄妙，教人摸索不得，便是把有无做两截看了。"恪。以下杂论释老同异。

○ "释氏见得高底尽高。"或问："他何故只说空？"先生云："他说'玄空'又说'真空'。玄空便是空无物，真空即是有物，与吾儒说略同，但是它都不管天地四方，只是理会一个心。如老氏亦只是要存得一个神气。伊川先生云'只就迹上断便了'，不知它如此要何用？"南升。

○ 谦之问："今皆以佛之说为无，老之说为空，空与无不同，如何？"曰："空是兼有无之名，为道家之说半截有、半截无，已前都是无，如今眼下却是有，故谓之空。(共)〔若〕佛家之说都是无，已前也是无，如今眼下也只是无。'色即是空，空即是色。'大而万事万物，细而百骸九窍，一齐都归于无。终日吃饭却道是不曾咬着一粒米，满身着衣却道是不曾挂着一条丝。"<u>贺孙</u>。

○ 问："释氏之无与老氏之无何以异？"先生云："老氏依旧有，如所谓'无欲观其妙，有欲观其徼'是也。若释氏，则以天地为幻妄，以四大为假合，则是全无也。"<u>栖</u>。

○ 老氏只是要长生，节病易见。释氏于天理大本处见得些分数，然却认为己有，而以生为寄，故要见得父母未生时面目。既见，更不认作众人公共底，须要见得为己有，死后亦不失，而以父母所生之身为寄寓。譬以旧屋破倒，即自跳入新屋。故黄檗一僧有偈与其母云"先曾寄宿此婆家"，止以父母之身为寄宿处，其无情义、绝灭天理可知。当时有司见渠此说便当明正典刑。若圣人此道则不然，于天理大本处见得是众人公共底，便只随他天理去，更无分毫私见。如此便伦理自明，不是自家作为出来，皆是自然如此。往来屈伸，我安得而私之哉！<u>大雅</u>。

○ 老氏欲保全其身底意思多。释氏又却全不以其身为事，自谓别有一物不生不灭。欧公尝言老氏贪生、释氏畏死，其说亦好。气聚则生，气散则死，顺之而已，<u>释</u>、<u>老</u>则皆悖之者也。<u>广</u>。

○ 问："释氏以天地万物为幻，老氏又却说及下截。如何？"曰："老氏胜。"<u>可学</u>。

○ 释氏之说易穷，大抵不远如道家阴符经所谓"绝利一源"，便到至道。老子之学大抵以虚静无为、冲退自守为事，故其为说常"以懦弱谦下为表，以空虚不毁万物为实"。其为治，虽曰"我无为而民自化"，然不化者则亦不之问也。其为道每每如此，非特"载营魄"一章之指为然也。若曰"旁月日，挟宇宙，挥斥八极，神气不变"者，是乃庄生之荒唐。其曰"光明寂照，无所不通，不动道场，遍周沙界"者，则又瞿昙之幻语，老子则初曷尝有是哉！今世之论老子者必欲合二家之似而一之，以为神常载魄而无所不之，则是庄释之所谈而非老子之意矣。偰。

○ 有言庄、老、禅、佛之害者。先生曰："禅学最害道。庄、老于义理绝灭犹未尽，佛则人伦已坏。至禅则又从许多义理扫灭无余。以此言之，禅最为害之深者。"顷之，复曰："要其实则一耳。害未有不由浅而深者。"道夫。以下论释老灭纲常。

○ 或问佛与庄、老不同处。曰："庄、老绝灭义理未尽至。佛则人伦灭尽，至禅则义理灭尽。"又曰："佛初入中国止说修行，未有许多禅底说话。"学蒙。按李方子录止"义理灭尽"。

○ 天下只是这道理，终是走不得。如佛老虽是灭人伦，然自是逃不得。如无父子，也却拜其师，以其弟子为子，长者为师兄，少者为师弟。但是他只护得个假底，圣贤便是存得个真底。夔孙。

○ 佛老之学不待深辨而明。只是废三纲五常，这一事已是极大罪名，其他更不消说。贺孙。

○ 某人言："天下无二道，圣人无两（虚）〔心〕。儒释虽不同，毕竟只是一理。"某说道："惟其天下无二道，圣人无两心，所以有我底着他底不得，有他底着我底不得。若使天下有二道，圣人有两心，则我行得我底，他行得他底。"<u>节</u>。以下儒<u>释</u>之辨。

○ 先生游<u>钟山</u>书院，见书籍中有<u>释氏</u>书，因而揭看。先君问："其中有所得否？"曰："幸然无所得。吾儒广大精微、本末备具，不必它求"。<u>季札</u>。

○ <u>释老</u>之书极有高妙者，句句与自家个同，但不可将来比方，煞误人事。〔<u>季文</u>。<u>道夫</u>。〕

○ 先生问众人曰："<u>释氏</u>言'牧牛'，<u>老氏</u>言'抱一'，<u>孟子</u>言'求放心'，皆一般，何缘不同"？<u>节</u>就问曰："莫是无这理？"答曰："无理煞害事。"<u>节</u>。

○ 因举佛氏之学与吾儒有甚相似处。"如云'有物先天地，无形本寂寥。能为万象主，不逐四时凋'，又曰'扑落非它物，纵横不是尘。山河及大地，全露法王身'，又曰'若人识得心，大地无寸土'，看他是甚么样见识！今区区小儒怎生出得他手？宜其为他挥下也。此是<u>法眼</u>禅师下一派宗旨如此。今之禅家皆破其说，以为有理路，落窠臼，有碍正当知见。今之禅家多是'麻三斤'、'干屎橛'之说，谓之不落窠臼，不堕理路。<u>妙喜</u>之说便是如此。然又有翻转不如此说时。"<u>僩</u>。

○ 问："儒释之辨莫只是'虚'、'实'两字上分别？"先生曰："未须理会。自家己分若知得真则其伪自别，甚分明，有不待辨。"<u>可学</u>。

○ 吾儒心虽虚而理则实。若<u>释氏</u>，则一向归空寂去了。<u>柄</u>。

○ 儒<u>释</u>言性异处只是<u>释</u>言空，儒言实；<u>释</u>言无，儒言有。<u>德明</u>。

○ 释氏虚，吾儒实；释氏二，吾儒一。释氏以事理为不紧要而不理会。节。

○ 节问："先生以释氏之说为空、为无理。以'空'言似不若'无理'二字切中其病。"答曰："惟其无理是以为空。它之所谓心、所谓性者，只是个空底物事，无理。"节。

○ 曹问何以分别儒释差处。先生曰："只如说'天命之谓性'，释氏便不识了，他只是说那空处，又无归着。且如人心须是其中自有父子、君臣、兄弟、夫妇、朋友道理，是他便说道只是空觉，吾偏说则是实理。他云不染一尘、不舍一法，既不染尘，却如何不舍法？到了，他做得不彻，便与父子、君臣、兄弟、夫妇、朋友都不相亲。吾儒做得到底便'父子有亲，君臣有（敬）〔义〕，兄弟有序，夫妇有别，朋友有信'。吾儒只认得一个诚实底道理，诚便是万善骨子。"㽦。

○ 问佛氏所以差。曰："从他劈初头便错了，如'天命之谓性'，他把这个便都做空虚说了。吾儒见得都是实。若见得到自家底，从头到尾小事大事都是实，他底从头到尾都是空，恁地见得破，恁地如何解说不通？又如'实际理地不受一尘，万行丛中不舍一法'等语，这是他后来桀黠底，又撰出这一话来倚傍吾儒道理，这正所谓'遁辞知其所穷'。且如人生一世间须且理会切实处，论至切至实处不过是一个心，不过是一个身，这个若不自会做主，别更理会甚么？然（本）〔求〕所以识那切实处则莫切于圣人之书。圣人之书便是个引导人底物事，若舍此而它求，则亦别无门路矣。'舜人也，我亦人也。舜为法于天下可传于后世，我犹未免为乡人也，是则可忧也！忧之如何？如舜而已矣'，'高山仰止，景行行止'，只怕不见得，若果是有志之士，只见一条大路直上行将去，更不问着有甚艰难险阻。孔子曰'向道而行，忘身之老也，不知年数之不足也，俛焉日有孜孜，毙而后已'，自家立着志向前做将去，鬼神也避道，岂可先自计较、先自怕却？如此终于无成。"贺孙。

○ 问："攻乎异端，圣人之道步步着实，所以三纲正，九法叙。今释氏自谓见性成佛，以空寂为本，以一切有形皆为幻妄，使人心失所底止，岂不为害？世有（做）〔假〕释之似以乱周孔之实，不惟害己，又以教人，又且害人。"先生云："释氏说空便不是，但空里面须有道理始得。若只说道我见个空底，不知他有个实底道理，却做甚用得？譬如一渊清水清泠彻底，看来一如无水相似，他便道此渊只是空底，都不曾将手去探着是湿，不知道有水在里面。（此）佛氏之见正如此。今学者贵于格物、致知，便要见得到底。如今人只是一班两点见得些子，所以不到极处也。"〔南升。〕

○ 释氏合下见得一个道理空虚不实，故要得超脱。（盖）〔尽〕去物累方是无漏为佛地位，其他有恶趣者皆是众生饿鬼。只随顺有所修为者犹是菩萨地位，未能作佛也。若吾儒合下见得个道理便实了，故首尾与之不合。大雅。

○ 吾以心与理为一，彼以心与理为二。亦非固欲如此，乃是见处不同，（使）彼见得心空而无理，此见得心虽空而万理咸备已。虽说心与理一，不〔察〕乎（贵）气禀物欲之私是见得不真，故有此病。大学所以贵格物也。柄。〔植或录云："近世一种学问虽说心与理一，而不察乎气禀物欲之私，故其发亦不合理，却与释氏同病，不可不察。"〕

○ 言释氏之徒为学精专，曰："便是某常说吾儒这边难得如此，看他下工夫直是自日至夜，无一念走作别处去。如今学者一时一日之间是多少闲杂念虑，如何得似他！只惜他所学非所学，枉了工夫。若吾儒边人下得这工夫，是甚次第！如今学者有二病：好高，欲速，这都是志向好底如此。一则是所以学者失其旨，二则是所学者多端，所以纷纷扰扰，终于无所归止。"贺孙。以下论释氏工夫。

○ 当初佛学只是说，无存养底工夫，至唐六祖始教人存养工夫。当初儒学亦只是说，不曾就身上做工夫，至伊川方教人就身上做工夫，所以人谓伊川偷佛说为己使。义刚。按，陈淳录同。

○ 问释氏入定、道家数息。先生曰："他只要静则应接事物不差。孟子便也要存夜气，然而须是理会'旦昼之所为'。"曰："吾儒何不效他恁地？"先生曰："他开眼便依旧失了，只是硬把捉。不如吾儒非礼勿视听言动，戒谨恐惧乎不睹不闻，'敬以直内，义以方外'，都一切就外面拦截。"曰："释氏只是勿视、勿听，无那'非礼'工夫。"先生曰："然。"蔡季通因曰："世上事便要人做，只管做它，坐定做甚？日月便要行，天地便要运。"先生曰："他不行不运固不是。吾辈是行是运，只是人运行得差。如今胡喜胡怒，岂不是差！他却是过之，今人又是不及。"螳。

○ 又问："昔有一禅僧每日唤曰'主人翁惺惺着'，大学或问之中亦取谢氏'常惺惺法'之语，不知是同是异？"先生曰："谢氏之说地步阔，于身心事物上皆有工夫。若如禅者所见，只看得个主人翁便了，其动而不中理者都不管矣。且如父子天性也，如父被他人无礼，子须当去救，他却不然。子若有救之之心，便是被爱牵动了他〔心〕，（必）便是昏了主人翁处。若如此惺惺，成甚道理！向日曾览四家录，有些说话极好笑，亦可骇！大率是说若父母为人所杀，无（人）一举心动念方始名为'初发心菩萨'，他所以叫'主人翁惺惺着'正要如此。'惺惺'字则同，所作工夫则异，岂可同日而语！"友仁。

○ 问："佛家却如何有'敬以直内'？"曰："他有个觉察可以'敬以直内'，然与吾儒亦不同。他本是个不耐烦底人，故尽欲扫去。吾儒便有是有、无是无，于应事接物只要处得是。"_僩。

○ 徐子融有"枯槁有性无性"之论。先生曰："性只是理，有是物斯有是理。子融错处是认心为性，义与佛氏相似。只是佛氏磨擦得这心极精细，如一块物事剥了一重皮，又剥一重皮，至剥到极尽无可剥处，所以磨弄得这心精光，它便认做性。殊不知此正圣人之所谓心，故上蔡云'佛氏所谓性，正圣人所谓心，佛氏所谓心，正圣人所谓意'，只是该得这理。佛氏元不曾识得这理一节，便认知觉运动做性。如视听言貌，圣人则视有视之理，听有听之理，言有言之理，动有动之理，思有思之理，如箕子所谓'明'、'聪'、'从'、'恭'、'睿'是也。佛氏则只认那能视、能听、能言、能思、能动底便是性。视明也得，不明也得；听聪也得，不聪也得；言从也得，不从也得；思睿也得，不睿也得。它都不管，横来竖来，它都认做性。它最怕人说这'理'字，他都要除掉了，此正告子'生之谓性'之说也。"偈问："禅家有以扬眉瞬目、知觉运动为弄精魂而诃斥之者，何也？"曰："便只是弄精魂。只是他磨擦得来精细有光彩，不如此粗糙尔。"问："彼言一切万物皆有破坏，惟有法身常住不灭。所谓'法身'便只是这个？"曰："然。不知你如何占得这物事住？天地破坏，又如何被你占得这物事常不灭？"问："彼大概欲以空为体，言天地万物皆归于空，这空便是他体。"曰："他也不是欲以空为体。它只是说这物事里面本空，着一物不得。"偈。以下论释氏误认心、性。

○ 知觉之理是性所以当如此者。释氏不知，他但知知觉，没这理，故孝也得，不孝也得。所以动而阳、静而阴者，盖是合动不得不动，合静不得不静。苄。

○ 问："圣门说'知性'，佛氏亦言'知性'，有以异乎？幸望先生开发蒙昧。"先生笑曰："也问得好。据公所见如何？试说看。"友仁曰："据友仁所见及佛氏之说者，此一性在心所发为意，在目为见，在耳为闻，在口为议论，在手能持，在足运奔，所谓'知性'者，知此而已。"先生曰："且据公所见而言，若如此见得只是个无星之秤、无寸之尺。若（此）〔在〕圣门，则在心所发为意须是诚始得，在目虽见须是明始得，在耳虽闻须是聪始得，在口谈论及在手、在足之类须是皆动之以礼始得。夫'天生烝民，有物有则'，若如公所见及佛氏之说，亦只有物无则了，所以与圣门有差。况孟子所说'知性'者，乃是'物格'之谓。"友仁。

○ 释氏弃了道心，却取人心之危者而作用之，遗其精者取其粗者以为道，如以仁义礼智为非性而以眼前作用为性是也。此只是源头处错了。人杰。

○ 若是如释氏道只是那坐底视底是，则夫子之教人也只说视听言动底是便了，何故却说"非礼勿视，非礼勿听，非礼勿言，非礼勿动"？如"居处"、"执事"、"与人交"止说"居处"、"执事"、"与人交"便了，何故于下面着个"恭"、"敬"、"忠"？如"出门"、"使民"也只说个"出门"、"使民"便了，何故却说"如见大宾"、"如承大祭"？孔子言"克己复礼为仁"。厉声言"复礼"二字。芝。

○ 释氏只知坐底是，行底是。如坐，交胫坐也得，叠足坐也得，邪坐也得，正坐也得。将见喜所不当喜，怒所不当怒，为所不当为。他只是直冲去，更不理会理。吾儒必要理会理，坐之理当如尸，立之理当如齐，如头容便要直。所以释氏无理。〔芝。〕

○ 先生云：“释老称其有见，只是见得个空虚寂灭，真是虚，真是寂无处，不知他所谓见者见个甚底？莫亲于父子，他却弃了父子；莫重于君臣，他却绝了君臣；以至灵生彝伦之间不可阙者，它一皆去之。所谓见者见个甚物？且如圣人‘亲亲而仁民，仁民而爱物’；他却不亲亲，而划地要仁民爱物。爱物时也则是食之有时，用之有节，见生不忍见死，闻声不忍食肉。如仲春之刉牺牲无用牝、不麛、不卵、不杀胎、不覆巢之类，则是如此而已。他则不食肉、不茹荤，以至投身施虎。此是何理？”卓。

○ 儒者以理为不生不灭，释氏以神识为不生不灭。龟山云“儒释之辨，其差眇忽”，以某观之真似冰炭！公谨。

○ “凡遇事先须识得个邪正是非，尽扫私见则至公之理自存。”大雅云：“释氏欲驱除物累，至不分善恶皆欲扫尽，云凡圣情尽即如如佛，然后来往自由。吾道却只要扫去邪见。邪见既去，无非是处，故生不为物累，而死亦然。”答曰：“圣人不说死。已死了更说甚事？圣人只说既生之后、未死之前，须是与他精细理会道理教是。胡明仲侍郎自说得好，‘人，生物也，佛不言生而言死；人事，可见也，佛不言显而言幽’，释氏更不分善恶，只尊向他底便是好人，背他底便入地狱。若是个杀人贼，一尊了他便可生天。”大雅云：“于頔在传灯录为法嗣，可见。”答曰：“然。”大雅。

○ 问儒释。答曰：“据他说道明得心，又不曾得心为之用；他说道明得性，又不曾得性为之用。不知是如何？”又问：“不知先从他径处入，然后却归此？”答曰：“若要从径入，是犹从近习求言职。须是见他都无所用。”泳。

○ 佛书多有后人添入。初入中国只有四十二章经，但此经亦有添入者。且如西天二十八祖所作偈皆有韵，不知他当初如何有此，分明是后人增加。如杨文公、苏子由皆不悟此，可怪！又其文字中至有甚拙者云云。如楞严经前后只是说咒，中间皆是增入。盖中国好佛者觉其陋而加之耳。可学。以下论佛经。

○ 佛初止有四十二章经，其说甚平。如言弹琴，弦急则绝，慢则不响，不急不慢乃是。大抵是偷得老庄之意。后来达磨出来一齐扫尽，至楞严经做得极好。柳宗元六祖塔铭有"中外融有粹孔习"。方子。

○ 问："心经如何？"曰："本〔大般若〕经六百卷，心经乃是节本。"曰："他既说空又说色，如何？"曰："他盖欲于色见空耳。大抵只是要鹘突人。如云'实际中不立一法'，又云'不舍一法'此佛经语，记不全。之类，皆然。"问："劫数如何？"曰："他之说亦说天地开辟，但理会不得。□□经云，到末劫人皆小，先为火所烧成劫灰，又为风所吹，又为水所淹，水又成沫，地自生五谷，天上人自飞下来吃，复成世界。他不识阴阳，便恁地乱道。"问："佛默然处如何？"曰："是他到处。"曰："如何'与洒扫应对合'？"曰："盖言精粗无二。"曰："'活泼泼地'是禅语否？"曰："不是禅语，是俗语。今有儒家字为佛家所窃用，而后人反以为出于佛者，如'寺'、'精舍'之类不一。"可学。

○ 佛书中说"六根"、"六尘"、"六识"、"四大"、"十二缘生"之类皆极精巧，故前辈学佛者必谓此孔子所不及。今学者且须截断，必欲穷究其说，恐不能得身己出来。〔方子录止此。〕他底四大即吾儒所谓魂魄。十二缘生在华严合论第十三（衔）〔御〕卷。佛说本言尽去世间万事，其后（点）〔點〕者出却言"实际理地不染一尘，万事门中不舍一法"。<u>可学</u>。

○ 华严合论精密。<u>闳祖</u>。

○ "华严合论，其言极鄙陋无稽。不知<u>陈了翁</u>一生理会这个是有甚么好处，也不会厌。可惜极好底秀才只恁地被它引去了。"又曰："其言旁引广谕说神说鬼，只是一个天地万物皆具此理而已。经中本说得简径白直，却被注解得越没收杀。"或问<u>金刚经</u>大意。曰："他大意只在<u>须菩提</u>问'云何住，云何降伏其心'两句上。故说不应住法生心，不应住色生心。'应无所住而生其心'，此是答'云何住'。又说'若胎生，若卵生，若湿生，若化生，我皆令入无余涅槃而灭度之'，此是答'云何降伏其心'。彼所谓'降伏'者非谓欲遏伏此心，谓尽降收世间众生之心入它无余涅槃中灭度，都教你无心了方是，只是一个'无'字。自此以后只管缠去，只是这两句。如这卓子，则云若此卓子非名卓子，是名卓子。'若见诸相非相则见如来'，'离一切相即名佛'，皆是此意。要之只是说个'无'。"<u>僩</u>。

○ <u>道夫</u>问："<u>龟山集</u>中所答<u>了翁</u>书（曰）〔论〕<u>华严</u>大旨，不知<u>了翁</u>诸人何为好之之笃？"曰："只是见不透，故觉得那个好。以今观之也是好，也是动得人。"<u>道夫</u>曰："只为他大本不立，故偏了。"先生默然良久，曰："真所谓'诐'、'淫'、'邪'、'遁'，盖诐者是它合下见得偏。儒者之道大中至正，四面均平。他<u>释氏</u>只见一边，于那处都蔽塞了，这是'诐辞知其所蔽'。淫者是只见得一边，又却说得周遮浩瀚，所以其书动数百卷，是皆陷于偏而不能返，这是'淫辞知其所陷'。邪者是它见得偏了，于道都不相贯属，这是'邪辞知其所离'。遁者是它已离于道而不通，于君臣父子都已弃绝，见去不得却道道之精妙不在乎此，这是'遁辞知其所穷'。初只是诐，诐而后淫，淫而后邪，邪而后离，离而后遁。要之，佛氏偏处只是虚其理。理是实理，他却虚了，故于大本不立也。"因问："温公解禅偈，却恐后人作儒佛一贯会了。"先生因诵之曰："此皆佛之至陋者也，妙处不在此。"又问："昔见遗书云'释氏于"敬以直内"则有之，"义以方外"则未也'，道夫于此未安。"先生笑曰："前日童蜚卿正论此，以为释氏大本与吾儒同，只是其末异。某与之言，正是大本不同。"因检近思录有云"佛有一个觉之理可以'敬以直内'矣，然无'义以方外'。其'直内'者，要之其本亦不是"，顾谓道夫曰："这是当时记得全处，前者记得不完也。"又曰："只无'义以方外'，则连'敬以直内'也不是了。"又曰："程子谓'释氏唯务上达而无下学，然则其上达处岂有是邪'亦此意。学佛者尝云'儒佛一同'，某言：'你只认自家说不同。若果是，又何必言同？只这靠傍底意思便是不同，便道你底不是，我底是了。'"道夫。

○〔论释氏之说，如明道数语辟得极善。见行状中者。它只要理会个寂灭，不知须强要寂灭它做甚？既寂灭后却作何用？何况号为尊宿禅和者，亦何曾寂灭得！近世如宗杲，做事全不通点检，喜怒更不中节。晋宋以前远法师之类所谈只是庄、列，今其集中可见。其后要自立门户，方脱去庄、列之谈，然实剽窃其说。傅奕亦尝如此说，论佛只是说个大话谩人，可怜人都被它谩，更不省悟。〕试将法华经看便见其诞。开口便说恒河沙数几万几千几劫，更无近底年代。又如佛受记某甲几劫后（却）〔方〕成佛。某有神通，何不便成就它做佛？何故待阙许久？又如住世罗汉犹未成佛，何故许多时修行无长进？今被它撰成一藏说话，遍满天下，惑了多少人。势须用退之尽焚去乃可绝。今其徒若闻此说，必曰此正是为佛教者，然实缪为此说，其心岂肯如此？此便是言行不相应实处。今世俗有一等卑下底人，日所为不善，一旦因读佛书稍稍收敛，人便指之为学佛之效，不知此特粗胜于庸俗之人耳。士大夫学佛者全不曾见得力，近世李德远辈皆是也。今其徒见吾儒攻排之说，曰此吾之迹耳，皆我自不以为然者。如果是不以为然，当初如何却恁地撰下？又如伪作韩欧（列）〔别〕传之类，正如盗贼畏捉事人，故意摊赃耳。伯丰。

○　"楞严经本只是咒（经）语，后来房融添入许多道理说话。咒语想亦浅近，但其徒恐译出则人易之，故不译。所以有咒者，盖浮屠居深山之中，有鬼神蛇兽为害，故作咒以禁之。缘他心灵故能知其性情，制驭得他。咒全是想法。西域人诵咒如叱喝，又为雄毅之状，故能禁伏鬼神，亦如巫者作法相似。"又云："汀州人多为巫，若巫为祟，则以法治之者全使不行。沈存中记水中金刚经不湿，盖人心归向深固，所感如此。"因言："后世被他佛法横入来，鬼神也没理会了。"又曰："世之所谓鬼神亦多是吃酒吃肉汉，见他戒行精洁、方寸无累底人，如何不生钦敬！"闳祖。

○　传灯录极陋，盖真宗时一僧做。上之真宗，令杨大年删过，故出杨大年名，便是杨大年也晓不得。义刚。

○　问："禅学从何起？"曰："自梁武帝时达磨西来，初间也只是外面粗说，士大夫未甚信向。及六传至唐中宗时，有六祖禅学专就身上做工夫，直要求心见性。士大夫才向里者无不归他〔去〕。韩公当初若有向里底工夫，亦早落在其中矣。"淳。

○　因语禅家，云："当初入中国只是四十二章经。后来既久无可得说，晋宋而下始相与演义，其后义又穷，至达磨以来始一切扫除。然其初答问亦只分明说，到其后又穷，故一向说无头话，如'干矢橛'、'柏树子'之类，只是胡鹘突人。既曰不得无语，又曰不得有语，道也不是，不道也不是。如此则使之东亦不可，西亦不可。置此心于危急之地，悟者为禅，不悟者为颠。虽为禅亦是蹉了蹊径，置此心于别处，和一身皆不管，故喜怒任意。然细观之，只是于精神上发用。"某问："渠既一向说空，及其作用又只是气。"曰："作用是心，亦是气，渠自错认了。渠虽说空，又要和空皆无，如曰'空生大觉中'之类。昔日了老专教人坐禅，杲老以为不然，著正邪论排之。其后杲在天童，了老乃一向师尊礼拜，杲遂与之同。及死，为之作铭。"问："既要清静寂灭，如何不坐禅？"曰："渠又要得有悟。杲旧甚喜子韶，及南归，贻书责之，以为与前日不同。今其小师录杲文字，去正邪论，与子韶书亦节却。"问："病翁墓志中说官莆田事，如何？"曰："佛家自说有体无用，是渠言如此，依实载之。"问："禅僧有鸣鼓升坐死者，如何？"曰："世念既去，自知得。只是能偃不卧床席耳，别无它说。"可学。

○ 或问："禅家说无头当底说话是如何？"曰："他说得分明处却不是，只内中一句黑如漆者便是他要紧处，于此晓得时便尽晓得。他又爱说一般最险绝底话，如引取人到千仞之崖边猛推一推下去，人于此猛省得便了。"或曰："不理会得也是一事不了。"曰："只此亦是格物。"祖道。

○ 禅只是一个呆守法。如"麻三斤"、"干屎橛"，他道理初不在这上，只是教他麻了心，只思量这一路，专一积久，忽有见处便是悟。大要只是把定一心不令散乱，久后光明自发。所以不识字底人才悟后便作得偈颂。悟后所见虽同，然亦有深浅。某旧来爱问参禅底，其说只是如此。其间有会说者却吹嘘得大。如杲佛日之徒自是气魄大，所以能鼓动一世，如张子韶、汪圣锡辈皆北面之。闳祖。

○ 郭德元问："禅者云'"知"之一字，众妙之门'，它也知得这

'知'字之妙。"曰："所以伊川说佛氏之言近理，谓此类也。它也微见得这意思，要笼络这个道理。只是它用处全差，所以都间断，相接不着。"僩问："其所谓知，正指此心之神明作用者否？"曰："然。"郭又问："圭峰云'作有义事是省悟心，作无义事是狂乱心。狂乱由情念，临终被业牵；省悟不由情，临终能转业'，又自注云：'此"义"非"仁义"之"义"，乃"理义"之"义"。'甚好笑。"曰："它指仁义为恩爱之义，故如此说。他虽说理义，何尝梦见？其后杲老亦非之云：'"理义"之"义"便是"仁义"之"义"，如何把虚空打做两截？'"僩。按黄卓录至"相接不着"同，以下详略少异，今附，云："'又圭峰云"此又非仁义之义，乃理义之义"，它指仁义为恩爱，恩小□义，故如此说。圭峰禅师嗣者泽会禅师，若泽嗣北宗神秀禅师，所谓北宗六祖也；南宗慧能为南宗六祖，皆传法于五祖。北宗专主张这"却"字，南宗知之曰"知之一字，众妙之门"。'僩问：'他之所谓知，正指此心之神明作用者，但不明理耳。'曰：'然。'"

○　先生论佛家说"会万物于一己"："若晓得这道理自是万物一体，更何须会？若是晓不得，虽欲会，如何会得？"㽦。

○　佛家"作用"引罽宾王问。某问："他初说空，今却如此。"曰："既无理亦只是无，听亦此，不听亦此。然只是认得第二个，然他后来又不如此说。傅大士云云。"曰："他虽不如此，然卒走此不得？"曰："然。"可学。

○　禅僧自云有所得而作事至不相应，观他又安有（粹）〔晬〕面盎背气象？只是将此一禅横置胸中，遇事将出，事了又收却。渠大抵只论说，不论行。昔日病翁见妙喜于其面前要逞自家话。渠于开喜升座，却云："彦冲修行却不会禅，宝学会禅却不修行；所谓张三有钱不会使，李四会使又无钱。"皆是乱说。大抵此风亦有盛衰，绍兴间最盛，闽中自有数人。可叹！可叹！先王之道不明，却令异端横出竖立。可学。

○ 问德粹："在四明曾到天童育王否？"曰："到。"曰："亦曾参得禅？"曰："有时夜静无事，见长老入室，亦觉心静。"先生笑，因问："德光如何？"滕曰："不问渠法门事，自是大管人事。"先生曰："皆如此。今年往莆中吊陈魏公，回途过雪峰，长老升堂说法且胡鹘过，及至接人却甚俗，只是一路爱便宜，才说到六七句，便道仰山大王会打供，想见宗杲〔也〕是如此。"又问："〔咸〕杰如何？"曰："临死只是渐消削。"先生曰："它平日只理会临行一节，又却如此。"可学。

○ 释氏"地"、"水"、"火"、"风"之说，彼所谓"地"、"水"如云魄气，"火"、"风"如云魂气。又说火、风先散，地、水后散，则其疾不暴；地、水先散，火、风后散，则其疾暴。德明。以下杂论。

○ 释氏说，法身便是其本性，报身便是其德业，化身是其肉身。问："报身是如何？"曰："是他成就效验底说话。看他画毗卢遮那坐千叶莲珠常富贵，便如吾儒说圣人备道全美相似。"庚。

○ 鲁可几问释氏"因缘"之说。曰："若看书'作善降之百祥，作不善降之百殃'，则报应之说诚有之，但他说得来不是。"又问："阴德之说如何？"曰："也只是不在其身则在其子孙耳。"道夫。

○ 佛家不合将才作缘习。缘习是宿缘。可学。

○ 禅家以父子兄弟相亲爱处为有缘之慈。如虎狼与我非类，我却有爱及他，如以身饲虎。便是无缘之慈，以此为真慈。淳。按黄义刚录同。

○ 甘吉父问"仁者爱之理，心之德"。时举因问："释氏说慈即是爱也，然施之不自亲始，故爱无差等。"先生曰："释氏说'无缘慈'，记得甚处说'融性起无缘之大慈'。盖佛氏之所谓慈并无缘由，只是无所不爱。若如爱亲之爱，渠便以为有缘，故如父母弃而不养，而遇虎之饥饿，则舍身以食之，此何义珇耶？"时举。

○ 问："佛法如何是以利心求？"曰："要求清净寂灭超脱世界，是求一身利便。"可学。

○ 释氏之学务使神轻去其干，以为〔坐亡〕立脱之备。其魄之未尽化者则流为膏液，散为珠琲，以惊动世俗之耳目，非老子"专气致柔"之谓也。侗。

○ 佛家多有"夺胎"之说，也如何见得？只是在理无此。淳。

○ 问："轮回之说当时如何起？"曰："自汉以来已有此说话。说得成了，因就此结果。"曰："不知佛祖已有此说否？"曰："今佛经存者亦不知孰为佛祖之书。"厚之云："或传范淳夫是邓禹后身。"曰："邓禹亦一好人，死许多时，如何魄识乃至今为他人！"某云："吕居仁诗亦有'狗脚朕'之语。"曰："它又有'偷胎夺荫'之说，皆脱空。"可学。

○ 郑问："轮回之说是佛家自创否？"曰："自汉书载鬼处已有此话模样了。元城语录载温公谓'吾欲扶教耳'，温公也看不破，只是硬恁地说。"淳。

○ 问说禅家言性，太阳之下置器处。曰："此便是说轮回。"可学。

○ 或有言修后世者。先生曰：“今世不修却修后世，何也？”道夫。

○ 德粹问：“人生即是气，死则气散。浮屠氏不足信。然世间人为恶死，若无地狱治之，彼何所惩？”先生曰：“吾友且说尧舜三代之世无浮屠氏，乃比屋可封，天下太平。及其后有浮屠氏，而为恶者满天下。若为恶者必待死然后治之，则生人立君又焉〔用〕？”〔滕云〕：“尝记前辈说，除却浮屠祠庙，天下便知〔向善〕，〔莫是此〕意？”先生曰：“自浮屠氏入中国，善之名便错了。渠把奉佛为善，如修桥道造路犹有益于人，以斋僧立寺为善，善安在？所谓除浮屠祠庙便向善者，天下之人既不溺于彼，自然孝父母、悌长上，做一好人，便是善。大抵今之佛书多是后世做文字者所为。向见伯恭说曾看藏经，其中有至不成说话者。今世传一二本经乃是其祖师所传，故士大夫好佛者多为（黄）〔簧〕鼓。”某问：“道家之说云出于老子，今世道士又却不然。今之传莫是张角术？”先生曰：“是张陵，见三国志。他今鬼印乃‘阳平治都功印’。张鲁起兵之所又有祭酒，有都讲祭酒。鲁以女妻马超，使为之。其设醮用五斗米，所谓‘米贼’是也。向在浙东祈雨设醮，拜得脚痛。自念此何以得雨？自先不信。”某问：“汉时如郑康成注二礼，但云鬼神是气。至佛入中国，人鬼始乱。”先生曰：“然。”可学。

○ 问：“释氏之失，一是自利，厌死生而学，大本已非；二是灭绝人伦；三是径求上达，不务下学，偏而不该。”答云：“未须如此立论。”人杰。以下论释氏无人伦之害。

○ 佛家说要废君臣父子，他依旧废不得。且如今一寺，依旧有长老之类，其名分亦甚〔严〕，〔如何废得！〕但皆是伪。义刚。

○ 小道易行，易见效。汉文帝尚黄〔老〕，〔而本朝李〕文靖公便是释氏之学致治也。**孔 孟**之道规模大，若有理会得，其治又当如何！
(文)〔元〕寿。

○ **王质**不敬其父母，曰："自有物无始以来，自家是换了几个父
母了。"其不孝莫大于是。以此知佛法之无父，其祸乃至于此。使更有
几人如**王质**者，则虽杀其父母亦以为常。佛法说君臣父子兄弟等，只说
是偶然相遇。**赵子直** 戒杀子文，末为因报之说云："汝今杀他，他再出
世必杀汝。"此等言语乃所以启其杀子，盖彼安知不说道："我今可以杀
汝，必汝前身曾杀我？"贺孙。

○ 次日因**余国秀**解"物则"，语及**释氏**，先生曰："他佛家都从头
不识，只是认那知觉运动做性，所以鼓动得许多聪明豪杰之士。缘他是
高于世俗，世俗一副当污浊底亭他是无了，所以人竞趋他之学。元初也
不如此。佛教初入中国只是修行说话，如四十二章经是也。初间只有这
一卷经。其中有云，佛问一僧：'汝处家为何业？'对曰：'爱弹琴。'佛
问：'弦缓如何？'曰：'不鸣矣。''弦急如何？'曰：'声绝矣。''急缓
得中如何？'曰：'诸音普矣。'佛曰：'学道亦然。心须调适，道可得
矣。'初间只是如此说。后来运磨入中国，见这般说话中国人〔都会说
了〕，〔遂〕又换了话头，专(在)去面壁静坐默照，那〔时也只是如〕
此。到得后来遂又翻得许多禅底说话来，尽掉了旧时许多话柄。不必看
经，不必静坐，越弄得来阔，其实只是作弄这些精神。"或曰："彼亦有
以知觉运动为形而下者，以空寂为形而上者，如何？"曰："便只是形而
下者。他只是将知觉运动做玄妙说。"或曰："如此则安能动人？必更有
玄妙处。"曰："便只是这个。他那妙处离这知觉运动不得，无这个便说
不行。只是被他作弄得来精，所以**横渠**有'释氏两末'之论。只说得两
边末梢头，中间真实道理却不曾识。如知觉运动是其上一梢也，因果报
应是其下一梢也。"或曰："因果报应，他那边有见识底亦自不信。"曰：

“虽有不信底，依旧离这个不得。如他几个高禅纵说高杀，也依旧掉舍这个不下，将去愚人。他那个物事没理会，捉撮他不得。你道他如此，他又说不如此。你道他是知觉运动，他又有时掉翻了。都不说时，虽是掉翻，依旧离这个不得。”或问：“今世士大夫所以晚年都被禅家引去者，何故？”曰：“是他底高似你。你平生所读许多书，许多记诵文章，所借以为取利禄声名之计者，到这里都靠不得了，所以被他降下。他底是高似你，且是省〔力〕，〔谁不悦〕而趋之？王介甫平生读许多书，说许多〔道理〕，〔临了舍〕宅为寺，却请两个僧来住持（他）〔也〕，是被他笑。你这个物事如何出得他！”或问：“今也不消学他那一层，只认依着自家底做便了。”曰：“固是。岂可学他？只是依自家底做，少间自见得他底低。”偶。以下论士大夫好佛。

○　又说：“老氏煞清高，佛氏乃为遁逃渊薮。今看何等人，不问大人小儿、官员村人商贾、男子妇人，皆得入其门。最无状是见妇人便与之对谈。如杲老与中贵权要及士夫皆好。汤思退与张魏公如水火，杲老与汤、张皆好。”又云：“杲老乃是禅家之侠。”又云：“陈了翁好佛，说得来七郎八当。”〔南升。〕

○　又说：“老氏见得煞高，佛氏敢望他！”又说：“唐人方说佛。本朝士夫好佛者始初杨大年，后来张无尽。”又说：“张无垢参杲老，汪玉山被他引去，后来亦好佛。但汪丈为人无果决，要好佛又不见透，又不能果决而退。尝见汪丈论杨大年好佛，后来守不定，汪丈甚不□好。云是苏子由记此，恐未必是。”南升。

○　问：“二苏之学得于佛老，于这边道理元无见处，所以其说多走作。”曰：“看来只是不会子细读书。它见佛家之说直截简易，惊动人耳目，所〔以都被引去〕。圣人之书非细心研究不足以见之。某〔数日

来因闲〕思圣人所以说个'格物'字,工夫尽在这里。今人都是无这个
工夫,所以见识皆低。然格物亦多般,有只格得一两分而休者,有格得
三四分而休者,有格得四五分、五六分者。格到五六分者已为难得。今
人元不曾格物,所以见识极卑,都被他引将去。二苏所以主张个'一'
与'中'者,只是要恁含糊不分别,所以横说竖说,善作恶作都不害道
理也。然当时人又未有能如它之说者,所以都被他说动了。故某常说,
今人容易为异说引去者,只是见识低,只要鹘突包藏,不敢说破,才说
破便露脚手。所以都将'一'与'中'盖了,则无面目,无方所,人不
得而非之。"<u>倜</u>。

○ 问:"近世<u>王日休</u>立化,如何?"曰:"此人极不好,贪污异
常。"曰:"既如此,何故立脱?"曰:"他平日坐必向西,心在于此,遂
想而得。此乃佛氏最以为下者。"<u>程氏</u>说"野狐精",正是以如此为不足贵。
<u>可学</u>。

○ 因说某人弃家为僧,以其合奏官与弟,弟又不肖,母在堂无人
奉养。先生颦蹙曰:"奈何弃人伦、灭天理至此!"某曰:"此僧乃其家
之长子。"<u>方伯谟</u>曰:"佛法亦自不许长子出家。"先生曰:"纵佛许亦不
可。"<u>可学</u>。

○ <u>陈福公</u>临终亲笔戒其子勿〔用浮屠〕,〔<u>林子方</u>〕力责之。人之
卑陋乃如此!<u>淳</u>。

○ "本朝<u>欧阳公</u>排佛就礼法上论,二程就理上论,终不如<u>宋景文</u>
<u>公</u>捉得正赃出。<u>见李蔚传赞论华人增加处。</u>佛书分明是中国人附益。"问:
"佛法所以传至今,以有祸福之说助之?"曰:"亦不全如此,却是人佐
佑之。初来只有<u>四十二章经</u>,至<u>晋</u>宋间乃谈义,皆是剽窃<u>老</u>、<u>庄</u>,取列

子为多。其后达磨来又说禅，又有三事：一空，二假，三中。空全论空，假者想出世界，中在空假之中。唐人多说假。"可学。以下论辟佛。

○　因论释氏，先生曰："自伊洛君子之没，诸公亦多闻辟佛氏矣。然终竟说他不下者，未知其失之要领耳。释氏自谓识心见性，然其所以不可推行者何哉？为其于性与用分为两截也。圣人之道必明其性而率之，凡修道之教无不本于此，故虽功用充塞天地，而未有出于性之外者。释氏非不见性，及到作用处则曰无所不可为，故弃君背父无所不至者，由其性与用不相管也。"时魏才仲侍侧，问其故。先生曰："如今未有此病，然亦不可不知。譬如人食物，欲知乌喙之不可食，须是认下这底是乌喙，知此物之为毒，则他日不食之矣。若不便认下，他日卒然〔遇之〕，〔不知其〕毒，未有不食之也。异端之害道，如释氏〔者极矣〕。〔以身任〕道者安得不辨之乎！如孟子之辨杨、墨，正道不明而异端肆行，周、孔之教将遂绝矣。譬如火之焚将及身，任道君子岂可不拯救也！"

○　伊川谓"所执皆出禅学之下"，此说甚好。谓攻之者。淳。

○　韩退之、欧阳永叔所谓扶持正道、不杂释老者也。然到得紧要处更处置不行，更说不去，便说得来也拙，不分晓。缘他不曾去穷理，只是学作文，所以如此。东坡则杂以佛老，到急处便添入佛老相和去声。瞒户孔切。瞒人。如妆鬼戏、放烟火相似，且遮人眼。如诸公平日担当正道，自视如何，及才议学校便说不行，临了又却只是词赋好，是甚么议论！如王介甫用三经义取士。及元祐间议废之，复词赋，争辨一上，临了又却只是说经义难考，词赋可以见人之工拙易考。所争者只此而已，皆大可笑也！侗。

○ 向来见人陷于异端者每以攻之为乐，胜之为喜。近惟觉彼之迷昧为可怜，而吾道不振之可忧，诚实病伤不能自已。不知是年老气衰而然邪，抑亦渐得情性之正而然也？<u>道夫</u>。

朱子语类卷第一百二十七

祖宗一

事实

太祖朝

○　汉高祖、本朝太祖有圣人之材。伯丰。

○　或言："太祖受命，尽除五代弊法，用能易乱为治。"先生曰："不然。只是去其甚者，其他法令条目多仍其旧。大凡做事底人多是先其大纲，其他节目可因则因，此方是英雄手段。如王介甫大纲都不曾理会，却纤悉于细微之间，所以弊也。"儒用。

○　国初下江南，一年攻城不下，是时江州亦城守三年。盖其国小，君臣相亲，故能得人心如此。因说先世理〔评〕〔平〕公仕江南死事及此。德明。

仁宗朝

○ 问："章献不如宣仁。然章献辅仁宗，后来却无事。"曰："亦是仁宗资质好。后来亦是太平日久，宫中太宽，如雇乳母事，宣仁不知。〔此一事便反不及章献。〕"可学。

〔英宗朝〕

○ 亚夫问"濮议"。曰："欧公说不是，韩公、曾公亮和之。温公、王珪议是。范镇、吕诲、范纯仁、吕大防皆弹欧公，但温公又于濮安懿王边礼数太薄，须于中自有斟酌可也。欧公之说断不可。且如今有人为人后者，一日所后之父与所生之父相对坐，其子来唤所后父为父，终不成又唤所生父为父！这自是道理不可如此。试坐仁宗于此，亦坐濮王于此，使英宗过，终不成都唤两人为父！只缘众人道是死后为鬼神不可考，胡乱呼都不妨，都不思道理不可如此。先时仁宗有诏云'朕皇兄濮安懿王之子，犹朕之子也'，此甚分明，当时只以此为据足矣。"亚夫问："古礼自何坏起？"先生曰："自定陶王时已坏。盖成帝不立弟中山王，以为礼，兄弟不得相入庙。乃立定陶王，盖子行也。孔光以书盘庚殷之（兄）〔及〕王争之，不获。当时濮庙之争都是不曾好好读古礼、见得古人意思，为人后，为之子，其义甚详。"贺孙。

○ "濮议"之争结杀在王陶击韩公，蒋之奇论欧公。伊川代彭中丞奏议似亦未为允当，其后无收杀，只以濮国主其祀可见矣。天理自然，不由人安排。方子。

○ 本朝许多大疑礼都措置未得。如濮庙事，英宗以皇伯之子入继大统，后只令嗣王奉祭祀，天子则无文告。贺孙。

神宗朝

○ 神宗锐意为治，用人便一向（说）〔倾〕信他。初用富郑公，甚倾信郑公。及论兵，郑公曰："愿陛下二十年不可道着'用兵'二字。"神宗只要做，郑公只要不做，说不相合。后来倾信王介父，终是坐此病。只管好用兵，用得又不着，费了无限财谷，杀了无限人，残民蠹物之政皆从此起。西蕃小小扰边只是打一阵退便了，今却去深入侵他疆界，才夺得鄯州等空城便奏捷。朝廷不审，便命官发兵去守，依旧只是空城，城外皆是番人，及不能得归朝廷，又发兵去迎归，多少劳费！熙河之败丧兵十万，神宗临朝大恸，自此得疾而终。后来蔡京用事，又以为不可弃，（可）用兵复不利，又事幽燕，此亦自神宗启之，遂至中朝倾覆。反思郑公之言，岂不为天下至论！义刚。陈淳录同。

○ 神宗大概好用生事之人。如吴居厚在京西括民买镬，官司铸许多镬，令民四口买一，五口则买二。其后民怨，几欲杀之，吴觉而免，然卒称旨。其后如蔡京欲举行神宗时政，而所举行者皆熙宁之政，非元丰神祖自行之政也。故了翁摭摘其失，以为京但知得王安石之政而欺蔽不道，实不曾绍复元丰之政也。义刚。

○ 神宗皇帝极聪明，于天下事无不通晓，真不世出之主，只是头头做得不中节拍。如王介甫为相亦是不世出之资，只缘学术不正当，遂误天下。使神宗得〔一〕真儒而用之，那里得来！此亦气数使然。天地生此人便有所偏了。可惜！可惜！卓。

○　神宗事事留心。熙宁初辟阔京城至四十余里，尽修许多兵备，每门作一库以备守戒。如射法之属皆造过，但造得太文，军人刬地不晓。义刚。

○　熙宁作阵法令将士读之，未厮杀时已被将官打得不成模样了。义刚。

○　论臣木图，云："神宗大故留心边事。自古人主何曾恁地留心。"义刚。

○　神宗极喜陈殿院师锡，建人。文字，尝于太学中取其程文阅之，每得则贮之锦囊中。及殿试编非卷子奏御，神宗疑非师锡之文。从头阅之，至中间见一卷子，曰："此必陈某之文也。"〔置之第三。〕已而果然。儒用。

○　先生举解卦云："'无所往，其来复吉'，程传以为'天下之难已解而安平无事，则当修复治道、正纲纪、明法度，复先代明王之治'。夫祸乱既平，正合修明治道，求复三代之规模，却只便休了。两汉以来人主还有理会正心、诚意否？须得人主如穷阎陋巷之士治心修身、讲明义理，以此应天下之务、用天下之材，方见次第。"因言："神庙，大有为之主，励精治道，事事要理会过，是时却有许多人材。若专用明道为大臣，当大段有可观。明道天资高，又加以学，诚意感格，声色不动，而事至立断。当时用人参差如此者，亦是气数舛逆。"德明。

○　温公日录中载厚陵事甚详。林子中杂记中载裕陵事甚详。方子。

哲宗朝

○ 哲宗春秋尚富，平日寡言。一旦讲筵说书至"乂用三德"，发问云："只是此三者，还更有?"〔这也问得无情理，然〕若有人会答时，就这里推原，却煞有好说话。当时被忽然问后，都答不得。义刚。

徽宗朝

○ 老内侍黄节夫臣事徽宗，言道人林灵素有幻术，其实也无。如温革言，见鬼神者皆稗官，某不曾见。所作天人示现记，皆集众人之妄。吏部亲见节夫，闻其言如此。方子。

○ 徽宗因见星变，即令卫士仆党籍碑，云："莫待明日引得蔡京又来炒。"明日，蔡以为言。又下诏云："今虽仆碑，而党籍却仍旧。"义刚。

钦宗朝

○ 伊川尝说，今人都柔了。盖自祖宗以来多尚宽仁，不曾用大刑之属，由此人皆柔软，四方无盗贼。后来靖康时多盗，盖虏难方急，朝廷无暇治之耳。且如绍圣之后，山东、河北连年大饥而盗作，也皆随即仆灭。但见长上云，若更迟以四五年，虏人不来，盗亦难禁之，盖是饥荒极了。义刚。

○　又言及靖康之祸，曰："本朝全盛之时，如庆历、元祐间，只是相共扶持这个天下，不敢做事、不敢动，被夷狄侮也只忍受之，不敢与较，亦不敢施设一事，方得天下稍宁。积而至于靖康。一旦所为如此，安得天下不乱！"卓。

高宗朝

○　方腊之乱，诸郡愚民望风响应。其间聚党劫掠者皆假窃腊之名字，人人曰"方腊来矣"，所至瓦解。腊之妇红装盛饰，如后妃之象。以镜置胸怀间，就日中行则光彩烂然，竞传以为祥瑞。儒用。

○　籍溪尝云，建炎间勤王之师所过州县如入无人之境，恣行摽掠，公私苦之。有陈无玷者，以才略称，尝作某县，宿戒邑人各备器械，候闻钟声则人执〔以〕出，随其所居相比排列。未几，勤王之师入县，将肆纵横之状，即命击钟。邑人闻之，如其宿戒以出，师徒见其戈矛森列，不虞其有备若此也，相顾失色，遂整师以过，秋毫无犯。邑人德之。又，胡文定公之趋召命也，泛舟而下，无玷走吏致书戒其吏云："计程到江黄间，有官船自下而上者可扣之，当是本官。"吏至彼，果有舟上者，一问得之。其善料事如此。盖渠以事占之，知文定之不果造朝也。儒用。

○　曾光祖论及中兴遗史之所载孟后过赣州时事，与乡老所传甚合。云太后至城中方遭某贼放火，城中方且救火，连日不止，城外又有一队贼来围了城。先生曰："其时也是无策。虏人是破了潭州后过来分队至诸州，皆是缘港上来。太后先至洪州时，此间王修撰在彼作帅，觉得事势不是，遂白銮驾执政，太后乃去。后三四日虏果至，王乃走。而其城中百姓乃相率推一大寄居作首而降虏。"进贤姓傅者言是李侍郎。先生曰："不必（是）〔更〕说他名字。"又曰："信州先降虏。〔抚州守姓王，闻信守降，亦降。〕"义刚。

○　苗、刘渡扬州煞杀了人，那不得过来底切骨怨。见他当时人骨肉相散失，沿路皆帖榜子，店中都满，树上都是。这边宦者却恁地得！一日，康履与诸宦者出去观潮，帐设塞街，所以军人皆愤惋不平，后成苗、刘之变。王渊也是善战，然未为有大功，不及当时诸老将，一旦签书枢密，人皆不服。一日早，只见街上哄哄地，人也不敢开门。从隙中窥时，但见人马皆满路，见苗傅左手提得王渊头，右手提一剑以徇众。少顷尽杀宦者，逃在人家夹壁中底也一齐捉出来杀之。朱胜非却也未为大乖，他当时被苗、刘做得来可畏了，不奈何只得且隐忍去调护他。〔却未几而义兵至，这事便都休了。〕他无状时却不合说他调护甚有功，被义兵来划地坏了他事。却是他要自居其功，这个却乖。当时若不杀了苗、刘，也无了当，他若尚在那里终是休不得。义刚。

○　论及杨（公子）〔幺〕，云："当时也无甚大贼，不过只是盗贼而已。如李成之徒也只是劫掠，若无计则不过自去食人，皆不是做底事。"义刚。

○　建贼范汝为本无技能，为盗亦非其本心。其叔父名积中者。却素有包藏，阴结徒党，置兵器满仓厢中。其徒劝之举事，每每犹豫若有所待。有不快于中者辄火十数家，且杀人。〔因〕劫之为首，其人终不肯，但曰："时未可，我决不能为，汝辈可别推一人为主。"众遂拥戴汝为，势乃猖獗。建之士如欧阳颖士、施逵、吴琮者，善文章，多材艺，或已登科，皆望风往从之。置伪官，日以萧、曹、房、杜自相标置，以汉祖、唐宗颂其功德。汝为愚人，偃然当之。朝廷遣官军来平贼。时秋稼已成熟，贼闻官军且至，放水灌田，又以禾穄相结连，已而决埭去水。官军至，不谙其山川道路。贼纵之山，山路险隘，骑卒不能前。贼觉官军已疲困，乃出平原以诱官军。官军出山，争趋田中，既为结穄牵绊，又陷泥淖。贼因四面麕击之，官军大败。乘胜据<u>建州</u>三年，累降累叛。竟遣<u>韩世忠</u>来，方能剿除之。<u>汝为</u>自缢，尸为众所焚，弗获。初建人<u>陆棠</u>、<u>谢尚</u>有乡曲之誉。陆乃龟山婿，为士人时极端重，颇似有德者。贼声言："使二人来招我，吾降矣。"朝廷遣之。既而贼有二心，乃拘系久之。<u>欧阳辈</u>又说之日益切，因循遂为贼用。贼败，<u>欧阳颖士</u>、<u>吴琮</u>先诛死，<u>陆</u>、<u>谢</u>、<u>施逵</u>以槛车送行在。盗至中途，<u>逵</u>谓二人曰："吾辈至，必死。与其戮于市朝且极痛楚，曷若早自裁？"二人曰："何可得自死？"<u>逵</u>曰："易尔。"乃密令人为药三元，小大形色俱相似，一乃无毒者。<u>逵</u>取无毒者服之，余二人服即死。<u>逵</u>既至行在，归罪于二人，理官无所考证，迄从末减，但编置<u>湖南</u>某州，中途又逃去，或为道人，或为行者，或为人典库藏，后迤逦望淮去。有喜其材者，以女妻之。住数月复北走降虏，改名<u>宜生</u>，登伪科后擢用甚峻。逆<u>亮</u>将犯淮南时，犹为之奉使。比来时，<u>邵武黄尚书通老</u>为馆伴。黄幼与之同笔砚，雅相好，至是不欲见其人，以疾辞。遂改命<u>张子公</u>。<u>宜生</u>犹问<u>子公</u>："<u>通老</u>安在？"<u>子公</u>以实对。欲扣虏中事，不可得。因登<u>六和塔</u>，<u>子公</u>领客，<u>宜生</u>先登，亟问之曰："奉使得无首丘之念乎？"<u>宜生</u>曰："必来。"言方终，介使至，<u>宜生</u>色为之变。既归，即为虏所诛。龙泉尉施庆之乃其族也。尝举宜生十数诗，内入使时题都亭驿诗云："江梅的砾未全开，老倦无心上将台。人在江南望江北，断鸿声里送潮来。"又按萧闲集注，宜生字朋望，建安浦城人，宣政间为颍川教授，与宗室赵德麟友善。后仕刘豫。豫废，归其国，历南台郎中，刺隰、深二州，召为礼侍，累迁侍讲，道号"三住道人"。儒用。

○ 东南论都，所以必要都<u>建康</u>者，以<u>建康</u>正诸方水道所凑，一望则诸要害地都在面前有相应处。<u>临安</u>如入屋角房中，坐视外面，殊不相应。武昌亦不及建康。然今之武昌则非昔之武昌，吴都武昌乃今之武昌县，地势迫窄，只前一水为险耳。鄂州正今之武昌，亦是好形势，上可以通关陕，中可以向许洛，下可以通山东。若临安，进只可通得山东及淮北而已。义刚。陈淳录同。

○　建康形胜于临安。张魏公欲都建康，适值淮西兵变，魏公出而赵相入，遂定都临安。庚。

○　前辈当南渡初，有言都建康者。人云建康非昔之建康，亦不可都。虽胜似坐杭州，如在深窟里，然要得出近外，不若都鄂渚，应接得蜀中上一边事体。看来其说也是。如今杭州一向偏在东南，终不济事。记得岳飞初励兵于鄂渚，有旨令移镇江陵。飞大会诸将与谋，遍问诸将，皆以为可，独任士安不应。岳飞颇怒之。任对曰："大将所以移镇江陵，若是时，某亦安敢不说？某为见移镇不是，所以不敢言。〔据〕某看，这里已自成规摹，已自好了，此地可以阻险而守。若往江陵，则失长江之利，非某之所敢知。"飞遂与申奏，乞止留军鄂渚。建康旧都所以好，却以石头城为险。此城之下，上流之水湍急，必渡得此水上这岸方得，所以建邺可守。屯军于此城之上，虏兵不可向矣。贺孙。

○　"建康形势雄壮，然攻破着淮则只隔一水。欲进取则可都建康，欲自守则莫若都临安。"或问江陵。曰："江陵低在水中心，全凭借堤，被他杀守堤之吏便乖。那堤一年一次筑，只是土。"芞。

○　先生脚疼卧息楼下，吟咏杜子美古柏行三数遍。贺孙侍立。先生云："偶看中兴小记，载勾龙如渊入争和议时言语。若果有此言，如何夹持前进以取中原？最可恨者，初来魏公既勉车驾到建康，当绍兴七年时虏主已篡，高庆裔、粘罕相继或诛或死。刘豫既见疑于虏，二子又大败而归，北方更无南向意。如何魏公才因吕祉事见黜，赵丞相忽然一旦发回跸临安之议？一坐定着竟不能动，不知其意是如何！”因叹息久之，云：“为大臣谋国一至于此，自今观之为大可恨！若在建康，则与中原气势相接，北面顾瞻，则宗庙父兄生灵涂炭莫不在目，虽欲自已，有不能自已者。惟是转来临安，南北声迹浸远，上下宴安，都不觉得外面事，事变之来皆不及知，此最利害。方建康未回跸时，胡文定公方被召，沿江而下。将至，闻车驾已还临安，遂称疾转去。看来若不在建康，也是徒然出来，做得甚事！是时有陈无玷者，字筜叟，在荆鄂间为守，闻车驾还临安，即令人赍钱酒之属往接胡文定。吏人云：‘胡给事赴召去多日。兼江面阔，船多，如何去寻得？’陈公云：‘江面虽阔，都是下去船。你但望见有逆水上来底船，便是给事船。’已而果然。当时讲和本意，上不为宗社、下不为生灵、中不为息兵待时，只是怯惧为苟岁月计。从头到尾，大事小事，无一件措置得是当。然到今日所以长久安宁者，全是宗社之灵。看当时措置，可惊！可笑！”<u>贺孙</u>。

○ 张戒见高宗。高宗问：“几时得见中原？”戒对曰：“古人居安思危，陛下居危思安。”陈同父极爱此对。<u>方子</u>。

○ 张子韶人物甚伟，高庙时除讲筵。尝有所奏陈，上云：“朕只是一个至诚。”张奏云：“陛下对群臣时如此，退居禁中时不知如何？”云：“亦只是个诚。”又问：“对宫嫔时如何？”上方经营答语间，张便奏云：“只此便是不诚。”先生云：“高宗容谏，故臣下得以尽言。张侍郎一生学佛，此是用老禅机锋。”<u>德明</u>。

○ 高宗行达会稽，楼寅亮待次某县丞，寓会稽村落中，出奏书乞建储。高宗时年二十六七，大喜，即日除监察御史，遣黄院子怀敕牒物色授之。中使至其家，家人闻仓卒有圣恩，以为得罪且死，相与环泣。

寅亮出，使者自怀中出敕命，寅亮拜受，与使者俱诣行在所。此事国史不载。先生尝欲闻于太史，俾之编入而不果，每以为恨。方子。

○　岳飞尝面奏，虏人欲立钦宗子来南京，欲以变换南人耳目，乞皇子出阁以定民心。时孝宗方十余岁。高宗云："卿将兵在外，此事非卿所当预。"是时有参议姓王者在候班，见飞呈劄子时手震。及飞退，上谓姓王者曰："岳飞将兵在外，却来干与此等事，卿缘路来见他曾与甚么人交？"王曰："但见飞沿路学小书甚密，无人得知。"但以此推脱（知）了，但此等甚紧切，不知上何恁地说？如飞，武人，能虑及此亦大故是有见识。某向来在朝与君举商量，欲拈出此等事，寻数件相类者一并上之，将其后裔〔乞〕加些官爵以显之，未及而罢。义刚。

○　论及黄察院劾王医师，先生曰："今此东百官宅乃王医师花园，后来籍为百官宅。"黄直卿曰："中贵只合令入大内中住，庶可免关节〔之类。"先生曰："他若出来外面与人打关节〕也得。更是今大内甚窄，无去处了。便是而今都不是古。古人置宦者，正以他绝人道后可入宫，今却皆有妻妾、居大第，都与常人无异了，这都不是。出入又乘大轿。记得京师全盛时百官皆只乘马，虽侍从亦乘马。惟是元老大臣老而有疾底方赐他乘轿，然也尚辞逊，未敢便乘。今却百官不问大小尽乘轿，而宦者将命之类皆乘轿。见说虏中却不如此，中贵出入宫禁只独自，若有命令只是自勒马，亦无人引。裹一幞头却取落两只脚在怀里，自勒马去，这却大故省〔径〕。且如祖宗朝，百官都无屋住，虽宰执亦是赁屋。自神宗置东西府，宰相方有第，今却宦者亦作大屋。以祖宗全盛之天下而犹省费如此，今却不及祖宗天下之半而耗费却如此，安得不空乏！"义刚。

○　逆虏临江，朝臣震怖，各津送其家属他走。比虏骑退，家在都城者惟左相陈鲁公康伯、黄端明尚书名中，邵武人，时为左右。尔。高宗惩维扬之祸，故百官般家者不问。儒用。

○ 问："庚辰亲征诏，旧闻出于洪景卢之手。近施庆之云，刘共甫实为之。乃翁尝从共甫见其草本。未知孰是。"曰："是时陈鲁公当国，命二公人为一诏，后遂合二公之文而一之，前段用景卢者，后段用共甫者。"问："此诏如何？"曰："亦做得欠商量，盖名义未正故也。记得汪丈尝以此相问，某答曰：'此只当以渊圣为辞。盖前时屈己讲和者犹以鸾辂在北之故，今其祸变若此，天下之所痛愤，复雠之义自不容已，以此播告则名正言顺。如八陵废祀等说，此事隔阔已久〔，许多时去那里来〕。'"儒用。

孝宗朝

○ 孝宗小年极钝。高宗一日出对廷臣云："夜来不得睡。"或问云："何故？"高宗云："看小儿子读书，凡二三百遍更念不得，甚以为忧。"某人进云："帝王之学只是要知兴亡治乱，初不在记诵。"上意方少解。后来却恁聪明，试文字有不如法者，举官必被责。邵武人作省元，"五母鸡"用"亩"字，孝宗大怒。欲（剥）〔驳〕放了。〔后又不行。〕庚。

○ 问寿皇为皇子本末。曰："本一上，殿官楼寅亮上言举英宗故事，且谓太祖受命，而子孙无为帝王者，当于太祖之下选一人养于宫中，他日皇子生只添一节度使耳。继除台官，赵忠简公遂力赞于外。当时宫中亦有龃龉，故养两人。后来皆是高宗自主张，未禅位前数日，忽批云：'宗室秀王讳。可追赠"秀王"，谥"安僖"。'先已安排了，若不然，<u>寿皇</u>如何处置！"<u>可学</u>。

○　<u>高宗</u>将禅位，先追赠<u>秀王</u>，谥<u>安僖</u>，可谓能尽父子之道者矣。<u>侗</u>。

○　<u>某</u>尝谓士大夫不能尽言于<u>寿皇</u>，真为自负。盖<u>寿皇</u>受人言未尝有怒色，但不乐时与人分疏辨析尔。<u>道夫</u>。

○　岁旱，<u>寿皇</u>禁中祈雨有应。一日，引宰执入视。<u>恭父</u>奏云："此固陛下至诚感通，然天人之际其近如此，若他事一有不至，则其应亦当如此。愿陛下深加圣虑，则天下幸甚！"<u>恭父</u>斯语颇得大臣体。因言<u>梁丞相</u>白莲事。<u>道夫</u>。

○　<u>寿皇</u>直是有志于天下。要用人，尝叹自家不如个<u>孙仲谋</u>能得许多人。<u>贺孙</u>。

○　<u>寿皇</u>合下若有一人夹持定，十五六年做多少事。<u>道夫</u>。

○　因言<u>孝宗</u>末年之政，先生云："某尝作<u>孝宗</u>挽辞，得一联云'乾坤归独御，日月要重光'。"<u>雉</u>。

○　因论<u>寿皇</u>最后所用宰执〔多是庸人〕。如某人（某人）不知于上前说何事。某云："某人却除大职名，与小郡。又有被批出与职名外任，却是知他不足取。"曰："<u>寿皇</u>本英锐，于此等皆照见。只是向前为人所误，后来欲安静，厌人唤起事端，且如此打过，至于太甚，则又厌之。正如恶骏马之奔踶而求一善马骑之，至其驽钝不前，则又不免加以鞭策。<u>薛补阙</u>曾论及某人。<u>寿皇</u>云：'亦屡以意导之而不去。'举此亦可见。大抵作事不出于义理而出于血气，久之未有不消铄者。向来〔封事〕中亦尝言及此。"可学。

○ 高宗大行，寿皇三年戴右幞头，着布衫，遵行古礼，可谓上正千年之失。当时宰相不学，三日后却便服朝服。虽寿皇谦德，不欲以此喻群臣，然臣子自不当如此，可谓有父子而无君臣。赐。

○ 孝宗居高宗丧，常朝时裹白幞头，着布袍。当时臣下却依旧着紫衫。周洪道要着凉衫，王季海不肯，止用皂带系衫。今上登极常时着白绫背子，臣下却着凉衫，颇不失礼，而君之服遂失其旧。人杰。〔广录云："今上居孝宗丧，臣下都着凉衫，方正得臣为君服，人主之服却有未尽。顷在潭州，闻孝宗讣，三日后易服，心下殊不稳，不免使人传语官员且着凉衫，后来朝廷行下文字来，方始敢出榜晓示。"〕

法制

　　○　唐殿庭间种花柳，故杜诗云"香飘合殿春风转，花覆千官淑景移"，又云"退朝花底散"。国朝惟植槐楸，郁然有严毅气象。又唐制，天子坐朝有二宫嫔引至殿上，故前诗起句云"户外昭容紫绶垂，双瞻御座引朝仪"。至敬宗时方罢，止用小黄门引导，至今是如此。按：岑参诗"花迎剑佩星初落，柳拂旌旗露未干"，亦殿庭种花柳之一证也。又杜赠田澄舍人有"舍人退食收封事，宫女开函〔进〕御筵"，亦可为二宫嫔之证。儒用。

　　○　旧时主上每日不御正殿。然自升朝官以上，凡在京者皆着去立朝，候宰相奏事罢，却来押班，拜两拜方了，礼是如此。后来韩魏公不知如何偶然忘了，不及押班便归第。御史中丞王陶即弹之，遂去国。温公代为御史中丞，先奏云："前王陶以弹宰相不押班而去国，今若宰相更不押班，则中丞无以为职。须是令宰相押班，某方就职。"如此便是不押班也不是。引见、上殿是两事。今阁门引见便用舞蹈。近日多是放见，只是上殿拜于阶下，直前奏事而已。惟授告门谢有舞蹈。文蔚。

　　○　祖宗于旧制虽不能守，然守得家法却极谨。旧时朝见皆是先引见阁门，阁门方引从殿下舞蹈后，乃得上殿，而今却都省了。本来朝见底皆是用一榜子上于阁门，阁门奏上方始引见。而今却于引见时阁门积得这榜子，俟放见时却一并上，则都省了许多，只是殿下拜两拜便上殿。这非惟是在下之人懒，亦是人主不能恁地等得，看它在恁地舞手舞脚。更是阁门也懒能教得他，及它有失仪又着弹奏。而今都是从简易处去了。<u>义刚</u>。

〇　中内尚书主文字，〔文字〕皆过他处，天子亦颇礼之，或赐之坐，不系嫔御。亦掌印玺，多代御批，行出底文字只到三省。<u>文蔚</u>。

〇　册命之礼始于<u>汉武帝</u>之封三王，后遂不废。古自有此礼，至<u>武帝</u>始复之耳。郊祀宗庙，太子皆有玉册，皇后用金册，_{记不审。}宰相、贵妃皆用竹册。（及）〔凡〕宰相宣麻，非是宣与宰相，乃是扬告王庭，令百官皆听问，以其人可用与否。首则称道之文，后乃警戒之词，如今云"於戏"以下数语是也。末乃云："主者施行。"所谓"施行"者，行册拜之礼也，<u>李唐</u>以来皆用之。至于本朝为宰相者不敢当册拜之礼，遂具辞免。三辞，然后许，只命书麻词于诰以赐之，便当册文，不复宣麻于廷，便是书以赐宰相。乃是独宣诰命于宰相，而他人不得与闻，失古意矣。〔㑀。〕

〇　近日拜表之礼甚异。论礼，班首合跪进，上面却有人来跪受，但进表后进者因跪而拜。今则进表者先拜，却跪进，其受者亦拜。此礼不可晓。<u>文蔚</u>。

〇　"玄朗"讳起于<u>真庙</u>朝，<u>王钦若</u>之徒推得出，这也无考竟处。<u>义刚</u>。

○ 某常疑本朝讳得那旧讳无谓。且如宣帝旧名病己，后来何曾讳？如平帝旧名亦不曾讳。如那房中讳得又嵚崎，偏旁皆讳，谓如讳"敬"字，立人傍底也讳，下面着"言"字底也讳。近日朝廷祧了几个祖讳却是，然"玄朗"却不祧。那圣祖莫较远似讳宣祖些子么？义刚。

○ 张以道曰："秦王陵在汝州，太祖以下八朝陵在永安军，翟兴、翟俊父子尝提兵至此，乏水，兴祷之。天无雨，小溪平白涌洪流，六军遂得水用。"义刚。

○ 问："景灵宫起于何代？"先生曰："起于真庙。初只祀圣祖，诸帝后神御散于诸寺。其后神宗始祀圣祖于前殿，帝后于后殿。似此等礼数唐人亦无，且如唐人配庙只一后，余后立别庙。本朝诸后俱配。"问："人家配如何？先儒说只用元妃。伊川谓若所祭人是次妃生，即配以次妃。"曰："此未安。古者诸侯一娶九女，元妃卒，次妃奉事。所谓次妃者乃元妃之妾，固不可同坐。若如后世士大夫家或三娶，皆人家女，虽同祀何害？所谓'礼以义起'也。唐人已如此。"可学云："唐人立庙院，重氏族，固能如此。"先生曰："唐人极有可取处。"可学。

○ 用之问高子皋不窦不径事。曰："怕圣人须不如此。如不径不窦只说安平无事时节。若当有寇贼患难，如何专守此以残其躯？此柴之所以为愚。圣人'微服而过宋'，微服是着那下贱人衣服。观这意如此，只守不径不窦之说不得。如途中万一遇大盗贼也须走避，那时如何要不由小径去得！然子皋也是守得定，若更学到变通处尽好，止缘他学有未〔尽处〕。"问："学到时便如曾子之易箦？"曰："易箦也只是平常时节〕。"又曰："'子路使子羔为费宰，子曰"贼夫人之子"'，不可为政者，正缘不能应变，他底却自正。"问："子路之死与子皋事如何？"曰："子路事更难说。"又曰："如圣节，就祝寿处拜四拜。张忠甫不出仕，尝曰：

'只怕国忌、圣节去拜佛不得。'这也如不窾不径相似。"因说:"国家循袭这般礼数都晓不得。往往拜佛之事始于梁武帝,以私忌设斋,始思量圣节要寓臣子之意,又未有个所在奉安。"又曰:"尊号始于唐德宗,后来只管循袭,若不是人主自理会得,如何说?当神宗时群臣上尊号,司马温公密撰不允诏书,劝上不受,神宗便不受。自后并不用此。这只是神宗自见得,若不自见得,虽温公也要如此不得。且如三年丧,其废如此长远,当人主要行便行了,不见有甚不可行处。"贺孙。

○ 唐人法服犹施之朝廷,今日惟祭祀不得已乃用,不复施之朝廷矣。且如今之冕,嵯峨而不安于首。古者佩玉,右徵角,左宫羽,今必不然。方子。

○ "政和〔间〕尝令天下州学生习大晟乐者皆着衣裳如古之制,及漆纱帽,但无顶尔。及诸州得解举首贡至京师,皆若此赴元日朝。"或曰:"苍梧杂志载'背子',近年方有,旧时无之,只汗衫、裌子上便着公服。女人无背,只是大衣,命妇只有横帔、直帔之异尔。背子乃婢妇之服,以其在背后,故谓之'背子'。"先生曰:"见说国初之时,至尊常时禁中,常只裹帽着背子,不知是如何。又见前〔辈〕说,前〔辈〕子弟平时家居皆〔裹〕帽着背,不〔裹〕帽便为非礼。出门皆须具冠带。今皆失了。从来人主常朝,君臣皆公服。孝宗简便,平时着背,常朝引见臣下只是凉衫。今遂以为常。如讲筵早朝是公服,晚朝亦是凉衫。"庚。

○ 古者车只六尺六寸。今五路甚大,尝见人说秦太师制此,又高于京师旧日者。上面耀叶三层,皆高于旧日三寸,成尺二寸。周辂,孔子犹以为侈,要乘殷辂。今路只是极其侈靡。庚。

○ 因问陈庭秀临安人。曰:"今行大礼,命从官一人立玉辂侧以帛维之者,名何官?"答曰:"名备顾问官,又曰执绥官。"先生笑曰:"然遍检古今郊礼,安有所谓'备顾问官'、'执绥官'者?盖此本太仆卿,即执御之职。古者人君将升车,则御者先升,执辔中立,以绥度左肩而双垂之。绥如圆缏。君以两手援绥而升,立车之左为尊。魏公子无忌自驾,虚左方以迎侯生是也。行大礼,不敢坐。车行数步止。中书令宣诏,命千牛卫将军升车,千牛,择武力者为之。执长刀立车之右以防非常,所谓骖乘也。既升车,复行,望郊坛数步,复少驻,千牛将军乃降立道左,车复行则执长刀前导而行。此唐制也。及政和修礼,脱千牛升车一节,而但有'降车立道左'之文。初未尝登,何降之有?所谓太仆卿执御之职,遂讹曰'执绥官'、'备顾问官'。然又不执绥,却立于辂侧,恐其倾跌,以物维之。虽今之典礼官亦但曰'执绥官'、'备顾问官'也。今为太常少卿者,便拨数日工夫将礼书细阅一过亦须略晓,而直为此卤莽也!周洪道尝记渠作执绥官事,自云考订精博。某问周:'何谓执绥官?'渠亦莫晓。又,绥本人君升车之所执,御者但授与君,则御者亦不可谓之'执绥官'。语曰'升车必正立执绥',谓乘车者尔。"又曰:"今玉辂太重,转动极难,兼雕刻既多,反不坚牢,不知何用许多金玉装饰为也?所以圣人欲乘殷之辂,取其坚质而轻便耳。仁宗、神宗朝两造玉辂,皆以重大致压坏。本朝尚存唐一玉辂,闻小而轻、捷而〔稳〕,诸辂之行,此必居先。或置之后则隐隐作声。既有此辂,乘此足矣,何以更为?闻后来此辂亦入房中。"僴。

○ 南渡以前,士大夫皆不甚用轿,如王荆公、伊川皆云不以人代畜。朝士皆乘马。或有老病,朝廷赐令乘轿,犹力辞后受。自南渡后至今则无人不乘轿矣。庚。

○ 今南班宗室多带"皇兄"、"皇叔"、"皇伯"等冠于官职之上,非古者"不得以戚戚君"之意。王定国尝言之神庙，欲令只带某王孙或曾孙或几世孙，且如越王下当云"越王几世孙"。辅本此下云："此说却是。不惟可免'戚君'之非礼，又可因而见其世系，稍全得些宗法。"后来定国得罪，皆指以为离间骨肉。辅录止此。今宗室散无统纪，若使当时从定国之说，却有次序可考也。人杰。按，辅广录同而有详略。又按，李方子录同而略。

○ 本朝官制与唐大概相似，其曲折也不同。义刚。

○ 又言："祖宗，凡升朝官在京未有职事者每日赴班，才有差遣则已。"广。

○ 给事中初置时，盖欲其在内给事。或差除有不当，用舍有不是，要在里面整顿了，不欲其宣露于外。今则不然，或有除授，小报才出应远近皆知了，给、舍方缴驳，乃是给事外也。这般所在都没理会。贺孙。

○ 问："或言六尚书得论台谏之失，是否?"曰："旧来左右丞得纠台谏。尝见长老言，神宗建尚书省，中为令厅，两旁则左右仆射、左右丞、左右司郎中。蔡京得政，奏言土地神在人方，是居人位，所以宰相累不利，建议将尚书省拆去。"因言："蔡氏以'绍述'二字以拑天下士大夫之口，其实神宗良法美意变更殆尽。它人拆尚书省便如何了得!"德明。

○ 问："唐之人主喜用宦者监军，何也?"曰："是他信诸将不过，故用其素所亲信之人。后来一向疏外诸将，尽用宦者。本朝太宗令王继恩平李顺有功，宰相拟以宣徽使赏之。太宗怒，切责宰相，以为太重，盖宣徽亚执政也，遂创'宣政使'处之。朝臣诸将中岂无可任者，须得用宦者？彼既有功，则爵赏不得吝矣。然犹守得这些意思，恐有宦者权重之患，及熙丰用兵遂皆用宦者。李宪在西，权任如大将。驯至后来，遂有童贯、谭稹之祸。"宦者其初只是走马、承受之类，浸渐用事，遂至如此。僴。

〇 "今之三衙即旧日之指挥使。朱温由宣武节度使篡唐，疑忌他人，自用其宣武指挥使为殿前指挥使，管禁卫诸军。以至今日，其权益重。尝见欧阳公记其为某官时，殿帅之权犹轻，见从官不接坐，但传语，不及献茶。及再入为执政，则礼数皆大异矣。"问："何故如此？"曰："也是积渐致然。是他权重后自然如此。"僴。

〇 "皇城使有亲兵数千人，今八厢貌士之属是也。以武臣二员并内侍都知二员管之。本朝只此一项，令宦者掌兵而以武臣参之。"因笑曰："此项又以制殿前都指挥之兵也。"僴。

〇 太祖收诸镇节度兵权，置诸州指挥使，大州十数员，次州六七员，又次州三四员，〔每员〕管兵四五百人。本州自置营招兵而军员管之，每遇升则密院出宣付之。用纸一大幅，题其上曰"宣付指挥使某"，却不押号，而以御前大宝印之。军员得此极重，有一人而得数宣者，盖营中亦有数等品级迁转也。指挥有厅、有射场，只在营中升降，不得出〔官〕。枢密院行下文字曰宣，尚书省曰劄子。僴。

〇 "本朝祖宗积累之深，无意外仓卒之变。惟无意外之变，所以都不为意外之防。且如而今枢密院号为典兵，仓卒之际要得一马使也没讨处。今枢密要发兵，须用去御前画旨下殿前司然后可发，若有紧急事变，如何待得许多节次？汉宰相都带羽林大将军，所以仓卒之际便出得手、立得事、扶得倾危。今幸然无意外之变，若或有之，枢密且仓卒下手未得。苗、刘之事，今人多责朱、吕，当时他也是自做未得。古人定大难者不知是如何。不知范文正公、寇莱公人物是生得如何，气貌是如何，平日饮食言语是如何样底人。今不复得亲身看，且得个依稀样子，看是如何地。如今有志节担当大事人，亦须有平阔广大之意始得。"致道云："若做不得，只得继之以死而已。"答曰："固是事极也不爱一死。但挤却一死，于自身道理虽仅得之，然恐无益于事，其危亡倾颓自若，奈何！如靖康，李忠愍之死于虏手亦可谓得其死。但当时（便）〔使〕虏人感慨，谓中国有忠臣义士清节如此，可以不必相扰，引兵而退。得如此却于宗社有益，若自身既死，事变只如此，济得甚事！当死〔而死〕自是无可疑者。"贺孙。

○　今之总管乃国初之部署，后避英庙讳改（为）〔焉〕。都监乃是唐之监军，不知何时转了。广。

○　蔡元道所为祖宗官制旧典，他只知惩创后来之祸，遂皆归咎神宗不合轻改官制。事事以祖宗官制为是，便说此是百王不可易之大典。殊不知后来所以放行逾越、任用小人，自是执法者偏私，何关改官制事！如武臣诸节度、副总管诸使所以恩礼隆异、俸给优厚者，盖太祖初夺诸镇兵权，恐其谋叛，故置诸节度使，隆恩异数极其优厚，以收其心而杜其异志。及太宗、真宗以后则此辈或已老死，又无兵权，后来除授者自可杀其礼数，减其俸给，降其事权，而犹袭一时权宜苟且之制，为子孙不可易之常典，岂不过哉！然祖宗时放行极艰其选，不过一二人、二三人。后来小人用事，凡宰相陰罢及武臣宠幸宦者之徒无不得之，实法制不美有以启之耳。及经变故，乃追咎轻越祖宗法度之过。不知此既开其可入之涂，彼孰不为可入之涂以求合乎？僩。

○　神宗用唐六典改官制，颁行之。介甫时居金陵，见之大惊。

曰:"上平日许多事无不商量来,只有此一大事却不曾商量。"盖神宗因见唐六典书,遂断自宸衷,锐意改之,不日而定,初不曾与臣下商量也。侗。

○ 唐初每事先经由中书省,中书做定将上,得旨再下中书,中书付门下。或有未当则门下缴驳,又上中书,中书又将上,得旨再下中书,中书又下门下。若事可行,门下即下尚书省,〔尚书省〕但主书填"奉行"而已,故中书之权独重。本朝亦最重中书,盖以造命可否进退皆由之也。门下虽有缴驳,依旧经由中书,故中书权独重。及神宗皇帝仿唐六典,三省皆依此制,而事多稽滞。故渡江以来,执政事皆归一,独诸司吏曹二十四曹。依旧分额各属,三省吏人自分所属而其上之纲领则不分也,旧时三省事各自由,不相侵越,不相闻知。中书自理会中书事,尚书自理会尚书事,门下自理会门下事。如有除授则宰执同共议定,当笔宰执判"过中",中书吏人做上去,再下中书,中书下门下,〔门下下〕尚书。书行给舍缴驳,犹州郡行下事须幕职官金押,如有不是得以论执。中书行下门下皆用门下省官属金押,事有未当则官属得以执奏。侗。

○ "旧制,门下省有侍中,有门下侍郎;中书省有中书令、中书侍郎。改官制,神宗除去侍郎、中书令,只置门下、中书侍郎。后并尚书左右丞、门下中书、侍郎四员为参政官。"或云:"始者昭文馆大学士兼同中书、门下平章事,富郑公等为之。后改为左右仆射,则蔡京、王黼首居是选,及改为左右丞相,则某人等为〔之,名愈正而人愈不逮前,亦何预名事?"曰:"只是实不正,使名既正〕而实亦正,岂不尤佳?"又曰:"人言王安石以'正名'之说驯致祸乱。且'正名'是孔子之言,如何便道王安石说得不是!使其名果正,岂不更佳?"侗。

○ 问:"何故起居郎却大,属门下省? 起居舍人却小,属中书省?"曰:"不知当初何故,只是胡乱牵挛得来使底便是。起居郎居左,起居舍人居右,故如此分大小。只缘改官制时初无斩新排列理会底说,故如此牵拖旧职,不成伦序。"俋。

○ 赵表之生做文官,才到封王封安定郡王。便用换武。岂文官不可封王而须用武官邪?又今宗正须以宗室武官者为之,文官也只做得。世间一样愚人便以此等制度为百王不可易之法。俋。

○ 唐沈既济之说已如此。新添改官制而旧职名不除,所以愈见重复。然唐时犹自归一,如藩镇节度使、观察使,民事兵事帅司事一人皆了。今既有帅,又有兵帅,又有家居节度使,便用费许多钱养许多大帅。见任事者请俸却寡,而家居守闲名者请俸却大。节度使请俸月千余缗。又节度印,古者所以置旌节以为仪卫而重其权。今却令带之家居,请重俸,是甚意谓?今为福州安抚使而反不如威武军节度使之请俸。〔俋。〕

○ "只改儒林、文林之属,其他皆可通行。文官犹有古名,如武官诸阶称呼(名)〔多〕有无意义者。"又曰:"四厢都指挥使,又有甚诸色使,皆是虚名。只有三衙都指挥使真有职事。"又曰:"元丰以前武臣无宫观,故武臣无闲者。凡武臣乞解军职必出藩府,及元丰介甫相,置宫观,方有闲者。"俋。

○ 自朝散大夫以上、中奉大夫以下是旧日少卿监阶,宫中大夫、太中大夫是大卿监阶,官自通议大夫、宣奉大夫、通奉大夫,此以下是旧时左右仆射、尚书、中书、门下阶官。俋。

○ 本朝先未有祠禄,但有主管某宫、某观公事者皆大官带之,真个是主管本宫、本观御容之属。其他多只是监当差遣。虽尝为谏议官,亦有为监当者，如监船场、酒务之属。自王介甫更新法，虑天下士大夫议论不合，欲一切弹击罢黜，又恐骇物论，于是创为宫观祠禄，以待新法异议之人。然亦难得，惟监司、郡守以上眷礼优渥者方得之，自郡守以下则尽送部中与监当差遣。后来渐轻，今则又轻，皆可以得之矣。僩。卓录同。

○　祖宗置资格，自立个侥幸之门。且如武臣横行，最为超捷异除，才除横行便可越过诸使，许多等级皆不须历，一向上去。然今人又不用除横行，横行犹用守这数级，只落阶官则无所不可。祖宗之法本欲人遵守资格、谨重名器，而不知自置许多侥幸之路令人脱过，是甚意思？除是执法者大段把得定，不轻放过一个半个，无一毫私方执得住，不然便不可禁遏矣。不知当初立法何故如此？今呆底人便只要守此为不可易之典，才触动着便说是变动祖宗法制，忧有祸乱也。〔也须〕睹个是始得。僩。

○　"初，蔡京更定幕职，推、判官谓之'分曹建院'。其说以为节度使、观察使在唐以治兵治财，在今则皆是闲称呼，初无职事，而推、判官犹袭节度、观察之名，甚无谓。又古者以军兴，故置参军。今参军等职皆治民事，而犹循用参军之号，亦无意谓。故分曹建院推、判等官，改为司士曹事、司仪曹事。此类有六。参军之属改为某院某院而尽除去节度、参军之名，看来京改得这事自是。又如妇人封号，有夫为秦国公而妻为魏国夫人者，亦有封两国者。秦桧妻封两国，范伯达笑之曰：'一妻而为两国夫人，是甚义理！'故京皆改随其夫号，如夫封建安郡则妻封建安郡夫人，夫封秦国则妻亦封秦国夫人，侯伯子男皆然。看来随其夫称，极是。如淑人、硕人、宜人、孺人之类，亦京所定，各随其夫官带之。后人谓淑人、硕人非妇人所宜称，看来称硕人亦无妨，惟淑人则非所宜尔。但只有一节未善，有夫方封某郡伯而妻已先封为某国夫人者，此则与京所改者相值，龃龉不可行。盖其封赠格法如此，当初合并格法也与整顿过则无病矣。遂使人得以咎之，谓其法自相违戾如此。亦是京不子细，乘执粗改。后人以其出于京也，遂不问是非，一切反之。又如神宗所改官制。旧制凡通判太守出去皆带吏部员外郎、吏部郎中，其见居职者则加以判流内铨、流外铨。岂有吏部官而可带出治州郡者！故神宗皆为诸郎，如朝奉郎、朝散郎、朝奉大夫、朝散大夫之类。所以朝散以下谓之员郎，盖本员外郎之资叙；自朝奉大夫方谓之正郎，盖吏部郎中资叙也。通判员郎，知州正郎。朝散郎、朝奉大夫之类有二十四阶，分为三等，每等八阶，以别异杂流有出身无出身人，故有前行、中行、后行。有前行吏部员外郎，中行吏部员外郎，后行吏部员外郎。"又问知县、通判、知州资叙。曰："在法，做两任知县有关升状方得做通判，两任通判有关升状方得为知州，两任知州有关升状方得为提刑。提刑又有一节方得为转运。今巧宦者欲免州县之劳，皆经营六院。盖既为六院便可经营寺、监、簿、丞，为寺、监、簿、丞出来便可得小郡。他又不肯作郡，便欲经营为郎官。郎官非作郡不得除，故又经营权郎官，却自权郎径除卿、监、长、贰，则已在正郎官之右矣。又如法中非作县不得作郡，故不作县者必经营为临安倅。盖既为临安倅则必得郡，更不复问先曾为县否也。人君深居九重，安知外间许多曲折？宰相虽知，又且苟简，可以应副亲旧。若是人君知得，都与除了这般体例。苟不作县，虽为临安倅亦不免便使权卿、监，苟不作郡定不得除郎，为卿、监者亦须已作郡人方得做，不得以寺、监、丞、簿等官权之，则人无侥幸之心矣。只缘当初立法不肯公心明白，留得这般掩头藏幸底路径，所以使人趋之。尝记欧公说旧制，观文殿大学士压资政殿大学士，资政殿大学士压观文殿学士，观文殿学士压资政殿学士。后来改观文两学士都压资政两学士，而议者以见任者难为改动。欧公以为此不难，已任者勿改，而今除者始可也。以今观之，亦何须如此劳攘？将见任者皆与改定又且何妨？不过写换数字而已矣，又不会痛改，当时疑虑顾忌已如此。

只缘自来立法建事不肯光明正大，只是如此委曲回护。其弊至于今日略欲触动一事，则议者纷然，以为坏祖宗法。故<u>神宗</u>愤然欲一新之，要改者便改，<u>孝宗</u>亦然，但又伤于太锐，少商量。"佣。

○ "<u>唐</u>制，某镇节度使、某州刺史观察使_{此藩镇所称}。使持节某州军州事，_{此属州军所称。其属官则云某州军事判官、某州军事推官。〔今〕尚如此。若节镇属官则云节度推、判官，以自异于属州。}使与州各分曹案。使院有观察判官、观察推官，州院有知录，纠六曹官，为六曹之长。凡兵事则属使院，民事则属州院，刑狱则属司理院。三者分属，不相侵越。司法专检法，司户专掌仓库。然司理既结狱，须推、判官签押方为〔圆备〕，不然则不敢结断。本朝并省州院、使院为一，如署衔但云知某州军州事，军州事则使院之职也。自并省二院而州郡六曹之职颇为淆乱，司法、司理、司户三者尚仍其旧。知录管州院事，专主教民，今乃管仓库，独为不得其职。所以六曹官惟知录免三日衙，以其职专，故优异之。此等事史书并不载，惟杂说中班驳见一二。旧尝疑州院即是司理院。后阅<u>范文正公</u>集有云，如使院、州院宜并省归一，方知不然。因晓州院、使院之别。_{使院，今之金厅也。}凡诸幕职官皆谓之当职官。如<u>唐</u>书所云，有事当罚则诏云自当职官以下以次受罚，有事当赏则云当职官以下以次受赏，谓自推、判官而下也。"又曰："后来<u>蔡京</u>改六曹官名，颇得旧职，为不淆乱。渡江以来，以其出于<u>京</u>也，皆罢之。"又问："长史何官?"曰："<u>六朝</u>时长史甚轻。次第只是奔走长官之前，有君臣之分，不得坐。至<u>唐</u>则甚重。盖皇子既遥领正大帅，其群臣出为藩镇者则称云副大帅某州长史。<u>韩文</u>、<u>董晋</u>官位可见。至唐中叶而长史、司马、别驾皆为贬官，不事事。盖节度使既得自辟置官属，_{如节度、观察、推、判官之属。}此既重则彼皆轻矣。"佣。

○ <u>华州</u>云台观、<u>南京</u>鸿庆宫又有祖宗神像在，使人主管犹自有说。若武夷山冲佑观、临安府洞霄宫，知他主管个甚么？今太庙室深而堂浅，一代为一室，堂则虽在室前而实同为一堂。古人大底室事尚东向，堂事尚南向。<u>贺孙</u>。

○　今之修史者只是依本子写，不敢增减一字。盖自<u>绍圣</u>初，<u>章惇</u>为相，<u>蔡卞</u>修国史，将欲以史事中伤诸公。前史官<u>范纯夫</u>、<u>黄鲁直</u>时已去职，各令于<u>开封府</u>界内居住，就近报国史院取会文字。诸所不乐者逐一条问<u>黄</u>、<u>范</u>，又须疏其所以然，至无可问方令去国。后来史官因此惩创，故不敢有所增损也。按实录，是时史官<u>赵彦若</u>亦同于<u>开封府</u>界居住。后<u>赵彦若</u>安置<u>澧州</u>，<u>范永州</u>，<u>黄黔州</u>。<u>儒用</u>。

○　今（立）〔之〕学规非<u>胡安定</u>先生所撰者。<u>仁宗</u>皇帝置州县学，取<u>湖</u>学规矩颁行之。<u>湖</u>学之规必有义理，不如是其陋也。如第一条"谤讪朝政"之类，其出于<u>蔡京</u>行舍法之时，有所改易乎？当时如<u>徐节孝</u>先生为<u>楚州</u>教官，乃罢之而易以其党。大抵本朝经<u>王氏</u>及<u>蔡京</u>用事后，旧章荡然，可胜叹哉！<u>人杰</u>。

○　问学究一科沿革之故。曰："此科即<u>唐</u>之明经是也。进士科则试文字，学究科但试墨义。有才思者多去习进士科，有记性者则应学究科。凡试一大经者兼一小经，每段举一句，令写上下文，以通不通为去取。应者多是<u>齐</u>、<u>鲁</u>、<u>河</u>、<u>朔</u>间人，只务熟读，和注文也记得，故当时有'董五经'、'黄三传'之称。但是未必晓文义，正如和尚转经相似。又有司待之之礼亦不与进士等。进士入试之日，主文则设案焚香，垂帘讲拜。至学究则彻幕以防传义，其法极严，有渴水至饮砚水而黔其口者，当时传以为笑。<u>欧公</u>亦有诗云'焚香礼进士，彻幕待诸生'。或云，"彻幕"乃"瞑目"字，亦非<u>欧</u>诗。尚须订正。其取厌薄如此，<u>荆公</u>所以恶而罢之。但自此科一罢之后，人多不肯去读书。"<u>儒用</u>。

○ 熙宁三舍法，李定所定。崇观三舍法，蔡京所定。胡德辉尝作记。学者所以学为忠与孝也。今欲训天下士以忠孝，而学校之制乃出于不忠不孝之人，不亦难乎！淳。

○ 今之法，大概用唐法。淳。

○ 律是历代相传，敕是太祖时修，律轻而敕重。如敕中刺面编配，律中无之，只是流若干里，即今之白面编管是也。敕中上刑重而下刑轻，如律中杖一百，实有一百，敕中则折之为二十。五折一。今世断狱只用敕，敕中无方用律。淳。

○ 淳问："三代之法或可见于律中？"答曰："律自秦汉以来历代修改，皆不可得而见矣。如汉律文简奥，后代修改，今亦不可见矣。"淳。

○ 因言："律极好，律即刑统。后来敕令格式，罪皆太重，不如律。乾道淳熙新书更是杂乱，一时法官不识制法本意，不合于理者甚多。又或有是计嘱妄立条例者，如母已出嫁，欲卖产业，必须出母著押之类。此皆非理，必是当时有所计嘱而创此条也。孝宗不喜此书，尝令修之，不知修得如何。"侗。

○ 汉律，郑康成注，今和正文皆亡矣。淳。

○ 刑统大字是历代相传，注字是世宗时修。淳。

○ 宋莒公曰："'应从而违，堪供而阙'，此六经之亚文也。"谓子不从父不义之命，及力所不能养者，古人皆不以不孝坐之；义当从而不从，力可供而不供，然后坐以不孝之罪。淳。

○　或问："敕、令、格、式，如何分别？"曰："此四字乃<u>神宗皇帝</u>朝定法令时纲领。本朝止有编敕，后来乃命群臣修定。<u>元丰</u>中，执政<u>安焘</u>等上所定敕令。上喻<u>焘</u>曰：'设于此而逆彼之至谓之"格"，设于此而使彼效之谓之"式"，禁于未然谓之"令"，治其已然谓之"敕"。修书者要当知此。若其书完具，政府总之，有司守之，斯无事〔矣〕。'此事载之己卯录，时出示学者。因记其文如此，然恐有脱误处。<u>神庙</u>天资绝人，观此数语直是分别得好。'格'如五服制度，某亲当某服，某服当某时，各有限极，所谓'设于此而逆彼之至'之谓也。'式'如磨勘转官、求恩泽封赠之类，只依个样子写去，所谓'设于此而使彼效之'之谓也。'令'则是条令禁制其事不得为、某事违者有罚之类，所谓'禁于未然'者。'敕'则是已结此事、依条断遣之类，所谓'治其已然'者。格、令、式在前，敕在后，则有'教之不改而后诛之'底意思。今但欲尊'敕'字，以敕居前，令、格、式在后，则与不教而杀者何异？殊非当时本指。"又问："<u>伊川</u>云'<u>介甫</u>言律是八分书，是他见得如此'，何故？"曰："律是<u>刑统</u>，此书甚好，疑是历代所有传袭下来。至<u>周世宗</u>，命<u>窦仪</u>注解过，名曰<u>刑统</u>，即律也。今世却不用律，只用敕令。大概敕令之法皆重于<u>刑统</u>。<u>刑统</u>与古法相近，故曰'八分书'。""<u>介甫</u>之见必竟高于世俗之儒"，此亦<u>伊川</u>语，因论祧庙及之。<u>儒用</u>。

○　某事合当如何，这谓之"令"。如某功得几等赏，某罪得几等罚，这谓之"格"。凡事有个样子，如今家保状式之类，这谓之"式"。某事当如何断，某事当如何行，这谓之"敕"。而今人呼为敕、令、格、式，据某看，合呼为令、格、式、敕。敕是令、格、式所以不行处，故继之以敕。某在<u>漳州</u>曾编得户、婚两门法。<u>贺孙</u>。

○ 本合是先令而后敕，先教后刑之意。自荆公用事以来，方定为敕、令、格、式之序。德明。

○ "唐藩镇权重为朝廷之患。今日州郡权轻却不能生事，又却无以制盗贼。"或曰："此亦缘介甫刮刷州郡太甚。"曰："也不专是介甫。且如仁宗时，淮南盗贼发，晁仲约知高邮军，反以金帛牛酒使人买觅他去。富郑公欲诛其人。范文正公谓他既无钱又无兵，却教他将甚去杀贼？得他和解去，不残破州郡，亦自好。只是介甫后来又甚，州郡禁军有阙额处都不补，钱粮尽欲解发归朝廷，谓之'封椿阙额禁军〔钱〕'，如系提刑司发。"文蔚。

○ 经制钱，宣和间用兵，经制使所创。总制钱，绍兴初用兵，总制使所创。二人不记姓名。应干税钱物，杂色场、务纳钱，每贯刻五十文作头子钱。括之为二色钱，以分毫积，计大计多，况其大者！辛。

○ "经制钱，陈亨伯所创。盖因方腊反，童贯讨之，亨伯为随军转运使。朝廷以其权轻，又重为经制使。患军用不足，创为此名以收州县之财，当时大获其利。然立此制时，明言军罢而止，其后遂因而不改。至绍兴四年，韩球又创总制钱，大略仿经制为之。十一年经界法行，民间印典卖契多，故倍有所得，朝廷遂以此年立额。至次年则其数大亏，乃令州县添补解发。自后州县大困，朝廷亦知之。议者乃请就三年中取中制以立额。却不知中制者乃所添补之岁，其额尤为重也，因仍至今。顷年得江西宪时，陛对日亦尝为孝宗言之。盖此政是宪司职事。"又曰："亨伯创经制钱时，其兄弟有名某者劝止之。不从。乃率其子侄哭于家庙，以为作俑之罪，祖先将不祀矣。"广。

○ 德粹语婺源纳银之弊，方伯谟因问和买。先生言其初曰："今日惟<u>绍兴</u>最重。旧抛和买数时，<u>两浙</u>运使乃<u>绍兴</u>人。朝廷抛降三十万匹与<u>浙东</u>，<u>绍兴</u>受十四万。是时都吏乃<u>会稽县</u>人，<u>会稽</u>又受多。惟<u>余姚</u>令不肯受，为其民以瓦砾掷之，不得已受归，而其数少，恨不记其名。"<u>滕</u>云："<u>婺源</u>乃<u>汪内翰</u>乡邑。<u>汪</u>知乡郡，朝廷初降月桩时会诸县令于廷。<u>婺源</u>令偶言<u>丹阳</u>乡民顽，<u>汪</u>本此乡人，以令为讥之，先勒令受十分之四分三厘，至于今为害。"先生曰："畴昔创封桩时本无实数，只是赖州县。且如常平中一项钱亦许桩数。提举司钱今日又解，明日又解，解必有限，彼岂不来争？以此观之，事皆系作始不是。"_{可学。}

○　祖宗立法催科只是九分，才破这一分便不催，但破得一百贯谓之"破分"便住。自<u>曾丞相 伴钦</u>_{名襄。}为户部时便不用这法，须要催尽。至今所以如此。_{㤗。}

○　所在<u>上供银</u>皆分配诸县。独<u>建宁</u>因<u>吴公路</u>作宪，算就盐纲上纳。虽是算在纲上，中间依旧科敷，诸县甚者至科民间买纳。后<u>沈公雅</u>来，却检会前时行下指挥，遂罢买上供银。_{道夫。}

朱子语类卷第一百二十九

祖宗三

自国初至庆历用人

○ 因论唐初、国初人才，云云。"国初人材是<u>五代</u>时已生得了。"<u>德明</u>。

○ <u>太宗</u>朝一时人多尚<u>文中子</u>，盖见朝廷事不振，而<u>文中子</u>之书颇说治道故也，然不得其要。<u>范文正公</u>虽有欲为之心，然也有粗、不精密、失照管处。<u>卓</u>。<u>沈僴录略</u>。

○ <u>范文正</u>杰出之才。

○ 某尝谓，天生人才，自足得用，岂可厚诬天下以无人？自是用不到耳。且如一个<u>范文正公</u>，自做秀才时便以天下为己任，无一事不理会过。一旦<u>仁宗皇帝</u>大用之，便做出许多事业。今则所谓负刚大之气者且先一笔钩，秤停得到第四五等人，气宇厌厌布列台谏，如何得事成！故某向谓，姓名未出，而内外已知其为非天下第一等流矣。<u>道夫</u>。

○ <u>植</u>问："先生前日曾论本朝惟<u>范文正公</u>振作士大夫之功为多。

不知使范公处韩公受顾命之时，处事亦能如韩公否？"曰："看范公才气
亦须做得。"又曰："祖宗以来，名相如李文靖、王文正诸公只恁地善，
亦不得。至范文正时便大厉名节，振作士气，故振作士大夫之功为多。"
植问："范文正公作百官图以献，其意如何？"曰："它只说如此迁转即
是公，如此迁转即是私。吕许公当国，有无故躐等用人处，故范文正公
进此图于仁宗。"因举诗云："'诲尔序爵'，人主此事亦不可不知。假如
有人已做侍御史，宰相骤擢作侍从，侍从虽官品高，然侍御史却紧要。
为人主者便须知把他擢作侍从，如何不把做谏议大夫之类。"植。

○ 吕申公斥逐范文正诸人，至晚年复收用之，范公亦竭尽底蕴而
为之用，这见文正高处。忠宣辨欧公铭志事，这便是不及。道夫。

○ "近得周益公书论吕、范解仇事。曰：'初，范公在朝，大臣多
忌之。及为开封府，又为百官图以献，因指其迁进迟速次序，曰某为超
迁，某为左迁，如是而为公，如是而为私，意颇在丞相吕公。大申公也。
吕不乐，由是落职，出知饶州。未几，吕亦罢相。后吕申公再入，元昊
方犯边，乃以公经略西事，公亦乐为之用。尝奏记吕公云："相公有汾
阳之心之德，仲淹无临淮之才之力。"后欧阳公为范公神道碑，有"欢
然相得，戮力平贼"之语，正谓是也。'公之子尧夫乃以为不然，遂刊
去此语。前书今亦不载集中，疑亦尧夫所删。他如丛谈所记说得更乖。
某谓吕公方寸隐微虽未可测，然其补过之功使天下实被其赐，则有不可
得而掩者。范公平日胸襟豁达，毅然以天下国家为己任。既为吕公而
出，岂复更有匿怨之意？况公尝自谓平生无怨恶于一人，此言尤可验。
忠宣固是贤者，然其规模广狭与乃翁不能无间。意谓前日既排申公，今
日若与之解仇，前后似不相应，故讳言之。却不知乃翁心事政不如此。
欧阳公闻其刊去碑中数语，甚不乐也。"问："后来正献小申亦及识范公
否？"曰："正献通判颍州时，欧阳公为守。范公知青州，过颍，谒之。

因见正献曰：'太博近朱者赤。欧阳永叔在此，宜频近笔砚。'异时同荐三人，则王荆公、司马温公及正献公也。其知人如此。"又曰："吕公所引，如张方平、王拱辰、李淑之徒多非端士，终是不乐范公。张安道过失更多，但以东坡父子怀其汲引之恩，文字中十分说他好，今人又好看苏文，所以例皆称之。介甫文字中有说他不好处，人既不看，看又不信。"儒用。

○　因言仁宗朝，讲书杨安国之徒一时聚得几个朴纯无能之人，可笑。先生曰："此事缘范文正招引一时才俊之士聚在馆阁。如苏子美、梅圣俞之徒，此辈虽有才望，虽皆是君子党，然轻儇戏谑，又多分流品。一时许公为相，张安道为御史中丞，王拱辰之徒皆深恶之，求去之未有策。而苏子美又杜祁公婿，杜是时为相，苏为馆职兼进奏院。每岁院中赛神，例卖故纸钱为饮燕之费。苏承例卖故纸，因出己钱添助为会，请馆阁中诸名胜而分别流品，非其侣者皆不得与。会李定愿与，苏不肯，于是尽招两军女妓作乐烂饮，作为傲歌。王胜之名直柔。句云'敼倒太极遣帝扶，周公孔子驱为奴'，这一队专探伺他败阙，才闻此句，拱辰即以白上。仁宗大怒，即令中官捕捉，诸公已皆散走逃匿。而上怒甚，捕捉甚峻，城中喧然。于是韩魏公言于上曰：'陛下即位以来未尝为此等事。一旦遽如此，惊骇物听。'仁宗怒少解，而馆阁之士罢逐一空，故时有'一网打尽'之语。杜公亦罢相，子美除名为民，永不叙复。子美居湖州，有诗曰'不及鸡竿下坐人'，言不得比罪人引赦免放也。虽是拱辰、安道辈攻之甚急，然亦只这几个轻薄做得不是。纵有时名，然所为如此，终亦何补于天下国家邪？仁宗于是惩才士轻薄之弊。这几个承意旨，尽援引纯朴持重之人以愚仁宗。凡解经不过释训诂而已，如杨安国、彭乘之徒是也。是时张安道为御史大夫，助吕公以攻范。"卓。

　　○　问："安定平日所讲论今有传否？"先生曰："并无。薛士龙在湖州，尝以书问之。回书云并无。如当初取湖州学法以为太学法，今此法□无？今日法乃蔡京之法。"又云："祖宗以来学者但守注疏，其后便论道，如二苏直是要论道，但注疏如何弃得！"可学。

　　○　义刚问："孙明复如何恁地恶胡安定？"先生曰："安定较和易，明复却刚劲。"或曰："孙泰山也是大故刚介。"先生曰："明复未得为介，石守道却可谓刚介。"义刚。

　　○　因言兼山、艾轩二氏中庸，曰："程子未出时，如胡安定、石守道、孙明复诸人说话，虽粗疏未尽精妙，却尽平正，更如古灵先生，文字都好。"道夫云："只如谕俗一文，极为平正简易。"先生曰："许多事都说尽，也见他一个胸襟尽包得许多。"又曰："大抵亦自有时。如程子未出而诸公已自如此平正。"道夫。

　　○　"论安定规模虽少疏，然却广大着实。如孙明复春秋虽过当，然占得气象好。如陈古灵文字尤好。尝过台州见一丰碑，说孔子之道甚佳。此亦是时世渐好，故此等人出，有'鲁一变'气象，其后遂有二先生。若当时稍加信重，把二先生义理继之，则可以一变，而乃为王氏所坏。"某问："当时如此积渐将成而坏于王氏，莫亦是有气数？"曰："然。"可学。

　　○　德粹以明州士人所寄书纳先生，因请问其书中所言。先生曰："渠言'汉之名节，魏晋之旷荡，隋唐之辞章，皆惩其弊为之'，不然。此只是正理不明，相衮将去，遂成风俗。后汉名节至于末年有贵己贱人之弊，如皇甫规，乡人见之却问：'卿前在雁门食雁美乎？'举此可见。积此不已，其势必至于虚浮入老庄。相衮到齐梁间又不复如此，只是作一般艳辞，君臣赓歌亵渎之语，不以为怪。隋之辞章乃起于炀帝，进士科至不成科目，故遂衮缠至唐，及本朝然后此理复明。正如人有病，今日一病，明日变一病，不不要要将此病变彼病。"某问："已前皆衮缠成风俗，本朝道学之盛岂是衮缠？"先生曰："亦有其渐。自范文正以来已有好议论，如山东有孙明复，徂徕有石守道，湖州有胡安定，到后来遂有周子、程子、张子出。故程子平生不敢忘此数公，依旧尊他。若如杨、刘之徒作四六骈俪之文，又非此比。然数人者皆天资高，知尊王黜霸，明义去利。但只是如此便了，于理未见，故不得中。"某问："安定学甚盛，何故无传？"先生曰："当时所讲止此，只些门人受去做官，死后便已。尝言刘彝善治水，后来果然。彝有一部诗，遇水处便广说。"〔璘录云："刘彝治水，所至兴水利。刘有一部诗解，处处作水利说，好笑。熟处难忘。"〕某又问："以前说后汉之风皆以为起于严子陵，近来说又别。"先生曰："前汉末极有名节人。光武起极崇儒重道尊经术，后世以为法。如见樊英筑坛场，犹待神明。严子陵直分明是隐士，渠高气远迈，直是不屈。"又论其不矫激，吕伯恭作祠堂记却云它中和。尝问之："严子陵何须如此说？使他有知，闻之岂不发一笑！"因说："前辈如李泰伯门议论只说贵王贱伯。张大其说欲以劫人之听，却是矫激，然犹有以使人奋起。今日须要作中和，将来只便委靡了。如范文正公作子陵祠堂记云：'先生之心出乎日月之上，光武之器包乎天地之外。微先生不能成光武之大，微光武岂能遂先生之高！'胡文定父子极喜此语。大抵前辈议论粗而大，今日议论细而小，不可不理会。"某问："此风俗如何可变？"先生曰："如何可变？只且自立！"可学。

○ 闽宰方叔珪永嘉人。以书来，称本朝人物甚盛而功业不及于汉唐，只缘是要去小人。先生曰："是何等议论！小人如何不去得？自是不可和合之物。'一薰一莸，十年尚犹有臭'，观仁宗用韩、范、富诸公，是甚次第！只为小人所害。及韩、富再当国，前日事都忘了。富公一向畏事，只是要看经念佛，缘是小人在旁故耳。若谓小人不可去，则舜当时去'四凶'是错了？"某问："方君意谓不与小人竞则身安，可以做事。"曰："不去小人，如何身得安！"刘晦伯云："有人说泰卦'内君子，外小人'为君子在内、小人在外，小人道消，乃是变为君子。"先生曰："亦有此理。圣人亦有容小人处，又是一截事。且当看正当处。使小人变为君子固好，只是不能得如此。"某云："小人潜君子须加以朋党叛逆。"曰："如此则一网可打尽。虽是如此，然君子亦不可过当。如元祐诸公行蔡新州事却不是，渠固有罪，然以作诗行重责大不可。然当元祐时只行遣渠一人，至绍圣则祸甚酷。以此观君子之于小人未能及其毫毛，而小人之于君子其祸常大，安可不去！"_{可学}。

○　立事之人须是硬担当，死生以之。如韩魏公之立英庙，英庙即位继感风疾，魏公当时是镇之以静。及英庙疾亟，迎立颖王。或曰："若主上复安，将如之何？"魏公曰："不过为太上皇帝耳。"温公为谏官，魏公甚苦之。及作魏公祠堂记，有数语形容魏公最好，是他见得魏公有不可及处。_{人杰}。

○　富郑公与韩魏公议不合，富恨之，至不吊魏公丧。富之守某州，鲁直为尉，久不之任，在路迁延。富有所闻，大怒。及到，遂不与交割，后幕干劝之方肯。及鲁直在史馆修韩魏公传，使人问富曾吊韩丧否。知其不曾，遂以此事送下案中，遂成案底。后人虽欲修去此事，而有案底，竟不可去。鲁直也可谓乖。但魏公年年却使人去郑公家上寿，怎地便是富不如韩较宽大。_{义刚}。

○　欧公章疏言地震，山石崩入于海。某谓正是"羸豕孚蹢躅"之义。当极治时已自栽培得这般物在这里了，故直至如今。_{道夫}。

○ 植又问："王沂公云'恩欲己出，怨使谁当'，似此不可为通法否？"曰："它只说不欲牢笼人才，说使必出自我门。它亦未尝不荐人才。"植。

○ 植问："本朝如王沂公，人品甚高，晚年乃求复相，何也？"曰："便是前辈都不以此事为非，所以至范文正方厉廉耻，振作士气。"植又说："如寇莱公也因天书欲复相。"先生曰："固是。"植。

○ 因论李忠定，曰："君子能勤小物，故无大患。"闳祖。

○ 其于人言，思而后对。胡文恭碑。道夫。

○ 先生因泛言交际之道，云："先人曾有杂录册子，记李仲和之祖见居三衢。与包孝肃同读书，一僧舍，每出入必经由一富人门，二公未尝往见之。一日，富人俟其过门，邀之坐。二公托以他事不入。他日复招饭，意愈甚。李欲往，包公正色与语曰：'彼富人也，吾徒异日或守乡郡，今妄与之交，岂不为他日累乎！'竟不往。后十年，二公果相继典乡郡。"先生因嗟叹前辈立己接人之严盖如此，方二公为布衣所志已如此，此古人所谓言行必"稽其所终，虑其所弊"也。或言："近有为乡邑者泛接部内士民如布衣交，甚至狎溺无所不至。后来遇事入手，处之颇有掣肘处。"先生曰："为邑之长，此等处当有限节。若脱略绳墨，其末流之弊必至于此。包、李之事可为法也。"时举。

○ 张乖崖云："阳是人有罪而未书案子，尚变得；阴是已书案，更变不得。"此人曾见希夷来，言似太极图。节。

○ 力行问本朝宰相孰优。先生曰："各有所长。"

朱子语类卷第一百三十

祖宗四

自熙宁至靖康用人

○　问荆公得君之故。曰："神宗聪明绝人，与群臣说话往往领略不去，才与介甫说，便有'于吾言无所不说'底意思，所以君臣相得甚欢。向见何万一之少年时所著数论，其间有一说云，本朝自李文靖公、王文正公当国以来，庙论主于安静，凡有建明便以生事归之，驯至后来天下弊事极多。此说甚好。且如仁宗朝是甚次第时节！国势却如此缓弱，事多不理。英宗即位已自有性气要改作，但以圣躬多病，不久晏驾，所以当时谥之曰'英'。神宗继之，性气越紧，尤欲更新之。便是天下事难得恰好，却又撞着介甫出来承当，所以作坏得如此！"又曰："介甫变法固有以召乱。后来又却不别去整理，一向放倒将去，亦无缘治安。"儒用。

○　论王荆公遇神宗，可谓千载一时，惜乎渠学术不是，后来直坏到恁田地。问："荆公初起便挟术数，为后来如此？"曰："渠初来只是要做事，到后面为人所攻便无去就。不观荆公日录无以知其本末。它直是强辩，邈视一世。如文潞公，更不敢出一语。"问："温公所作如何？"曰："渠亦只见荆公不是，便倒一边。如东坡当初议论亦要变法，后来皆改了。"又问："神宗元丰之政又却不要荆公。"曰："神宗尽得荆公许多伎俩，更何用他？到元丰间事皆自做，只是用一等庸人备左右趋承耳。"又问："明道、横渠初见时皆许以峻用，后来乃如此。莫是荆公说已行，故然？"曰："正如吾友适说徐子宜上殿极蒙褒奖，然〔事〕却不行。"曰："设使横渠、明道用于当时，神宗尽得其学，他日还自做否？"曰："不然。使二先生得君，却自公心上为之，正要大家商量，以此为根本。君心既正，他日虽欲自为亦不可。"又云："富韩公召来，只是要去，语人云：'入见上，坐亦不定，岂能做事？'"某云："韩公当仁庙再用时，与韩魏公在政府十余年，皆无所建明，不复如旧时。"曰："此时事看得极好，当记取。"又问："使范文正公当此定不肯回。"曰："文正却不肯回，须更精密似前日。"可学。

　　○　汪尚书圣锡尝问某云："了翁攻日录，其说是否？"应之曰："不是。"曰："如何不是？"曰："若言荆公学术之谬，见识之差，误神庙委任则可。处谦本云："若言荆公学术不正，负神庙委任之意，是非谬乱为神庙圣学之害，则可。"却云日录是蔡卞增加，又云荆公自增加。如此则是彼所言皆是，但不合增加其辞以诬宗庙耳。又以其言'太祖用兵何必有名？真宗矫诬上天'为谤祖宗，此只是把持他，元不曾就道理上理会，如何说得他倒！"方子。处谦少异。

　　○　"荆公初作江东提刑，回来奏事，上万言书。其间一节云：'今之小官俸薄不足以养廉，必当有以益之。然当今财用匮乏，而复为此论，人必以为不可行。然天下之财未尝不足，特不知生财之道、无善理财之人，故常患其不足。'神宗甚善其言。后来才作参政，第二日便专措置理财，遍置回易库以笼天下之利，谓周礼泉府之职正是如此。却不知周公之制只为天下之货有不售，则商旅留滞而不能行，故以官钱买之，使后来有欲买者，官中却给与之，初未尝以此求利也。"时举云：

"'凡国之财用取具焉'，则是国家有大费用皆给于此，岂得谓之不取利耶？朝廷财用但可支常费耳，设有变故之来，定无可以应之者。"曰："国家百年承平，其实规模未立，特幸其无事耳。若有大变，岂能支邪？神宗一日闻回易库零细卖甚果子之类，因云：'此非朝廷之体。'荆公乃曰：'国家创置有司，正欲领其繁细。若回易库中，虽一文之物亦当不惮出纳，乃有司之职，非人君所当问。若人君问及此，则乃为繁碎而失体也。'其说甚高，故神宗信之。"时举。

○ 刘叔通言："王介甫其心本欲救民，后来弄坏者乃过误致然。"曰："不然。正如医者治病，其心岂不欲活人？却将砒霜与人吃，及病者死却云我心本欲救其病，死非我之罪，可乎？介甫之心固欲救人，然其术足以杀人，岂可谓非其罪？"僩。

○ "新法之行，诸公实共谋之，虽明道先生不以为不是，盖那时也是个合变时节，但后来人情汹汹，明道始劝之以不可做逆人情底事。及王氏排众议行之甚力，而诸公始退散。"道夫问："新法之行，虽涂人皆知其有害，何故明道不以为非？"曰："自是王氏行得来有害，若使明道为之，必不至恁地狼狈。"问："若专用韩、富，则事体如何？"曰："二公也只守旧。""专用温公如何？"曰："他又别是一格。"又问："若是二程出来担负，莫须别否？"曰："若如明道，十事须还他全别方得。只看他当时荐章谓其'志节慷慨'，则明道岂是循常蹈故、块然自守底人！"道夫。

○ 因语荆公，陆子静云："他当时不合于法度上理会。"语之云："法度如何不理会？只是他所理会非三代法度耳。"居甫问："荆公节俭恬退，素行亦好。"曰："他当时作此事已不合中。如孔子于饮食衣服之间亦岂务灭裂？它当初便只苟简，要似一苦行然。"某问："明道'共政'之说亦是权?”曰：“是权。若从此说纵未十分好，亦不至如它（目）〔日〕之甚。”问：“<u>章子厚</u>说，<u>温公</u>以母改子，不是。此说却好。”曰：“当时亦是<u>温公</u>见得事急，且把做个题目。”问：“<u>温公</u>当路却亦如<u>荆公</u>，不通商量。”曰：“<u>温公</u>亦只是见得前日不是，己又已病，急欲救世耳。<u>哲宗</u>于<u>宣仁</u>有憾，故<u>子厚</u>辈得入其说，如亲政次日即召中官。<u>范淳夫</u>疏，拳拳君臣之间只说到此，向上去不得，其如之何?”问：“<u>宣仁</u>不还政，如何?”曰：“<u>王彦霖</u>系年录一段可见此。尝对<u>宣仁</u>后论君子小人，<u>彦霖</u>云：‘太皇于宫中须说与皇帝。’曰：‘亦屡说，孙儿都未理会得。’观此一节，想是以未可分付故不放下。<u>宣仁</u>性极刚烈，<u>蔡新州</u>之事行遣极重。”曰：“当时若不得<u>范忠宣</u>救，杀了他，他日诸公祸又重。”曰：“赖有此耳。”又问：“<u>韩师朴</u>、<u>曾子宣</u> <u>建中</u>事如何?”曰：“渠二人却要和会。<u>子宣</u>日录极见渠心迹。当时商量云，左除却轼、辙，右除却京、卞，此意亦好。后来元祐人渐多，颇攻其短，<u>子宣</u>却反悔，<u>师朴</u>无如之何。”又问：“<u>蔡京</u>之来乃<u>师朴</u>所引，欲以倾<u>子宣</u>。”曰：“京入朝，<u>师朴</u>遣子迎之十里，<u>子宣</u>却遣子迎之二十里。京既入，和二人皆打出。”<u>可学</u>。〔或录云：“<u>韩师朴</u>是个鹘突的人，荐<u>蔡京</u>，欲使之排<u>曾子宣</u>云云。”〕

○　<u>荆公</u>德行，学则非。<u>若海</u>。

○　“<u>王氏</u> <u>新经</u>尽有好处，盖其极平生心力，岂无见得着处?”因举书中改古注〔点句〕数处，云：“皆如此读得好。此等文字，某尝欲看一过与撼撮其好者而未暇。”<u>贺孙</u>。<u>木</u>之录同。

○　世上有个“依本分”三字，只是无人肯行。且如<u>苏氏</u>之学却尚成个物事，若<u>王氏</u>之学则都不成物事。不知怎生地，人却偏要去学，这便是不依本分。近看那<u>博古图</u>更不成文理，更不可理会，也是怪。其中如说一“旅”字，<u>王</u>解曰“众也”，这岂特<u>王氏</u>解作“众”? 自古解作

"众"，他却要恁地说时则是说王氏较得些子。这便是要（本）取奉那王氏，但恁地也取奉得来不好。义刚。

○ 王荆公尝作兵论，刘贡父一日诣之，荆公未出，贡父于书院中砚底下取读，皆记得，又顿放元处。待荆公出，论兵，贡父依荆公兵论说曰某策如此。荆公遂于砚下取兵论焚之。好异恶同如此。可学。

○ 介甫其初与吕吉甫好时，常有简帖往来。其一云："勿令上知。"后来不足，吕遂缴奏之，神宗只胡乱藏掩了。但介甫只为好人奉己，故与吕合。若东坡门，不顺他则硬要治之，如何天生得他恁地狠！义刚。

○ 荆公后来所以全不用许多儒臣，也是各家都说得没理会。如东坡以前进说许多，如均户口、较赋役、教战守、定军制、倡勇敢之类，是煞要出来整理弊坏处。后来荆公做出，东坡又却尽底翻转（去），〔云〕也无一事可做，如拣汰军兵也说怕民怨，削进士恩例也说士人失望，恁地都一齐没理会始得。且如役法，当时只怕道衙前之役易致破荡，当时于此合理会，如何得会破荡？晁以道文集有论役法处，煞好。贺孙。

○ 蕫卿问荆公与坡公之学。曰："二公之学皆不正，但东坡之德行那里得似荆公！东坡初年〔若〕得用，未必其患不甚于荆公，但东坡后来见得荆公狼狈，所以却自改了。初年论甚生财，后来见青苗之法行得狼狈便不言生财。初年论甚用兵，如曰'用臣之言虽北取契丹可也'，后来见荆公用兵用得狼狈更不复言兵。他分明有两截底议论。"道夫。

○ 因论高甲人及叶祖洽，邵武泰宁人。曰："此人本无才能，但时方尊尚介甫之学，祖洽多用其说，且因而推尊之，故作第一人。按编年，上好读孟子，人未之知。时延试进士，始用策，叶祖洽乡人黄履在禁从，因以告之。祖洽试策皆援引孟子，故称旨，擢为第一。然其人品凡下，又不敢望，新进用事之人提拔不起，当时不甚擢用。元祐固是无缘用他，及至绍圣间复行‘绍述’之说，依旧在闲处，其人无聊之甚，遂自诡以为熙丰旧人，知熙丰事为详。又谓：‘赵挺之亦熙丰旧人，尝荐臣。今蒙擢在言路，乞召问之。’士大夫贪得患失，固无所不至，然未有若祖洽之甚者。"或谓："此等人亦缘科第高，要做官职，牵引得如此。"曰："只是自家无志，若是有志底自然牵引它不得。盖他气力大，如大鱼相似，看是甚网都迸裂出去。才被这些子引动，便是元无气力底人。如张子韶、汪圣锡、王龟龄一样底人，如何牵引得他！"义刚。儒用同。

○ 曾子固初与介甫极厚善，入馆后出倅会稽令。集中有诗云"知者尚复然，悠悠谁可语"，必是曾谏介甫来，介甫不乐，故其当国不曾引用。后介甫罢相，子固方召入，又却专一进谀辞，归美神宗更新法度，得个中书舍人。丁艰而归，不久遂亡。不知更活几年，又做如何合杀。子宣在后，一向做出疏脱来。初，子宣有意调停，不主元祐，亦不主元丰，遂有建中靖国年号，如丰相之、陈莹中、邹志完辈，皆其所引。却又被诸公时攻其短，子宣不堪，有斥之使去国者。其弟子开曾有书与子宣云："某人者皆时名流，今置闲处。"盖为是也。后韩忠彦欲挤子宣，遂引蔡京入来。子宣知之，反欲通殷勤于京。忠彦方遣其子迓京，则子宣之子已将父命迎之于二十里外矣。先时子宣攻京甚力，至是遂不复谁何。凡京有所论奏，不曰"京之言是"则曰"京之言善"，又不自知其疏脱。见之日录。德明。

○ 先生取荆公进邺侯家传者，令人杰读之。〔广录云："取荆公议府兵奏稿及邺侯与德宗议府兵之说，令诸生诵之。曰：'如今得个宰相如此，甚好.'"〕又读周益公跋。先生曰："如益公说，则其事都不成做。"读毕，人杰云："邺侯有智略，如劝肃宗先取范阳亦好。"先生曰："此策诚善。彼劝肃宗以未可取两京者，欲以两京縻其四将，惜乎不用也！"人杰云："荆公保甲行于畿甸，其始固咈人情，然元祐诸公尽罢之，却是坏其已成之法。"先生曰："固是。近临江张元德亦有此议论寄来。"因言："元祐诸公大略有偏处，多如此。"人杰云："如弃地与西夏亦未安。"先生曰："当时如吕微仲自以为不然。盖吕是西人，知其利害，其他诸公所见恨不得纳诸其怀，其意待西夏倔强时只欲卑巽请和耳。"因言："本朝养兵蠹国，更无人去源头理会，只管从枝叶上去添兵添将。太祖初定天下，将诸军分隶州郡，特寄养耳，〔故〕谓之'第几指挥'，谓之'禁军'，明其为禁卫也。其将校乃衙前，今所谓'都知兵马使'，谓之'教练'，乃其军之将也。若都监乃唐末监军之遗制，钤辖、都部署皆国初制也。部署即今之总管，今州钤、路钤、总管皆无职事，但大阅时供职一两日耳。某在潭州有八指挥，其制皆废弛，而飞虎一军独盛，人皆谓辛幼安之力。以某观之，当时何不整理亲军？自是可用。却更别创一军，又增其费。又今之江上屯驻，祖宗时亦无之。某之意，欲使之更戍互换州郡，可以渐汰将兵。然这话难说，又今之两淮、荆、襄义勇皆可用，但人多不之思耳。"人杰。〔广录云："京畿保甲之法，荆公做十年方成。至元祐时温公废了，深可惜！盖此是已成之事，初时人固有怨者，后来做得成，想人亦安之矣。却将来废了，可惜！因言军政后来因事而添者甚多，添得新者却不理会旧时有者。祖宗只有许多禁军散在诸州，谓之禁军者，乃天子所用之军，不许他役。而今添得许多御前诸军分屯了，故诸州旧有禁军皆不理会。又如潭州缘置飞虎一军了，都不管那禁军与亲兵。"〕

○　又曰："温公可谓知、仁、勇。他那治国救世处是甚次第！其规模稍大，又有学问，其人严而正。"植。以下司马文正公。

○ "司马公忧国之心至垂绝犹未忘，道乡先生亦然。切谓到此无可奈何，亦只得休矣。"先生曰："全不念着却如释氏之忘，若二公者又似太过。"问："夫子曳杖负手，逍遥而歌，却不然。"曰："夫子犹言：'明王不兴，天下孰能宗予！'依旧是要做他底。"德明。

○ 曹兄问："诸先生皆以为司马公许多年居洛只成就得一部通鉴，及到入朝却做得许多不好事。"先生曰："道司马公做得未善即是，道司马公之失却不是，当时哲庙若有汉昭之明，便无许多事。"又曰："不知有圣人出来，天下事如何处置？"因举易云"井渫不食，行恻也；求王明，受福也"。卓。

○ 范蜀公作温公墓志乃是全用东坡行状，而后面所作铭多记当时奸党事。东坡令改之，蜀公因令东坡自作，因皆出蜀公名，其后却无事，若他依范所作，恐不免被小人掘了。义刚。

○ 义刚曰："温公力行处甚高，陈本"高"字作"笃"，只是见得浅。"先生曰："是。"义刚。陈淳录同。

○ 司马温公为谏官，与韩魏公不合。其后作祠堂记，极称其为人，岂非自见熙丰之事故也？韩公真难得，广大沉深！可学。

○ 子思所谓"诚"包得温公所谓"不妄语"者，温公"诚"在子思"诚"里。闳祖。

○ 温公以正直中和为德、聪察强毅为才。先生曰："皆是德也。圣人以仁智勇为德，聪察便是智，强毅便是勇。"赐。

○ 才有好底，有不好底；德有好底，有不好底。德者，得之于己；才者，能有所为。如温公所言，才是不好底。既才是不好底，又言"才德兼全，谓之圣人"，则圣人一半是不好底！温公之言多说得偏，谓之不是则不可。节。

○ 温公论才、德处未尽，如此则才都是不好底物矣。僴。

○ 涑水记闻，吕家子弟力辨以为非温公书。盖其中有记吕文靖公数事，如杀郭后等。某尝见范太史之孙某说亲收得温公手写稿本，安得为非温公书！某编八朝言行录，吕伯恭兄弟亦来辨。为子孙者只得分雪，然必欲天下之人从己则不能也。僴。

○ 问："明道论元祐事须并用张、蔡之党。"曰："明道只是欲与此数人者共变其法，且诱他入脚来做。"问："如此却似任术？"曰："处事亦有不能免者，但明道是至诚为之，此数人者亦不相疑忌。然须是明道方能了此。后来元祐诸公治得此党太峻，亦不待其服罪。温公论役法疏略，悉为章子厚反驳，只一向罢逐，不问所论是非，却是太峻急。然当时如蔡确辈留得在朝廷，岂不害事！"德明。

○ "元祐诸贤议论，大率凡事有据见定底意思，盖矫熙丰更张之失，而不知其堕于因循。既有个天下，兵须用练，弊须用革，事须用整顿。如何一切不为得？"又曰："元祐诸贤多是闭着门说道理底。后来见诸行事，如赵元镇意思，是其源流大略可睹矣。"儒用。

○ 范淳夫不可晓，招李方叔教其子范温辈，〔温者不佳。〕又尝荐陈元舆自代。若道要纯谨，李方叔初不纯谨；若道要学术议论，元舆又不是这样人。德明。

○ 范淳夫纯粹，精神短，虽知尊敬程子而于讲学处欠缺。如唐鉴好，读之亦不无憾。道夫。

○ 范淳夫说论语较粗，要知却有分明好处，如唐鉴文章所以最好。不知当时也是此道将明，如何便教诸公都恁地白直！某尝看文字，见说得好处便寻他来历，便是出于好人之门。贺孙。

○ 范淳夫讲义做得条畅。此等正是他所长，说得出能如此分晓。伯丰。

○ 唐鉴议论觉似迂缓不切。考其意，盖王介甫秉政造新法，神考专意信之，以为真可以振起国势，一新其旧，故范氏之论每以为此惟在人主身心之间而不在法。如言丰财在于节用，神考曰："岂有着破皂袄、破皮鞋即能致国富邪！"公谨。

○ 韩持国、赵清献俱学佛。向在衢州见清献公家书，虽佛寻常言语奉持亦谨，居家清（谨）〔苦〕之甚。韩持国卧病，令家人奏乐于前，就床上辗转称快。以此而观，则清献所得多矣。德明。

○ 问："黄尚书履、安中邢和叔恕二人者少居太学，邢固俊拔，黄亦谨厚力学，后二人却如此狼狈。如何？"曰："他固会读书，只是自做人不好。然黄却是个白直底好人，只是昏愚无知无见识。而邢则罪过多。黄后来都被邢般得不好，缘黄昏愚又爱官职，所以被他引得不好。邢则有意于为恶，又济之以才，所以罪过大。"卓。

○ 邢恕本不定叠，知随州时，温公犹未绝之，与通书。只是明道、邵康节看得好，康节诗云"慎勿轻为西晋风"，明道语见上蔡录中

"便不得不说"处。开封剐子事只是后来撰出，当时无此事，辨诬中有"妄谓"二字。德明。

○ 庄仲问："本朝名公有说得好者，于行上全不相应，是如何？"先生曰："有一等人能谈仁义之道，做事处却乖。此与鬼念大悲咒一般，更无奈何他处。"又曰："只是知得不明之故。笔谈言士人门做文字，问即不会、用则不错者皆是也。岂可便以言取人！然亦不可以人废言，说得好处须还他好始得。如孟子取阳虎之言，但其用意别耳。"友仁。

○ "学中策问，苏程之学，二家当时自相排斥，苏氏以程氏为奸，程氏以苏氏为纵横。以某观之，只有〔荆公〕修仁宗实录，言老苏之书大抵皆纵横者流，程子未尝言也。如遗书说'贤良'一段，继之以'得志'、'不得志'之说，却恐是说他。坡公在黄州猖狂放恣，'不得志'之说恐指此而言。"道夫问："坡公与伊洛相排，不知何故？"曰："他好放肆，见端人正士以礼自将，却恐他来检点，故恁诋訾。"道夫曰："坡公气节有余，然过处亦自此来。"曰："固是。"又云："老苏辨奸，初间只是私意如此。后来荆公做不着，遂中他说。然荆公气习，自是一个要遗形骸、离世俗底模样，吃物不知饥饱。尝记一书载公于饮食绝无所嗜，惟近者必尽。左右疑其为好也，明日易以他物而置此品于远，则不食矣，往往于食未尝知味也。至如食钓饵，当时以为诈，其实自不知了。近世吕伯恭亦然，面垢身污似所不恤，饮食亦不知多寡。要之，即此便是放心。辨奸以此等为奸，恐不然也。老苏之出，当时甚敬崇之，惟荆公不以为然，故其父子皆切齿之。然老苏诗云'老态尽从愁里过，壮心偏傍醉中来'，如此无所守，岂不为他荆公所笑？如上韩公书求官职，如此所为，又岂不为他荆公所薄！至如坡公著述，当时（便）〔使〕得尽行所学则事亦未可知。从其游者皆一时轻薄辈，无少行检，就中如秦少游则其最也。诸公见他说得去，更不契勘，当时若使尽聚朝廷之上，则天下何由得平！更是坡公首为无稽，游从者从而和之，岂不害事！但其用之不久，故他许多败坏之事未出。兼是后来群小用事又费力似他，故觉得他个好。"道夫。

○ 或问："东坡若与明道同朝，能从顺否？"曰："这也未见得。明道终是和粹，不甚严厉。东坡称濂溪只是在他前，不与同时同事。"因说："当时诸公之争，看当时如此，不当论相容与不相容。只看是因甚么不同，各家所争是争个甚么。东坡与荆公固是争新法。东坡与伊川是争个甚么？只看这处，曲直自显然可见，何用别商量？只看东坡所说云：'几时得与他打破〔这敬〕！'这说话只要奋手挥臂、放意肆志、无所不为便是，只看这处，是非曲直自易见。论来若说争只争个是非，若是，虽斩首穴胸亦有所不顾；若不是，虽日食万钱、日迁九官亦只是不是。看来别无道理，只有个是非，若不理会得是非分明便不成人，若见得是非方做得人。这个是处便是人立脚底地盘，向前去，虽然更有里面子细处，要知大原头只在这里。且要理会这个教明白始得，这个是处便即是道，便是所谓'天命之谓性，率性之谓道'。万物万事之所以流行只是这个，做得是便合道理，才不是便是不合道理。所谓学问也只在这里，所以大学要先格物、致知。一件物事固当十分好，若有七分好、三分不好也要分明，这个道理直是要分明，细入于毫发，更无些子夹杂。"又云："东坡如此做人，到少间便都排废了许多端人正士，却一齐引许多不律底人来。如秦、黄虽是向上，也只是不律。因举鲁直饮食帖。东坡虽然疏阔，却无毒，子由不做声，却险，少游文字煞弱，都不及众人，得与诸苏并称，是如何？子由初上书煞有变法意。只当是时非独荆公要如此，（然）诸贤都有变更意。"贺孙。

○ 胡（谓）〔问〕："东坡兄弟若用时，皆无益于天下国家否？"曰："就他分限而言，亦各有用处；论其极，则亦不济得事。"淳。

○ 东坡你只管骂<u>王介甫</u>。<u>介甫</u>固不是，但教你作宰相时，引得<u>秦少游</u>、<u>黄鲁直</u>一队进来坏了，更猛。_{淳。}

○ 东坡议论大率前后不同，如<u>介甫</u>未当国时是一样议论，及后来又是一样议论。_{公谨。}

○ 或问："<u>张安道</u>为人何如？"先生曰："不好。如攻<u>范</u>党时他大节自亏了。后来为<u>温公</u>攻击，章凡六七上，<u>神宗</u>不听，遂除<u>温公</u>过翰林学士，而<u>张</u>居职如故。尝见<u>东坡</u>为<u>温公</u>神道碑，叙<u>温公</u>自翰林学士为御史中丞，自御史中丞再为翰林学士，心（常）〔尝〕疑之，此一节必有所以。后观<u>温公</u>集，乃知<u>温公</u>以攻<u>安道</u>之故，再自御史过翰林。而<u>东坡</u>兄弟怀其平日待遇之厚，不问是非，极力尊之。故<u>东坡</u>删去此一节，不言其事，遂令读者有疑<u>安道</u>不好。又<u>刘公</u>_{湖州人，忘其名谥。}亦数章攻之，而不见其首三章，集中止有第四章，大概言，臣攻<u>方平</u>之短已具于前数奏中。记得是最言其不孝之罪，可惜不见。盖<u>东坡</u>尊<u>方平</u>，而天下后世之人以<u>东坡</u>兄弟之故，遂为<u>东坡</u>讳而隐其事，并毁其疏以灭踪。某尝问<u>刘公</u>之孙某求之，而其家亦已无本矣。<u>方平</u>（常）〔尝〕托某人买妾，其人为出数百千买妾，<u>方平</u>受之而不偿其直，其所为皆此类也。<u>安道</u>是个<u>秦</u>不收、<u>魏</u>不管底人，他又为正人所恶，那边又为<u>王介甫</u>所恶。盖<u>介甫</u>是个修饬廉隅孝谨之人，而<u>安道</u>之徒平日苟简放恣惯了，才见礼法之士必深恶，如<u>老苏</u>作辨奸以讥<u>介甫</u>、<u>东坡</u>恶<u>伊川</u>皆此类耳。论来<u>介甫</u>初间极好，他本是正人，见天下之弊如此，锐意欲更新之，可惜后来立脚不正，坏了。若论他甚样资质孝行，这几个如何及得他！他门平日自恣惯了，只见修饬廉隅、不与己合者即深诋之，有何高见！"_{卓。}

○ <u>温公</u>自翰林学士迁御史中丞，累章论<u>张方平</u>，所论不行，<u>温公</u>自中丞复为翰林学士。<u>东坡</u>作<u>温公</u>神道碑，只说自中丞复为翰林学士，却节去论方平事，为方平讳也。某初时看更晓不得，后来看得温公文集，方知是如此。文蔚。

○ 老苏说得眼前利害事却好。学蒙。

○ 三代节制之师，老苏权论不是。骞。

○ 东坡解经莫教说着处直是好！盖是他笔力过人，发明得分外精神。儒用。

○ 东坡天资高明，其议论文词自有人不到处。如论语说亦煞有好处，但中间须有些漏绽出来。如作欧公文集序先说得许多天来底大，恁地好了，到结末处却只如此，盖不止龙头蛇尾矣。当时若使他解虚心屈己，锻炼得成甚次第来！木之。

○ 或问："东坡言'逝者如斯而未尝往也，盈虚者如代而卒莫消长也'，此只是老子'独立而不改，周行而不殆'之意否？"曰："然。"又问："此语莫也无病？"曰："便是不如此。既是'逝者如斯'，如何不往？'盈虚者如代'，如何不消长？既不往来、不消长，却是个甚底物事？这个道理，其来无尽，其往无穷，圣人但云'维天之命，於穆不已'，又曰'逝者如斯夫'，只是说个不已，何尝说不消长、不往来？它本要说得来高远，却不知说得不活了。既是'往者如斯，盈虚者如代'，便是这道理流行不已也。东坡之说便是肇法师'四不迁'之说也。"又云："'盈虚者如代'，'代'字今来多误作'彼'字。又'而吾与子之所共食'，'食'字多误作'乐'字。尝见东坡手写本皆作'代'字、'食'字。顷年苏季真刻东坡文集，尝见，问'食'字之义。答之云：'如"食邑"之"食"，犹言享也。史书言"食邑其中"，"食其邑"是这样

"食"字。今浙间陂塘之民"食利民户"，亦此意也。'"又云："碑本后赤壁赋'梦二道士'，'二'字当作'一'字，疑笔误也。"僩。

○　须见得道理都透了而后能静，东坡云"定之生慧不如慧之生定较速"，此说得也好。淳。

○　或言："东坡虽说佛家语亦说得好。"先生曰："他甚次第见识！甚次第才智！它见得那一（道）〔边〕明，亦曾下工夫，是以说得那一边透。今世说佛也不曾做得他工夫，说道也不曾做得此边工夫，只是虚飘飘地沙魇过世。"谦。

○　问："东坡与韩文如何？"曰："平正不及韩公。东坡说高妙处只是说佛，其他处又皆粗。"〔又问："欧公如何？"曰："浅。"久之，又曰："大概皆以文人自立。平时读书只把做考究古今治乱兴衰底事，要做文章，都不曾向身上做工夫，平日只是以吟诗饮酒戏谑度日。"〕淳。

○　东坡善议论，有气节。若海。

○　东坡平时为文论利害，如主意在那一边，利处只管说那利，其间有害处亦都知，只藏匿不肯说，欲其说之必行。淳。

○　因说东坡刑赏忠厚之至论"悉举而归之仁义"，如是则仁义乃是不得已而行之物，只是作得一痴忠厚。此说最碍理，学者所当察。可学。

○　因论二苏刑赏忠厚之至论极做得不是。先生曰："用刑，圣人常有不得已之心；用赏，圣人（尝）〔常〕有不吝予之意。此自是忠厚了，若更于罪之疑者从轻，于功之疑者从重，这尤是忠厚。此是两截之事。"卓。

○ 东坡南安学记说，古人井田封建不可行，今只有个学校而已。其间说舜远不可及，得如郑子产为乡校足矣。如何便决定了千万世无人可以为舜只得为子产！又说古人于射时因观者群聚遂行选士之法，此似今之聚场相扑作戏一般，可谓无稽之论。自海外归来大率立论皆如此。淳。

○ 温公墓碑云"曰诚，曰一"，人多议之，然亦未有害。"诚"者以其表里言之，"一"者以其始终言之。人杰。

○ "坡公作温公神道碑叙事甚略，然其平生大致不逾于是矣，这见得眼目高处。"道夫曰："其作富公碑甚详。"曰："温公是他已为行状，若富公则异于是矣。"又曰："富公在朝不甚喜坡公。其子弟求为此文恐未必得，而坡公锐然许之。自今观之，盖坡公欲得此为一题目以发明己意耳。其首论富公使虏事，岂苟然哉！"道夫曰："向见文字中有云，富公在青州活饥民，自以为胜作中书令二十四考，而使虏之功盖不道也。坡公之文非公意矣。"曰："须要知富公不喜，而坡公乐道而铺张之意如何。"曰："意者，富公嫌夫中国衰弱而夷狄盛强，其为此举实为下策。而坡公则欲救当时之弊，故首以为言也。"先生良久，乃曰："富公之策自知其下，但当时无人承当，故不得已而为之尔，非其志也。使其道得行，如所谓选择监司等事一一举行，则内治既强，夷狄自服，有不待于此矣。于今乃增币通和，非正甚矣。坡公因绍圣元丰间用得兵来狼狈，故假此说以发明其议论尔。"道夫。

○ 东坡记贺水部事，或云无此事，盖乔同给东坡以求诗尔。僩。

○ 东坡荐秦少游，后为人所论，他书不载，只丁未录上有。尝谓东坡见识如此，若作相，也弄得成蔡京了。李方叔如许，东坡也荐他。庚。

○ "东坡聪明，他岂不晓觉得？他晚年自知所学底倚靠不得。及与李昭玘书有云：'黄、秦辈挟有余之资而骛于无涯之智，必极其所如，将安所归宿哉？念有以反之。'范尧夫持两端，两边都不恶他，也只是不是。如今说是说非都是闲说。若使将身己顿放在苏、黄间，未必不出其下，须是自家实见得强了他方说得他，如孟子辟杨、墨相似。这道理只是一个道理，只理会自家身己是本，其他都是闲物事。缘自家这一身是天造地设，已尽担负许多道理，才理会得自家道理则事物之理莫不在这里。一语一默、一动一静、一饮一食皆有理，才不是便是违这理。若尽得这道理方成个人，方可以柱天踏地，方不负此生。若不尽得此理，只是空生空死，空具许多形骸，空受许多道理，空吃了世间人饭。见得道理若是，世上许多闲物事都没要紧，要做甚么？"又曰："伊尹说'天之生斯民也，使先知觉后知，使先觉觉后觉。予，天民之先觉者也，予将以斯道觉斯民也。非予觉之而谁也'，'思天下之民，匹夫匹妇有不与被尧舜之泽者，若己推而纳之沟中。其自任以天下之重如此'。圣贤与众人皆具此理，众人自不觉察耳。"又曰："圣人之心如青天白日，更无些子蔽翳。"又曰："如今学者且要收放心。"又曰："万理皆具于吾心，须就自家身己做工夫方始应得万物万事，所以大学说'在明明德，在新民'。"贺孙。

○ "看子由古史序说圣人'其为善也，如冰之必寒、火之必热，其不为不善也，如骓虞之不杀、窃脂之不谷'，此等议论极好，程、张以后文人无有及之者。盖圣人行事，皆是胸中天理自然发出来不可已者，不待勉强有为为之。后世之论皆以圣人之事有所为而然，周礼纤悉委曲去处却以圣人有邀誉于天下之意，大段鄙俚。此皆缘本领见处低了，所以发出议论如此。如陈君举周礼说有'畏天命即人心'之语，皆非是圣人意。"因说："欧公文字大纲好处多，晚年笔力亦衰。曾南丰议论平正，耐点检。李泰伯文亦明白好看。"木之问："老苏文议论不正当。"曰："议论虽不是，然文字亦自明白洞达。"木之。

○ 论子由古史言帝王以无为宗。因言："佛氏学只是任它意所为，于事无有是处。"德明云："杨敬仲之学是如此。"先生曰："佛者言'但愿空诸所有，谨勿实诸所无'。〔事必欲忘却，故曰"但愿空诸所有"；心必欲其空，故曰"谨勿实诸所无"。杨敬仲学于陆氏，更不读书，是要不"实诸所无"。〕已读之书皆欲忘，却是要'空诸所有'。"德明。

○ 子由古史论，前后大概多相背驰，亦有引证不着。是他老来精神短，做物事都忘前失后了。淳。

○ 近见苏子由语录大抵与古史相出入。它也是说要"一以贯之"，但是他说得别。他都只是守那一，说万事都在一，然而又不把一去贯，说一又别是一个物事模样。义刚。按，陈淳录同而略。

○ 因说栾城集，先生曰："旧时看他议论亦好，近日看他文字煞有害处。如刘原父高才傲物，子由与他书劝之谦逊下人，此意甚好。其间却云'天下以吾辩而以辩乘我，以吾巧而以巧困我，不如以拙养巧、以讷养辩'，如此则是怕人来困我，故卑以下之，此大段害事。如东坡作刑赏忠厚之至论，却说'惧刑赏不足以胜天下之善恶，故举而归于仁'，如此则仁只是个鹘突无理会底物事，故又谓'仁可过，义不可过'。大抵今人读书不子细，此两句却缘'疑'字上面生许多道理。若是无疑，罪须是罚，功须是赏，何须更如此?"或曰："此病原起于老苏。"先生曰："看老苏六经论则是圣人全是以术欺天下也。子由晚年作待月轩记，想他大段自说见得道理高，而今看得甚可笑。如说轩是人身，月是人性，则是先生下一个人身，却外面寻个性来合凑着，此成甚义理!"〔雉。〕

○ 苏东坡子过、范淳夫子温皆出入梁师成之门，以父事之。然以其父名在籍中，亦不得官职。师成自谓东坡遗腹子，待叔党如亲兄弟，谕宅库云："苏学士使一万贯以下不须覆。"叔党缘是多散金，卒丧其身。又有人失姓名，师成妻死，温与过当以母礼丧之，方此疑忌彼一人。不得已衰绖而往，则彼一人先衰绖在帷下矣。可学。

○ 黄鲁直以元祐党贬，得放还，因为荆南甚寺上作塔记。人以此媒孽他，故又再贬。所以苏子由门皆闭门绝宾客。尝有人自蜀来，累日不得见。询其邻人，云："他十数日必一出门外小亭上坐。"其人遂日候其出，才得一揖。子由让其坐，且云："待某入着衣服。"即入（坐）〔去〕，一向不出。庚。

○ 黄鲁直书浯溪碑是他最好底议论。而沙随却说他不是，盖云肃宗收复两京、再造王室，其功甚大，不可短他。这事不如此。肃宗之收复京师，其功固可称。至不待父命而即位，分明是篡。功过当作两项说，不以相掩可也。沙随之论大概要考其细碎制度，不要人说义理，与致堂说皆相反。如云韩、赵、魏为诸侯不为不是，盖为周室微弱不可不立他，待自家强盛方可去治他。又云晋之所以为三卿分者，是其初不合并得地太大，所以致得恁地。若如此，则周室为诸侯所陵，亦谓之武王不合有此天下，可乎?汉匡衡当恭、显用事不敢有言，至恭、显死后方论他，遂为王尊所劾。沙随以为人主之意不可回，宰相不可以谏他，反遭祸害。又唐刘蕡云，天子不可漏言，他却诵言于庭，使宦官之势愈张。沙随却云，刘蕡以布衣应直言极谏科，合如此说，纵杀身犹可以得名。岂有宰相与天子一体而不谏诤人主，布衣却可出来说！致堂说二疏是见元帝不足傅相，故持知止之义以求退，看他是如此。若萧望之，则不容于死，是不若二疏之先见。沙随乃云不然，且引郑忽之事为证，又不着题，皆不成议论。庚。

○　晁以道后来亦附梁师成，有人以诗嘲之曰"早赴朱张饭，随赓蔡子诗。此回休倔强，凡事且从宜"。人杰。

○　先生看东都事略。文蔚问曰："此文字如何？"曰："只是说得一个影子，适间偶看陈无己传，（都不在）〔他好处都不载〕。"问曰："他好处是甚事？"曰："他最好是不见章子厚，不着赵挺之绵袄。傅钦之闻其贫甚，怀银子见他欲以赒之，坐间听他议论，遂不敢出银子。如此等事他都不载。如黄鲁直传，鲁直亦自有好处，亦不曾载得。"文蔚问："鲁直好在甚处？"曰："他亦孝友。"文蔚。

○　陈后山与赵挺之、邢和叔为友婿，皆郭氏婿也。后山推尊苏、黄，不附王氏，故与和叔不协。时后山在馆中，差与南郊行礼。亲戚谓其妻曰："登郊台率以夜半时，寒不可禁，须多（辨）〔办〕绵衣。"而后山家止有一裘，其妻遂于邢家借得一裘以与。后山云："我只有一裘，已着，此何处得来？"妻以实告。后山不肯服，亟令送还，竟以中寒感疾而卒。或曰："非从邢借，乃从赵借也。"故或人祭文有云"囊无副衣"，即谓此也。赵挺之初亦是熙丰党中人，附蔡元长以得进，后来见得蔡氏做得事势不好了，却去攻他。赵有三子：曰〔存〕诚，曰思诚，曰明诚。明诚，李易安之夫也，文笔最高，金石录煞做得好。广。

○　陈了翁气刚才大，惜其不及用也。若海。以下了翁、元城、道乡。

○　陈了翁在贬窜中，与蔡京辈争辩不已，亦是他有智数，盖不如此，则必为京辈所杀矣。人杰。〔或录云："了翁固是好人，亦有小小智数，云云。"〕

○　偰尝问："元城、了翁之刚，孰为得中？"曰："元城得中，了翁后来有太过处。元城只是居其位便极言无隐，罪之即顺受。了翁后来做得都不从容了。所以元城尝论其尊尧集所（以）言之过，而戒之曰：'告君行己，苟己无憾，而今而后可以忘言矣。'"偰。

○　了翁有济时之才。道乡纯粹，才不及他。使了翁得志必有可观。道夫。

○　先生问："潮州前此有迁客否？"德明答以不知。因言："子由谪循州。元城经行梅州，当时或有言刘器之好命，用事之人拟窜某州，云：'且与他试命去。'后来放还居南都，尚康强，至宣和末年方殁。只隔一年便有金虏之祸，使元城不死必召用。是时天下事被人作坏，已如鱼烂了，如何整顿！一场狼狈不小。今日且是无人望。元城在南都，似个银山铁壁，地又当往来之冲。过者必见，历历为说平生出处，无少回护，群小虽睥睨，不敢动着他。"德明。〔闳录云："此老若在，教他做时，不知能救得如何？"〕

○　邹道乡奏议不见于世。德父尝刊行家集，龟山以公所弹击之人犹在要路，〔故〕今集中无奏议。后来汪圣锡在三山刊龟山集，求奏议于其家，安止移书令勿刊，可惜！不知龟山犹以出处一事为疑，故奏议不可不行于世。安止判院闻之，刻于延平。德明。

○　问刘元承挞邹志完舟人事。见晁氏家语。先生曰："道乡赴贬所到某州，元承为太守。舟人覆云，若载邹正言，不敢取一文钱。刘遂挞之。"因云："元承当蔡京用事时煞做好官。"德明。〔扬录云："舟子不用钱愿载。刘闻之，追舟子史一慎，不得去载。"〕

○　或问胡邦衡在新州十七八年不死。先生曰："天生天杀，道之理也，人如何解死得人。"广。以下皆章、蔡等。

○　先生伤时世之不可为，因叹曰："忠臣杀身不足以存国，谗人构祸，无罪就死。后人徒为悲痛，奈何！刘莘老死亦不明，今其行状似云死后以木匣取其首。或云服药，或云取首级，皆无可考。国史此事是先君修，止云：'刘挚、梁焘相继死岭表，天下至今哀之。'初，文潞公之子及甫以刘莘老当言路，潞公欲除中书令。诸公议，恐事多易杂，若致缴驳，反伤老成，遂只除平章军国重事，乃是为安潞公计耳。渠家不悉，反终以为怨。及甫以书与邢恕，有'粉昆、司马昭'等语。邢恕收藏此柬，待党事发，即以此嫁祸于刘、梁。本来'粉昆'之语乃指韩忠彦，盖忠彦之弟嘉彦为驸马都尉，人呼为'粉侯'，昆即兄也。后事发，文及甫下狱，供称'司马昭'是说刘挚，'粉'是说王岩叟，以其面白如粉。昆者，兄也；兄，况也，是说梁况之。故王岩叟虽已死，而二人皆以此重行贬窜以死。"贺孙。

○　龟山作周宪之墓铭，再三称其劾童贯之疏，但尚书当时亦少索性。若海。

○　杲老为张无尽所知。一日，语及元祐人才，杲问："相公以为如何？"张曰："皆好。如温公，大贤也。"杲曰："如此则相公在言路时，论他则甚？"张笑曰："公便理会不得，只是后生死急要官做后如此。"广。

○　章子厚与温公争役法，虽子厚悖慢无礼，诸公争排之，然据子厚说底却是。温公之说前后自不相照应，被他一一捉住病痛敲点出来。诸公意欲攻之，所以排他出来。又他是个不好底人，所以人人皆乐其去耳。儒用。

○　永嘉周礼说序云："本朝宽大，任子及于异姓，取士及于特奏，养兵及于剩员。甚者污吏有叙复，重辟有奏裁云云。"因言："章子厚召还，过某处，蔡元长在焉。见次，元长曰：'公必作相。某有欲行某事，某事公可施行之。'因出一纸示章，如孤养院、漏泽园之类。章还之，曰：'待元长作相自行取。'后蔡入相，果奏行之。又如增卫士食钱之类，皆是取悦上下以为窃权之计。"贺孙。

○　问："章、蔡之奸何如？"曰："京之奸恶又过于惇。方惇之再入相也，京谒之于道，袖出一轴以献惇，如学校法、安养院之类，凡可以要结士誉、买觅人情者具在。惇辞曰：'元长可留他时自为之。'后京为相率皆建明，时论往往归之。至诣学时自尝馒头，其中没见识士人以手加额，曰：'太师留意学校如此。'京之当国，费侈无度。赵挺之继京为相便做不行，挺之固庸人，后张天觉亦复无所措手足。京四次入相，后至斥废，终始只用'不患无财，患不能理财'之说，其原自荆公。又以盐钞、茶引成柜进入，上益喜，谓近侍曰：'此太师送到朕添支也。'由是内庭赐予，不用金钱，虽累巨万，皆不费力。钞法之行，有朝为富商、暮为乞丐者矣。"儒用。

○　康节谓章子厚曰："以君之才，于吾之学顷刻可尽，但须相从林下一二十年，使尘虑销散，胸中豁无一事，乃可相授。"道夫。

○ 蔡京在政府，问人材于其族子蔡子应，端明之孙。以张柔直名噐对。张公时在部注拟，京令子应招之，授以门馆。张至，以师礼自尊，京之子弟怪之。一日，张教京家子弟习走。其子弟云：“从来先生教某门慢行，今令习走，何也？”张云：“乃公作相久，败坏天下。相次盗起，先杀汝家人，惟善走者可脱，何得不习！”家人以为心风，白京。京愀然曰：“此人非病风。”召与语，问所以扶救今日之道及人材可用者。张公遂言龟山、杨公诸人姓名，自是京父子始知有杨先生。德明。

○ 某人作县，临行请教于某人。先生言，其姓名今忘记。某人曰：“张柔直在彼，每事可询访之。”某人到官，忽有旨，令诸县造战船。召匠计之，所费甚钜。因忆临行请教之语，亟访策于张。张曰：“此事甚易，可作一小者，计其丈尺广狭长短，即是推之则大者可见矣。”遂如其语为之，比成推算，比前所计之费减十之三四。其后诸县皆重有科敷，独是邑不扰而（辨）〔办〕。后其人知绍兴府，太后山陵，被旨令应副钱数万结砖为墙。其大小厚薄，呼砖匠于后圃依样造之。会其直，比抛降之数减数倍。遂申朝廷，乞绍兴自认砖墙。正中宦者欺弊，遂急阻其请，乞只令绍兴府应副钱，不得干预砖墙事。儒用。〔或录云：“其人曰：‘如何费许多钱。’遂呼砖匠于园后结墙一堵验之。先问其砖之大小厚薄，依样烧砖而结之，费比朝廷所抛降之数减数倍，云云。”〕

○ 蔡京奏其家生芝，上携郓王等幸其第，赐宴，云：“朕三父子劝卿一杯酒。”是时太子却不在，盖已有废立之意矣。义刚。

○ 京当时不主废立，故钦宗独治童贯等，而京罪甚轻。义刚。

○ 问：“蔡京何故得全首领，卒于潭州？”曰：“当时执政大臣皆他门下客，如吴元忠辈亦（以）〔其〕荐引，不无牵制处。虏人初一番退时是甚时节！台谏却别不曾理会得事，三五个月只反倒得京，逐（州）数百里慢慢移去，结末方爹儋州。及到潭州，遂死。"问："李伯纪丞相后来当国时，京想已死否？不然则必如张邦昌，想已正典刑矣。"曰："靖康名流多是蔡京晚年牢笼出来底人才，伯纪亦所不免。如李泰发是甚次第硬底人，亦为京所罗致，他可知矣。"今衡州所刊刘谏议文集中有一帖与泰发，盖微（调）〔讽〕之。（彼）〔按〕遗史，京之爱妾二，曰慕容夫人，曰小李夫人。又童贯之子童五十者认以为妹，生子徻，复尚主。小李出其下，怏怏求出，遂嫁宣赞舍人曹济，后为湖南兵马都监。京死潭州，李氏殡之于一僧寺。儒用。

○　宣、政末年，论元祐学术事，如徐秉哲、孙觌辈说得更好。后来全是此等人作过，故曰："天下有道，盗其先变乎！"德明。

○　宣、政间，郓州有数子弟好议论士大夫长短，常聚州前邸店中。每士大夫过，但以嘴舒缩更是短长他，时人目为"猪嘴"，以其状似猪以嘴掘土。此数子弟因戏以其号自标，为甚"猪嘴大夫"、"猪嘴郎"之属。少间为人告以私置宫属，有谋反之意，兴大狱锻炼。旧见一（弟）〔策〕子载，今记不得。近看长编有一段，徽宗一日问执政："东州逆党何不为处分了？"都无事之首尾，若是大反逆，事合有首尾，今看来只是此事。想李〔焘〕也不曾见此事，只大略闻得〔此〕一项语言。德明。

○　因论贾生治安策中"深计者谓之妖言"，曰："宣、政间，凡'危'、'亡'、'乱'字皆不得用，不得说'乱'只说'治'，安得无后来之祸？"又云："世间有一种却是妖言。如叶梦得、宇文虚中二人所为极是乱道，平日持论却甚正，每进言必劝人主以正心、修身为先。其言之辨裁虽前辈有说不及处，正如鬼出来念大悲咒相似，正所谓'妖言'

也。"又曰:"此等人多是有才、会说底,若使有好人在上收拾将去,岂不做好人? 只缘时节不好,义理之心不足以胜其利欲之心,遂由径捷出,无所不至。若逢治世,他择利而行,知为君子之为美,亦必知所趋向。治世之才亦那得个个是好人? 但是好人多,自是相夹持在里面,不敢为非耳。"又问:"邢和叔、章子厚之才得使其遇治世,能为好人否?"曰:"好人多,须不至如此狼狈。然邢亦难识,虽以富、韩、马、吕、邵、程,亦看他不破。"曰:"康节亦识得他。"曰:"亦只是就他皮肤上略点他耳。"又曰:"他家自有一本言行录,记他平日做作好处。顷于苍峡见其家有子弟在彼作税官,以一本见遗,看来当初亦有得他力处。盖元丰末,邢恕尝说蔡持正变熙、丰法,召马、吕,故言行录多记此等事。尝见徐端立侍郎说,邢和叔之于元祐犹陈胜、吴广之于汉,以其首事而先起也。"儒用。

○ 小人不可与君子同处于朝。昔曾布当建中靖国初,专欲涵养许多小人,渐渐被他得志,曾布甚为所陷,举家系狱。要之,要出来做时,小人若未可卒去,亦须与分明开说是非善恶,使彼依自家话时,却以事付之。若分明与说是非,不依自家话时,自家只得去了。如何含含胡胡,我也做些,他也做些,都不与问那个是是、那个是非! 久之未有不为其所胜。若与说得是非通透了,他也自要做好人。他若既知得是非,又自要做(大)〔人〕,这须旋旋安顿,与在外好差使。吾人也无许多智巧对副他。兼是才做一事,自家便把许多精神智巧对副他,自家心术已自坏了。明道先生若大用,虽是可以变化得小人,然亦须与明辨是非。舜去"四凶",孔子诛少正卯,当初也须与他说是非。到得他自恃其高、不依圣人说话,只得去了。贺孙。

○ 因言:"宇文虚中尝从童贯开燕山,随童贯亦多年,未尝有一言谏童贯之失。后来却徽宗与其弟粹中说云:'闻卿云,虚中也极善料事。朕方欲令在政府，而执政不可，不得已出之。'虚中后为奉使，虏人留之，尊为国师，凡事必咨问，甚敬信之。凡虏人制礼作乐、创法建置，皆虚中教之。后来虏人来取其家眷，秦桧尽发与之，以其子某为河南安抚。或者谓虚中虽在虏中，乃为朝廷尝探伺虏动静来报这下，多结豪杰欲为内应，因其子为帅。又，兀朮是时住蒙国，国中空虚，虚中遂欲叛，克日欲发。兀朮闻之，遂亟走归，杀虚中，而尽灭其族。或者以为秦桧知虚中消息，密令人报虏中，云虚中欲叛，故虏人得先其未发诛之。"卓。

○ 徽宗任郭药师，其人甚狡狯，靖康之难正原于此。如李宗嗣，此人只是会说，却不似那郭底有谋。那个甚乖。义刚。

○ 因论靖康执政，曰："徐处仁曾忤蔡京来。旧做方面亦有声，后却如此错缪。孙傅略得，〔刼〕又好六甲神兵。时节不好，人材往往如此。"又曰："张孝纯守太原，被围甚急，朝廷遣其子灏总师往救，却徘徊不进，坐视其父之危急而不恤，以至城陷。时节不好时首先是无了那三纲。"按，封氏编年载此甚详。或曰："京师再被围时，张叔夜首领勤王之师以入。叔夜为人亦好。"曰："他当时亦不合领兵入城，只当驻在旁近处以为牵制，且伸缩自如。一入城后便有许多掣肘处，所以迄无成功，至于扈从北狩。"儒用。

○ 论李仁甫通鉴长编，曰："近得周益公书，亦疑其间考订未甚精密，因寄得数条来某看。他书靖康间事最疏略，如姚平仲劫塞则以为出于李纲之谋，种师中赴敌而死则以为迫于许翰之令。不知二事俱有曲折，劫塞一事决于姚平仲侥幸之举，纲实不知。按，纲除知密院，辞免劄子内云："方修战具，严守备以俟援师，乘便迫虏使进不得攻、退无所掠，势穷而遁。俟其渡河，半济而击，胜可万全。而平仲引众出城，几败乃事。然平仲受节制

于宣抚，不关白于行营，二月八日夜半<u>平仲</u>之出，<u>种师道</u>不知之，在微臣实无所
与。"当时执政如<u>耿南仲</u>辈方极力沮<u>纲</u>，幸其有以借口，遂合为一辞，
谓<u>平仲</u>之出，<u>纲</u>为其谋。<u>师中</u>之死，亦非<u>翰</u>之故。按，<u>中兴遗史</u>云："河北
制置副使<u>种师中</u>军<u>真定</u>，进兵解<u>太原</u>围。去<u>榆次</u>三十里，<u>金</u>人乘间来突。<u>师中</u>欲取
银赏军而辎重未到，故士心离散。又尝约<u>姚古</u>、<u>张灏</u>两军同进，二人不至，<u>师中</u>身
被数创，裹创力战又一时，死之。朝廷议失律兵将，中军统制官<u>王从道</u>朝服而斩于
马行市。"脱如所书则<u>翰</u>不度事宜，移文督战固为有罪。<u>师中</u>身为大将握
重兵，岂有见枢府一纸书，不量可否，遂忿然赴敌以死！此二事盖出于
<u>孙觌</u>所纪，故多失实。"问："<u>觌</u>何如人？"曰："<u>觌</u>初间亦说好话。夷考
其行，不为诸公所与，遂与<u>王及之</u>、<u>王时雍</u>、<u>刘观</u>诸人阿附<u>耿南仲</u>，以
主和议。后窜岭表，尤衔诸公，见<u>李伯纪</u>辈，望风恶之。<u>洪景卢</u>在史馆
时没意思，谓靖康诸臣，<u>觌</u>尚无恙，必知其事之详，奏乞下<u>觌</u>具所见闻
进呈。秉笔之际，遂因而诬其素所不乐之人，如此二事是也。<u>仁甫</u>不
审，多采其说，遂作正文书之，其他纪载有可信者反为小字以疏其下，
殊无统纪，遂令观者信之不疑，极是害事。昔<u>王允之</u>杀<u>蔡邕</u>，也谓：
'不可使佞臣执笔在幼主旁，使吾〔党〕蒙讪议。'<u>允之</u>用心固自可诛，
然佞臣不可执笔则是不易之论。"<u>儒用</u>。

○　因论人物，云："<u>浙</u>人极弱，却生得一<u>宗汝霖</u>至刚果。"某云：
"<u>明州</u>近印忠简遗事，读之使人感愤流涕。如请驾还都之事皆备载，当
时只是为<u>汪</u>、<u>黄</u>所沮。"曰："<u>宗公</u>奏劄曰：'陛下于近便处偶得二人为
相。'当时驾既南下，中原群盗四起。<u>宗公</u>使人招之，闻其名，皆来隶
麾下。欲请驾还都，自将往<u>河北</u>讨伐<u>金</u>虏。庙堂却行下，问所招人是何
等色，以沮其策，遂至发病而死。旧尝见知<u>宗子恪</u>，云<u>高宗</u>在<u>南京</u>时，
有宗室十五太尉者名<del>（叔尚）</del>〔叔向〕，起兵于<u>汝州</u>，有数万人，其谋主
曰<u>陈烈</u>，<del>（叔尚）</del>〔叔向〕自称'大王'。已而下诏召之，令以兵属大将某
人，身赴行在。<del>（叔尚）</del>〔叔向〕愿以兵属<u>宗泽</u>。<u>陈烈</u>曰：'朝廷不令属宗

泽，而自欲属之，不可。'（叔尚）〔叔向〕曰：'然则何以为策？'烈曰：
'某有一策，提兵过河北，乃萧王之举。'是时诏下补烈通直郎。（叔尚）
〔叔向〕既就召，烈不受官而去，终身不知所之。子煮云，向见（叔尚）
〔叔向〕时，有一人常着道服随之，疑即是陈烈。"可学。

○ "靖康之祸，纵元城、了翁诸人在亦了不得。"伯谟曰："心腹
溃了。"道夫。

○ 问："靖康之祸若得如前辈之贤者一二人，莫可主张否？"曰：
"也难主张。胡文定谓龟山云：'使当时若早用其言，也须救得一半。'
他这说得极公道。"道夫。

○ 天下不可谓之无人才，如靖康、建炎间，未论士大夫，只如盗
贼中是有多少人！宗泽在东京收拾得诸路豪杰甚多，力请车驾至京图恢
复。只缘汪、黄一力沮挠，后既无粮食供应，泽又死，遂散而为盗，非
其本心。自是当时不曾收拾得他，致为饥寒所迫以苟旦夕之命。后来诸
将立功名者往往皆是此时招降底人，所以成汤说"万方有罪，在予一
人"，圣人见得意思直是如此。儒用。按，黄卓录有详略，今附，云："因言靖
康、绍兴间事，曰：'天下不可谓之无人才。如高宗初兴，天下多少人才！自是高宗
不能尽举而用之。未说士大夫，只盗贼中是有几个人才，朝廷既不能用，皆散而为
盗贼，可惜！可惜！宗泽在东京，煞招收得诸路豪杰、盗贼，力请高宗还都，亦以
图恢复。被汪、黄谗谮，一面放散了，皆去而为盗贼。当初高宗能听宗泽、李伯纪
辈，须有少进步处，所以古人云"万方有罪，在予一人"，怪他不得，你既不能用
他，又无粮食与他吃，教他如何得？其势只得散为群盗，以苟旦夕之命而已。其中
有多少人材。可惜！可惜！'"

○ 问今日事，因及石子重，是以其官召者，时为福州抚干。因史

直翁荐，被召。(如)〔知〕庙堂不肯休，须着去。先生曰："虽是如此，然亦济得甚事!"因举孟子言"或远或近，或去或不去，归洁其身而已"，又举了翁云"在彼者是'举尔所知'，在我者是'为仁由己'"，遂言："靖康初，张邦昌僭位，吕舜徒为门下侍郎。当时有言，他人不足惜，只舜徒可惜者。胡文定记其事云：'舜徒虽为邦昌官，却能劝邦昌收回伪赦，迎太后垂帘，皆其力也。其人云，终是难分雪。'文定记此只到'终是难分雪'处便住，更无它语。"问："只如狄梁公在武后时，当时若无梁公，更害事。"曰："梁公只是荐得张柬之数人，它已先死。如梁公为周朝相，舜徒为邦昌官，皆不可以训。伊川论平勃，谓当以王陵为正，是也。如舜徒辈一生践履，适遭〔变〕故，不幸有此事。今人合下便如此，却不得。"〔德明。〕

　　祖宗五

自南渡至今日用人上

　　○ "孝宗初，起魏公用事。魏公议论与上意合，故独付以恢复之任，公亦当之而不辞。然其居枢许时，不曾收拾人才，仓卒从事，少有当其意者。诸公多荐查元章、篇，江陵人。冯圆仲，方，蜀人。魏公亦素相知，辟置幕府。朝廷恐其进太锐，遂以陈福公、唐立夫参其军，以二人厚重详审故也。然唐立夫亦只是个清旷、会说话、好骨董、谈禅底人，与魏公同乡里，契分素厚，故令参其军事。"因笑曰："正如赵元镇相似，那边一面去督战，这边一面令回军，成甚举措！魏公既失利，遂用汤进之。未几，虏人再来，汤往视师，辞不行。又命王瞻叔之望，瞻叔又辞不行。盖魏公初罢淮上宣抚时，朝廷命王治其钱谷事。瞻叔极力搜索，军士皆忿怨。若往，必有一场大疏脱，盖是时军士已肆言欲杀之矣。"周庄仲云："尝见先生说，魏公被李显忠、邵宏渊二将说动，故决意进兵。既而唐、陈二公皆不从。魏公令问二将，二将曰：'闻虏人积粮运刍于虹县灵璧矣。秋高马肥，必大举南寇。今不先其未发而破之，及其来，莫说某辈不肯用心。'二公闻此言，故亦从之。魏公既入奏事，淹留一两月，及还则已六月矣，乘剧暑进兵，以至于败。未几，魏公薨，皆无人可用。幸而复与虏人讲和，乃定。"儒用。

○　“张魏公初召来，搢绅甚喜。是时汤进之在右揆，众以为魏公必居左。既而告庭双麻，汤迁左，魏公居右，凡事皆为汤所沮。魏公不得已出视师，言官尹穑阴摇撼。一日，陈良翰邦彦上殿言及此。寿皇云：‘安有此事！当今群臣谁出魏公之右者？恐是台谏中阴有所沮，卿可宣谕之。’陈退，自念台谏中某人某人姓名失记。皆主魏公，只有尹一人意异。然上旨如此，不可不宣谕，遂以上意达诸人。尹云：‘某明日亦上殿。’既不见报，次日又上殿。继而有旨，陈知建宁，魏公遂罢。”问：“汤后来罪责如何？”曰：“渠建议和亲，以四州还之，而虏复犯淮，寿皇怒，免官，削爵土。”可学。

○　旧当张魏公被召入相，议北征。某时亦被召辞归，时尝见钦夫与说，曰若相公诚欲出做，则当请旨尽以事付己，拔擢英雄智谋之士，一任诸己然后可为。若欲与汤进之同做，决定是做不成，到后来果如此。然那时又除汤为左相，却把魏公做右相。虽便得左相，汤做右相也不得。何况却把许多老大去为他所制！后来乖。此只要济事，故不察，外人见利害甚分明。贺孙。

○　问：“魏公何故亦尝论列李丞相？”曰：“魏公初赴南京，亦主汪、黄，后以其人之不足主也，意思却都转去。后居福州李公家，于彼相得甚欢。是时李公亦尝荐魏公，曾惹言语。”又问：“魏公论李丞相章疏中有‘修怨专杀’等语，似指诛宋齐愈而言，何故？”曰：“宋齐愈旧曾论李公来，但他那罪过亦非小小刑杖断遣得了。”曰：“当时议论自是一般好笑。方召李丞相时，颜岐之徒论列，谓张邦昌虏人所厚，不宜疏远；李纲虏人所恶，不宜再用。幸而高宗语极好，云：‘如朕之立，恐亦非虏人所乐！’遂得召命不寝。”又曰：“方南京建国时全无纪纲，自李公入来整顿一番，方略成个朝廷模样，如僭窃及尝受伪命之臣方行诛窜，死节之臣方行旌恤。然李公亦以此去位矣。”又曰：“便是天下事难得恰好。是时恰限撞着汪、黄用事，二人事事无能，却会专杀。如置马伸于死地，陈东、欧阳彻之死皆二人为之。"按，中兴诏令御史台勘到。宋齐愈自外至会议处，于卓子上取笔写"张邦昌"三字，坐皆失色。儒用。

○　"魏公初以何右丞槖荐为太常簿，赵忠简公时为开封推官，相得甚欢，在围城中朝夕论讲济时之策。魏公先达，力相汲引。遂除司勋员外郎，一向超擢，反在魏公上。尝论天下人材，魏公剧谈秦会之可用。赵云：'此人得志，吾辈安所措足邪！'魏公云：'且为国事计，姑置吾人利害。'时赵公为左，张公为右，皆兼枢密院事。忽报兀朮大举深入，朝廷震怖。时刘光世将重兵屯合肥，魏公亲往视师，因奏记曰：'此决非兀朮，必刘豫遣其子伥麟、猊来寇耳。臣往在关西，数与兀朮战，熟其用兵利害。今观此举，决非其人。'魏公遂下令督战。光世恐惧，谋欲退师而南，以与赵公平时有乡曲雅，故遂私有请于赵。折彦质时知枢密院事，复助之请，遂径自枢府下文字令光世退师。魏公闻之大怒，下令曰：'敢有一人渡江，即斩以徇！'光世闻之，复驻军如故。此事虽谓之曲在赵公可也。已而柘皋大捷，虏骑遂退。魏公既还，绝口不言前功，欲以安赵公，与共国事也。而二公门下士互相排抵，魏公之门人至有作为诗赋以嘲赵公者。赵公之迹不安，且有论之者，遂去。魏公独相，乃力荐会之为枢密使。及郦琼叛于合肥，吕安老死之，魏公之迹亦不安，恳辞求去。高宗问：'谁可代卿者？'魏公复荐赵公，遂令魏公拟批召。既出，会之谓其必荐（之）〔己〕，就阁子语良久，魏公言不及之，会之色渐变。未几，中使传宣促进所拟文字，魏公遂就坐作劄子，封付中使，会之色变愈甚。魏公遂上马去。及赵公再相，会之反谓之曰：'张德远直恁无廉耻，弄坏得淮上事如此犹不知去。及主上传宣来召相公来，方皇恐上马去。'赵公以为然。后又数数谗间之，赵公不能不信也。又如光世之罢，实当于罪，郦琼叛去，岂不可举能者？乃复以淮西之军付光世，弄得都成私意。初，赵公极恶秦之为人，不与通情。

及赵公为相，秦为枢密使，每事惟赵公之命是听。久而赵公安之，复深信之，又荐之，至与之并相。并相之后复不敢专，唯诺而已。忽一日高宗怒唐晖，赵公为之分解。桧察上意恶晖，逡巡发一语云：'如唐晖样人才也不难得。'又一日，赵公奏，恩平郡王乃建王之弟，建王乃恩平之兄，建州不过一郡之地，吴乃一大都会，恐弟之封不宜压兄。桧察见高宗以慈寿意主于恩平，遂奏曰：'也不较此。'因此二事，高宗深眷之。又因力主和议，赵公罢，遂拜左相。他言语不多，只用两句，那事都了。赵公不知魏公之无他，为桧所排，得泉州。是时魏公知福州。二公相见，因说及曩日之事，赵公方知为桧所中，相与太息而已。"或曰："以桧之才，若用之以正，岂不能任恢复之责？"曰："他亦只是闭着门在屋子里做得，不知出门去又如何，这事难。"坐间多称其能处置大事。曰："他急时也荒忙无计策。他初一番讲和，虏人以河南之地归我，未几败盟，大举入寇。边报既至，大恐，不知所为，顾盼朝士，问以计策，时张巨山微诵曰：'德无常师，主善为师；善无常主，协于克一。'桧心异之。众人既退，独留巨山坐，问适间之语。巨山曰：'天下之事各随时节，不可拘泥。曩者相公与虏人讲和者，时当讲和也。今虏人既败盟则曲在彼，我不得不应，亦时当如此耳。'因为之画策，召诸将为战攻之计。他大喜，即命巨山为奏稿，仓卒不子细，起头两句云：'伊尹告成汤曰"德无常师，主善为师"，孔子曰"陈力就列，不能者止"。'遂急书进呈。会之复喜，遂播告天下，决策用兵。已而刘信叔顺昌大捷，虏人遂退，桧复专其功，大喜，亟擢用巨山至中书舍人，有无名子作诗嘲之，一联云'成汤为太甲，宣圣作周任'。"周庄仲云："刘参政，大中之子，知某州，刘季章曾为其馆客，尝与先生说云：'见其翁日录，觉得高宗之意极不乐魏公。'先生曰：'然。'刘曰：'有张御史者，川人，名戒，字定夫。魏公在川陕时，上书言利害。魏公喜，檄用之，偃强不从。魏公遂疏远之，戒由是不乐。后郦琼之叛，魏公去位。张为御史，首论魏公。高宗喜，谓辅臣曰："张戒论浚曰：'不臣之迹已见，跋扈之迹未明。'此两句极当其罪。"谓其已罢宣抚使除枢密，而犹用宣抚使印除吏不已也。是时赵公奏曰："此恐是一时不审之过，亦未至于不臣也。"秦桧徐进曰："既为臣子，恐亦不宜如此。"桧之乘机伺人主喜怒挤陷人，皆此类也。'儒用按，此是时周秘、石公揆、李谊交章诋公，不特一张戒而已。儒用。又按，廖德明录大同，今附，云："正之问宝学刘当初从魏公始末。先生云：'当时赵公且要持重，魏公却要大举。有刘麟者举兵（略）〔掠〕边，朝廷不探虚实，以为虏复大入，赵公震恐。张公出，视师江上，赵公手书云："今日之事且须持重，未可轻战。万一失事，虽公不为一身虑，如宗庙社稷何？"是时刘麟兵已为折彦古败于淮上，遁去。于是张公鼓舞，益为大举计，谓赵公怯敌。言者继亦有论列，赵遂罢相。初，赵公遣熊叔雅相视川陕事宜，魏公亦遣宝学往。宝学见川中无兵无财，归告魏公："向者兵财如许尚不能集事，今实未可动。"魏公疑宝学附会赵公，时又欲令宝学帅淮西，代领郦琼兵。宝学以为此军不可代，遂改除吕安老。安老愿往，宝学为陈利害，宜辞此行。安老以告魏公，魏公怒，于是出宝学知泉州。既而淮西果失师，郦琼全军遁虏，于是魏公罢相，帅福州。先是，秦相与吕相同在政府。吕相视师淮上，秦相尽改其规模。一时为吕相所引用人多逐去，尽起在外诸贤，如胡文定、张子功、程伯禹诸人，布在朝列，实欲倾吕相也。后吕相召还，过某州，席大光邀留，告所以倾秦之术，以为莫若先去党魁。党魁指文定也。秦竟为吕相所倾，出知绍兴府。是时富直柔者，富公之子，尝于一寺中与秦相握臂款语，且及富公为相时事。忽若有所思，径入去，逾时不出，富怪之，须臾出云："元来宰相要如此做。"一时会稽政事便放下不问，虽公筵亦只令遣判处理会。赵公素鄙秦之为人，魏公却荐秦相，遂再召除枢密使。既视事，一切不问，魏公出知福州，朝辞，上问："孰可以代卿者？"魏公荐赵相。上云："可一面批旨奏来。"魏公还堂，秦相迎之，以为必荐己也。坐久无语，秦色变。少顷，中使传宣云："有旨，令作召赵相公文字来。"于是魏公指挥堂吏作文字奏上，秦大不乐。魏公去国，赵相至，秦谮魏公于赵公曰："德远到堂中尚未肯去，直到中使催促召相公文字方上马。"赵公于是益不乐魏公。及赵公为秦所倾，出知泉州，过福州与魏公相见，语及当时荐代之事，二公始豁然无疑。'先生又云：'秦相自为枢密使，不理会事。及与赵公并相，一切听其所为，皆富直柔教之也。直柔不才子，富公相业安有此哉！其后上颇厌赵公，为秦所窥，只两言倾去。是时有吴辉者，作舍人，求去。上云："吴辉只管求去。"赵公力荐，乞且留此人。秦云："似这般人才亦不难得。"上欲封普安郡王为建王，恩平为吴王。

赵公以为建一郡耳，吴古大国，事体不称。秦奏云："此亦只是虚名，有何不可？"
赵公愕然，于是遂求去。'"壬子岁，先生再举封吴国事与此不同，疑当以此为正。
按廖德明录意同，云："'秦相初罢政，张忠献、赵忠简公当轴。是时虏入淮上，魏
公出视师，遂起秦相知临安。故事，前宰相召还，例赐茶药伞盖之属。赵公并不检
举。秦相使人祷魏公，公尽与合得礼数。魏公淮上方向进，赵公忧不便，奏乞退师
保建康以南。既而虏兵却，言者攻赵相，谓进师非赵鼎意，坐是罢出。魏公独相，
遂挽秦相为枢密使。秦一切唯唯，从公所为。久之，始与公争事。及吕安老庐州失
师，魏公乞出，上不能留。因问："卿去，孰可代者？"公遂荐赵相。上云："卿可具
文字来。"既退至都堂，秦迎之，有喜色，意其必荐己也。公坐久无语，秦色变。公
乃指挥堂吏作召赵丞相文字。及赵公来，秦相谮魏公曰："上意如此，德远犹且彷
徨。及中使宣索召相公文字，德远方上马去。"及言魏公所以短赵公者。由是二公为
深仇，故赵相居位不复牵挽魏公。其后因一僧与魏公生日，秦相治之甚峻，几逮及
公。又治赵相之子，狱未成。夜忽有一灯坠狱中，其上书一"反"字，明日狱具，
罪当斩。秦桧不悦，欲加"诛族"文字，未上，桧死。'先生云：'若族赵相家，当
时须连逮数十人。做到这里自休不得，其势须如曹操去。'"

○ "秦桧自初罢相，出在某处，与客握手，夜语庭中。客偶说及
富公事，秦忽掉手入内。客莫知其故。久之方出，再三谢客云：'荷见
教。'客亦莫知所谓，扣问，乃答云：'处相位是不当起去。'是渠悔出，
偶投其机，故发露如此。赵丞相初亦不喜之。及其再入，全然若无能，
赵便谓其收敛，不做一声，遂以执政处之，亦不知其如此。胡康侯初甚
喜之，于家问中云：'秦会之归自（云）〔虏〕中，若得执政，必大可
观。'康侯全不见得后来事，亦是知人不明。"又云："秦会之是有骨肋，
惜其用之错。"或问："他何故不就攻战上做？"曰："他是见得这一边难
成功，兼察得高宗意向亦不决为战计。"贺孙。按，廖德明录意同，今附云：
"问：'富直柔握手之语不审何说？'曰：'往往只是说富公后来去朝廷使河北被人谗
间等事。秦老闻之，忽入去，久之不出，富讶之。后出云："元来做宰相是不可去。"
秦既再入，遂谮魏公于赵公。又因吴辉等二事倾去赵相，一向自做，更不肯去。胡

和仲尝劝秦云：“相公当国日久，中外小康，宜请老以顺盈虚消息之理。”秦曰：“此事不然，我当时做这事，尚拖泥带水，不曾了得。”问：“何事未了?”曰：“是未取得他中原。”曰：“若取中原必须用兵，相公是主和议者。”曰：“我从来固不主用兵。然虏自衰乱，不待用兵自可取。”后来杨安止亦有劄子劝秦相去位，秦相大率如对和仲者，于是不乐，安止遂坐此去国，不然安止亦须做从官。’先生曰：‘不晓他要取中原之意。后来见陈国寿说，秦老初欲以此付国寿，拟除它庐帅。陈云：“荷朝廷任使，长沙、广西皆内地。若边帅当择才，某于军旅事素不习，恐败事。”其议遂已。窃意秦老只是要兵柄入手，若兵柄在手，后来必大段作怪。’”

○ 张魏公本与赵忠简公同心辅政。陈公辅排程氏乃因赵公，赵公去，已而吕安老败，赵公复相。可学。

○ 秦太师与吕并相。吕出甚所在，秦一时换了台谏人物。吕闻之，不平。有客告之云，其党魁乃胡文定，可逐去，则秦不足虑。吕如其言，归而讽台谏论之。秦争于上前，遂并论秦。高宗欲罢其相，令人行词。当时秦所引皆是好人，而立朝无过，人皆不平。行词者遂求御批以疏其罪。高宗遂批与之，大略云：“其未相时说作相数月可以致治，既相皆无所建明。”后来秦再相，数年之后却奏过，以为当初无过，为人所谗。遂行下词臣家索御批，既得之，则以纳于高宗，其无礼不臣如此！按，郑可学录此条云：“秦会之初罢相，高宗亲批，付綦叔厚草麻，御书藏綦氏。及秦气焰盛，自广倅移某人知台州，于其家索出（面）〔而〕纳于高宗。〔某人潮州人。〕”又，当时史馆有宰臣拜罢录，已载此罢相时事，亦有士大夫录得此书。秦已改史馆之书了，又行下收民间所藏者。德明。〔扬录云：“秦前罢相时有御批其罪状，与翰林学士綦密礼行词。后再相，令人于綦家搜索之，自于上前纳了。兄秦楚材作翰林之类官，上以桧故，亦眷其人，桧亦忌而出之。”〕

○ 先生云：“沈公雅言：‘赵丞相镇静，德量之懿而谙练事机，则恐于秦公不逮。’张子功以为不然，且曰：‘焘在都司日，忠简为相，有建议者，公必计曰："如是则利在上而害在民，如是则害在上而利在民。今须如此行，则利泽均而公私便。"至秦公则僚属凡有关白，默无一语，退而以属诸吏，事出则皆吏辈所为，而非复前日之所拟矣。'"道夫。按沈僩录少异，今附，云："尝见沈公雅云：'某尝问张子功，赵忠简与秦丞相二公孰能办事？某以秦公为能。'子功曰：'不然。某尝为都司事二公。每百官有禀白事件，赵公必当面剖析商量此事合如何行。如此行则利国，如此行则利民，如此则利民而害国，如此则利国而害民，如此则国与民俱利。当面便商量判断了，僚属便奉承以行。及至秦公，则百官凡有所禀白，更无酬酢，略不可否，但付与吏人，少间更没理会，此事便沉埋了。如此，谓之秦公胜赵公，可乎？'"

○　因言："陈同父上书乞迁都建康，而曰：'黄帝披山通道未尝宁居，古之人君何尝要安居？今宫室台榭、妃嫔媵嫱之盛如此，如何动得？'高宗本迁都建康了，却是赵忠简打叠归来。盖初间虏人入寇，群臣劝高宗避之，忠简力劝高宗躬往抚师，行至平江而止。继而淮上诸将相继献捷，赵公得人望正在此时。已而欲返临安，适张魏公来，遂坚劝高宗往建康。及淮师失律，赵公荒窘，遂急劝高宗移归临安，自此遂不复动矣。看赵忠简后来也无奈何，其势只〔得〕与虏人讲和。是时已遣王伦以二十事使虏，约不称臣，以浊河为界，此便是讲和了。后来秦桧力排赵公，遂以不肯讲和之罪归之，使万世之下赵公得全其名者，乃桧力也。"问张、赵二公优劣。曰："若论理会朝政、进退人才，赵公又较缜密无疏失。若论担当大事、竭力向前，则赵公不如张公。张公虽是竭力担当，只是他才短，虑事疏处多。尽其才力方照管得，若才有些不到处，便弄出事来，便是难。赵公也是不谙军旅之务，所以不敢担当。万一虏人来到面前，无以应之，不若退避耳。"僩。按廖德明录自"问张、赵二公优劣"以下意同，今附，云："或问：'赵忠简公与魏公材品如何？'曰：'赵公于军旅边事上不甚谙练，于国事人才上却理会得精密，仍便持重，但其心未必如张公办得为国家担当向前。自中兴以来，庙堂之上，主恢复者前有李伯纪、后有张公而已，但张公才短，处事有疏略处。他前后许多事皆是竭其心力而为之，少有照管不到处，便有疏脱出来。'"

○　秦老倡和议以误国，挟虏势以邀君，终使彝伦斁坏，遗亲后君，此其罪之大者。至于戮及元老，贼害忠良，攘人之功以为己有，又不与也。若海。

○　因话及秦丞相，某问："当时诸公皆入虏，渠何以全家得还？"曰："此甚可疑。当和亲时，王伦自虏至，欲高宗屈膝，中外愤怒。秦公出，有人榜云：'秦相公是细作。'〔扬录云："都下甚汹汹，有欲杀之之意。一日，在甚寺中圣节，一树上贴一榜子，云'秦相公是细作'。"〕是时陈应之正同到庙堂问和亲之故。秦云：'某意无他，但人主有六十岁老亲在远，须要取来相聚。'因顾左右，令取国书与应之看，乃是诏书。秦卷其前后，只见中间云：'不求而得，可谓大恩。'盖指河南也。先生言毕云："此事当记取，恐久后无人知之者。"当时虏中诸将争权，废刘豫，以河南归我乃是獭辣，獭辣既诛，兀尤用事，又欲背约。是时命娄炤金书密院，为宣抚，辟郑亨仲又一人，记不全。为属，至蜀见吴玠。玠曰：'某有一策。昔失陕西五路最为要害，今虏人以河南归我而陕西在其中，可谓失策，徐必悔悟。今不若移近蜀之兵进而据之，则犹庶几。稍迟则不及事矣。'娄云：'此策固善，但某不敢专，须奏朝廷。'亨仲因力赞之，即草奏。未数日，虏兵已下陕西矣。当时下河南止用单使。有一相识姓名失记。为蔡州平舆尉。一日弓手报：'天使至，县尉当出迎。'曰：'天使何人？'曰：'北使。'曰：'我南朝官，不可拜北使。'曰：'如此则官人可归矣。'乃为办两车，并骨肉送之入南境。既而使到，县官皆投拜，盖本北人未换易者。"可学。按沈僴录虏书事，乃言致堂，今附，云："胡致堂明仲与秦桧争和议于朝堂。秦无语，但取金人所答国书，以手急卷，箝其两头，止留中间一行示明仲云：'不求而得，可谓大恩。'字如掌大。时虏人初以河南之地归我也。先生亲见致堂说。"〔扬录云："秦老讲和后，曾取得河南地。关中五路地连河南，尽得之。时令娄炤往守，郑刚中在幕。吴玠云，今与之讲和极是云云。今得五路，须急发兵守之。某守某处，令谁守某处，要急为之。虏人只是不曾思量，恐觉便来取。当时他人亦以为常，惟郑刚中击节称是。因言郑才识高云云。娄曰：'某来时不曾得旨，须着入文字。'郑曰：'可急入文字。'未几，虏人取去矣。"〕

○　李泰发参政，在上前与秦相争论甚力，每语侵，秦相皆不应。及李公奏事毕，秦徐曰："李光无人臣之礼。"上始怒。德明。

○　周葵为御史，欲按知临安府某人。某人遂给一从官厚于桧者，曰："端公将摇动公。"早朝，其人遂直入桧幕中，再三恳告。桧先奏事，遽掇葵为起居郎。葵遂不得上，至省中与某从官相见，袖中出所欲上章奏，乃是临安尹某。从官方悟其给。可学。

○　"胡邦衡作书记当时事，其序云，有张扶者请桧乘副车，吕愿中作秦城王气图。他当初拜相罢去，极好。再来却曰：'前日但知道行则留，不行则去，今乃知不可去。'渐渐便到此田地。及至极处，亦顾其家，曹操下令云云是也。"问霍光。先生曰："霍光无此心，只是弑许后一事不发觉，此大谬。"又问秦科第。先生曰："曾与汪端明说此是指鹿为马，汪丈云只是无见识。"可学。〔璘录云："'秦太师专政时，张扶，或云张柄，请乘副车。吕愿中作秦城王气诗以献，桧皆受不辞。吕知静江府，府有驿名秦城，忽传言有王气。吕作诗与僚属和之，成册以献。此见胡邦衡所作绍兴间被贬逐人事实序。熊子复欲作一书记其事，从其子借之。或云非邦衡所作。'又曰：'私科举，或云恐是愚弄天下之人、指鹿为马之意。汪圣锡云："恐不如此，只愚呆耳。"初时人以伊、周誉桧，末后人以舜、禹誉桧，桧亦受之。大抵久执权柄，与人结怨多，才欲放下，恐人害己，似执守不放。其初未必有邪心，到后来渐渐生出，皆是鄙夫患失之谋耳。'"〕

○　施全刺秦桧，或谓岳侯〔旧卒〕，非是。盖举世无忠义，这些正义忽然自他身上发出来。秦桧引问之曰："你莫是心风否?"曰："我不是心风。举天下（却）〔都〕要去杀番人，你独不肯杀番人，我便要杀〔你〕。"<u>贺孙</u>。

○　<u>秦会之</u>入参时，<u>胡文定公</u>有书与友人："吾闻之喜而不寐。"前辈看他都不破如此。<u>淳</u>。

○　问<u>胡文定公</u>与<u>秦丞相</u>厚善之故。曰："<u>秦会之</u>尝为密教，<u>翟公</u>巽时知<u>密州</u>，荐试宏词。<u>游定夫</u>过<u>密</u>，与之同饭于<u>翟</u>，奇之。后<u>康侯</u>问人才于<u>定夫</u>，首以<u>会之</u>为对，云：'其人类<u>荀文若</u>。'又云，（事事）〔无事〕不会。后京城破，虏欲立<u>张邦昌</u>，执政而下，无敢有异议，惟<u>会之</u>抗疏以为不可。<u>康侯</u>亦义其所为，力言于<u>张德远</u>诸公之前。后<u>会之</u>自海上归，与闻国政，<u>康侯</u>属望尤切，尝有书疏往来，讲论国政。<u>康侯</u>有词掖讲〔筵之召〕，则<u>会之</u>荐也，然其雅意坚不欲〔就〕，是必已窥见其隐微一二有难处者，故以老病辞。后来<u>会之</u>做出大疏脱，则<u>康侯</u>已谢世矣。<u>定夫</u>之后及<u>康侯</u>诸子，<u>会之</u>皆（推）〔擢〕用之。"时在坐<u>范兄</u>云："<u>定夫</u>之子不甚发扬。<u>秦老</u>数求乃翁<u>论语解序</u>，因〔湎〕不果录呈，其侄有知之者遂默记之。一日进见及此，则举其文以对，由是喜之。后故擢至侍从，是为<u>子蒙尊人</u>。"又曰："<u>秦老</u>当国，却留意故家子弟，往往被他牢笼出去，多〔坠〕家声。独<u>胡明仲</u>兄弟却有树立，终是不归附他。尝问<u>和仲</u>先世遗文，因曰：'先公议论好，但只是行不得。'<u>和仲</u>曰：'闻之先人，所以谓之好议论，政以其可以措诸行事，何故却行不得?'答曰：'公不知，便是六经也有说得行不得处。'此是这老子由中之言，看来圣贤说话，他只将做一件好底物事安顿在那里。"又曰："此老子千鬼百怪，如不乐这人，贬窜将去，却与他通殷勤不绝。一日，忽招<u>和仲</u>饭，意极拳拳。比其还家，则台章已下，又送白金为赆。按，<u>程子山</u>诸公在贬所俱有启事谢其存问者，皆此类也。如欲论去之人，章疏多是自为以授言者，做得甚好。<u>傅安道</u>诸公往往认得，如见弹洪庆善章，曰：'此秦老笔也。'"儒用。按，廖德明录云："秦相曾语胡和仲云："先丈议论固好，然行不得。"和仲问："既是议论好，何故不可行？"秦云："仲尼垂世立教且说个道理如此以示人，如何便一一行得？"一日，又语和仲云："柳下惠降志辱身如何？"和仲对云："降志辱身是下惠之和。未若伯夷、叔齐不降其志，不辱其身。"秦曰："不然。也有合降志时、合辱身时。'"先生曰：'秦老自再相后，每事便如此。'陈刚云：'向见东莱说秦老语和仲云："先丈说'敬以直内，义以方外'一句是，一句不是。我只是'敬以直内'。"'"按，叶贺孙录意亦同，今附，云："高宗朝胡宁和仲为太常丞，上令取遗文看。宁遂告兄寅明仲。寅缮写表进，更以副本献秦丞相桧。桧看毕，即谓和仲曰：'都使不得。'和仲曰：'某闻之先人，皆是可用之语。丞相如何说使不得？'曰：'论语、孟子许多说话，那曾是尽使得？只是也要教后人知得有许多说话。'又一日，问和仲曰：'贤道"敬以直内，义以方外"是两事，是一事？'和仲曰：'闻之先人，这只是一事。'桧曰：'便是贤后生不识，某看来只是上一句用得。'和仲曰：'这是圣人两句法语如此，丞相如何说道只一句用得？'桧曰：'某平生所行只上一句。贤说须着下一句，贤且试方看。'圣贤法言无一非实用，桧只作好（话说）〔说话〕看过。平生如此，宜其祸国也。"又按，（林）〔郑〕可学录云："桧召五峰兄弟，五峰辞甚力。和仲言颇逊，遂再召赴阙。桧问：'来时明仲何言？'曰：'家兄令禀丞相，善类久废，民力久困。'桧不答。问和仲曰：'"敬以直内"，只行向上一句，下一句只与贤行。'又曰：'文定文字甚好。'和仲进此文字，以副本纳之。桧云：'只是行不得。'和仲再三问：'既好，何故行不得？'桧云：'孔、孟言语亦有行不得，写在策上，只是且教人知得此。'"〔又，扬录云："太上一日问胡和仲：'文定春秋外更有甚文字？'胡曰：'只有几卷家集。'上曰：'可进来。'遂进之。后秦桧问胡曰：'先丈文字进了？'连说'先丈好议论'三四句后，曰：'只是一句也行不得。'胡曰：'议论好时只是谓好行。相公既说好，如何行一句不得？'曰：'不特先丈文字如此，圣贤议论亦岂尽可行！只是且教世间人知得有这一般道理。'"又，焘录云："或问'信而好古'曰：'而今人多不好古，皆是他不信。'因举秦会之尝与胡和仲说：'如先公解春秋，尽好议论，只是无一句行得。'对曰：'惟其可行，方是议论，若不可行，则成甚议论？'秦曰：'且如周公、孔子之言，那有一句行得？只是说得好，所以存留在与后人看。'"又，璘录云："桧召胡和仲来，问'敬以直内，义以方外'。和仲之父子兄弟寻常以为此两句只是一事。<u>桧</u>云：'不然。"敬以直内"可用，某逐日受用便是。"义以方外"不可行。'<u>和仲</u>疑之。<u>桧</u>云：'公试行看。'<u>和仲</u>上殿，<u>光尧</u>索<u>文定公</u>文集，因以副本呈。<u>桧</u>云：'先公议论甚好，但一句也行不得。且如<u>孔</u>、<u>孟</u>许多说话，也只是存一个好话，令人知有此好话耳，决不可行。'又问<u>和仲</u>：'"不降其志，不辱其身"如何？'<u>和仲</u>既解以对。<u>桧</u>云：'合降志须着降，合辱身须着辱。'<u>和仲</u>以太常丞权郎，<u>桧</u>忽请吃酒五杯，归而章疏下矣。<u>桧</u>之不情如此。"〕

○　<u>秦太师</u>死，<u>高宗</u>告<u>杨郡王</u>云："朕今日始免得这膝裤中带匕首。"乃知<u>高宗</u>平日常防<u>秦</u>之为逆，但到这田地，匕首也如何使得！<u>秦</u>在房中，知房人已厌兵，归又见<u>高宗</u>亦厌兵，心知和议必可成，所以力主和议。<u>獭辣</u>主事，始定和议。至次年，<u>兀尤</u>杀<u>獭辣</u>而畔盟，至<u>顺昌</u>为<u>刘某</u>所败，至<u>楚州</u>又为粮绝，兵师离败方得成和，若不吃这两着，亦恐未便成和。太后自房归，云某年月日房人待之礼数有加，至某年月又加礼，又某年月又甚厚。今以年月考之，皆是我师克捷之时，故房惧而加礼于彼，礼极厚乃是<u>顺昌</u>之捷。<u>高宗</u>初见<u>秦</u>能担当得和议，遂悉以国柄付之。被他入手了，<u>高宗</u>更收不上。<u>高宗</u>所恶之人，<u>秦</u>引而用之，<u>高宗</u>亦无如之何。<u>高宗</u>所欲用之人，<u>秦</u>皆摈去之。举朝无非<u>秦</u>之人，<u>高宗</u>更动不得。<u>蔡京</u>门着数高，治<u>元祐</u>党只一章疏便尽行遣了。<u>秦太师</u>死，有论其党者不能如此，只管今日说两个，明日又说两个，不能得了。有荐<u>张魏公</u>者，<u>高宗</u>云："朕宁亡国，不用<u>张浚</u>。"<u>庚</u>。

○　问："<u>秦相</u>既死，如何又却不更张，复和亲？"曰："自是<u>高宗</u>不肯。当渠死后，乃用<u>沈该</u>、<u>万俟卨</u>、<u>魏道弼</u>，又有一人。此数人皆是当时说和亲者。中外既知上意，未几，又下诏云：'和议出于朕意，故相<u>秦桧</u>只是赞成。今<u>桧</u>既死，闻中外颇多异论，不可不戒约。'甚沮人心。当初有一二件事皆不是，如<u>桧</u>家既保全而专治其党，士大夫遭<u>桧</u>贬窜者叙复甚缓。渠死得甚好，若更在，甚可畏。当时已欲杀<u>赵丞相</u>之家，既加以反逆，则牵联甚众，见说有三十余家皆当坐，中外寒心。<u>高宗</u>亦甚厌恶之，但无如之何。"问："所以至于如此者，何故？"曰："<u>伊川</u>云'人主〔致危亡之道非一〕，而逸欲为甚'，渠当初一面安排，作太平调度以奉<u>高宗</u>，阴夺其权，又挟虏势以为重。"<u>可学</u>。

○ <u>秦老</u>既死，中外望治。在上人不主张，却用一等人物。当时理会<u>秦氏</u>诸公，又宣谕止了。当时如<u>张子韶</u>、<u>范仲达</u>之流，人已畏之，但前辈亦多已死。<small>上借问魏矼。</small>（知）〔却〕是后来因逆<u>亮</u>起方少惊惧，用人才。<u>籍溪</u>轮对，乞用<u>张魏公</u>、<u>刘信叔</u>、<u>王龟龄</u>、<u>查元章</u>，又一人继之。时有文集，谓之四贤集。<u>可学</u>。

○ <u>徐师川</u>在密院，<u>荆</u>、<u>襄</u>有密报，五府会议。<u>师川</u>曰："今日朝廷视<u>荆</u>、<u>襄</u>乃无用地，何不弃之？"<u>赵丞相</u>为参政，曰："此乃上流，何可弃？"<u>师川</u>曰："密院事何预参政？"<u>赵</u>曰："某参知政事，此乃系政事之大者，安得不预！"遂策马径出。入文字，朝廷为之罢<u>师川</u>，<u>赵</u>遂知院，为帅未行，虏退师。<u>可学</u>。

○ <u>方伯谟</u>问："某人如何。"<small>忘其姓名。</small>先生曰："对移县丞一节，全处不下。"又问："是当初未见得？"先生曰："他当初感发踊跃，只是后来不接续。"语<u>朱希真</u>曰："天下有一等人直是要文采，求进用。"因说及<u>尹穑</u>："前日<u>赵蕃</u>称他是好人。此乃狗彘所不为，尚得为好人？"<u>伯谟</u>问："他当初如何会许多年不出？"先生曰："只是且碍过，及至上手则乱。渠初擢用，力言但得虏和，三二月纲纪自定。<u>龚实之</u>云：'便是他人耳聋，敢如此说！'如减冗官事是，但非其人，行之失人心。渠初除<u>浙西</u>制置，<u>胡邦衡</u>除<u>浙东</u>。<u>邦衡</u>搬家从<u>苏</u>、<u>秀</u>，迤逦欲归乡，因此罢。<u>陈鲁公</u>再用，因言于上曰：'<u>胡铨</u>般家固可罪，尚向北；<u>尹穑</u>般家乃向南。'上云：'无此事。'公云：'臣亲见之。自古人主无与天下立敌之理。天下皆道不好，陛下乃力主张。'张魏公在督府，渠欲摇撼。一日，陈彦广对言：'张某似有罢意。'上曰："安有此事！方今谁出魏公上？〔上每呼张相只曰'魏公'。〕必是台谏中为此，卿可宣谕。'陈见尹，道上意，尹云：'某请对。'数日，驾在德寿，批出，陈知建宁府，魏公亦罢。"某问："当时诸公荐之，何故？"先生曰："亦能文章，大抵以此取人，不考义理无以知其人，多为所误。如苏子由用杨畏，畏为攻向上三人，苏终不迁。畏曰：'苏公不足与矣。'乃反攻之。"可学。

朱子语类卷第一百三十二

祖宗六

自南渡至今用人下

○ "胡文定公传家录，议论极有力，可以律贪起懦，但以上工夫不到。如训子弟作郡处，末后说道'将来不在人下'，便有克伐之意。"子升兄云："有力行之意多而致知工夫少。"曰："然。"木之。

○ 胡致堂之说虽未能无病，然大抵皆太过，不会不及，如今学者皆是不及。〔学蒙。〕

○ 胡致堂说道理，无人及得他。以他才气，甚么事做不得！只是不通检点，如何做得事成？〔我欲做事，〕事未起而人已检点我矣。侗。

○ 胡致堂议论英发，人物伟然。向尝侍之坐，见其数杯后歌孔明出师表，诵张才叔自靖人自献于先王义、陈了翁奏状等，可谓豪杰之士也！读史管见乃岭表所作，当时并无一册文字随行，只是记忆，所以其间有牴牾处。有人好诵佛书，致堂集史传中虏人姓名揭之一处，其人果收去念诵，此其戏也。又尝解论语"举直错枉"章云，哀公是时威权已去，不知何以为举错，但能以是权付之孔子，斯可矣。人杰。

○　胡籍溪人物好，沈静谨严，只是讲学不透。贺孙。

○　藉溪胡公教诸生于功课余暇，以片纸书古人懿行或诗文铭赞之有补于人者，粘置壁间。俾往来诵之，咸令精熟。若海。

○　吕居仁学术虽未纯粹，然切切以礼义廉耻为事，所以亦有助于风俗。今则全无此意。方子。

○　"吕居仁家往往自抬举，他家人便是圣贤。其家法固好，然专恃此，以为道理只如此，却不是。如某人才见长上便须尊敬以求教，见年齿才小便要教他，多是如此。"人杰因曰："此乃取其家法而欲施之于他人也。"人杰。

○　汪端明少从学于焦先生。汪既达时，从杲老问禅。怜焦之老，欲进之以禅，因劝焦登径山见杲。杲举"寂然不动，感而遂通"，焦曰："和尚不可破句读书。"不契而归，亦奇士也。〔焦名援，字公路，南京人，清修苦节之士。〕闳祖。

○　汪季路甚子细，但为人恁太宽，理会事不能得了。贺孙。

○　汪圣锡日以亲师取友、多识前言往行为事，故其晚年德成行尊，为世名卿。若海。

○　汪圣锡不直潘子贱直前事，云："无缘听得殿上语。"向宣卿子覃云："吾当时是言尹和靖某事，又为朱子发理会恤典。子贱当时为吕居仁所卖。"德明。

○ 王龟龄学也粗疏。只是他天资高，意思诚悫，表里如一，所至州郡上下皆风动。而今难得此等人。贺孙。

○ 先生问："曾文清有论语解，曾见否？"曰："尝见之，其言语简。"先生曰："其中极有好处，亦有先儒道不到处。某不及识之，想是一精确人，故解书言多简。"某曰："闻之，文清每日早必正衣冠，读论语一篇。"先生曰："此所谓'学而时习之'，与今日学者读论语不同。"可学。

○ 因说永嘉之学，曰："张子韶学问虽不是，然他却做得来高，不似今人卑污。"又曰："上蔡多说知觉，自上蔡一变而为张子韶。"学蒙。

○ "永嘉前辈觉得却到好，到是近日诸人无意思。陈少南，某向虽不识之，看他举动煞好，虽是有些疏，却无而今许多纤曲。"贺孙问："少南虽是疏，到在讲筵议论实有正〔直〕气象。"曰："然。近日许多人往往到自议论他。"贺孙。

○ 吴才老叶韵一部，每字下注某处使作某音，亦只载得有证据底，只是一例子。泉州有板本。淳。

○ 近世考订训释之学，唯吴才老、洪庆善为善。偁。

○ 〔黄仁卿将宰乐安，论及均税钱，曰："今说道'税不出乡'。要之，税有轻重，如何不出乡得？若教税不出州时，庶说稍均得。"先生曰："'税不出乡'，只是古人一时间寻得这说去防那一时之弊，而今耳里闻得却把做个大说话。但只均税钱也未尽，须是更均税物方得。且如福州纳税，一钱可以当这里十钱，而今便须是更均那税物。"又曰："往在漳州，见有退税者不是一发退了，谓如春退了税后秋又要退苗，却不知别郡如何。然毕竟是名目多后恁地。据某说时，只教有田底便纳米，有地底便纳绢，只作两钞，官司亦只作一仓一场，如此百姓与官司皆无许多劳攘。"又曰："三十年一番经界方好。"又曰："元稹均田图惜乎不见。今将他传来考，只有两疏却无那图。然周世宗一见而喜之，便欲行，想见那图大段好。尝见陆宣公奏议后面说那口分世业，其纤悉毕尽，古人直是恁地用心。今人若见均田图时，他只把作乡司职事看了，定是不把作书读。今如何得有陆宣公样秀才！"又曰〕林勋本政书每乡开具若干字号田，田下注人姓名，是以田为母，人为子。说得甚好。淳。

○ 张戒，字定夫。自云始学夫子之道而无所得，乃看老子而愿学焉。又看管子。与先吏部厚善，当时朝士皆敬之，虽有素喜陵人者亦不敢慢其文，谓之正平集。人杰。

○ 恭甫再为潭帅，律己愈谨，御吏愈严。某谓如此方是。道夫。

○ 因给、舍缴驳事而大臣无所可否，云："昔梁叔子将为执政时，曾语刘枢云：'某若当地头，有文字从中出，不当者如何，也须说教住了始得。'后梁已大用，而文字自中出者初不闻有甚执奏。刘枢深怪其事。后见钱某因（言）〔事〕说及丞相煞有力，中出文字日日有之，丞相每每袖回了而后已。自今观之，又不见此。"贺孙。

○ "某人初登宰辅，奏逐姜特立。忽有旨召姜，乞出甚力，在六和塔待命，有旨免宣押。某人初过枢，天下属望，首有召姜之命，经由枢密，曾无奏止，坐视丞相以近习故去国。其意只以入枢未久，恐说不行而去，为人所笑，故放过此一着，是甚小事。"直卿云："人日日常将义理夹持个身心，庶几遇事住不得。若是平常底人也是难得不变，如某人，固谓世人属望，但此事亦须不要官爵方做得。"先生曰："固是。若是不要官爵〔如何放〕得过？每看史策到这般地头，为之汗栗，一个身己便顿在兵刃之间。然汉唐时争议而死，愈死愈争，其争愈力。本朝用刑至宽而人多畏懦，到合说处反畏似虎。"至道因问："武后事，狄梁公虽复正中宗，然大义终不明，做得似鹘突。"答曰："当此时世只做得到恁地。狄梁公终死于周，然荐得张柬之，迄能反正。"又问："吕后事势倒做得只如此，然武后却可畏。"答曰："吕后只是一个村妇人，因戚姬遂迤逦做到后来许多不好。武后乃是武功臣之女，合下便有无稽之心，自为昭仪便鸩杀其子以倾王后。中宗无罪而废之，则武后之罪已定，只可便以此废之，拘于子无废母之义不得。吕后与高祖同起行伍，识兵略，故布置诸吕于诸军。平勃之成功也，适值吕后病困，故做得许多脚手，平〔勃〕亦幸而成功。胡文定谓武后之罪当告于宗庙社稷而诛之。"又云："中宗决不敢为黜母之事，然而并中宗废之又不得。当时人心惟是见武后以非罪废天子，故疾之深；惟是见中宗以无罪被废，故愿复之切。若并中宗废之，又未知何以收拾人心，这般处极难。"贺孙。

○ "耿直之向作浙漕时，有一榜子在诸处客位甚好，说用考课之法。应州县官不许用援，有绩可考，自发荐章。如考课在上而挟贵援者即降从次等。今在镇江亦然否？"答曰："然。"曰："得实否？"曰："僻在山林，不知其详，但知私谒不行。"曰："向来耿守有一书说'子曰"用之则行，舍之则藏，惟我与尔有是夫"'。"某曰："此义当如何说？"曰："也只是前来说。若是如耿说，却是圣人学得些骨董要把来使，全不自心中流出。"某曰："'伊尹耕于有莘之野而乐尧舜之道，舜饭糗茹草若将终身'，而濂溪先生却曰'志伊尹之所志，学颜子之所学'。伊尹耻君不及尧舜，一夫不得其所若挞于市，学者若横此心在胸中却是志于行，莫不可？"先生曰："只恐私。修身养性与致君泽民只是一理。"
<u>从周</u>。

○　戴（少）〔肖〕望云："<u>洪景卢</u>、<u>杨廷秀</u>争配享，俱出，可谓无党。"先生曰："不然。要无党须是分别得君子、小人分明。某尝谓凡事都分做两边，是底放一边，非底放一边；是底是天理，非底是人欲；是即守而勿失，非即去而勿留，此治一身之法也。治一家则分别一家之是非，治一邑则分别一邑之邪正，推而一州、一路以至天下，莫不皆然，此直上直下之道。若其不分黑白、不辨是非而猥曰'无党'，是大乱之道也。"<u>戴</u>曰："信而后谏，意欲委曲以济事。"先生曰："是枉尺直寻而可为也。"<u>闳祖</u>。

○　<u>耿京</u>起义兵，为<u>天平军</u>节度使。有<u>张安国</u>者亦起兵，与<u>京</u>为两军。<u>辛幼安</u>时在<u>京</u>幕下为记室，方衔命来此致归朝之义，则<u>京</u>已为<u>安国</u>所杀。<u>幼安</u>后归，挟<u>安国</u>马上，还朝以正典刑。<u>儒用</u>。

○　<u>辛幼安</u>亦是个人才，岂有使不得之理？但明赏罚则彼自服矣。今日所以用之者，彼之所短更不问之，视其过当为害者皆不之恤，及至废置，又不敢收拾而用之。〔<u>人杰</u>。〕

○　<u>孙逢吉</u>从之煞好。初除便上一文字，尽将今所讳忌如"正心诚意"许多说话一齐尽说出，看来这是合着说底话。只如今人那个口道是，那个不多方去回避！<u>贺孙</u>。

○　先生谓<u>若海</u>曰："令祖<u>全节翁</u>孝义笃至，又能坚正自守。当时权贵欲一见之，竟不为屈。至于通判公，又为<u>张</u>、<u>赵</u>所知，持论凛然，不肯阿附<u>秦</u>老，可谓'无忝于所生'者。前辈高风诚可敬仰，为子孙者其忍不思所以奉承而世守之乎！"或曰："今人志在趋利，闻人道及此等事则多非毁讪笑。"先生曰："某尝谓得他当面言之犹似可。又有口以为是，心实非之，存在胸中不知不觉做出怪事者，兹尤可畏！"〔按：胡泳云，内翰，文公之后。〕若海。

○ 三山黄明陟名登是黄传正名□之父，〔扬录云："张登，福建人。"僴录云："张致中父登。"从周录云："永福姓张人。"〕其人朴实公介，为甚处宰。〔诸录云尤溪。〕初上任时，凡邑人来相见者都请，〔诸录云："士夫、僧、道百余人。"〕但一揖〔扬录云："坐处亦不足，只立说话。"〕后问："诸公能打对否？"人皆不敢对。因云："'天'对甚？"其中有人云："对'地'。"〔又问："'日'对甚？"云："对'月'。""'阳'对甚？"云："对'阴'。"却〕又问："'利'对甚？"云："对'害'。"乃大声云："这便不是了。天下一切人都被这些子坏了。才把'害'对'利'，便事事上只见得利害，更不问义理。〔僴录云："人只知以'利'对'害'，便只管寻利去。"〕须知道'义'乃对'利'，才明得义、利，便自无乖争之事。自后只要如此分别，不要更到讼庭。"后来在任果（能）有政声。此事虽近于迂阔，然却甚好，今不可多见矣。时举。从周录云："永福姓张者作知县"云云。〔僴录云："一揖而退，此亦可书。其桃符云：'奉劝邑人依本分，莫将闲事到公庭。'言虽质，意亦好。"扬录云："其人为政简易，无系累。后坐化死。"〕

○ 天下事须论一个是不是后，却又论其中节与不中节。余古失于讦，然使其言见听则不无所补。李（湛）〔琪〕则所谓"不在其位，不谋其政"，要之却亦有以救其失也。如二子却所谓"中节不中节"者。道夫。

○ 近世士大夫忧国忘家，每言及国事辄感愤慷慨者，惟于赵子直、黄文叔见之耳。黄，蜀人，名裳。侗。

○　先生闻黄裳 文叔之死，颇伤之，云："观其文字议论，是一个白直响快底人，想是懊闷死了。言不行，谏不听，要去又不得去，也是闷人！"因言："蜀中今年煞死了系名色人，如胡子远、吴挺，都是有气骨底人。吴是得力边将。"贺孙。

○　赵子直奉命将入蜀，请于先生，曰："某将入蜀，蜀中亦无事可理会。意欲请于朝廷，得沿淮差遣，庶可理会屯田。"曰："出于朝廷之意犹恐不得终其事，若自请以行，则下梢或有小事请乞不行便难出手。如荐举小吏而不从其荐，或按劾小吏而不从其劾，求钱米以补阙乏而不从其所求，这如何做？"贺孙。

○　赵子直政事都琐碎，看见都闷人。曾向择之云："朱丈想得不喜某政事。"可知是不喜。贺孙。

○　或言赵子直多疑。先生曰："诸公且言人因甚多疑？"鲁可几曰："只是见不破尔。"道夫。

○　赵子直亦可谓忠臣，然以宗社之大计言之亦有未是处，不知何以见先帝。人杰。

○　论及"伪学"事，云："熙丰后来被绍圣治时，却是熙丰曾去撩拨绍圣来，而今却是平地起这件事出。"义刚。

○　先生云："如某辈皆不能保，只是做将去，事到则尽付之。人欲避祸，终不能避。"德明。

○　或曰："今世士大夫不诡随者亦有五六人。"曰："此辈在向时

本是阘茸人，不比数底。但今则上面一项真个好人尽屏除了，故这一辈
稍稍能不变便称好人，其实班固九品之中方是中下品人。若中以上，
不复有矣。"先生因问："某人如何？"或曰："也靠不得。"曰："然。见
他写书来皆不可晓。顷在某处得书来，说学问又如何，资质又如何，读
书不长进又如何。某答之云：'不须如此，说话不济事。若资质弱便放
教刚，若过刚便〔放〕教稍柔些，若懒便放教勤。读论语便彻头彻尾理
会论语，读孟子便彻头彻尾理会孟子，其他书皆然。此等事本不用问
人，问人只是杭唐日子，不济事。只须低着头去做，若做底自是不消问
人。'这番又得他书，亦不可晓。"或曰："终是他于这利欲之场打不透，
欲过这边又舍彼不得，欲倒向那边又畏友朋之议。又缘顷被某人抬奖得
太过。正如个船阁在沙岸上，要上又不得，要下又推不动。"曰："然。
无一番大水来泛将去，这船终不动。要之，只是心不勇之故。某尝叹息
天下有些英雄人都被释氏引将去，甚害事！且如昔日老南和尚，他后生
行脚时已有六七十人随着他参请，于天下丛林尊宿无不遍谒，无有可其
意者。只闻石霜楚圆之名，不曾得去，遂特地去访他。及到石霜，颇闻
其有不可人意处。老南大不乐，徘徊山下数日不肯去见。后来又思量，
既到此，须一见而决。如是又数日，不得已随众入室。揭帘欲入，又舍
不得拜他。如是者三，遂奋然曰：'为人有疑不决，终非丈夫。'遂揭帘
径入，才交谈便被石霜降下。他这般人立志勇决如此。观其三四揭帘而
不肯入，他定不肯诡随人也。〔广录云："世上有一种人，心下自不分明，只是
怕人道不会，不肯问人。昔老南去参慈明时已有人随他了，它欲入慈明室，数次欲
揭帘入去，又休，末后乃云：'有疑不决，终非大丈夫。'遂入其室。"〕某常说，
怪不得今日士大夫，是他心里无可作做，无可思量，'饱食终日，无所
用心'，自然是只随利欲走。间有务记诵为词章者，又不足以拔其本心
之陷溺，所以个个如此。只缘无所用心故如此。前辈多有得于佛学，当
利害祸福之际而不变者，盖佛氏勇猛精进、清净坚固之说犹足以使人淡
泊有守、不为外物所移也。若记览词章之学，这般伎俩如何救拔得他那

利欲底窠窟动！"或曰："某人读书，只是摘奇巧为文章以求富贵尔。"
曰："恁地工夫也只做得那不好底文章，定无气魄，所以见他文字皆困
善。某少年见上行一辈人未说如何，然个个有气魄，敢担当做事。而今
人个个都恁地衰，无气魄，也是气运使然。而今秀才便有些气魄，少年
被做那时文都销磨尽了，所以都无精彩，做事不成。"僩。

朱子语类卷第一百三十三

祖宗七

夷狄

〇　问："本朝建国何故不都关中?"曰："前代所以都关中者,以黄河左右旋绕,所谓'临不测之渊'是也。近东独有函谷关一路通山东,故可据以为险。又,关中之山皆自蜀、汉而来,至长安而尽。〔池录作"关中之山皆自西而东"。〕若横山之险乃山之极高处,横山皆黄石山,不生草木。本朝则自横山以北尽为西夏所有,山河之固与吾共之,反据高以临我,是以不可都也。神宗锐意欲取横山,盖得横山则可据高以临彼。然取横山之要又在永洛之城,夏人以死争之,我师大败。神宗闻丧师大恸,圣躬由是不豫。"按编年,重和元年,童贯命种师道、刘延庆等取夏国永和等寨,大败夏人而还。六月,夏人纳款。初,夏人恃横山诸险以抗中国。庆历中,王嗣宗、范仲淹建议收之,会元昊纳款而止。元丰中,李宪建议,又会王师失利,神宗厌兵,不克行。贯尝从宪得其规摹。政和初,议进筑,至是十余年,遂得横山之地。夏人失援,故纳款。然国家是时已建平燕之策,益以多故,其后西夏与女真有。乙巳冬,女真围太原,夏人犯河外,则是横山之取有以结怨于彼也。又曰:"神宗初即位,富韩公为相,问为治之要,富公曰:'须是二十年不说着"用兵"二字。'此一句便与神宗意不合。已而擢用王介甫,首以用兵等说称上旨,君臣相得甚欢。时建昌军司户王韶上平戎策,介甫力荐之。

初为秦凤路经略，司机宜，后到通远军，遂一战而复熙河。捷书闻，上大喜，解白玉带以赐介甫，赏其知人。又加诏为龙图阁待制，以为熙河帅。熙河本镇洮军，因复其地改为熙州。只是广漠之乡，有之不加益，无之不加损。狃于一胜之后，庙论一意主于用兵，三败至于永洛，极矣。永洛之败，徐禧死之。禧，师川之父，黄鲁直之妹夫也。能文章，好谈兵，也有进策行于世，文字甚好。二苏之文未出，学者争传诵之。"儒用。

○　因论西夏事，曰："当时事不可晓。看来韩、范亦无素定基本，只是逐旋做出。且如当时覆车败将，这下方且失利，他之势甚张，忽然自来纳款求和，这全不可晓。后来不久，元昊遂死。不知他不死数年又必有甚奸谋，大未可知。且如当时朝廷必欲他称臣，遂使契丹号令之。契丹方且以为功，朝廷正未有所处，又却二国自相侵凌，不尔则当时又须费力。大抵西人勇健喜斗，（二）〔三〕五年必一次为边害。本朝韩、范、张魏公诸人，他只是一个秀才，于这般事也不大段会。只是被他忠义正当，故做得恁地。"道夫。

○　或问："范文正公经理西事，看得多是收拾人才。"曰："然。如滕子京、孙元规之徒素无行节，范公皆罗致之幕下。后犯法，又极力救解之。如刘沪、张亢亦然。盖此等人是有才底，做事时须要他用，但〔要〕会用得他。"又云："范公尝立一军为'龙猛军'，皆是招收前后作过黥配底人，后来甚得其用。时人自目范公为'龙猛指挥使'。"又曰："方范公起用事时，军政全无统纪，从头与他整顿一番。其后却只务经理内地，养威持重，专行浅攻之策，以为得寸则吾之寸，得尺则吾之尺。卒以此牵制夏人，遣使请和。"儒用。

○　人主好勤远略底也是无意思。当初高丽遣使来，朝廷只就他使

者以礼答遣之，神宗却要别差两使去。缘他那里知文，故两使皆（信）
〔侍〕从，皆是文人。高丽自是臣属之国，如何比得契丹！契丹自是敌
国。义刚。

○　神宗其初要结高丽去共攻契丹。高丽如何去得！契丹自是大
国，高丽朝贡于彼，如何敢去犯他！义刚。

○　尝见韩无咎说高丽入贡时，神宗喻其进先秦古书。及进来，内
有六经不曾焚者。神宗喜，即欲颁行天下。王介甫恐坏他新经，遂奏
云："真伪未可知。万一刊行后为他所欺，岂不传笑夷夏！"神宗遂止，
本亦不传。以某观之，未必是事，盖招徕高丽时介甫已不在相位。且
神宗是甚次第刚明！设使所进直有契于上心，亦岂介甫所能止之？又记
文昌杂录中说，高丽所进孝经门上下一二句记未真。纬经只是谶纬之书，
必无进先秦古书之事。但尝闻尤延之云："孟子'仁也者人也'章下，
高丽本云：'义也者宜也，礼也者履也，智也者知也，信也者实也，合
而言之道也。'"此说近是。儒用。

○　或问高丽风俗（虽）好。曰："也终带蛮夷之风。后来遣子弟
入辟雍，及第而归者甚多。尝见先人同年小录中有'宾贡'者，即其所
贡之士也。"宾贡"二字更须订证。当时宣赐币帛之外，又赐介甫新经三十
本，盛以墨函，黄帕其外，得者皆宝藏之。"儒用。

○　国家方与女真和时，高丽遣使来求近上医师二人。上召老医，
择二人遣往。至则日夕厚礼，皆不问医而多问禁中事。二医怪而问之，
高丽主曰："我有紧密事欲达宋皇，恐所遣使不能密，故欲得宋皇亲近
之人而分付之。所以问公禁中事者，欲以见公是所亲信耳。"二人因问
之，高丽主曰："闻宋皇欲与女真和，夹攻契丹，此非良策。盖我国与

女真陆路相通，常使人察之。女真不是好人，尝胜契丹，后必及宋，而
我国亦不能自存，此合当思有以备之。"二人问所以备之之说，曰："女
真作一阵法甚好，我今思得一法胜之。"因令观教其女真阵，盖如拐子
马之类。二人归奏，上怒，召老医而责之。其一人出门吐血而死，其一
人归而死。义刚。按，李儒用录同而少异，今附于下，云："先生尝见玉山汪丈
云，得之御史台一老吏。方徽宗通好女真，为灭辽之约，高丽有所闻，欲纳忠诚不
可得，遂托病遣使求医于本朝，且愿得供奉内庭上所亲信者。遂择二国医以往。至
则馆御供帐，其礼甚厚，但经月无引见之音。二医怪之，私有请于馆伴者。一日，
得旨入见，引至内庭。尽屏左右，谕二医曰：'寡人非病也，顾有诚款愿效于上国，
欲得附卿奏知，幸密以闻！'二医许诺。则曰：'女真人面兽心，贪婪如豺狼，安可
与之共事？今不早图之，后悔无及！闻其训练国人皆为精兵，累岁有事于燕，每战
辄胜。小国得一二阵法可与之角，如欲得之，敢不唯命！'谕毕，乃厚为之礼而遣
之。二医归，具奏本末。徽宗闻之滋不乐，且惧其语泄。丞相童、蔡辈乃为食于家，
召二医以食之，食毕而毙。"

○ 高丽与女真相接，不被女真所灭者，他自是有术以制之。高丽
更五十余主，今此方为权臣所篡而易姓。义刚。又一条云："高丽得四十主，
今已易姓，姓王。"

○ "杨割大师阿骨打，杨割之子。吴乞买、阿骨打之弟。完颜亶、乞
买之子。完颜亮、完颜雍、葛王璟、斡离不、斡离喁、兀术，皆阿骨兄
弟也。阿骨打既死，诸酋立其弟吴乞买。乞买死，国人欲立阿骨打之子
暗版孛讫烈。此五字不知如何，记不得。暗版孛讫烈，名宗盘。虏中谓'大
官人'也，暗版者，大也；孛讫者，官人也。'大官人'者即所谓太子也。
诸酋不肯，复立乞买之子完颜亶，而以暗版孛讫烈为相。暗版孛讫烈实
怀怨望，云己当为主。亶觉之，遂杀宗盘。一日遂尽诛二十七王，悟室
亦被诛，孛讫烈亦在其中，二十七王皆其党与兄弟也。连蔓宗族亲旧皆
杀了。亶又为亮所弑，自立。葛王先名裒，后以其字似'衰'字，遂改

名雍。亶、亮皆兄弟也。亶之父行名皆从"宗"，兄弟名皆从"二"。粘罕亦阿骨打族人，尝为相。初入中国，破京师，斡离不、粘罕也。斡离不早死，斡离喝后亦早死。粘罕后来劝立刘豫，内则萧庆主其事。萧庆用事久，及兀术、挞懒废刘豫而诛萧庆，粘罕争之不能得，亶遂忌之，粘罕悒怏而死。后来独兀术得后死。初，虏入中国，问何姓最大，中原人答以王姓最大。虏人呼王为'完颜'，自是王者之后遂姓完颜。"又问："虏人今渐衰替?"曰："卒急倒他未得。被他立得个头势大。若十分中做得一两分事，便足以扶持振起，除是大无道残暴酷虐，则不知如何。若是如此做将去，无大段残暴之事，恐卒消磨他未得，盖其势易以振起也。"卓。

○ 葛王惩逆亮之败，一向以仁政自居。道夫。

○ 葛王大故会。他所以要和亲者，盖恐用兵时诸将执兵权，或得要已。不如和亲，可坐享万乘之乐。其初虽是利于用兵，到后来惟恐我来与他厮杀。义刚。

○ 葛王便是会底。他立得年号也强，谓之"大定"。义刚。

○ 先生喟然叹曰："某要见复中原，今老矣〔不及见矣〕!"或者说："葛王在位，专行仁政，中原之人呼他为'小尧舜'。"先生曰："他能尊行尧舜之道，要做大尧舜也由他。"又曰："他岂能变夷狄之风?恐只是天资高，偶合仁政耳。"友仁。

○ 又云："今看着徽宗朝事更无一着下得是。古之大国之君犹有一二着下得是，而大势不可支吾。那时更无一小着下得是，使无虏人之猖獗，亦不能安。以当时之势，不知有伊、吕之才能转得否?恐也不可

转。尝试思之，无着可下手，事弄得极了，反为虏人所持。当初约女真
同灭契丹。既女真先灭了契丹，及王师到日惟有空城，金帛、子女、士
大夫已为女真席卷而去，遂竭府库问女真换此空城。又以岁币二百万贯
而为每岁（空）〔定〕额。是时帑藏空竭，无以得钱，遂敛敷民间，云
免百姓往燕山打粮草，每人科钱三十贯以充免役之费。民无从得钱，遂
命监司、郡守亲自征督，必足而后已。亦煞得钱，共科得六百余万贯，
然奉虏亦不多，恣为用事者侵使，更无稽考。及结局日，任事者遂焚烧
簿历，朝廷亦不问。又，契丹相郭药师以常胜军来降，朝廷处之河北诸
路近边塞上。后又有契丹甚人来降，亦有一军名义胜军，亦处之河北诸
路，皆厚廪给。是时中国已空竭，而边上屯戍之兵饩廪久绝，饥寒欲
死，而常胜、义胜两军安坐而享厚禄。故中国屯戍〔之〕兵数骂詈云：
'我为中国战斗，守御几年矣，今反受饥寒。汝辈皆降蕃，有何功而享
厚俸？'久之，两边遂相杀。及后来虏人入中国，常胜、义胜两军先往
降之。二军散处中国，尽知河北诸路险要虚实去处，遂为虏人作乡导，
长驱以入中原。又，徽宗先与阿骨打盟誓，两边不得受叛降。中国虽得
契丹空城而无一人，又远屯戍中原之兵以守之，飞刍转饷，不胜其扰。
又，契丹败亡，余将数数引兵来降，朝廷又皆受之，盖不受之又恐其为
盗贼。虏人已自有怨言。又虏中有张毂者，知平州，欲降，徽宗亲写诏
书以招之。去人由间路赍诏往，又为虏人所得，而张毂已来降矣，虏人
益怨。又，契丹亡国之主天祚者在虏中，徽宗又亲写招之，若归中国，
当以皇兄之礼相待，赐甲第，极所以奉养者。天祚大喜，欲归中国，又
为虏人所得。天祚故为虏人所杀。由是虏人大怒，云：'始与我盟誓如此，
今乃写诏书招纳我叛亡！'遂移檄来责问，檄外又有甚檄文，极所以骂
詈之语，今实录中皆不敢载。徽宗大恐，遂招引到张毂来，不奈何，斩
其首与虏人。又作道理分雪天祚之事，遂启其轻侮之心。然阿骨打却
乖，他常以守信义为说。其诸将欲请起兵问罪，阿骨打每不可，曰：
'吾与大宋盟誓已定，岂可败盟！'夷狄犹能守信义，而我之所以败盟失

信取怒于夷狄之类如此！每读其书，看得人头痛，更无一版有一件事做得应节拍。"卓。

○　朝廷只管取燕山，及得时却被虏人移尽了生口，只得一个空府。义刚。

○　姚平仲劫寨事，李伯纪不知。当时庙堂问老种如何处置，种云："合再劫。"诸公不从。种再云拜告。种老将不会说，盖虏人不支吾再劫也。当时欲俟立春出战者，待种师中来也。德明。

○　姚平仲出城劫寨不胜。或问计于种师道，曰："再劫。"时不能从，使再劫未必不胜也。曾有人问尹和靖："靖康中孰可以为将？"曰："种师道。"又问："孰可以为相？"良久，曰："也只教他做。"闳祖。

○　张魏公欲讨刘豫，赵丞相鼎云："留他在尚可以扞蔽北虏，若除了便与北虏为邻，恐难抵当。"此是甚说话！岂有不能讨叛臣而可以服夷狄乎？庚。

○　论及北虏事："当初起时如山林虎豹纵于原野，岂是人！"伯谟曰："当时曲端献策，不出十年彼必以酒色死，方可取。"先生曰："阿骨打才得幽州便死。曾见有人论，虏人无事权在其主，用兵权在将，故虏主不用兵。此说是。大抵当初出时是夷狄，及志得意满，与我何异？"因语某人欲请边郡自效。先生曰："易曰'知进退存亡而不失其正者，其惟圣人乎'，上之人不欲用兵而我自欲为之，是不识时。"问："恢复之事多始勤终惰，如何？"先生曰："只以私意为之，不以复仇为念。"可学。

○ "后世用兵只是胡厮杀，那曾有节制！如季通说八阵可用，怕也未必可用，当临阵时只看当时事体排拨得着所在。如吴璘败虏于杀金平，前面对陈交兵正急，后面诸军一齐拥前烂杀虏人，这有甚陈法？且如用〔兵〕前陈交接，后陈即用木车隔了不令突出。当吴璘那时，军势勇猛，将（木）〔来〕隔了，一齐都斫开突前去，有甚陈法？看来兵之胜负全在勇怯。"又云："用兵之要，敌势急则自家当委曲以缠绕之，敌势缓则自家当劲直以冲突之。"贺孙。

○ 吴玠到饶风关却走回，此事惟张巨山退虏记得实。〔德明。〕

○ 古之战也，两军相对甚有礼。有馈惠焉，有饮酌焉，不似后世便只是烂杀将去。刘锜顺昌之捷亦只是投之死地而后生。当时虏骑大拥而至，凡十余万。诸将会议，以为固知力不能当，然急渡江则朝廷兵守已自戒严，必不可渡。兼携持老幼，虏骑日迫，必为所追，其势终归于死。若两下皆死，不若固守，庶几可生，遂开城门而守。虏人大至，刘锜先遣人约他某日战。虏人谓其敢与我约战，大怒。至日，虏骑压于城外。时正暑月，刘锜分部下兵五十为队，先备暑药、饭食、酒肉存在。先以一副兜矛与甲置之日下晒，时令人以手摸，看热得几何。如此数次，其兜矛与甲尚可容手则未发，直待热如火不可容手，乃唤一队军至，令吃酒饭。少定，与暑药，遂各授兵出西门战。少顷，又唤一队上，授之，出南门。如此数队分诸门迭出迭入，虏大败。缘虏人众多，其〔立〕无缝，仅能操戈，更转动不得。而我兵执斧直入人丛，掀其马甲以断其足。一骑才倒即压数骑，杀死甚众。〔况当虏众〕正热，盾甲如火，流汗喘息烦闷。而吾军迭出，饱锐清凉，而伤困者即扶归就药调护。遂以至寡敌至众，虏人大败，方有怯中国之意，遂从和议，前此皆未肯真个要和。此是庚申年六月，可惜此机不遂进。贺孙。

○ 晋人下吴却是已得蜀，从蜀中造船直抵南岸。周世宗只图江南，是时襄、汉、蜀中别有主，所以屯淮上，开河抵江。今蜀中出兵可以入武关，从襄、汉、樊、邓可以捣汝、洛，由淮上可以取徐州。辛巳间，官军已夺宿州。国家若大举，只用十五万精兵。德明。

○ 张魏公可惜一片忠义之心而疏于事。亦是他年老，觉得精力衰，急欲成事，故至此。兼是朝廷诸公不能，得公用兵，幸其败，以为口实。初间是李显忠、邵宏渊请于公，以为虏人精兵在虹县，及俟秋来大举南寇，今若不先破其巢穴，待他事成骤至，某等此时直当不得。公问其实否，李显忠、邵宏渊便云："某人之说甚详。"即下签厅呼二人议，其说如前。公曰云云，于是即动，不知如何恁地轻率！德明。

○ 赵丞相亦自主和议，但争河北数州及不肯屈膝数项礼数尔。至秦丞相便都不与争。赵丞相是西人，人皆望其有所成就，不知他倒都不进前。庚。〔方子录云："赵元镇亦只欲和，但秦桧既担当了，元镇却落得美名。"〕

○ 问："中兴贤相皆推赵忠简公，何如？"曰："看他做来做去亦只是王茂洪规摹。当时庙论大概亦主和议，按，王庶乞免签书和议文字劄贴黄云："契勘臣前项所上章奏及与王（伦）〔论〕议，实有妨嫌。今若不自陈禀，则又如赵鼎、刘大中辈首鼠两端，于陛下国事何益！"使当国久时，未必不出于和，但就和上却须有些计较。如岁币、称呼、疆土之类，不至一一听命如秦会之样，老草地和了。后来秦会之没意智，乃以'不合沮挠和议'为词贬之，却十分送个好题目与他。"问："赵好处何如？"曰："意思好，又孜孜汲引善类，但其行事亦有不强人意处。如自平江再都建康，张德远极费调护，已自定叠了，只因郦琼叛去，德远罢相，赵公再入，忧虞过计，遂决还都临安之策，一夜起发，自是不复都金陵矣。"问："郦琼之叛，或云因吕安老折辱之，不能安，遂生反心。如不亲坐厅但垂帘露履以受其参之类，恐无此等事。"曰："此亦传闻之过。"又问："当时皆归罪魏公，以为不合罢刘光世，故有此变。"曰："光世在当时贪财好色，无与为比，军政极是弛坏，罢之未为不是，但分付得他兵马无着落。"又云："此事似不偶然。如虏人寇虐，刘豫不臣，但无人敢问着他。至此屯重兵淮上，方谋大举以伐刘豫，忽然有此一段疏脱，遂止。"又云："如吕安老才气尽自过人，观其议论亦甚精确。"问："郦琼叛去之后，闻亦不得志于虏。"曰："虏人后来亦用他为将，但初叛归于刘豫。虏人却疑豫拥兵太众，或疑与我为内应，遂有废豫之谋。"郦琼叛于淮西，实绍兴七年秋戊辰也。琼既降刘豫，金人忧其难制，遂废伪齐，其诏有云："勿谓夺蹊田之牛其罚则〔甚〕。不能为托子之友，非弃而□之？此天亦灭齐豫也，岂偶然哉！"儒用。

○ 㣃问："赵忠简、张魏公当国，魏公欲战，忠简欲不战。忠简以为刘豫杌上肉耳，然豫挟虏人以为重，今且得豫遮蔽虏人，我之被祸犹小，若取刘豫，则我独当虏人难矣。魏公不然之，必欲战。二策孰是？"先生曰："忠简非是。杀得刘豫了又却抵当虏人，有何不可？"又云："刘豫亦未便是杌上肉在。若以赵之才，恐也当未得那杌上肉在，他亦未会被你杀得，只是胡说。若真个杀得刘豫，则我之势益强，虏人自畏矣，何难当之！有虏，豺狼犬羊也，见威则畏，见善则愈肆欺侮。若自家真个曾胜刘豫，杀得一两番赢，他便怕矣。靖康以后自家只管怕他，与之和，所以他愈肆欺侮。若自家真个能胜刘豫，他安得不惧？虏，禽兽耳，岂可以柔服也！尝见征蒙记李成之子某从兀朮征蒙国，因记征蒙时事。云，兀朮在甚处，淮上二士人说之曰：'今韩世忠渡江遗弃粮草甚多，若我急往收取，资之以取江南，必可得也。'兀朮然其言，遂急来淮上，则空无所有。盖韩已先般辎重粮草归，而后抽军回也。彷徨淮上正未有策，而粮草已竭，窘不可言。先已败于刘锜，锜在顺昌府扼其前，进退不可，遂遣使请和。兀朮谓其下曰：'今南朝幸而欲和，即大幸，不然即送死耳，无策可为也。'这下又不（令）知狼狈如是。若知之，以偏师临之，无遗类矣。是时虽稍胜，然高宗终畏之，欲和。因其使来，喜甚，遂遣使报之欲和。兀术大喜，遂得还。是兀术不敢望和，自以为必死。其遣使也，盖亦谩试此间耳。可惜此机会，所以后来也怕，一向欲和。"又云："刘信叔在顺昌府一胜，是时刘以孤军在顺昌，兀术来伐，诸将皆欲走，信叔曰：'不可。我若走，则虏人必前拒我，袭在后，必无遗类。若幸而得至江，则诸将尽扼江上，责我以擅弃归之罪，亦必尽杀我，决无可生之理。不若坚守此城，与虏人决胜负，庶几死中可以求生也。'某尝说，厮杀无巧妙，只是死中求生。两军相拄，一边立得脚住不退即赢矣，须是死中求生方胜也。遂据城与虏人战，大败虏人，兀术由是畏怯。若非锜顺昌一胜，兀术亦未必便致狼狈如此之甚。信叔本将家子，喜读书，能诗，诗极佳，善写字。后来当完颜亮时已自老病，缘其侄刘玘先战败，遂至于败。"卓。

　　○　侗因问："当初高宗若必不肯和，乘国势稍振必成功。"曰："也未知如何，盖将骄惰不堪用。"侗问："如张、韩、刘、岳之徒富贵已极，如何责他死了，宜其不可用。若论数将之才，则岳飞为胜，然飞亦横，只是他犹欲向前厮杀。"先生曰："便是如此。有才者又有些毛病，然亦上面人不能驾驭他，若撞着周世宗、赵太祖，那里怕！他驾驭起皆是名将。缘上之举措无以服其心，所谓'得罪于巨室'者也。"是夜因论"为政不得罪于巨室"，语及此。又问："刘光世本无能，然却军心向他，其裨将亦多有可用者。"先生云："他本将家子云云。""张魏公抚师淮上，督刘光世进军。是时虏人正大举入寇，光世恐惧，遂背后悬赵忠简公。是时赵鼎为相，折彦质为枢密，折助之请枢密府，遂命刘光世退军。魏公闻之大怒，遂赶回刘光世，出榜约束云：'如一人一马渡江者皆斩！'光世遂不敢渡江，便回淮上。枢府一面令退军，而宣抚令进军淮上，然终退怯。魏公既还朝，遂力言光世巽懦不堪用，罢之，而命吕安老衵董其军。及吕安老为琼等所杀，降刘豫，魏公由是得罪，而赵忠简复相。赵既相，遂复举刘光世为将，便是事都弄成私意。魏公已自罢得刘光世好了，虽吕安老败事，然复举能者而任之亦足矣，何必须光世哉？此皆赵之私意。以某观之，必竟魏公去得光世是而赵所为非。岂有房人方入你却欲掉了去？一边令进军，一边令退军，如何作事？"云云。又言："诸将骄横，张与韩较与高宗密，故二人得全。岳飞较疏，高宗又忌之，遂为秦所诛，而韩世忠破胆矣！只有韩世忠在大仪镇算杀得房人一阵好。高宗初遣魏良臣往房中讲和，令韩世忠退师渡江。韩闻魏将至，知其欲讲和也，遂留之，云：'某方在此措置得略好，正抵当得房人住。大功垂成而主乃令追还，何也？'魏云：'主上方与大金讲和以息两国之民，恐边将生事败盟，故召公还，慎勿违上意！'韩再三叹息，以为可惜。又云：'既上意如此，只得抽军归耳。'遂命士卒束装，即日为归计。魏遂渡淮，兀术问以韩世忠已还否，魏答以某来时韩世忠正治叠行，即日起离矣。兀术再三审之，知其然，遂稍弛备。世忠乘其懈，回军奋击之，兀术大败。魏良臣皇恐无地，再三求哀，云：'实见韩将回，不知其绐己。'乃得免。"

○ 问"不能自强则听天所命，修德行仁则天命在我"。因说："靖康之祸云云，终始为讲和所误。房人至城下攻城犹说讲和，及高宗渡江亦只欲讲和。"问："秦桧之所以力欲讲和者，亦以高宗之意自欲和也。"曰："然。是他知得房人之意是欲厌用兵，他当初自房中来时已知得房人厌兵，故这里迎合高宗之意，那个又投合房人之意。房人是时子女玉帛已自充满厌足，非复曩时长驱中原之锐矣，又被这边杀一两阵怕了。兼房之创业之主已死，他那边兄弟自相屠戮，这边兵势亦稍稍强，所以他亦欲和。"卓。

○ 问："复仇之义，礼记疏云'穀梁、春秋许百世复仇'。又某书

'庶人许五世复仇'。又云'国君许九世复仇'。又某人引鲁桓公为齐襄公所杀，其子庄公与齐桓公会盟，春秋不讥。自桓至定公九世，孔子相定公，会齐侯于夹谷，是九世不复仇也。"陈丈举此以问，先生曰："复百世之仇者是乱说。许五世复仇者，谓亲亲之恩欲至五世而斩也。春秋许九世复仇，与春秋不讥、春秋美他之事，皆是解春秋者乱说。春秋何尝说不讥与美他来！圣人作春秋不过直书其事，美恶人自见。后世言春秋者动引讥、美为言，不知他何从见圣人讥、美之意。庄公亲见其人杀其父，既不能讨又躬与之为会，且为之主婚，如何更责得定公？"又云："事也多样。国君复仇之事又不同。"偰云："如本朝夷狄之祸，虽百世复之可也。"先生云："这事难说。"久之，曰："凡事贵谋始，也要及早乘势做，才放冷了便做不得。如鲁庄公之事，他亲见齐襄公杀其父，既不能复又亲与之燕会，又与之主婚，筑王姬之馆于东门之外，使周天子之女去嫁齐襄。所为如此，岂特不能复而已？既亲与仇人如此，如何更责他报齐桓公！见仇在面前不曾报得，更欲报之于其子，非惟事有所不可，也自没气势、无意思了。又况齐桓公率诸侯尊周室以义而举，庄公虽欲不赴其盟会，岂可得哉！事又当权个轻重。若桓公不是尊王室，无事自来召诸侯，如此则鲁庄公不赴可也。今桓公名为尊王室，若庄公不赴，非是叛齐，乃叛周也。又况桓公做气势如此盛大，自家如何便复得仇？若欲复仇，则襄公杀其父之时庄公与之同时，那时当以不共戴天之故告之周天子、方伯、连率，必以复仇为事杀得襄公而后已，如此方快（人）。〔今〕既不能然，又亲与之同会，与之主婚，于其正当底仇人尚如此，则其子何罪？又况其子承其父被杀后而入国，更检桓公是襄公之子否？又做得国来自好，庄公之所不如，宜其不能复而俯首事之也。"陈丈问："若庄公能杀襄公了，复与桓公为会，可否？"曰："既杀襄公了则两家之事已了，两边方平，自与桓公为会亦何妨？但庄公若能杀襄公，则'九合诸侯，一（正）〔匡〕天下'之功将在庄公而不在齐桓矣，惟其不能，所以只得屈服事之也。只要乘气势方急时便做了方好，才到一世二世后来便冷落，假使自家欶如此做也自鼓气不振。又况复仇须复得亲杀吾父祖之仇方好，若复其子孙有甚意思？汉武帝引春秋'九世复仇'之说遂征胡狄，欲为高祖报仇，春秋何处如此说？诸公读此还信不信？必不信。他自好大喜功，欲攘伐夷狄，欲托此以自诡耳。庄公之雠，亲自不曾复得，是责定公夹谷之会，争那里去？假使要做也做不成也。如本朝靖康虏人之祸，看来只是高宗初年，乘兀朮、粘罕、斡离不及、阿骨打未死之时，人心愤怒之日，以父兄不共戴天之仇就此便打叠了他，方快人意。孝宗即位锐意雪耻，然事已经隔，与吾敌者非亲杀吾父祖之人，自是鼓作人心不上，所以当时号为端人正士者又以复仇为非，和议为是，而乘时喜功名、轻薄巧言之士则欲复仇。彼端人正士岂故欲忘此虏？盖度其时之不可而不足以激士心也。如王公明炎、虞斌父允文之徒百方劝用兵，孝宗尽被他说动。其实无能，用着辄败，只志在脱赚富贵而已。所以孝宗尽被这样底欺，做事不成，盖以此耳。"僩云："但不能杀得虏主耳。若而今捉得虏人来杀之，少报父祖之怨，岂不快意？"先生曰："固是好，只是已自不干他事，自是他祖父事。你若捉得他父祖来杀，岂不快人意！而今是他子孙，干他甚事？"又问："疏中又引君以无辜杀其父，其子当报父之仇，如此则是报君，岂有此理？"先生曰："疏家胡说，岂有此理！"又引伍子胥事，说圣人是之。先生曰："圣人何尝有明文是子胥来！今之为春秋者都是如此。"胡（引）又问："引子思曰'今之君子退，人若将坠诸渊。毋为戎首，不亦善乎'，言当执之，但勿为兵首，从人以杀之可也。"先生曰："尽是胡解。子思之意，盖为或人问'礼为旧君有服'有欤？子思因云，人君退人无礼如此，他不为戎首来杀你已自好了，何况更望其为你服？此乃自人君而言，盖甚之之辞，非言人臣不见礼于其君便可以如此也。读书不可窒塞，须看他大意。"〔僩。〕

○ 南渡之后，说复仇者惟胡氏父子说得无病，其余并是半上落下说。虽魏公要用兵，其实亦不能明大义，所以高宗只以区区成败进退之。到秦桧主和，虏归河南，上下欣然，便只说得地之美，更不说大义。若无范伯达如圭，则陵寝一向忘之矣！魏公时责永州居住，亦入文字，只说莫与之和，如何感动？魏公倾五路兵为富平之败，又溃于淮上。若无气力也是做不得事。韩魏公煞是个人物，〔然〕亦适是人事恰做得，若更向上，且怕难担当。贺孙。

○ "近见吴公济会中朋友读时文策，其间有问道德功术者二篇，一篇以功术为不好；一篇以为有道德则功术乃道德之功术，无道德则功术不好。前篇不如后篇。某常见一宰相说，上甚有爱人之心，不合被近日诸公爱说恢复。某应之曰：'公便说得不是，公何不曰爱人乃所以为恢复，恢复非爱人不能？'"因说："为政篇道、德、政、刑与此一般。有道德则刑政乃在其中，不可道刑政不好，但不得专用政刑耳。"

○ 恢复之计须是自家吃得些辛苦，少做十年或二十年，多做三十年。岂有安坐无事而大功自致之理哉！道夫。

○ 某尝谓恢复之计不难，惟移浮靡不急之费以为养兵之资，则虏首可枭矣。道夫。

朱子语类卷第一百三十四

历代一

总论史_{春秋 战国}

○　司马迁才高，识亦高，但粗率。闳祖。

○　太史公书疏爽，班固书密塞。从周。

○　古书错缪甚多，如史记载伊训有"方明"二字，诸家〔遂〕解如"反祀方明"之类。某考之，只是"方"字之误。"方"当作"乃"，即尚书所谓"乃明言烈祖之成德"也。雉。

○　曹器远说伯夷传"得孔子而名益彰"云云。先生曰："伯夷当初何尝指望孔子出来发挥他！"又云："'黄屋左纛，朝以十月，葬长陵'，此（事）〔是〕大事，所以书在后。"先生云："某尝谓史记恐是个未成底文字，故记载无次序，有疏阔不接续处如此等是也。"闳祖。

○　沈存中以班固律历志定言数处为胵说是小说中"胵庙"之意，盖不晓算法而言尔。人杰。

○ 汉书"引绳排根音痕。不附己者",今人误读"根"为"根"。注云:"犹今言'根格'音户各反。之类。"盖关中俗语如此,"根格"犹云"抵拒担阁"也,"引绳排根"如以绳扞拒然。侗。

○ 刘昭补志于冠帻车服尤详,前史所无。方子。

○ 高氏小史亦好一书,但难得本子。高峻,唐人。通鉴中亦多取之。方子。

○ "杜佑可谓有意于世务者。"问理道要诀。曰:"是一个非古是今之书。"理道要诀亦是杜佑书,是一个通典节要。〔方子。〕

○ 皇极经世纪年甚有法。史家多言秦废太后,逐穰侯。经世书只言"秦夺宣太后权"。伯恭极取之,盖实不曾废。文子。

○ 通鉴:"告奸者与斩敌首同赏,不告奸者与降敌同罚。"史记商君议更法,首便有斩敌首、降敌两条赏罚,后面方有此两句比类之法。其实秦人上战功,故以此二条为更法之首。温公却节去之,只存后两句比类之法,遂使读之者不见来历。温公修书,凡与己意不合者即节去之,不知他人之意不(知)〔如此〕。通鉴此类多矣。侗。

○ 通鉴:"事末利及怠而贫者,举以为收孥。"谓收之为奴婢,不得比良民,有罪则民得以告之官而自杀之。侗。

○ 稽古录一书可备讲筵官僚进读,小儿读六经了,令接续读去亦好。末后一表,其言如蓍龟,一一皆验。宋莒公历年通谱与此书相似,但不如温公之有法也。方子。

○ 温公之言如桑麻谷粟，且如稽古录，极好看，常思量教太子诸王。恐通鉴难看，且看一部稽古录。人家子弟若先看得此，便是一部古今在肚里了。学蒙。

○ 稽古录有不备者，当以通鉴补之。温公作此书想在忙里做成，元无义例。闳祖。

○ 唐鉴意正有疏处。孙之翰唐论精练，说利害如身处亲历之，但理不及唐鉴耳。闳祖。

○ 骧问："班史、通鉴二氏之学如何？"曰："读其书自可见。"又曰："温公不取孟子，取扬子，至谓王伯无异道。夫王伯之不侔，犹碔砆之于美玉，故荀卿谓粹而王，驳而伯。孟子与齐梁之君力判其是非者，以其有异也。又，温公不喜权谋，至修书时颇删之，奈当时有此事何？只得与他存在。若每处删去数行，只读着都无血脉意思，何如存之，却别做论说以断？"道夫。

○ 伯恭晚年谓人曰："孙之翰唐论胜唐鉴。"要之，也是切于事情，只是大纲却不正了。唐鉴也有缓而不精确处，如言租、庸、调及杨炎二税之法，说得都无收杀，只云在于得人，不在乎法，有这般苟且处。审如是，则古之圣贤徒法云尔。他也是见熙宁间详于制度，故有激而言。要之，只那有激，便不平正。道夫。

○ 胡致堂云："通鉴久未成书，或言温公利餐钱故迟迟，温公遂急结末了，故唐五代多繁冗。"〔见管见后唐庄宗"六月甲午"条下。〕方子。

○ 致堂管见方是议论。唐鉴议论弱，又有不相应处，前面说一项事，末又说别处去。庚。

○ 问："'正统'之说，自三代以下如汉、唐亦未纯乎正统，乃变中之正者；如秦、西晋、隋则统而不正者；如蜀、东晋则正而不统者。"先生曰："何必恁地论。只天下为一，诸侯朝觐，狱讼皆归，便是得正统。其有正不正又是随他做，如何恁地论！有始不得正统而后方得者〔是正统之始，有始得正统而后不得者〕是正统之余。如秦初犹未得正统，及始皇并天下方始得正统。晋初亦未得正统，自泰康以后方是得正统。隋初亦未得正统，自灭陈后方是得正统。如本朝至太宗并了太原方是得正统。又有无统时，如三国、南北、五代皆天下分裂，不能相君臣，皆不得正统。〔义刚录作"此时便是无统"。〕某尝作通鉴纲目，有'无统'之说。此书今未及修，后之君子必有取焉。温公只要编年号相续，此等处须把一个书'帝'、书'崩'，而余书'主'、书'薨'，既不是做他臣子，又不是为他史官，只如旁人立看一般，何故作此尊奉之态？此等处合只书甲子而附注年号于其下，如魏黄初几年、蜀章武几年、吴青龙几年之类方为是。"又问："南轩谓汉后当以蜀汉年号继之，此说如何？"曰："如此亦得。他亦以蜀汉是正统之余，如东晋亦是正统之余也。"问："东周如何？"曰："必竟周是天子。"问："唐后来多藩镇割据，〔义刚录云："唐末天子不能有其土地，亦可谓正统之余否？"〕则如何？"曰："唐之天下甚阔，所不服者只河北数镇之地而已。〔义刚录云："安得谓不能有其土地！"〕"淳。义刚录同。

○ 温公谓魏为正统，使当三国时便去仕魏矣。升卿。

○ 问："春秋时良法美意尚有存者。"曰："去古愈近便古意愈多。"升卿。

○　成周之时卿士甚小，到后来郑武公门为王卿士便是宰相，恰如后世侍中、中书令一般。庚。

○　封建世臣，贤者无顿身处。初间亦未甚，至春秋时孔子弟子皆为家臣，不得已孔子暂为大夫、为宰，不知此事如何？可学。

○　管仲内政士卿十五乃战士也，所以教之孝悌忠信、尊君亲上之义。夫子曰"以不教民战是谓弃之"，故虽霸者之道，亦必如此。人杰。

○　楚地最广，今之襄、汉皆是，尽是强大。齐、晋若不更伯，楚必吞周而有天下。缘他极强大，所以齐（威）〔桓〕、晋文责之皆是没紧要底事。（威）〔桓〕公岂不欲将僭王猾夏之事责之？但恐无收杀，故只得如此。至如晋文城濮之战，依旧委曲还他许多礼数，亦如（威）〔桓〕公之意。然此处亦足以见先王不忍戕民之意未泯也。设使（威）〔桓〕文所以责之者不少假借，他定不肯服。兵连祸结，何时而已？到得战国，斩首动是数万，无复先王之意矣。僴。

○　子升兄问伍子胥。曰："'父不受诛，子复仇可也'，谓之乱臣贼子亦未可。"又问："还是以其出亡在外而言，亦可以为通论否？"曰："古人自有这般事，如不为旧君服之义可见。后世天下一家，事体又别。然亦以其出亡之故，若曾臣事之亦不可也。"又问："父死非其罪，子亦可仕否？"曰："不可。""孙曾如何？"曰："世数渐远终是渐轻，亦有可仕之理，但不仕者正也，可仕者权也。"木之。

○　越栖会稽，本在平江。楚破越，其种散，史记。故后号为"百越"。此间处处有，山上多有小小城郭故垒，皆是诸越旧都邑也。春秋末，楚地最广，盖自初间并吞诸蛮而有其地，如淮南之舒、宿亳之蓼皆是。初间若不得齐（威）〔桓〕、管仲，看他气势定是吞周室。以此观之，孔子称管仲之功岂溢美哉？吴之所以得破楚，也是楚平以后日就衰削，又恰限使得伍子胥如此，先又有申公巫臣往吴教之射御战陈。这两人所以不向齐、晋那边去，也是见得齐、晋都破坏了，兼那时如阖闾、夫差、勾践几人皆是蛮夷中之豪杰。今浙间是南越，地平旷；闽、广是东越，地狭多阻。南丰送李柳州，误谓柳为南越。贺孙。

○ 义刚论田子方"贫贱骄人"之说，虽能折子击，却非知道者之言。不成我贫贱便可凌人，此岂忘乎贫贱富贵者哉？陈仲亨不以为然，次日请问。先生曰："他是为子击语意而发，但子方却别有个意思。它后面说'言不用，行不合，则纳履而去'，则此是说我只是贫贱，不肯自诎。'说大人则藐之'，孟子也如此说。虽曰圣人'无小大，无敢慢'，而不肯如此说，但以此视那为富贵权势所移者有间矣。圣人气象固不如此，若大贤以下则未免如是。"义刚。以下战国。

○ 赵武灵王也是有英气，所以做得恁地。也缘是他肚里乖，会恁地做得，但他不合倚这些子。如后来立后一事，也是心不正后感召得这般事来。义刚。

○ 义刚问："乐毅伐齐，文中子以为善藏其用，东坡则责其不合妄效王者事业以取败。二者之说孰是？"先生曰："这只是他门要去立说后都不去考教子细。这只是那田单会守后，他不奈他何。当时乐毅自是兼秦、魏之师，又因人怨湣王之暴，故一旦下齐七十余城，及既杀了湣王，则人心自是休了。它又怕那三国来分了他抢夺，连忙发遣了它，以燕之力量也只做得恁地。更是那田单也是忠义之人，死节又守那二城。乐毅不是不要取它，也自煞费气力去取，是被它是善守后不奈他何。乐毅也只是战国之士，又何尝是王者之师？它当时也只是恣意去卤掠，正如孟子所谓'毁其宗庙，迁其重器'，是他不过如此举措。它当时那鼎也去扛得来，他岂是不要它底？便也田单与他皆会，两个相遇，智勇相角者，当时至相（待）〔持〕三年。便是乐毅（之）〔也〕煞费气力，但取不得。及骑劫用则是大段无能，后被那田单使一个小术数子便乘势杀将去。便是国不可以无人，如齐但有一个田单尽死节恁地守，便不奈他何。"义刚。

○ 鹭拳只是个粗豪人，其意则忠而其事皆非理，不足言也。僩。

○ "常思孙膑料庞涓暮当至马陵，如何料得如此好！"僩曰："使其不烛火看白昼则如之何？"曰："膑料庞涓是个絮底人，必看无疑。此有三样：上智底人，他晓得必不看；下智呆底人亦必不看；中智底人必看，看则堕其机矣。尝思古今智士之谋略诡谲固不可及，然记之者能如此曲折书之而不失其意，则其智亦不可及矣。"僩。

○ 燕丹知燕必亡，故为荆轲之举。德明。

○ 陈仲亨问："合纵便不便？"先生曰："温公是说合纵为六国之便。观当时合纵时秦也是惧，盖天下尽合为一而秦独守关中一片子地在，〔也未是长策。〕但它几个心固难一，如何有个人兜揽得他？也是难。这个却须是（知）〔如〕孟子之说方得，'如有不嗜杀人者，则天下之人皆引领而望之矣'，'师文王，大国五年、小国七年，必为政于天下矣'，孟子只是责办于己。设使当时有仁政，则如大旱之望云霓，民自归之，如此则秦虽强亦无如我何。"义刚问："苏秦激怒张仪，如秦人皆说它术高，切以为正是失策处。"先生曰："某谓此等处未必实有此。所谓'激怒'者，只是苏秦当时做得称意后去欺那张仪。而今若说是苏秦怕秦败纵，所以激张仪入秦，庶秦不来败纵，那张仪与你有甚人情？这只是苏秦之徒见他做到了这一（差）〔着〕后，妆点出此事来谩人。"卓。
○夔孙、人杰录意同而语异，今并附。云："因说苏秦激张仪入秦事，先生曰：'某
尝疑不恁地做得拙，苏秦岂不知张仪入秦会翻了他？想是苏秦输了这一筹，其徒遂
装撰此等说话。'"□："某尝疑苏秦资送张仪入秦事恐无此理。当是范雎、蔡泽之
徒多使乘间隙而夺之，他何尝立得事功？吴起务在富国强兵，破游说之言纵横者。
若是立脚务实，自不容此辈纷纭挠乱也。"

○　问："关中形胜，周用以兴，到得后来秦又用以兴。"曰："此
亦在人做。当春秋时秦亦为齐、晋所轧，不得伸。到战国时六国又皆以
夷狄摈之，使不得与中国会盟。及孝公因此发愤，致得商鞅而用之，遂
以强大。后来又得惠文、武、昭襄皆是会做底，故相继做起来，若其间
有一二君昏庸则依旧做坏了。以此见得形胜也须是要人相副。"因言：
"昭王因范雎倾穰侯之故，却尽收得许多权柄，秦遂益强，岂不是
会？"广。

○　陈仲亨以义刚所疑问云："商鞅说孝公帝王道不从，乃说以伯
道。鞅亦不晓帝王道，但是先将此说在前者，渠知孝公决不能从，且恁
地说庶可以坚后面伯道之说耳。"先生曰："鞅又如何理会得帝王之道？
但是大拍头去挥那孝公耳。他知孝公是行不得，他恁地说只是欲人知道
我无所不晓。"义刚问："不知温公削去前一截是如何？"先生曰："他是
说无此事，他不肯信。"又问："如子房招'四皓'，伊川取之以为得
'纳约自牖'之义，而温公亦削之，如何？"先生曰："是他意里不爱，
不合他意底则削去。某常说，陈平说高祖曰，项王能敬人，故多得廉节
之士；大王嫚侮人，故廉节之士多不为用。然廉节士尚终不可得，臣愿
得数万斤金以间疏楚君臣。这便是商鞅说孝公底一般。他知得高祖决不
能不嫚侮以求廉节之士，但直说他则恐未必便从，故且将去吓他一吓，
等他不从后却说之。此政与商鞅之术同，而温公也削去。若是有此一段

时，便见得他说得有意思，今若削去了则都无情意。他平白无事教把许多金来用间，<u>高祖</u>便肯。如此等类被他削去底多，如何恁地得？善善恶恶、是是非非，皆着存得在那里，其间自有许多事。若是不好底便不载时，<u>孔子</u>一部春秋（但）〔便〕都不是了，那里面何所不有！"<u>义刚</u>。按，<u>义刚</u>又有一条同而有详略，今附，云："<u>商鞅</u>先以帝王说<u>孝公</u>，此只是大拍头揮他。它知<u>孝公</u>必不能用得这说，但姑且说这大话了，却（被）〔放〕出那本色底来。而今<u>通鉴</u>削去前一节，<u>温公</u>之意谓<u>鞅</u>无那帝王底道理，遂除去了。<u>温公</u>便是不晓这般底人。如<u>条侯</u>击<u>吴</u>、<u>楚</u>，到<u>洛阳</u>得<u>剧孟</u>隐若一敌国，亦不信。他说道，如何得一个侠士便隐若一敌国！但不知这般人得之未必能成事，若为盗所得则煞会挠人。盖是他自有这一般宾客，那一般人都信向他，若被他一下鼓动得去直是能生事。又如<u>陈平</u>说<u>高帝</u>，谓<u>项王</u>下人能得廉节之士，大王嫚侮人故嗜利无耻者归之，大王诚能去两短、集两长则云云。然大王资侮嫚必不得廉节之士，故劝捐数万斤金以间<u>楚</u>君臣。这也是度得<u>高祖</u>必不能下士之故，先说许多话，<u>高祖</u>亦自botanique做不得了，方说他本谋来，故能使人听信。某说此正与<u>商鞅</u>之术同，而<u>温公</u>也削去。"又按，<u>夔孙</u>录同而前后次序少异，今附，云："<u>商鞅</u>以帝王说<u>秦</u>只是大拍头说话，他知<u>孝公</u>必行不得，先且说这大话，然后放那本色底出来。<u>通鉴</u>却削去前一节，<u>温公</u>之意谓<u>鞅</u>无那帝王底手段，遂除去了。<u>温公</u>性朴直，便是不晓这般底人。如<u>陈平</u>说高帝曰：'<u>项王</u>下人，故廉节之士多归之；大王嫚侮人，故嗜利亡耻者亦多归之。诚能去两短、集两长，则天下定矣。'然却言大王资侮人必不能得廉耻之士，遂劝之出金间<u>楚</u>君臣。只这也是度得<u>高祖</u>必不能下士，故先说许多说话，教<u>高祖</u>自度做他底不得，方说出他本谋，故使之必听。<u>温公</u>亦去了前一节。又如<u>周亚夫</u>击<u>吴</u>、<u>楚</u>，到<u>洛阳</u>得<u>剧孟</u>隐若敌国。<u>温公</u>也不信，说如何得<u>剧孟</u>一个侠士，便会隐若敌国。殊不知这般人得之未必能成事，若为盗贼所得却会挠人，盖自有这一般底人都信向他，若被他鼓动起，直会生事。<u>温公</u>便谓世间都无这般底人。"

○　<u>陈仲亨</u>问阡陌。先生曰："阡陌便是井田。陌，百也；阡，千也。东西曰阡，南北曰陌。或谓南北曰阡，东西曰陌。未知孰是。但却是一个横得在，一个直得在。且如百夫有遂，遂上有涂，这但是陌；若十个涂，恁地直在横头又作一大沟，谓之洫，洫上有路，这便是阡。阡陌只是疆界，自阡陌之外有空地，则只恁地闲在那里，所以先王要如此者也只是要正其疆界，怕人相侵互。而今商鞅却开破了，遇可做田处便垦作田，更不要恁地齐整。这'开'字非开创之'开'，乃开辟之'开'。蔡泽传曰'破坏井田，裂决阡陌'，观此可见。〔这两句自是合掌说，后人皆不晓，唐时〕却说宽乡为井田，狭乡为阡陌。东莱论井田引蔡泽传两句，然又却多方回互，说从那开创阡陌之意上去。"义刚。

○　问井田阡陌。先生曰："已前人都错看了。某尝考来，盖陌者，百也；阡者，千也。井田之夫，一夫百亩则为遂，遂上有径，此是纵，为陌；十夫千亩则为沟，沟上有畛，此是横，为阡。积此而往，百夫万亩则为洫，洫上有涂，涂纵，又为陌；千夫十万亩则为浍，浍上有道，道横，又为阡。商鞅开之，乃是当时井田既不存，便以此物为无用，一切破荡了。蔡泽传云'商君决裂阡陌'，乃是如此，非谓变井田为阡陌也。"夔孙。

○　"开阡陌"，"开垦"之"开"也。史记蔡泽曰："决裂阡陌，以尽生民之业。"道夫。

○　"伯恭言，秦变法，后世虽屡更数易，终不出秦。如何?"曰："此意好，但使伯恭为相果能尽用三代法度否?"问："后有圣贤者出如何?"曰："必须别有规模，不用前人硬本子。"升卿。

○　商君废井田、开阡陌，今人皆谓废古井田、开今阡陌也。阡陌乃是井田中许多沟浍道路，而商君坏之耳。蔡泽传云"废坏井田，决裂阡陌"，此其证也。僩。

朱子语类卷第一百三十五

历代二_{两汉}

○　西汉却有是忠质底意。承<u>秦</u>焚灭之后。<u>学蒙</u>。

○　<u>汉高祖</u>私意分数少。<u>唐太宗</u>一切假仁借义以行其私。<u>若海</u>。

○　<u>汉</u>兴之初，那时人未甚繁，气象划地较好。到那<u>武</u>宣极盛时便有那衰底意思，人亦皆然。<u>义刚</u>。按，<u>陈淳</u>录同而略，今附，云："<u>汉</u>兴之初气象自好，到<u>武</u>宣极盛处便有衰底意思，人亦皆然。"

○　<u>汉</u>时宿卫皆是子弟，不似而今用军卒。<u>义刚</u>。

○　"人读史书，节目处须要背得始得。如读<u>汉书 高祖</u>辞<u>沛公</u>处、<u>义帝</u>遣<u>沛公</u>入关处、<u>韩信</u>初说<u>汉王</u>处与史赞<u>过秦论</u>之类，皆用背得方是。若只是略绰看过，心中似有似无，济得甚事！读一件书须心心念念只在这书上，令彻头彻尾读教精熟，这说是如何，那说是如何，这说同处是如何，不同处是如何，安有不长进！而今人只办得十日读书下着头不与闲事管取便别。莫说十日，只读得一日便有效验。人若办得十年来，世间甚书读不了！今公门自正月至腊月三十日，管取无一日专心致志在书上。"又云："人做事须是专一。且如<u>张旭</u>学草书，见<u>公孙大娘</u>舞剑器而悟。若不是他专心致志，如何会得！"

○ 高祖初入关，怎地镇抚人民。及到灞上，又不入秦府库，珍物无所取，妇女无所幸。此时皆是。后来项羽王他巴蜀，他也入去，到此亦是。未几却出定三秦，已自侵占别人田地了。那三降王不足以王秦地，既夺得他关中便好且住，闲了关门，守那里面。他不肯休，又去寻得弑义帝说话来，这个亦是，在汤、武亦不肯放过，但依傍此做去自好。他率五诸侯合得五六十万兵，又却去彭城饮酒，取他美人，怎地作怪，被项羽来杀得甚狼狈，如汤、武岂肯如此？自此后名义都坏尽，只是胡相杀了。胡文定谓"惜乎假之未久而遽归"者，此也。使其常如关中时心，夫岂不好？若把与汤、武做时，定须做得好。淳。

○ 汉高祖从襄阳、金州、商州、长安角上入关。节

○ 或问："高祖为义帝发丧是诈，后如何却成事？"曰："只缘当时人和诈也无。如五伯假之，亦是诸侯皆不能假故也。"祖道。

○ 常疑四十万人死恐只司马迁作文如此，未必能尽坑得许多人。德明。

○ 伯谟问："汪公史评说郦食其说得好。"先生曰："高祖那时也谩教他去，未必便道使得着。"伯谟问："圣人处高祖时有太公事如何？"曰："圣人须是外放教宽，一面自进，必不解如高祖突出这般说话。然高祖也只是宽他。刘、项之际直是纷纷可畏，度那时节，有百十人、有千来人皆成部落，无处无之。那时也无以为粮，只是劫夺。"贺孙。

○ 叔器问："太公、吕氏当时若被项羽杀了则如何？"先生曰："便是大费调护。"顾择之曰："项羽怎粗暴，如何不杀了太公？"择之言："羽亦有斟酌，怕杀了反重其怨。"先生曰："便是此事羽亦思量过

来，<u>羽</u>抟量了<u>高祖</u>，故不敢杀。<u>高祖</u>知他必不杀，故放得心下。若是<u>高祖</u>软弱，敌他不过，便被他从头杀来是否。"

○　问："'养虎自遗患'事，<u>张良</u>当时若放过，恐大事去矣。如何?"曰："若只计利害即无事可言者，当时若放过未取，亦不出三年耳。"问："几会之来，间不容发，况<u>沛公</u>素无以系豪杰之心，放过即事未可知。"曰："若要做此事，先来便莫与<u>项羽</u>讲解，既已约和，即不可为矣。大抵<u>张良</u>多阴谋，如入<u>关</u>之初赂<u>秦</u>将之为贾人者，此类甚多。"问："<u>伊川</u>却许以有儒者气象，岂以出处之际可观耶?"曰："为<u>韩</u>报仇事亦是，<u>张良</u>是为君父报仇。"<u>德明</u>。

○　或问："<u>太史公</u>书<u>项籍 垓下</u>之败，实被<u>韩信</u>布得阵好，是以一败而竟毙。"先生曰："不特此耳。自<u>韩信</u>左取<u>燕</u>、<u>齐</u>、<u>赵</u>、<u>魏</u>，右取<u>九江 英布</u>，收大司马<u>周殷</u>，而<u>羽</u>渐困于中而手足日蹙，则不待<u>垓下</u>之败，而其大势盖已不胜<u>汉</u>矣。"<u>处谦</u>。

○　<u>义刚</u>说赐姓<u>刘氏</u>，云："古人族系不乱，只缘姓氏分明，自<u>高祖</u>赐姓而谱系遂无稽考，姓氏遂紊乱。据<u>义刚</u>观之，但是族裔紊乱，也无害于治体。但<u>高祖</u>一有同姓异姓之私，则非王者以天下为公之意。今观所谓'<u>刘氏冠</u>'、'<u>非刘氏不王</u>'，往往皆此一私意，至使天下后世有亲疏之间，而相戕相党皆由此起。"先生曰："古人是未有那姓，故赐他姓教它各自分别。后来既有姓了，又何用赐? 但一时欲以恩结之，求附于己，故赐之。如<u>高祖</u>犹少。如<u>唐</u>，夷狄来附者皆赐姓，道理也是不是，但不要似公样恁地起风作浪说。"<u>义刚</u>。

○　<u>太史公</u>三代本纪皆著<u>孔子</u>所损益四代之说。<u>高帝纪</u>又言"色尚黄，朝以十月"，此固有深意。且以<u>孔</u>、<u>颜</u>而行<u>夏</u>时、乘<u>商</u>辂、服<u>周</u>冕、用韶舞则固好，以刘季为之，则亦未济事在。文子。

○　高祖、子房英，项羽雄。道夫。

○　又曰："某尝欲写出萧何、韩信初见汉高帝时一段，邓禹初见光武时一段，武侯初见先主时一段，将这数段语及王朴平边策编为一卷。"雄。

○　张良一生在荆棘林中过，只是杀他不得。任他流血成川、横尸万里，他都不知。椿。

○　"唐子西云'自汉而下，惟有个子房、孔明尔，而子房尚黄、老，孔明喜申、韩'，也说得好。子房分明见得老子之术，其处己、谋人皆是。孔明手写申、韩之书以授后主，而治国以严，皆此意也。"道夫问："邵子云'智哉留侯，善藏其用'，如何？"曰："烧绝栈道，其意自在韩而不在汉。及韩灭，无所归乃始归汉，则其事可见矣。"道夫。

○　问张子房、诸葛孔明人品。曰："张子房全是黄老，皆自黄石一编中来。"又问："一编非今之三略乎？"曰："又有黄石公素书，然大率是这样说话。"广云："观他博浪沙中事也奇伟。"曰："此又忒煞不黄老。为君报仇，此是他资质好处。后来事业则都是黄老了，凡事放退一步。若不得那些清高之意来缘饰遮盖，则其从衡诡谲殆与陈平辈一律耳。诸葛孔明学术亦甚杂。"广云："他虽尝学申、韩，却觉意思颇正大。"曰："唐子西尝说子房与孔明皆是好人才，但其所学一则从黄、老中来，一则从申、韩中来。"又问："崔浩如何？"曰："也是个博洽底人。他虽自比子房，然却学得子房呆了。子房之辟谷姑以免祸耳，他却真个要做。"广。

○　叔孙通为绵蕝之仪，其效至于群臣震恐，无敢喧哗失礼者，比之三代燕享群臣气象便大不同，盖只是秦人尊君卑臣之法。人杰。〔必大录云："叔孙通制汉仪，一时上下肃然震恐，无敢喧哗，时以为善。然不过尊君卑臣如秦人之意而已，都无三代燕飨底意思了。"〕

○　韩信反，无证见。闳祖。

○　道夫问："文帝问陈平钱谷刑狱之数而平不对，乃述所谓宰相者之职。或以为钱谷刑狱一得其理则阴阳和、万物遂，而斯民得其所矣。宰相之职莫大于是，惜乎平之不知此也。"曰："平之所言乃宰相之体。此之所论亦是一说，但欲执此以废彼则非也。要之，相得人则百官各得其职，择一户部尚书则钱谷何患不治？而刑部得人则狱事亦清平矣。昔魏文侯与田子方饮，文侯曰：'钟声不比乎左高。'田子方笑。文侯曰：'何笑？'子方曰：'臣闻之，君明乐官，不明乐音。今君审于音，臣恐其聋于官也。'陈平之意亦犹是尔，盖知音而不知人则瞽者之职尔，知人则音虽不知而所谓乐者固无失也。本朝韩魏公为相，或谓公之德业无愧古人，但文章有所不逮。公曰：'某为相，欧阳永叔为翰林学士，天下之文章莫大于是。'自今观之，要说他自不识，安能知欧阳永叔，也得，但他偶然自（然）〔知〕，亦奈他何？"道夫。

○　"召平高于'四皓'，但不知当高后时此四人在甚处。"蔡丈云："邵康节谓事定后四人便自去了。"先生曰："也不见得。恐其老死亦不可知。"广。

○　三代以下，汉之文帝可谓恭俭之主。道夫。

○　贾谊说教太子，方说那承师问道等事，却忽然说礼曰帝入太学之类，说了，后面又说太子，文势都不相干涉。不知怎生地，<u>贾谊</u>文章大抵恁地无头脑，如那后面说"春朝朝日，秋莫夕月"亦然，他方说太子又便从天子身上去。某尝疑"三代之礼"一句合当作"及其为天子"字。盖详他意，是谓为太子时教得如此，及为天子则能如此。它皆是引<u>礼经</u>全文以为证，非是他自说如此。<u>义刚</u>。

○ <u>文帝</u>不欲天下居三年丧，不欲以此勤民，所为大纲类<u>墨子</u>。〔<u>贺孙</u>。〕

○ 问："<u>周亚夫</u>'军中闻将诏令，不闻天子令'，不知是否？"曰："此军法。"又问："大凡为将之道首当使军中尊君亲上，若徒知有将而不知有君，则将皆<u>亚夫</u>，固无害也，设有奸将一萌非意，则军中之人岂容不知有君？"曰："若说到反时更无说。凡天子命将，既付以一军，只〔管〕当守法。且如朝廷下州县取一件公事，亦须知州、知县肯放方可发去，不然岂可辄易也？"<u>自修</u>。

○ 问："<u>贾谊</u>'五饵'之说如何？"曰："<u>伊川</u>尝言，本朝正用此术。<u>契丹</u>分明是被金帛买住了。今日金虏亦是如此。"<u>昌父</u>曰："交邻国、待夷狄固自有道，'五饵'之说恐非仁人之用心。"曰："固是，但虏人分明是遭饵。但恐金帛尽则复来，不〔为则已，为〕则五饵须并用。然以宗室之女妻之则大不可，如<u>乌孙公主</u>之类，令人伤痛。何必夷狄？'齐人归女乐'便是如此了。如<u>阿骨打</u>初破<u>辽</u>国，勇锐无敌。及既下<u>辽</u>，席卷其子女而北，肆意蛊惑，行未至其国而死。"因笑谓<u>赵</u>曰："顷年于<u>吕季克</u>处见一画卷，画虏酋与一胡女并辔而语。<u>季克</u>苦求诗，某勉为之赋，末两句云'却是燕姬解迎敌，不教行到<u>杀胡林</u>'，正用<u>阿骨打</u>事也。"<u>僩</u>。

○　贾谊新书除了（濮）〔汉〕书中所载，余亦难得粹者。看得来只是贾谊一杂记稿耳，中间事事有些个。广。

○　问贾谊新书。曰："此谊平日记录稿草也。其中细粹俱有，治安策中所言亦多在焉。"方子。

○　问："贾谊新书云'（天）〔太〕子处位不端，受业不敬，言语不序，声音不应律'，声音不应律恐是以咏歌而言。"曰："不是如此。太子新生，太师吹律以验其啼，所谓应律只是要看他声音高下。如大射礼'举旌以宫，偃旌以商'便是此类。'"文蔚。

○　节问："贾谊新书'立容言早立'，何谓'早立'？"曰："不可晓。如仪礼云'疑立'，'疑'却音'仡'，仡然而立也。"节。

○　文帝便是善人，武帝却有狂底气象。陆子静省试策说武帝强文帝，其论虽偏，亦有此理。文帝资质虽美，然安于此而已。其曰"卑之无甚高论，令今可行"，题目只如此。先王之道，情愿不要去做，只循循自守。武帝病痛固多，然天资高、志向大，是以有为，使合下便得个真儒辅佐，岂不大有可观？惜乎无真儒辅佐，不能胜其多欲之私，做从那边去了。欲讨匈奴便把吕后嫚书做题目，要来掩盖其失。他若知得此，岂无"修文德以来"道理？又如讨西域，初一番去不透又再去，只是要得一马，此是甚气力！若移来就这边做岂不可？末年海内虚耗，去秦始皇无几。若不得霍光收拾，成甚么！轮台之悔，亦是天资高方如此。尝因人言，太子仁柔不能用武，答以'正欲其守成。若朕所为，是袭亡秦之迹'。可见他当时已自知其非。向若能以仲舒为相，汲黯为御史大夫，岂不善？"先生归后再有批答问目云："狂者志高，可以有为；狷者志洁，有所不为而可以有守。汉武狂．然又不纯一，不足言也。"淳。

○ 武帝做事好拣好名目。如欲逞兵立威，必曰"高皇帝遗我平城之忧"。若是果以此为耻，则须"修文德以来之"，何用穷兵黩武，驱中国生民于沙漠之外以偿锋镝之惨？道夫。

○ 王允云："武帝不杀司马迁，使作谤书。"如封禅书所载祠祀事。乐书载得神马为太一歌，汲黯进曰："先帝百姓岂能知其音邪？"公孙弘曰："黯诽谤圣制，当族。"下面却忽然写许多礼记。又如律书说律，又说兵，又说文帝不用兵，赞叹一场。全似个醉人东撞西撞。观此等处恐是有意。闳祖。

○ 汉儒董仲舒较稳。刘向虽博洽而浅，然皆不见圣人大道。贾谊、司马迁皆驳杂，大意是说权谋功利，说得深了，觉见不是，又说一两句仁义。然权谋已多，救不转。苏子由古史前数卷好，后亦合杂权谋了。庚。

○ 或问："霍光不负社稷而终有许后之事，援以口过戒子孙而他日有裹尸之祸。"先生曰："'采葑采菲，无以下体'，取人之善为己师法，正不当如此论也。"若海。

○ 义刚问："君臣之变不可不讲。且如霍光废昌邑，所为正与伊尹同。然尹能使太甲'自怨自艾'而卒复辟，光当时被昌邑说'天子有争臣七人'两句后，他更无转侧，万一被他更咆哮时也恶模样。"先生曰："到这里也不解得宛转了。"良久，又曰："人臣也莫愿有此。万一有此，十分也使那宛转不得。"义刚。陈淳录同而略，云："问：'君臣之变，如霍光废昌邑时，万一被他咆悖，亦恶模样。'先生曰：'到这里亦不解恤得恶模样了。'又问：'毕竟是做得未宛转。'曰：'到这里亦不解得宛转了。大臣莫愿有此，万一有此时，十分使宛转不得。'"

○ 问："霍光废昌邑，是否？"曰："是。""使太甲终不明，伊尹奈之何？"曰："亦有道理。"可学。

○ 问宣帝杂王、伯之说。曰："须晓得如何是王、如何是伯，方可论此。宣帝也不识王、伯，只是把宽慈底便唤做王，严酷底便唤做伯。明道王伯劄子说得好，自古论王、伯，至此无余蕴矣。"可学。

○ 杨恽坐上书怨谤，斩。此法古无之，亦是后人增添。今观其书，谓之怨则有之，何谤之有？〔淳。〕

○ 前汉儒林传说，韩婴其人精悍，处事分明。泳。

○ 莽何罗本姓马，乃后汉马后之祖，班固为泽而改之。方子。

○ 步骘不去，为爪耳。爪可无，身不可无。升卿。

○ 颜师古注前汉书如此详，犹有不可晓者，况其他史无注者。汉宣渭上诏令"单于毋谒"，范升劾周党"伏而不谒"。谒不知是何礼数，无注，疑是君臣之礼，便见而自通其名。然不可考矣。方子。〔必大录云："想谒礼必又重。"〕

○ 古之名将能立功名者，皆是谨重周密乃能有成。如吴汉、朱然终日钦钦，（尝）〔常〕如对陈。须学这样底方可。如刘琨恃才傲物，骄恣奢侈，卒至父母妻子皆为人所屠。而今人率以才自负，自期待以英雄，以至恃气傲物，不能谨严，以此临事，卒至于败而已。要做大功名底人越要谨密，未闻粗鲁阔略而能有成者也。侗。

○ 汉儒专以灾异、谶纬与夫风角、鸟占之类为（问）〔内〕学，如徐孺子之徒多能此，反以义理之学为外学。且如钟离意传所载修孔子庙事，说夫子若会覆射者然，甚怪。义刚。

○ 或问：“黄宪不得似颜子。”曰：“毕竟是资禀好。”又问：“若得圣人为之依归，想是煞好。”先生曰：“又不知他志向如何。颜子不是一个衰善底人，看他是多少聪明，便敢问为邦，孔子便告以四代礼乐。”因说至“‘伯夷圣之清，伊尹圣之任，柳下惠圣之和’，都是个有病痛底圣人。”又问：“伊尹似无病痛？”曰：“‘五就汤，五就桀’，孔、孟必不肯恁地，只为他任得过。”又问：“伊尹莫是‘枉尺直寻’？”曰：“伊尹不是恁地，只学之者便至枉尺直寻。”义刚。

○ 后汉魏桓不肯仕，乡人勉之。曰：“干禄求进以行志也。方今后宫千数，其可损乎？厩马万匹，其可减乎？左右权豪，其可去乎？”慨然叹曰：“使桓生行而死还，于诸子何有哉！”贺孙。

○ 问器远：“君举说汉党锢如何？”曰：“也只说当初所以致此，止缘将许多达官要位付之宦官，将许多儒生付之闲散无用之地，所以激起得如此。”曰：“这时许多好官尚书也不是付宦官，也是儒生，只是不得人。许多节义之士固是非其位之所当言，宜足以致祸。某常说，只是上面欠一个人。若上有一个好人，用这一边节义剔去那一边小人，大故成一个好世界。只是一转关子。”贺孙。

○ 说东汉诛宦官事，云：“钦夫所说只是翻腾好看，做文字则剧，其实不曾说着当时事体。到得那时节是甚么时节！虽仓公、扁鹊所不能疗。如天下有必死之病，吃热药也不得，吃凉药也不得，有一人下一服热药便道他用药错了。天下必有存亡之势，这如何慢慢得！若许多宦者未诛，更恁地保养，过几年更乖。这只是胡说。那时节是甚么时节！都无主了。立个渤海王之子缵，才七八岁，方说梁冀跋扈，便被弑了。立蠡吾侯为桓帝，方十五岁，外戚宦官手里养得大，你道他要诛他不要诛他！东汉外戚宦官从来盘踞，轧辙相御，未有若此之可畏。养个女子便顿放在宫中，十余年后便穷极富贵。到得有些蹶跌便阖族诛灭无遗类，欲为孤豚而不可得。必亡之势，未有若东汉末年。"伯谟问："唐宦官与东汉末如何？"曰："某尝说唐时天下尚可为。唐时犹有余策，东汉末直是无着手处，且是无主了。如唐昭宗、文宗直要除许多宦官，那时若有人似尚可为。那时只宣宗便度得事势不能诛，便一向不问他，也是老练了如此。如伊川易解也失契勘，说'屯其膏'云：'又非恬然不为，若唐之僖、昭也。'这两人全不同，一人是要做事，一人是不要做，与小黄门啖果食度日，呼田令孜为阿父。不知东汉时若一向尽引得忠贤布列在内，不知如何。只那都无主可立，天下大势如人衰老之极，百病交作，略有些小变动便成大病。如乳母也聒噪一场，如单超、徐璜也作怪一场，如张让、赵忠之徒才有些小权柄便作怪一场，这是甚么时节！"伯谟云："从那时直到唐太宗，天下大势方定叠。"先生曰："这许多时节直是无着手处。然亦有幸而不亡者，东晋是也。汪莘作诗史，以为窦武、陈蕃诛宦者不合前收郑飒，而未收曹节、王甫、侯览，若一时便收却四个便了；阳球诛宦者不合前诛王甫、段颎，而未诛曹节、朱瑀，若一时便诛却四个亦自定矣。此说是。"贺孙。

○ 荀文若为宦官唐衡女婿，见杀得士大夫厌了，为免祸之计耳。升卿。

历代三_{三国 晋 六朝 唐 五代}

○ 因论三国形势，先生曰："曹操合下便知据河北可以为取天下之资。既被袁绍先说了，他又不成出他下，故为大言以诳之。胡致堂说史臣后来代为文辞以欺后世，看来只是一时无说了，大言耳。此着被袁绍先下了，后来崎岖万状，寻得个献帝来为挟天子令诸侯之举，此亦是第二大着。若孙权据江南，刘备据蜀，皆非取天下之势，仅足自保耳。"雄。

○ 又问："刘先主为曹操所败，请救于吴，若非孙权用周瑜以敌操，亦殆矣。"曰："孔明之请救，知其不得不救。孙权之救备，须着救他，〔必大录云："孙权与刘备同御曹操，亦是其势不得不合。"〕不如此便当迎操矣。此亦非好相识，势使然也。及至先主得荆州，权遂遣吕蒙擒关羽，才到利害所在，便不相顾。"人杰。〔必大录小异。〕

○ 诸葛孔明大纲资质好，但病于粗疏。孟子以后人物只有子房与孔明。子房之学出于黄、老。孔明出于申、韩，如授后主以六韬等书与用法严处可见，若以比王仲淹，则不似其细密。他却事事理会过来，当时若出来施设一番，亦须可观。木之。

○ 或问诸葛孔明。曰："南轩言其体正大，问学未至。此语也好，但孔明本不知学，全是驳杂了，然却有儒者气象，后世诚无他比。"升卿。

○ 武侯有王佐之心，道则未尽，自比管、乐，非谦。道夫。

○ 寓问："文中子言孔明兴礼乐，如何？"曰："也不见得孔明都是礼乐中人，也只是粗底礼乐。"寓。陈淳录同。

○ 致道问诸葛孔明出处。先生曰："当时只有蜀先主可与有为耳，如刘表、刘璋之徒皆了不得。曹操自是贼，既不可从。孙权又是两间底人。只有蜀先主名分正，故得从之也。"时可问："王猛从苻坚如何？"曰："苻坚事自难看。观其杀苻生与东海公阳，分明是特地杀了。而史中历数苻生酷恶之罪，东海公之死，云是太后在甚楼子上见它门前车马甚盛，恐其欲害苻坚，故令人杀之。此皆不近人情，盖皆是己子，不应便专爱坚而特使人杀东海公也。此皆是史家要出脱苻坚杀兄之罪，故妆点许多，此史所以难看也。"时举。

○ 孔明执刘璋，只是事求可，功求成。公谨。

○ 器远问："诸葛武侯杀刘璋是如何？"曰："这只是不是。初间教先主杀刘璋，先主不从。到后来先主见事势迫，也打不过，便从他计。要知不当恁地行计杀了他，若明大义，声罪致讨，不患不服。看刘璋欲从先主之招，倾城人民愿留之。那时郡国久长，能得人心如此。"贺孙。

○ 毅然问："孔明诱夺刘璋，他怕不义。"先生曰："便是后世圣贤难做，动着便粘手惹脚。"淳。

○ "诸葛孔明天资甚美，气象宏大，但所学不尽纯正，故亦不能尽善。取刘璋一事，或以为先主之谋，未必是孔明之意，然在当时多有不可尽晓处。如先主东征之类，不见孔明一语议论。后来坏事，却追恨法孝直若在则能制主上东行。孔明得君如此，犹有不足尽言者也。先主不忍取荆州，不得已而为刘璋之图。若取荆州虽不为当，然刘表之后君弱势孤，必为他人所取，较之取刘璋，不若得荆州之为愈也。学者皆知曹氏为汉贼，而不知孙权之为汉贼也。若孙权有意兴复汉室，自当与先主协力并谋，同正曹氏之罪。如何先主才整顿得起时便与坏倒，如袭取关羽之类是也。权自知与操同是窃据汉土之人，若先主可成，必灭曹氏，且复灭吴矣。权之奸谋盖不可掩，平时所与先主交通，姑为自全计尔。"或曰："孔明与先主俱留益州，独令关羽在外，遂为陆逊所袭。当时只先主在内、孔明在外，如何？"曰："正当经理西向宛、洛，孔明如何可出？此特关羽恃才疏卤，自取其败。据当时处置如此，若无意外龃龉，曹氏不足平，两路进兵，何可当也！此亦汉室不可复兴、天命不可再续而已，深可惜哉！"㙋。

○ 诵武侯之言曰："治世以大德，不以小惠。"从周。

○ 问武侯"宁静致远"之说。曰："静便养得根本深固，自是可致远。"淳。

○ "宫中府中俱为一体，陟罚臧否不宜异同。若有作奸犯科及为忠善者，宜付有司论其刑赏，以昭陛下平明之理，不宜偏私，使内外异法也。"闳祖。

○ 看史策自有该载不尽处。如后人多说武侯不过子午谷路。往往那时节必有重兵守这处，不可过。今只见子午谷易过而武侯自不过。史只载魏延之计，以为夏侯楙是曹操婿，怯而无谋，守长安，甚不足畏。这般所在只是该载不尽。亮以为此危计，不如安从坦道。又扬声由斜

谷，又使人据箕谷，此可见未易过。_{贺孙。}

○ 先生说八阵图法。人杰因云："寻常人说战阵事多用变诈，恐王者之师不如此。"曰："王者势向大，自不须用变诈。譬如孟贲与童子相搏，自然胜他孟贲不得。且如诸葛武侯七纵七擒事，令孟获观其营垒，分明教你看见，只是不可犯。若用变诈，已是其力不敌，须假些意智胜之。又，今之战者只靠前列，后面人更着力不得。前列胜则胜，前列败则败。如八阵之法，每军皆有用处。天冲、地轴、龙飞、虎翼、蛇、鸟、风、云之类，各为一阵，有专于战斗者，有专于冲突者，又有缠绕之者，然未知如何用之。"又问垓下之战。曰："此却分晓。"又问："淮阴多多益办，程子谓'分数明'，如何？"曰："此御众以寡之法。且如十万人分作十军则每军有一万人，大将之所辖者十将而已。一万又分为十军，一军又分作十卒，则一将所管者十卒而已。卒正自管二十五人，则所管者三卒正耳。推而下之，两司马虽管二十五人，然所自将者五人，又管四伍长，伍长所管四人而已。至于大将之权专在旗鼓，大将把小旗，拨发官执大旗，三军视之以为进退。若李光弼旗麾至地，令诸军死生以之，是也。若八阵图，自古有之，周官所谓'如战之陈'盖是此法。握机文虽未必风后所作，然由来须远。武侯立石于江边，乃是水之回洑处，所以水不能漂荡。其择地之善、立基之坚如此，此其所以为善用兵也。"又问："阴符经言有'绝利一源用师十倍，三反昼夜用师万倍'之说，如何？"曰："绝利者，绝其二三；一源者，一其原本。三反昼夜者，更加详审。岂惟用兵？凡事莫不皆然，'倍'如'事半古之人，功必倍之'之谓。上文言'瞽者善听，聋者善视'，则其专一可知。注阴符者分为三章：上言神仙抱一之道，中言富国安民之法，下言强兵战胜之术。又有人每章作三事解释。后来一书吏窃而献之高宗皇帝。高宗大喜，赐号'浑成'。其人后以强横害物，为知饶州汪某断配。"_{人杰。}

○ 或问："季通八阵图说，其间所著陈法是否？"曰："皆是元来有底，但季通分开许多方圆陈法，不相混杂，稍好。"又问："史记所书高祖垓下之战，季通以为正合八陈之法。"曰："此亦后人好奇之论。大凡有兵须有陈，不成有许多兵马相战斗只衮作一团，又只排作一行。必须左右前后、部伍行阵各有条理方得。今且以数人相扑言之，亦须摆布得所而后相角。今人但见史记所书甚详，汉书则略之，便以司马迁为晓兵法，班固为不晓，此皆好奇之论。不知班固以为行阵乃用兵之常，故略之，从省文尔。看古来许多陈法，遇征战亦未必用得，所以张巡用兵未尝仿古兵法，不过使兵识将意，将识士情。盖未论临机应变，方略不同，只如地圆则须布圆阵，地方则须布方阵，亦岂容概论也？"又曰："常见老将说，大要临阵又在番休递上，分一军为数替，将战则食。第一替人既饭，遣之入阵，便食第二替人，觉第一替人力将困，即调发第二替人往代，第三替者亦如之。只管如此更番，则士常饱健而不至于困乏。乡来张柔直守南剑，战退范汝为只用此法。方汝为之来寇也，柔直起乡兵与之战。令城中杀羊牛豕作肉串，仍作饭。分乡兵为数替，以入阵之先后更迭食之。士卒力皆有余，遂胜范汝为。"又云："刘信叔顺昌之胜，乡见张仲隆云亲得之信叔，大概亦是如此。时极暑，探报人至云：'虏骑至矣！'信叔则令一卒擐甲立之烈日中，少顷，问：'甲热乎？'曰：'热矣。''可着手乎？'曰：'尚可着手。'少顷之，又问曰：'可着手乎？'则曰：'热甚，不可着手矣。'时城中军亦不甚多，信叔尝有宿戒，遇战则分为数替，如是下令军中：'可依次饮食，士卒更番而上。'（人）又多合暑药，往者、归者皆饮之，人情胥快，元城刘师〔闵〕云，向张魏公督军，暑药又以姜面为之，与今冰壶散方大概相似。故能大败虏人。盖方我之甲士甲热不堪着手，则虏骑被甲来者其热可知，又未免有困馁之患，于此时而击之，是以胜也。"或曰："是战也，信叔戒甲士，人带一竹筒，其中实以煮豆。入阵则割弃竹筒，狼籍其豆于下。虏马饥，闻豆香，低头食之，又多为竹筒所衮，脚下不得地，以故士马俱毙。"曰："他则不得而知，但闻多遣轻锐之卒，以大刀斫马足，每折马一足则和人皆仆，又有相蹂践者。大率一马仆则从旁而毙不下十数人。"儒用。贺孙录顺昌之捷一段尤详，见夷狄类。

○ "八阵图，敌国若有一二万人，自家止有两三千，虽有法，何所用之？"蔡云："势不敌则不与斗。"先生笑曰："只办着走便了！"蔡云："这是个道理。譬如一个十分雄壮底人与一个四五分底人厮打，雄壮底只有力，四五分底却识相打法，对副雄壮底更不费力，只指点将去。这见得八阵之法有以寡敌众之理。"先生曰："也须是多寡强弱相侔可也，又须是人虽少须勇力齐一始得。"蔡云："终不是使病人与壮人斗也。"贺孙。

○ 用之问："诸葛武侯不死，与司马仲达相持，终如何？"曰："少间只管算来算去，看那个错了便输。输赢处也不在多，只是争些子。"季通云："看诸葛亮不解输。"曰："若诸葛亮输时输得少，司马懿输时便狼狈。"〔贺孙。〕

○ 诸葛公是忠义底司马懿，司马懿是无状底诸葛公，刘（备）〔禅〕备位而已。道夫。

○ 问羊、陆事。曰："此乃敌国相倾之谋，不是好意思。观陆抗'正是彰其德于祜'之言，斯可见矣。如石勒修祖逖母墓亦相类。"人杰。以下论晋。

○ 晋元帝无意复中原，却托言粮运不继，诛督运令史淳于伯而还。行刑者以血拭柱，血为之逆流。天人幽显，不隔丝毫。闳祖。

○　王导为相只周旋人过一生。尝有坐客二十许人，逐一称赞，独不及一胡僧并一台州临海人。二人皆不悦。导徐顾临海人曰："自公之来，临海不复有人矣。"又谓胡僧曰："兰奢。"兰奢乃胡语之褒誉者也。于是二人亦悦。人杰。

○　黄问："王导、谢安用老子之道？"先生曰："他也不得老子之妙。人常以王导比谢安，石林说谢安胜王导。却是谢安为相有建立，煞有中原之心。王导只是随波逐流，做不得事。然谢安亦被这清虚绊，做不彻。"淳。

○　王仪为司马昭军师，尝事昭而昭诛之。裒仕晋犹可也，而裒不仕，乃过于厚者。嵇康，魏臣，而晋杀之，绍不当事晋明矣。荡阴之忠固可取，亦不相赎。事雠之过自不相掩也。广武之会，项羽所以不杀太公者，盖是时汉强而楚少弱。使高祖于楚，屈意于事楚，则有俱毙而已，惟其急于攻楚，所以致太公之归也。项籍亦能晓此，知杀太公为不可，不若归之，可以致汉之欢心也。若分羹之说则大不可，然岂宜以此责高祖？若以此责之，全无是处也。人杰。

○　王祥孝感只是诚发于此、物感于彼。或以为内感，或以为自诚中来，皆不然。王祥自是王祥，鱼自是鱼。今人论理只要包合一个浑沦底意思，虽是直截两物亦须衮合说，正不必如此。世间事虽千头万绪，其实只一个道理，"理一分殊"之谓也。到感通处自然首尾相应，或自此发出而感于外，或自外来而感于我，皆一理也。谟。

○　渊明所说者庄、老，然辞却简古；尧夫辞极卑，道理却密。升卿。

○ 陶渊明，古之逸民。若海。

○ 问："苻坚立国之势亦坚牢，治平许多年，百姓爱戴。何故一败涂地，更不可救？"曰："他是扫土而来，所以一败更救不得。"又问："他若欲灭晋，遣一良将提数万之兵以临之，有何不可？何必扫境自来？"曰："他是急要做正统，恐后世以其非正统，故急欲亡晋。此人性也急躁，初令王猛灭燕，猛曰：'既委臣，陛下不必亲临。'及猛入燕，忽然坚至，盖其心又恐猛之功大，故亲来分其功也。便是他器量小，所以后来如此。"僴。

○ 苏绰立租、庸等法，亦是天下人杀得少了，故行得易。庚。

○ 唐源流出于夷狄，故闺门失礼之事不以为异。祖道。

○ "唐太宗以晋阳宫人侍高祖，是致其父于必死之地，便无君臣、父子、夫妇之义。汉高祖亦自粗疏。惟光武差细密，却曾读书来。"问："晋元帝所以不能中兴者，其病安在？"曰："元帝与王导元不曾有中原志，收拾吴中人材惟欲宴安江沱耳。"问："祖逖摧锋越河，所向震动，使其不死，当有可观。"曰："当是时王导已不爱其如此，使戴若思辈监其军可见，如何得事成？"问："绍兴初岳军已取汴都，秦相从中制之，其事颇相类。"曰："建炎初宗泽留守东京，招徕群盗数百万，使一举而取河北数郡，即当时事便可整顿，乃为汪、黄所制，怏怏而死，京师之人莫不号恸。于是群盗分散四出，为山东、淮南剧贼。"(明德)〔德明〕。

○ 因论唐府兵之制，曰："永嘉诸公以为兵、农之分反自唐府兵始，却是如此。盖府兵家出一人以战以戍，并分番入卫，则此一人便不复为农矣。"僴。

○ 唐口分是八分，世业是二分。有口则有分，有家则有世业。古人想亦似此样。淳。〔义刚录云"唐口分是二分，世业是八分。有口则有口分，寡妇皆无过十二"云云。〕

○ 唐租、庸、调大抵改新法度，是世界一齐更新之初方做得。如汉衰魏代只是汉旧物事，晋代魏亦只用这个，以至于六朝相代亦只递相祖述，弊法卒亦变更不得。直到得元魏、北齐、后周居中原时，中原生灵死于兵寇几尽，所以宇文泰、苏绰出来便做得租、庸、调，故隋唐因之。〔贺孙。〕

○ 唐六典载唐官制甚详。古礼自秦汉已失。北周宇文泰及苏绰有意复古，官制颇详尽，如租、庸、调、府兵之类，皆是苏绰之制，唐遂因之。唐之东宫官甚详，某以前上封事亦言欲复太子官属如唐之旧。庚。

○ 或问东宫官属。曰："唐六典载太子东宫官制甚详，如一小朝廷，置詹事以统众务则犹朝廷之尚书省也，置左、右二春坊以领众局则犹朝廷之中书、门下省也。左、右春坊又皆设官，有各率其属之意。崇文馆犹朝廷之馆阁，赞善大夫犹朝廷之谏议大夫。其官职一视朝廷而为之降杀，此等制度犹好。今之东宫官属极苟简。左、右春坊，旧制皆用贤德者为之，今遂用武弁之小有才者，其次惟有讲读数员而已。如赞善大夫诸官，又但为阶官，非实有职业。神宗以唐六典改官制乃有疏略处，如东宫官属之不备，是也。某旧尝入一劄子论东宫官制疏略，宜仿旧损益之，不报。"又曰："唐之官制亦大率因隋之旧。府、卫、租、庸、调之法，皆是也。当时大乱杀伤之后几无人类，所以宇文泰与苏绰能如此经营。三代而下，制度稍可观者唯宇文氏耳。苏绰，一代之奇才，今那得一人如此！"儒用。

○　唐之仆射即今之特进，他只是恁地转将去。义刚。

○　唐官皆家京师。〔贺孙。〕

○　唐之兵尽付与刺史、节度使，其他牙将之类皆由刺史、节度使辟置，无如今许多官属。广。

○　唐之朝廷有亲卫、有勋卫、有翊卫。亲卫则以亲王侯之子为之，勋卫则以功臣之子弟为之，翊卫则惟其所选。公谨。

○　唐节度使收税皆入其家，所以节度富。淳。

○　因论唐事，先生曰："唐待诸国降王不合道理。窦建德所行亦合理，忽然而亡，不可晓。王世充却不杀。当初高祖起太原，入关立代王，遂即位。世充于东都亦立越王。二人一样，故且赦之。至杀萧铣则大无理，他自是梁子孙，元非叛臣。"某问："唐史臣论高祖杀萧铣不成议论。"先生曰："然。"通老问："以宫人侍高祖，在太宗不当为。"先生曰："它在当时只要得事成，本无敖世之心，何暇顾此？唐有天下三百年。唐宗室最少，屡经大盗杀之，又多不出阁，只消磨尽了。"可学。

○　或谓："史臣赞唐太宗止言其功烈之盛，至于功德兼隆则伤夫自古未之有。"曰："恐不然。史臣正赞其功德之美，无贬他意。其意亦谓除隋之乱是功，致治之美是德。自道学不明故言功德者如此分别。以圣门言之则此两事不过是功，未可谓之德。"道夫。

○　淳问："胡氏管见断武后于高宗非有妇道，合称高祖、太宗之命，数其九罪，废为庶人而赐之死。窃恐立其子而杀其母，未为稳否？"

先生曰:"这般处便是难理会处。在唐室言之则武后当杀,在中宗言之,乃其子也。宰相大臣今日杀其母,明日何以相见?"淳问:"南轩欲别立宗室,如何?"曰:"以后来言之则中宗不当立,当时言之,中宗又未有可废之事。天下之心皆瞩望中宗,高宗别无子,不立中宗又恐失天下之望,此最是难处。不知孟子当此时作如何处?今生在〔百十〕〔数百〕年之后,只据史传所载,不见得当时事情,亦难如此断定。须身在当时,亲看那时节及事情如何,若人心在中宗只得立中宗,若人心不在中宗方别立宗室,是时承乾亦有子在。若率然妄举,失人心,做不行。又,事多看道理未须便将此样难处来拦断了,须要通其他,更有好理会处多。且看别处事事通透后,此样处亦易。"淳。

○ "〔则〕〔问〕武后擅唐,则可书云'帝在房陵'。吕氏在汉,所谓'少帝'者又非惠帝子,则宜何书?"答曰:"彼谓'非惠帝子'者,乃汉之大臣不欲当弑逆之名耳。既云'后宫美人子'则是明其非正嫡元子耳。"大雅。

○ 退之云"凡此蔡功,惟断乃成",今须知他断得是与不是,古今煞有以断而败者。如唐德宗非不断,却生出事来,要之只是任私意。帝刚愎不明理,不纳人言。惟宪宗知蔡之不可不讨,知裴度之不可不任。若使他理自不明,胸中无所见,则何以知裴公之可任?若只就"断"字上看而遗其左右前后,殊不济事。〔道夫。〕

○ 周〔宏〕〔庄〕仲曰:"宪宗当时表也看。如退之潮州表上,他一见便怜之,有复用之意。"先生曰:"宪宗聪明,他事事都看。近世如孝宗,也事事看。"义刚。

○ 先生问人杰:"姚崇择十道使,患未得人,如何?"人杰对曰:

"只姚崇说患未得人，便见它真能精择。"先生云："固是。然范淳夫唐鉴中却贬之。唐鉴议论大纲好，欠商量处亦多。"又云："范文正、富文忠当仁宗时条天下事，亦只说择监司为治，只此是要。"人杰。

○　颜鲁公只是有忠义而无意智底人。当时去那里见使者来，不知是贼，便下两拜。后来知得方骂。义刚。

○　史以陆宣公比贾谊。谊才高似宣公，宣公谙练多学，更纯粹。大抵汉去战国近，故人才多是不粹。道夫。

○　"陆宣公奏议极好看。这人极会议论，事理委曲说尽，更无渗漏。虽至小底事被他处置得亦无不尽，如后面所论二税之弊极佳。人言陆宣公口说不出，只是写得出。今观奏议中多云'今日早面奉圣旨'云云、'臣退而思之'云云，疑或然也。"问："陆宣公比诸葛武侯如何？"曰："武侯气象较大，恐宣公不及。武侯当面便〔说得，如〕说孙权一段，虽辩士不及。其细密处不知比宣公如何。只是武侯也密，如桥梁道路、井灶圊溷无不修缮，市无醉人，更是密。只是武侯密得来严，其气象刚大严毅。"侗。

○　陆宣公奏议末数卷论税事极尽纤悉，是他都理会来，此便是经济之学。淳。

○　问："陆宣公既贬，避谤，阖户不著书，祇为古人集验方。"先生曰："此亦未是宣公是处，岂无圣经贤传可以玩索，可以讨论？终不成和这个也不得理会。"元秉。按，万人杰录同。

○　或问："维州事，温公以德裕所言为利，僧孺所言为义，如何?”曰:“德裕所言虽以利害〔言〕,然意却全在为国;僧孺所言虽义,然意却全在济其己私。且德裕既受其降矣,虽义有未安,也须别做处置。乃缚送悉怛谋,使之恣其杀戮,果何为也。”升卿。

○ 周世宗大均天下之田。元稹均田图世未之见。德明。

○ 元稹均田图不知如何做,周世宗一览而说之,便颁之天下。想甚好,但今不可见,屡说人寻之,不获。淳。

○ 周世宗天资高,于人才中寻得个王朴来用,不数年间做了许多事业,且如礼、乐、律、历等事想见他都会得,故能用其说、成其事。又如本朝太祖皇帝直是明达,故当时创法立度,其节拍一一都是,盖缘都晓得许多道理故也。〔一本此下云:“所谓神圣,其臣莫及。赵普辈皆不及之。”〕广。

○ 晋悼公幼年聪惠似周世宗。〔只是〕世宗却得太祖接续他做将去,虽不是一家人,以公天下言之,毕竟是得人接续,所做许多规模不枉却。且如周武帝一时也自做得好,只是后嗣便如此弱了,后来虽得一个隋文帝,终是不甚济事。文蔚。

朱子语类卷第一百三十七

战国汉唐诸子

○　家语虽记得不纯，却是当时书。孔丛子是后来白撰出。道夫。

○　国语中多要说人有不可教则勿教之之意。广。

○　国语文字多有重叠无义理处。盖当时只要作文章，说得来多尔，故柳子厚论为文，有曰"参之国语，以博其趣"。广。

○　道夫问史记云："申子卑卑，泥于名实。韩子引绳墨、切事情、明是非，其极惨刻少恩。皆原于道德之意。"曰："张文潜之说得之。"(朱)〔宋〕齐丘化书序中所论也。道夫曰："东坡谓商鞅、韩非得老子所〔以〕轻天下者，是以敢为残忍而无疑。"曰："也是这意。要之，只是孟子所谓'杨氏为我，是无君也'。老子是个占便宜、不肯担当做事底，自守在里，看你外面天翻地覆都不管，此岂不是少恩？"道夫曰："若柳下惠之不恭，莫亦至然否？"曰："下惠其流必至于此。"又曰："老子著书立言皆有这个底意思。"道夫。

○　荀子说"能定而后能应"，此是荀子好话。贺孙。

○　荀子尽有好处，胜似扬子，然亦难看。贺孙。

○ "诸子百家书亦有说得好处，如<u>荀子</u>曰'君子大心则天而道，小心则畏义而节'，此二句说得好。"曰："看得<u>荀子</u>资质，也是个刚明底人。"曰："只是粗。他那物事皆未成个模样便将来说。"曰："<u>扬子</u>工夫比之<u>荀子</u>，恐却细泥。"曰："<u>扬子</u>说到深处止是走入那<u>老</u>、<u>庄</u>窠窟里去，如清静寂寞之说皆是也。又如<u>玄</u>中所说"灵根"之说，云云。亦只是<u>庄</u>、<u>老</u>意。"曰："<u>程子</u>却取之，是如何？"曰："然。但恐他意思止是说那养生底工夫尔。至于佛徒，其初亦只是以<u>老</u>、<u>庄</u>之言驾〔说〕尔。如<u>远法师</u>文字与<u>肇论</u>之类，皆成片用<u>老</u>、<u>庄</u>之意。然他只是说，都不行。至<u>达磨</u>来方始教人自去做，所以后来有禅，其传亦如是远。"云："<u>晋宋</u>时人多说<u>庄</u>、<u>老</u>，然恐其亦未足以尽<u>庄</u>、<u>老</u>之实处。"曰："当时诸公只是借他言语来盖覆那灭弃礼法之行尔，据其心下污浊扰纷之如此，如何理会得<u>庄</u>、<u>老</u>底意思？"_广。

○ 或言性，谓<u>荀卿</u>亦是教人践履。先生曰："须是有是物而后可践履。今于头段处既错，又如何践履？天下事从其是，曰同须求其真个同，曰异须求其真个异。今则不然，只欲立异，道何由明？<u>陈君举</u>作<u>夷门歌</u>说<u>荆公</u>、<u>东坡</u>不相合，须当和同。不知如何和得！"_{可学}。

○ 问："<u>东坡</u>言三子言性，<u>孟子</u>已道性善，<u>荀子</u>不得不言性恶，固不是。然人之一性无自而见，<u>荀子</u>乃言其恶，它莫只是要人修身故立此说？"先生曰："不须理会<u>荀卿</u>，且理会<u>孟子</u>性善。渠分明不识道理。如天下之物有黑有白，此是黑，彼是白，又何须辨？<u>荀</u>、<u>扬</u>不惟说性不是，从头到底皆不识。当时未有明道之士，被它说用于世千余年。<u>韩退之</u>谓<u>荀</u>、<u>扬</u>'大醇而小疵'，<u>伊川</u>曰'<u>韩子</u>责人甚恕'。自今观之，他不是责人恕，乃是看人不破。今且于自己上作工夫，立得本。本立则条理分明，不待辨。"_{可学}。

○ "孟子后，荀、扬浅，不济得事。只有王通、韩愈好，又不全。"淳曰："他也只是见不得十分，不能止于至善否？"曰："是。"淳。

○ 问扬雄。曰："雄之学似出于老子。如太玄曰'潜心于渊，美厥灵根'，测曰'"潜心于渊"，神不昧也'，乃老氏说话。"问："太玄分赞于三百六十六日下，不足者乃益以'踦嬴'，固不是。如易中卦气如何？"曰："此出于京房，亦难晓。如太玄中推之，盖有气而无朔矣。"问："伊川亦取雄太玄中语，如何？"曰："不是取他言，他地位至此耳。"又问："贾谊与仲舒如何？"曰："谊有战国纵横之风。仲舒儒者，但见得不透。"曰："伊川于汉儒取大毛公，如何？"曰："今亦难考，但诗注颇简易，不甚泥章句。"问："文中子如何？"曰："渠极识世变，有好处，但太浅，决非当时全书。如说家世数人，史中并无名。又，关朗事与通年纪甚悬绝。"某谓："可惜续经已失，不见渠所作如何。"曰："亦何必见？只如续书有桓荣之命，明帝如此则荣可知，使荣果有帝王之学，则当有以开导明帝，必不至为异教所惑。如秋风之诗乃是末年不得已之辞，又何足取？渠识见不远，却要把两汉事与三代比隆。近来此〔等〕说话极胜，须是于天理人欲处分别得明。如唐太宗分明是杀兄劫父代位，又何必为之分说！沙随云，史记高祖泛舟于池中，则'明当早参'之语皆是史之润饰。看得极好，此岂小事！高祖既许之明早入辨而又却泛舟，则知此事经史臣文饰多矣。"问："禅位亦出于不得已。"曰："固是。它既杀元良，又何处去？明皇杀太平公主亦如此。可畏！"可学。

○ 先生令学者评董仲舒、扬子云、王仲淹、韩退之四子优劣。或取仲舒，或取退之。曰："董仲舒自是好人，扬子云不足道，这两人不须说。只有文中子、韩退之这两人疑似，试更评看。"学者亦多主退之。曰："看来文中子根脚浅，然却是以天下为心，分明是要见诸事业，天下事它都一齐入思虑来。虽是卑浅，然却是循规蹈矩要做事业底人，其心却公。如韩退之，虽是见得个道之大用是如此，然却无实用功处。它当初本只是要讨官职做，始终只是这心。他只是做得言语似六经，便以为传道。至其每日工夫，只是做诗、博弈、酣饮取乐而已，观其诗便可见，都衬贴那原道不起。至其做官临政，也不是要为国做事，也无甚可称，其实只是要讨官职而已。"<u>僩</u>。

○ <u>立之</u>问："<u>扬子</u>与<u>韩文公</u>优劣如何？"曰："各自有长处。<u>韩文公</u>见得大意已分明，但不曾去子细理会。如<u>原道</u>之类，不易得也。<u>扬子云</u>为人深沈，会去思索，如阴阳消长之妙他直是去推求。然而如<u>太玄</u>之类亦是拙底工夫，道理不是如此。盖天地间只有个奇耦，奇是阳，耦是阴；春是少阳，夏是太阳，秋是少阴，冬是太阴；自二而四，自四而八，只恁推去都走不得。而<u>扬子</u>却添两作三，谓之天地人，事事要分作三截。又且有气而无朔，有日、星而无月，恐不是道理。亦如<u>孟子</u>既说'性善'，<u>荀子</u>既说'性恶'，他无可得说，只得说个'善恶混'。若有个三底道理，圣人想自说了，不待后人说矣。看他里面推得辛苦，却就上面说些道理亦不透彻。看来其学似本于<u>老氏</u>，如'惟清惟静，惟渊惟默'之语皆是<u>老子</u>意思。<u>韩文公</u>于仁义道德上看得分明，其纲领已正，却无它这个近于<u>老子</u>底说话。"又问："<u>文中子</u>如何？"曰："<u>文中子</u>之书恐多是后来人添入，真伪难见，然好处甚多。但一一似圣人，恐不应恰限有许多事相凑得好。如见甚荷蓧隐者之类，不知如何得恰限有这人，若道他都是妆点来又恐妆点不得许多。然就其中惟是论世变因革处，说得极好。"又问："<u>程子</u>谓'<u>扬子</u>之学实，<u>韩子</u>之学华'，是如何？"曰："只缘<u>韩子</u>做闲杂言语多，故谓之华。若<u>扬子</u>虽亦有之，不如<u>韩子</u>之多也。"<u>时举</u>。

○ 先生说："<u>扬子云</u>、<u>韩退之</u>二人也难说优劣，但<u>扬子云</u>所见处多得之<u>老氏</u>，在<u>汉</u>末年难得人似它。亦如<u>荀子</u>，言语多病，但就彼时亦难得一人如此。扬子云所见多老氏者，往往蜀人有严君平源流。且如太玄经，就三数起便不是。易中只有阴阳奇耦，便有四象，如春为少阳，夏为老阳，秋为少阴，冬为老阴。扬子云见一二四都被圣人说了，却杜撰就三上起数。"叒几问："温公最喜太玄。"先生云："温公全无见处。若作太玄，何似作历？老泉尝非太玄之数，亦说得是。"又问："与邵康节如何？"先生云："扬子云何敢望康节！康节见得高，又超然自得。韩退之却见得大纲，有七八分见识，如原道中说得仁义道德煞好，但是他不去践履玩味，故见得不精微细密。伊川谓其学华者，只谓爱作文章，如何说得许多闲言语皆是华也！看得来韩退之胜似扬子云。"南升。

○ 子升问仲舒、文中子。曰："仲舒本领纯正，如说'正心以正朝廷'与'命者天之令也'以下诸语皆善。班固所谓'纯儒'，极是。至于天下国家事业恐施展未必得。王通见识高明，如说治体，去处极高了，但于本领处欠，如古人明德、新民、至善等处皆不理会，却要斗合汉魏以下之事整顿为法，这便是低处。要之，文中论治体处高似仲舒而本领不及，爽似仲舒而纯不及。"因言："魏（证）〔徵〕作隋史，更无一语及文中，自不可晓。尝考文中世系（看），并看阮逸、龚鼎臣注及南史、刘梦得集，次日因考文中世系，四书不同，殊不可晓。"又检李泰伯集，先生因言："文中有志于天下，亦识得三代制度，较之房、魏诸公又稍有些本领，只本原上工夫都不理会。若究其议论本原处，亦只自老、庄中来。"木之。

○ 问先生："王氏续经云云。荀卿固不足以望之。若房、杜辈，观其书，则固尝往来于王氏之门，其后来相业还亦有得于王氏之道否？"曰："房杜如何敢望文中子之万一！其规模事业无文中子仿佛。某常说，房、杜只是个村宰相。文中子不干事，他那制度规模诚有非后人之所及者。"又问："仲舒比之如何？"曰："仲舒却纯正，然亦有偏，又是一般病。韩退之却见得又较活，然亦只是见得下面一层，上面一层都不曾见得。大概此诸子之病皆是如此，都只是见得下面一层，源头处都不晓。所以伊川说'西铭是原道之宗祖'，盖谓此也。"㣊。

○ "贾谊之学杂。他本是战国纵横之学，只是较近道理，不至如仪、秦、蔡、范之甚尔。他于这边道理见得分数稍多，所以说得较好。然终是有纵横之习，缘他根脚只是从战国中来故也。汉儒惟董仲舒纯粹，其学甚正，非诸人比。只是困善无精彩，极好处也只有'正义'、'明道'两句。下此诸子皆无足道。如张良、诸葛亮固正，只是太粗。王通也有好处，只是也无本原工夫，却要将秦汉以下文饰做个三代，他便自要比孔子，不知如何比得！他那斤两轻重自定，你如何文饰得！如续诗、续书、玄经之作，尽要学个孔子重做一个三代，如何做得！如续书要载汉以来诏令，他那诏令便载得是，发明得甚么义理？发明得甚么政事？只有高帝时三诏令稍好，然已不纯，如曰'肯从我游者，吾能尊显之'，此岂所以待天下之士哉？都不足录。三代之书诰诏令皆是根源学问，发明义理，所以粲然可为后世法。如秦汉以下诏令济得甚事？缘他都不曾将心子细去读圣人之书，只是要依他个模子。见圣人作六经，我也学他作六经。只是将前人腔子自做言语填放他腔中，便说我这个可以比并圣人。圣人做个论语，我便做个中说。如扬雄太玄、法言亦然，不知怎生比并！某尝说，自孔孟灭后，诸儒不子细读得圣人之书，晓得圣人之旨，只是自说他一副当道理。说得却也好看，只是非圣人之意，硬将圣人经旨说从他道理上来。孟子说'以意逆志'者，以自家之意逆圣人之志，如人去路头迎接那人相似，或今日接着不定，明日接着不定，或那个人来也不定，不来也不定，或更迟数日来也不定，如此方谓之'以意逆志'。今人读书却不去等候迎接那人，只认硬赶捉那人来，更不由他情愿；又教它莫要做声，待我与你说道理。圣贤已死，它看你如何说，他又不会出来与你争！只是非圣贤之意。他本要自说他一样道理，又恐不见信于人，偶然窥见圣人说处与己意合，便从头如此解将去，更不子细虚心看圣人所说是如何。正如人贩私盐、担私货，恐人捉他，须用求得官员一两封书并掩头行引，方敢过场、务，偷免税钱。今之学者正是如此，只是将圣人经书拖带印证己之所说而已，何尝真实得圣人之意！却是说得新奇巧妙可以欺惑人，只是非圣人之意。此无他，患在于不子细读圣人之书。人若能虚心下意，自莫生个意见，只将圣人书玩味读诵，〔少〕间意思自从正文中迸出来，不待安排，不待杜撰，如此方谓之善读书。且屈原一书，近偶阅之，从头被人错解了。自古至今讹谬相踵，更无一人能破之者，而又为说以增饰。看来屈原本是一个忠诚恻怛爱君底人，观他所作离骚数篇，尽是归依爱慕、不忍舍去怀王之意，所以拳拳反复，不能自已。何尝有一句是骂怀王来？亦不见他有褊躁之心。后来没出气处，不奈何方投河殒命。而今人句句尽解做骂怀王，枉屈说了屈原。只是不曾平心看他语意，所以如此。"侗。

○　刘淳叟问："汉儒何以溺心训诂而不及理？"答曰："汉初诸儒专治训诂，如教人亦只言某字训某字，令自寻义理而已。至西汉末年，儒者渐有求得稍亲者，终是不曾见全体。"问："何以谓之全体？"答曰："全体，须彻头彻尾见得方是。且如（康）〔匡〕衡论时政亦及治性情之说，及到得他入手做时，又却只修得些小宗庙礼而已。翼奉言'见道知王治之象，见经知人道之务'亦自好了，又却只教人主以阴阳日辰、贪狼廉贞之类辨君子小人。以此观之，他只时复窥见得些子，终不曾见大体也。唯董仲舒三篇说得稍亲切，终是不脱汉儒气味，只对江都易王云'仁人正其义不谋其利，明其道不计其功'方无病，又是儒者语。"大雅。

○　董仲舒才不及陆宣公而学问过之，张子房近黄、老而隐晦不露，诸葛孔明近申、韩。节。

○ 童问董仲舒见道不分明处。曰："也见得鹘突。如'命者天之令，性者生之质，情者人之欲。命非圣人不行，性非教化不成，情非制度不节'，似不识性善模样。又云'明于天性知自贵于物，知自贵于物然后知仁义，知仁义然后重礼节，重礼节然后安处善，安处善然后乐循理'，又似〔见〕得性善模样。终是说得骑墙，不分明端的。"淳。

○ "仲舒言'命者天之令，性者生之质'，如此说固未害。下云'命非圣人不行'便牵于对句，说开去了。如'正谊明道'之言却自是好。"道夫问："或谓此语是有是非、无利害，如何？"曰："是不论利害，只论是非。理固然也，要亦当权其轻重方尽善，无此亦不得。只被今人只知计利害，于是非全轻了。"道夫。

○ 问"性者生之质"。先生曰："不然。性者生之理，气者生之质，已有形状。"

○ 论大成从祀，道夫因问："伊川于毛公，不知何所主而取之？"曰："程子不知何所见而然。尝考之诗传，其紧要处有数处，如关雎所谓'夫妇有别则父子亲，父子亲则君臣敬，君臣敬则朝廷正，朝廷正则王化成'。要之，亦不多见。只是其气象大概好。"问："退之一文士耳，何以从祀？"曰："有辟佛老之功。"道夫曰："如程子取其原道一篇，盖尝读之，只打头三句便也未稳。"曰："且言其大概耳。便如董仲舒也则有疏处。"董卿曰："伊川谓西铭乃原道之祖，如何？"曰："西铭更从上面说来。原道言'率性之谓道'，西铭连'天命之谓性'说了。"道夫问："如他说'定名'、'虚位'如何？"曰："后人多讥议之，但某尝谓便如此说也无害。盖'此仁也'、'此义也'便是定名；'此仁之道、仁之德'、'此义之道、义之德'则道德是总名，乃虚位也。且须知他此语为老子说方得，盖老子谓'失道而后德，失德而后仁，失仁而后义，失义而后礼，失礼而后智'，所以<u>原道</u>后面又云'吾之所谓道德，合仁与义言之也'。须先知得他为<u>老子</u>设，方看得。"<u>道夫</u>问曰："如它谓'<u>轲</u>之死不得其传'，<u>程子</u>以为非见得真实，不能出此语，而<u>屏山</u>以为'孤圣道，绝后学'。何如？"〔先生〕笑曰："<u>屏山</u>只要说<u>释子</u>道流皆得其传耳。"又问："如<u>十</u>论之作，于夫子全以死生为言，似以此为大事了。"久之，乃曰："他本是<u>释</u>学，但只是翻眷出来说许多话耳。"<u>道夫</u>。

○ 不要〔看〕<u>扬子</u>，他说话无好议论，亦无的实处。<u>荀子</u>虽然是有错处，说得处也自实，不如他说得恁地虚胖。<u>贺孙</u>。

○ 问："<u>扬子</u>云'避碍通诸理'之说是否？"曰："大概也似，只是言语有病。"问："莫是'避'字有病否？"曰："然。少间处事不便看道理当如何，便先有个依违闪避之心矣。"<u>僴</u>。

○ "'学之为王者事'不与二文属，只是言人君不可不学底道理，所以下文云'<u>尧</u>、<u>舜</u>、<u>禹</u>、<u>汤</u>、<u>文</u>、<u>武</u>汲汲，<u>仲尼</u>皇皇。以〔数〕圣人之盛德犹且如此'。"问："'<u>仲尼</u>皇皇'如何？"曰："夫子虽无王者之位而有王者之德，故作一处称扬。"<u>道夫</u>。

○ <u>扬子</u>云谓南北为经、东西为纬，故南北为纵、东西为横。六国之势，南北相连则合纵；<u>秦</u>据东西，以横破纵也。盖南北长、东西短，南北直、东西横，错综于其间也。<u>蔉仲</u>。

○ <u>亚夫</u>问："<u>扬子</u>云谓孔子于<u>阳货</u>'敬所不敬'为'讪身以信道'。不知渠何以见圣人为讪身处？"曰："<u>阳货</u>是恶人，本不可见，<u>孔子</u>乃见之，亦近于讪身。却不知圣人是礼合去见他，不为讪矣。到与他说话时只把一两字答他，辞气温厚而不自失，非圣人断不能如此也。"<u>时举</u>。

○ 扬子云云"月未望则载魄于西，既望则终魄于东，其溯于日乎"，先生举此问学者是如何。众人引诸家注语，古注解"载"作"始"、"魄"作"光"。温公改"魄"作"朏"。先生云皆非是。皆不合。久之，乃曰："只晓得个'载'字便都晓得。'载'者如加载之'载'，如老子云'载营魄'，左氏云'从之载'，正是这个'载'字。诸家都乱说，只有古注解云'月未望，则光始生于西面以渐东满；既望，则光消亏于西面以渐东尽'，此两句略通而未尽。〔此两句尽〕在'其溯于日乎'句上。盖以日为主，月之光也，日载之；光之终也，日终之。'载'犹加载之'载'。又训"上"，如今人上光、上采色之"上"。盖初一二间，时日落于酉，月是时同在彼；至初八九落在酉时，则月已在午；至十五日则日落于酉而月在卯。此'未望而载魄于西'，盖月在东而日在西，日载之光也。及日与月相去愈远，则光渐消而魄生。少间月与日相蹉过，日却在东，月却在西，故光渐至东尽，则魄渐复也。当改古注云：'日加（在）魄于西面以渐东满，日复魄于西面以渐东尽。其载也，日载之；其终也，日终之。皆系于日上。'又说秦周之士贵贱拘肆皆系于上之人，犹月之载魄〔终魄皆系〕于日也，故曰'其溯于日乎'，其载其终皆向日也。温公云'当改"载魄"之"魄"作"朏"'，都是晓扬子云说不得，故欲如此改。老子所谓'载营魄'便是如此，'载营魄，抱一，能无离乎'，'一'便是魄，'抱'便是载，盖以火养水也。魄是水，以火载之。'营'字恐〔是〕'荧'字，光也。古字或通用，不可知。或人解作经营之'营'，亦得。"○按，或录前后次序不同，今附，云："扬子'月未望而载魄于西，既望则终魄于东，其溯于日乎'，诸解皆错，古注略通而未尽，当改云：'日加魄于西面以渐东满，日复魄于西面以渐东尽。其载也，日载之；其终也，日终之。皆系于日。'故曰'其溯于日乎'，其载其终皆向日也。"又云："说终作复亦未是，盖终魄亦是日光加魄于东而终之也。始者日光加魄之西以渐东，及既望则日光旋而东以终尽月之魄。初八九间，日落于西，月是时同在彼，日落是酉时则月已在午。至十五日，则日落于酉而月在卯，此未望而载魄于西。盖月在东而日在西，如载之光也。及日与月相去愈远，则光渐消而魄生。少间月与日相蹉过，日却在东，月却在西，故渐至东尽则魄渐复也。"

○　次日先生又云："昨夜说'终魄于东'，'终'字亦未是。昨夜作"复"，言光渐消而复其魄也。解"终"。盖终魄亦是日光加魄于东而终之也。始者日光加魄之西以渐东满，及既望则日光旋而东以终尽月之魄，则魄之西渐复，而光渐满于魄之西矣。"因又说老子"载营魄"。"昨日见温公解得扬子'载魄'没理会，因疑其解老子亦必晓不得。及看，果然，但注云'"载营魄"阙'，只有此四字而已。颍滨解云：'神载魄而行。'言魄是个沈滞之物，须以神去载他，令他升举。其说云：'圣人则以魄随神而动，众人则神役于魄。'据他只于此间如此强解得，若以解扬子，则解不行矣。又解魄做物，只此一句便错。耳目之精明者为魄，如何解做物得！又以'一'为神，亦非。'一'正指魄言，神抱魄，火抱水也。温公全不理会修养之学，所以不晓。颍滨一生去理会修养之术，以今观之，全晓不得，都说错了。河上公固是胡说，如王弼也全解错了。王弼解'载'作处，'魄'作所居，言常处（如）〔于〕能居也，更是胡说。据颍滨解老子，全不晓得老子大意。他解神载魄而行，便是个刚强升举底意思。老子之意正不如此，只是要柔伏退步耳。观他这一章尽说柔底意思，云'载营魄，抱一，能无离乎？专气致柔，〔能如〕婴儿乎？天门开阖，能为雌乎'，老子一书意思都是如此。它只要退步不与你争。如一个人叫哮跳踯，我这里只是不做声，只管退步。少间叫哮跳踯者自然而屈，而我之柔应自有余。老子心最毒，其所以不与人争者，乃所以深争之也，其设心措意都是如此。闲时他只是如此柔伏，遇着那刚强底人它便是如此待你。张子房亦是如此。如云'惟天下之至柔，驰骋天下之至坚'，又'以无为取天下'，这里便是它无状处，据此便是它柔之发用功效处。又，楚词也用'载营魄'字，其说与颍滨老子同。若楚词，恐或可如此说；以此说老子，便都差了。"

○ 扬子云作太玄亦自庄、老来，"惟寂惟寞"可见。咏。

○ 问太玄中首中"阳气潜藏于黄宫，性无不在于中"，养首一"藏心于渊，美厥灵根"，程先生云云。曰："所谓'藏心于渊'，但是指心之虚静言之也，如此乃是无用之心，与孟子言仁义之心异。"可学。

○ 张毅然漕试回。先生问曰："今岁出何论题？"张曰："论题云云出文中子。"曰："如何做？"张曰："大率是骂他者多。"先生〔笑〕曰："他虽有不好处，也须有好处，故程先生言'他虽则（理会）〔附会〕成书，其间极有格言，苟、扬道不到处'，岂可一向骂他！"友仁请曰："愿闻先生之见。"先生曰："文中子他当时要为伊、周事业，见道不行，急急地要做孔子。他要学伊、周，其志甚不卑，但不能胜其好高自大欲速之心，反有所累。二帝三王却不去学，却要学两汉。此是他乱道处，亦要作一篇文字说他这意思。"友仁。

○ 文中子其间有见处也即是老氏，又其间被人夹杂也，今也难分别。但不合得出来做人有许多事全似孔子。孔子有荷蒉等人，它有许多人便是妆点出来。又其间论文史却及时事世变，煞好，今世浙间英迈之士皆宗之。南升。

○ 徐问文中子好处与不好处。曰："见得道理透后，从高视下，一目了然。今要去揣摩，不得。"淳。

○ "文中子议论多是中间暗了一段无分明。其间弟子问答姓名多是唐辅相，恐亦不然，盖诸人更无一语及其师。人以为王通与长孙无忌不足，故诸人惧无忌而不敢言，亦无此理，如郑公岂是畏人者哉？'七制之主'，亦不知其何故以'七制'（明）〔名〕之。此必因其续书中曾采七君事迹以为书，而名之曰'七制'。如二典体例今无可考，大率多是依仿而作之。如以董常为颜子，则是以孔子自居，谓诸弟子可（谓）〔为〕辅相之类，皆是撰成，要安排七制之君为它之尧、舜。考其事迹亦多不合。刘禹锡作歙池江州观察王公墓碑，乃仲淹四代祖，碑中载祖讳多不同。及阮逸所注并载关朗等事，亦多不实。王通大业中死，自不同时，如推说十七代祖亦不应辽远如此。唐李翱已自论中说可比太公家教，则其书之出亦已久矣。伊川谓文中子有些格言被后人添入坏了。看来必是阮逸诸公增益张大，复借显显者以为重耳。（为）今之伪书甚多，如镇江府印关子明易并麻衣道者易皆是伪书。麻衣易正是南康戴绍韩所作。昨在南康，观其言论皆本于此。及一访之，见其著述大率多类麻衣文体，其言险侧轻佻，不合道理。又尝见一书名曰子华子，说天地阴阳，亦说义理、人事，皆支离妄作。至如世传繁露玉杯等书皆非其实。大抵古今文字皆可考验。古文自是庄重，至如孔安国书序并注中语多非安国所言，盖西汉文章虽粗亦劲，今书序只是六朝〔软〕慢文体。"因举："史记所载汤诰并武王伐纣言辞不典，不知是甚底齐东野人之语也。"谟。

○ "文中子，看其书忒装点，所以使人难信，如说诸名卿大臣多是隋末所未见有者。兼是他言论大纲杂霸，凡事都要硬做，如说礼乐治体之类都不消得从正心诚意做出。又如说'安我所以安天下，存我所以厚苍生'，都是为自张本做杂霸镟基。"黄德柄问："续书'天子之义：制、诏、志、策，有四；大臣之义：命、训、对、赞、议、〔诫、〕谏，有七'，如何？"曰："这般所在极肤浅，中间说话大纲如此，但看世俗所称道便唤做〔好〕，都不识。如云晁、董、公孙之对，据道理看只有董仲舒为得。如公孙已是不好，晁错是说个甚么！又如自叙许多说话，尽是夸张，考其年数与唐煞远，如何唐初诸名卿皆与说话？若果与诸名卿相处，一个人怎地自标致，史传中如何都不见说？"因说："史传尽有不可信处。尝记五峰说着太宗杀建成、元吉事尚有不可凭处。如云，先一日，太宗密以其事奏高祖，高祖省表愕然，报曰：'明当鞫问，汝宜早参。'只将这几句看，高祖且教来日鞫问，如何太宗明日便拥兵入内？又云，上召裴寂、萧瑀、陈叔达欲按其事，又云：'上方泛舟海池。'岂有一件事怎么大，兄弟构祸如此之极，为父者何故恁地恬然无事！此必有不足信者。只左传是有多少难信处，如赵盾一事，后人费万千说话与出脱，其实此事甚分明。如司马昭之弑高贵乡公，他终不成亲自下手，必有抽戈〔用命如贾充、成济之徒，如曰'司马公畜养汝等〕正为今日，今日之事无所问也'。看左传载灵公欲杀赵盾，今日要杀，杀不得；明日要杀，杀不得。只是一个人君要杀一臣，最易为力，恁地杀不得，也是他大段强了。今来许多说话自是后来三晋既得政，撰造掩覆，反有不可得而掩者矣。物来若不能明，事至若不能辨，是吾心大段昏在。"贺孙。

○ "'天下皆忧，吾独得不忧？天下皆疑，吾独得不疑？'又曰：'乐天知命吾何忧？穷理尽性吾何疑？'盖有当忧疑者，有不当忧疑者，然皆心也。文中子以为有心、迹之判，故伊川非之。"又曰："惟其无一己之忧疑，故能忧疑以天下；惟其忧以天下，疑以天下，故无一己之忧疑。"道夫。

○ 大抵观圣人之出处，须看他至诚恳切处及洒然无累处。文中子说："天下皆忧，吾独得不忧？天下皆疑，吾独得不疑？"又曰："穷理尽性吾何疑？乐天知命吾何忧？"此说是。㽦。

○ 韩文原性人多忽之，却不见他好处。如言"所以为性者五，曰仁义礼智信"，此语甚实。方子。

○ 问："韩文公说人之'所以为性者五',是他实见到得（到得）后如此说邪，惟复是偶然说得着？"曰："看它文集中说，多是闲过日月，初不见他做工夫处。想只是才高，偶然见得如此，及至说到精微处，又却差了。"因言："惟是孟子说义理说得来精细明白，活泼泼地。如荀子空说许多，使人看着如吃糙米饭相似。"广。

○ "韩子原性曰人之性有五，最识得性分明。"蒋兄因问："'博爱之谓仁'四句如何？"曰："说得却差，仁义两句皆将用做体看。事之合宜者为义，仁者爱之理。若曰'博爱'、曰'行而宜之'，则皆用矣。"盖卿。

○ 淳问："'博爱之谓仁'等四句，亦可见其无原头处。"曰："以博爱为仁，则未有博爱之前将无仁乎？"淳。

○ 黄问："原道中引大学'明明德'，则是他亦能明德否？"曰："若能'明明德'，便是识原头来处了。"淳。

○ 或问"由是而之焉之谓道"。答曰："此是说行底，非是说道体。"问"足乎己无待于外之谓德"。答曰："此是说行道而有得于身者，非是说自然得之于天者。"节。

○ 子耕问"定名"、"虚位"。曰："恁地说亦得。仁义是实有底，道德却是总名，凡本末小大无所不该，如下文说'道有君子、有小人，德有凶、有吉'是也。"人杰。〔璘录详。〕

○ 至问："韩子称'孟子醇乎醇，荀与扬大醇而小疵'。程子谓：'韩子称孟子甚善，非见得孟子意，亦道不到。其论荀、扬则非也。荀子极偏驳，只一句"性恶"大本已失。扬子虽少过，然亦不识性，更说甚道？'至云："韩子既以失大本不识性者为大醇，则其称孟氏'醇乎醇'亦只是说得到，未必真见得到。"先生曰："如何见得韩子称荀、扬大醇处便是就论性处说？"至云："但据程子有此议论，故至因问及此。"先生曰："韩子说荀、扬大醇是泛说。与田骈、慎到、申不害、韩非之徒观之，则荀、扬为大醇。韩子只说那一边，凑不着这一边。若是会说底，说那一边亦自凑着这一边。程子说'荀子极偏驳，扬子虽少过'，此等语皆是就分金秤上说下来。今若不曾看荀子、扬子，则所谓'偏驳'、'虽少过'等处亦见不得。"

○　至问："孟子谓'杨、墨之道不息，孔子之道不著'。韩文公推尊孟氏辟杨、墨之功，以为'不在禹下'，而读墨一篇却谓'孔子必用墨子，墨子必用孔子'者，何也？"先生曰："韩文公第一义是去学文字，第二义方去穷究道理，所以看得不亲切。如云'其行己不敢有愧于道'，他本只是学文，其行己但不敢有愧于道尔，把这个做第二义，似此样处甚多。"

○　"韩退之云'磨砻去圭角，浸润着光精'，又曰'沈浸酴郁'，又曰'沈潜乎训义，反复乎句读'。杜元凯云：'优而柔之，使自求之；餍而饫之，使自趋之。若江海之浸、膏泽之润，涣然冰释，怡然理顺，然后为得也。'而今学者都不见这般意思。"又曰："'磨砻去圭角'易晓。'浸润着光精'，此句最好，人多不知。"又曰："只是将圣人言语只管浸灌，少间自是生光精，气象自别。"㑂。

朱子语类卷第一百三十八

作文上

自离骚至唐以来及泛论

○　有治世之文，有衰世之文，有乱世之文。六经，治世之文也。如国语委靡繁絮，真衰世之文耳，是时语言议论如此，宜乎周之不能振起也。至于乱世之文，则战国是也，然有英伟气，非衰世国语之文之比也。〔饶录云："国语说得絮，只是气衰。又不如战国文字更有些精彩。"〕楚汉间文字真是奇伟，岂易及也！又曰："国语文字极困善，振作不起。战国文字豪杰，便是事情，非你杀我，则我杀你。"黄云："观一时气象如此，〔如〕何遏捺得住！所以启汉家之治也。"僩。

○　贺孙问离骚卜居篇内字。曰："字义从来晓不得，但以意看可见。如'突梯滑稽'，只是软熟迎逢，随人倒、随人起底意思。如这般文字更无些小窒碍，想只是信口恁地说，皆自成文。林艾轩尝云'班固、扬雄以下皆是做文字，已前如司马迁、司马相如等，只是恁地说出'，今看来是如此。古人有取于'登高能赋'，这也须是敏，须是会说得通畅。如古者或以言扬，说得也是一件事，后世只就纸上做。如就纸上做则班、扬便不如已前文字。当时如苏秦、张仪都是会说，史记所载想皆是当时说出。"又云："汉末以后只做属对文字，直至后来只管弱。

如苏颋着力要变，变不得。直至韩文公出来尽扫去了，方做成古文。然亦止做得未属对合偶以前体格，然当时亦无人信他，故其文亦变不尽，才有一二大儒略相效，以下并只依旧。到得陆宣公奏议，只是双关做去。又如子厚亦自有双关之文，向来看道是他初年文字，后将年谱看，乃是晚年文字，盖是他效世间模样做则剧耳。文气衰弱，直至五代竟无能变。到尹师鲁、欧公几人出来，一向变了。其间亦有欲变而不能者，然大概都要变。所以做古文自是古文，四六自是四六，却不衮杂。"贺孙。

○　楚词不甚怨君。今被诸家解得都成怨君，不成模样。九歌是托神以为君，言人间隔不可企及，如己不得亲近于君之意。以此观之，他便不是怨君。至山鬼篇，不可以君为山鬼，又倒说山鬼欲亲人而不可得之意。今人解文字不看大意，只逐句解，意却不贯。庚。

○　楚些，沈存中以"些"为咒语，如今释子念"娑婆诃"三合声，而巫人之祷亦有此声。此却说得好，盖今人只求之于雅，而不求之于俗，故下一半都晓不得。道夫。〔离骚叶韵到篇终，前面只发两例。后人不晓，却谓只此两韵如此。至。〕

○　楚词注下事皆无这事，是他晓不得后却就这语意撰一件事为证，都失了他那正意。如淮南子、山海经皆是如此。义刚。

○　古人文章大率只是平说而意自长，后人文章务意多而酸涩。如离骚初无奇字，只恁说将去，自是好。后来如鲁直恁地着力做，却自是不好。方子。

○　汉初贾谊之文质实。晁错说利害处好，答制策便乱道。董仲舒之文缓弱，其答贤良策不答所问切处，至无紧要处又累数百言。东汉文章尤更不好，渐渐趋于对偶。如杨震辈皆尚谶纬，张平子非之，然平子之意又却理会风角、鸟占，何愈于谶纬！陵夷至于三国、两晋，则文气日卑矣。古人作文作诗多是模仿前人而作之，盖学之既久自然纯熟。如相如封禅书，模仿极多。柳子厚见其如此，却作贞符以反之，然其文体亦不免乎蹈袭也。〔人杰。〕

○ 仲舒文大概好，然也无精彩。扬雄，老氏之学，如"藏心于渊，美厥灵根"，便是老，气衰文亦衰。欧阳公作古文力变旧习，老来照管不到，为某诗序，又四六对偶，依旧是五代文习。东坡晚年文虽健不衰，然亦疏鲁，如南安军学记，海外归作，而有"弟子扬觯而序点者三"之语，"序点"是人姓名，其疏如此！淳。

○ 司马迁文雄健，意思不帖帖，有战国文气象。贾谊文亦然。老苏文亦雄健。似此皆有不帖帖意。仲舒文实。刘向文又较实，亦好，无些虚气象。比之仲舒，仲舒较滋润发挥。大抵武帝以前文雄健，武帝以后便实，到杜钦谷永书又太弱无收宿了。匡衡多有好处，汉明经中皆不似此。淳。

○ 林艾轩云："司马相如，赋之圣者。扬子云、班孟坚只填得他腔子，如何得似他自在流出！左太冲、张平子竭尽气力，又更不及。"可学。

○ 因说诗，曰："曹操乍诗必说周公，如云'山不厌高，水不厌深；周公吐哺，天下归心'，又苦（难）〔寒〕行云'悲彼东山（情）〔诗〕'，他也是做得个贼，不惟窃国之柄，和圣人之法也窃了。"雉。按，林夔孙录同。

○　渊明诗平淡出于自然，后人学他平淡，便相去远矣。某后生见人做得诗好，锐意要学。遂将渊明诗平侧用字一一依他做，到一月后便解自做，不要他本子，方得作诗之法。

○　或问："'形夭无千岁'改作'形夭舞干戚'，如何？"曰："山海经分明如此说，惟周丞相必大不信改本。向芗林家藏邵康节亲写陶诗一册，乃作'形夭无千岁'，周丞相遂跋尾，以康节手书为据，以为后人妄改也。向家子弟携来求跋，某细看，亦不是康节亲笔，疑熙丰以后人写，盖赝本也。盖康节之死在熙宁二三年间，而诗中避'畜'字讳，则当是熙宁以后书。然笔画嫩弱，非老人笔也。又不欲破其前说，遂还之。"雉。

○　张以道曰："'盻庭柯以怡颜'，'盻'读如俛，读作眄者非。"义刚。

○　晋人诗惟谢灵运用古韵，如"祐"字协"烛"字之类。唐人惟韩退之、柳子厚、白居易用古韵，如毛颖传"牙"字、"资"字、"毛"字皆协"鱼"字韵是也。人杰。

○　选中刘琨诗高。东晋诗已不逮前人，齐、梁益浮薄。鲍明远才健，其诗乃选之变体，李太白专学之。如"腰镰刈葵藿，倚杖牧鸡豚"，分明说出个倔强不肯甘心之意。如"疾风冲塞起，砂砾自飘扬。马尾缩如蝟，角弓不可张"，分明说出边塞之状，语又俊健。略记当时语意如此。方子。

○　古诗须看西晋以前，如乐府诸作皆佳。杜甫夔州以前诗佳，夔州以后自出规模，不可学。苏、黄只是今人诗。苏才豪，然一衮说尽，无余意。黄费安排。德明。

○ 唐明皇资禀英迈，只看他做诗出来是什么气魄！今唐百家诗首
载明皇一篇旦渡蒲津关，多少飘逸气概！便有帝王底气（艳）〔焰〕。越
州有石刻唐朝臣送贺知章诗，亦只有明皇一首好，有曰："岂不惜贤达，
其如高尚何！"雉。

○ 作诗先用看李、杜，如士人治本经。本既立，次第方可看苏、
黄以次诸家诗。游。

○ 张以道问："太白五十篇古风不似他诗，如何？"曰："太白五
十篇古风是学陈子昂感遇诗，其间多有全用他句处。"义刚。

○ 李太白诗不专是豪放，亦有雍容和缓底，如首篇"大雅久不
作"，多少和缓！陶渊明诗，人皆说是平淡。据某看，他自豪放，但豪
放得来不觉耳。其露出本相者是咏荆轲一篇，平淡底人如何说得（道）
〔这〕样言语出来！雉。

○ 或问："李白'清水出芙蓉，天然去雕饰'，前辈多称此语，如
何？"曰："自然之好，又不如'芙蓉露下落，杨柳月中疏'，则尤
佳。"雉。

○ 李太白终始学选诗，所以好。杜子美诗好者亦多是效选诗，渐
放手，夔州诸诗则不然也。雉。

○ 杜诗初年甚精细，晚年横逆不可当，只意到处便押一个韵。如
自秦州入蜀诸诗分明如画，乃其少作也。李太白诗非无法度，乃从容于

法度中，盖圣于诗者也。古风两卷多效陈子昂，亦有全用其句处。太白去子昂不远，其尊慕之如此。然多为人所乱，有一篇分为三篇者，有二篇合为一篇者。方子。〔佐同。〕

○ "人多说杜子美夔州诗好，此不可晓。夔州诗却说得郑重烦絮，不如他中前有一节诗好。鲁直一时固自有所见，今人只见鲁直说好便却说好，如矮人看场耳。"问："韩退之潮州诗，东坡海外诗如何？"曰："却好。东坡晚年诗固好。只文字也多是信笔胡说，全不看道理。"雉。

○ 杜诗最多误字，蔡兴宗正异固好而未尽。某尝欲广之，作杜诗考异，竟未暇也。如"风吹苍江树，雨洒石壁来"，"树"字无意思，当作"去"字无疑，"去"字对"来"字。又如蜀有"漏天"，以其西北阴盛常雨，如天之漏也，故杜诗云"鼓角漏天东"。后人不晓其义，遂改"漏"字为"满"。似此类极多。雉。

○ "李贺较怪得些子，不如太白自在。"又曰："贺诗巧。"义刚。

○ 木兰诗只似唐人作。其间"可汗"、"可汗"，前此未有。方子。

○ 刘叉诗"斗柄寒垂地，河流冻彻天"，介父诗"柳树鸣蜩绿暗，荷花落日红酣"，王建田家留客云"丁宁回语屋中妻，有客莫令儿夜啼"。方子。

○ 诗须是平易不费力，句法混成。如唐人玉川子辈句林本有"语"字。虽险怪，亦林本无"亦"字。作"意思"二字。自有混成底林无"底"字。气象。如林作"因举"。陆务观林本有"诗"字。"春寒催唤客尝酒，夜静卧听儿读书",不费力,好。雉。赓录少异。

○ 大率文章盛则国家却衰。如唐 贞观、开元都无文章,及韩昌黎、柳河东以文显,而唐之治已不如前矣。汪圣锡云:"国初制诏虽粗,却甚好。"又如汉高八年诏与文帝即位诏只三数句,今人敷衍许多,无过只〔是〕此个柱子。苦海。

○ 陈仲蔚问:"韩文禘议说懿、献二庙之事当否?"曰:"说得好。其中所谓'兴圣庙'者乃是梁武昭王之庙"梁"字恐是"凉",乃唐之始祖。然唐又封皋陶为帝,又尊老子为祖,更无理会。"又问:"韩、柳二家,文体孰正?"曰:"柳文亦自高古,但不甚醇正。"又问:"子厚论封建是否?"曰:"子厚说'封建非圣人意也,势也',亦是。但说到后面有偏处,后人辨之者亦失之太过。如廖氏所论封建,排子厚太过。且封建自古便有,圣人但因自然之理势而封之,乃见圣人之公心。且如周公封康叔之类,亦是古有此制,医其有功、有德、有亲而封之,却不是圣人有不得已处。若如子厚所说,乃是圣人欲吞之而不可得,乃无可奈何而为此。不知所谓势者乃自然之理势,非不得已之势也。且如射王中肩之事,乃是周末〔征伐〕自诸侯出,故有此等事。如使征伐自天子出,安得有是事?然封建诸侯却大故难制御,且如今日蛮洞,能有几大?若不循理,朝廷亦无如之何。若古时有许多国,自是难制,如隐公时原之一邑,乃周王不奈他何,遂赐与郑,郑不能制。到晋文公时,周人将与晋,而原又不服,故晋文公伐原。且原之为邑甚小,又在东周王城之侧。而周王与晋、郑俱不能制,盖渠自有兵,不似今日太守有不法处便可以降官放罢。古者大率动便是征伐,所以孟子曰'三不朝则六师移之',在周宣时已是如此了。便是古今事势不同,便是难说。"因言:"孟子所谓五等之地与周礼不同。孟子盖说夏以前之制,周礼乃是成周之制。当时封周公于鲁,乃七百里。于齐尤阔,如所谓'东至于海,西至于河，南至于穆陵，北至于无棣'，以地理考之，大段阔。所以禹在涂山，万国来朝。至周初但千八百国。"又曰："譬如一树，枝叶太繁时本根自是衰枯。如秦始皇则欲削去枝叶而自留一干，亦自不可。"义刚。

○ 退之除崔群侍郎制最好，但只有此制，别更无，不知如何。义刚。

○ 复复，指（期）〔其〕上"复"字，扶又反，再复也。方子。

○ 或问："伯夷颂'万世标准'与'特立独行'，虽（是）〔足〕以明君臣之大义，适权通变，又当循夫理之当然者也。"先生曰："说开了当云，虽武王、周公为万世标准，然伯夷、叔齐惟自特立不顾。"又曰："古本云'一凡人沮之誉之'，与彼夫圣人是一对，其文意尤有力。"椿。

○ 人不可无戒谨恐惧底心。庄子说，庖丁解牛神妙，然才到那族，必心怵然为之一动，然后解去。心动便是惧处。韩文斗鸡联句云"一喷一醒然，再接再砺乃"，谓虽困了，一以水喷之便醒。"一喷一醒"即所谓惧也。此是孟郊语，也说得好。又曰"争观云填道，助叫波翻海"，此乃退之之豪；"一喷一醒然，再接再砺乃"，此是东野之工。雄。

○ 韩退之诗"强怀张不满，弱力阙易盈"，上句是助长，下句是欺。雄。

○ 韩文公似只重皇甫湜，以墓志付之，李翱只令作行状。翱作得行状絮，但湜所作墓志又颠蹶。李翱却有些本领，如复性书有许多思量。欧阳公也只称韩、李。义刚。夔孙录同。义刚又一条云："退之却喜皇甫湜，却不甚喜李翱。后（末）〔来〕湜为退之作墓志却说得无紧要，不如李翱行状较着实。盖李翱为人较朴实，皇甫湜较㳅魄。"

○ 退之与大颠书，欧公云实退之语。东坡却骂，以为退之家奴隶亦不肯如此说，但是陋儒为之，复假托欧公语以自盖。然观集古录，欧公自〔有〕一跋，说此书甚详。东坡应是未见集古录耳，看得来错字多。欧公是见他好处，其中一两段不可晓底都略过了。东坡是只将他不好处来说。义刚。

○ "退之晚年觉没顿身己处，如招聚许多人博塞去声。为戏，所与交如灵师、惠师之徒，皆饮酒无赖。及至海上见大颠壁立万仞，自是心服。'其心实能外形骸以义理自胜，不为事物侵乱'，此是退之死款。乐天莫年卖马遣妾，后亦落莫，其诗可见。欧公好事金石碑刻，盖亦如此，都是没着身己处，却不似参禅修养人，此犹是帖着自家身心理会也。"宋子飞言："张魏公谪永州时居僧寺，每夜与子弟、宾客盘膝环坐于长连榻上，有时说得数语，有时不发一语，默坐至更尽而寝，率以为常。"李德之言："东坡晚年却不衰。"先生曰："东坡盖是夹杂些佛老，添得又闹热也。"方子。

○ 先生方修韩文考异而学者至。因曰："韩退之议论正，规模阔大。然不如柳子厚较精密，如辨鹖冠子及说列子在庄子前及非国语之类，辨得皆是。"黄达才言："柳文较有样。"先生曰："柳文是较古，但却易学，学便似他，不似韩文规模阔。学柳文也得，但会衰了人文字。"夔孙录略，云："韩文大纲好。柳文论事却较精核，如辨鹖冠子之类，非国语中尽有好处。韩难学，柳易学。"

○ 又云："有一等人专于为文，不去读圣贤书。又有一等人知读圣贤书，亦曰会作文，到得说圣贤书，却别做一个诧异模样说。不知古人为文大抵只如此，那得许多诧异。韩文公诗文冠当时，后世未易及。到他上宰相书用'菁菁者莪'，诗注一齐都写在里面。若是他自作文，岂肯如此作？最是说'载沉载浮〔沉浮皆载也〕'可笑。'载'是助语，分明彼如此说了，他又如此用。"贺孙。

○ 古赋须熟，看屈、宋、韩、柳所作乃有进步处。入本朝来，骚学殆绝，秦、黄、晁、张之徒不足学也。雉。

○ "行年三十九，岁莫日斜时。孟子心不动，吾今其庶几"，此乐天以文（骨）〔滑〕稽也，然犹雅驯，非若今之作者村里杂剧也。方子。〔佐同。〕

○ 白乐天琵琶行云"嘈嘈切切错杂弹，大珠小珠落玉盘"云云，这是和而淫。至"凄凄不似向前声，满坐重闻皆掩泣"，这是淡而伤。道夫。

○ "唐僧多从士大夫之有名〔者〕讨诗文以自华，如退之送文畅序中所说，又如刘禹锡自有一卷送僧诗。"或云："退之虽辟佛，也多要引接僧徒。"〔曰："固是。他所引者，又却都是那破赖底僧，如灵师、惠师之徒。〕及晚年见大颠于海上，说得来阔大胜妙，自然不得不服。人多要出脱退之，也不消得，恐亦有此理也。"广。

○ 先辈好做诗与僧，僧多是求人诗序送行。刘禹锡文集自（是）〔有〕一册送僧诗。韩文公亦多与僧交涉，又不曾见好僧，都破落户。然各家亦被韩文公说得也狼狈。文公多只见这般僧，后却撞着一个大颠，也是异事。人多说道被大颠说下了，亦有此理。是文公不曾理会他病痛，被他才说得高便道是好了，所以有"颇聪明，识道理，实能外形骸以理自胜"〔之语〕。贺孙。

○ 陈才卿问："韩文李汉序头一句甚好。"先生曰："公道好，某看来有病。"陈曰："'文者贯道之器'，且如六经是文，其中所说皆是这道理，如何有病？"先生曰："不然。这文皆是从道中流出，岂有文反能贯道之理？文是文，道是道，文只如吃饭时下饭耳。若以文贯道却是把本为末、以末为本，可乎？其后作文者皆是如此。"因说："苏文害正道甚于老佛，且如易所谓'利者义之和'，却解为义无利则不和，故必以利济义然后合于人情。若如此，非惟失圣言之本指，又且陷溺其心。"先生正色曰："某在当时必与他辨。"却笑曰："必被他无礼。"友仁。

○ 因林择之论赵昌父诗，先生曰："今人不去讲义理，只去学诗文，已落第二义。况又不知学好底，却只学去做那不好底。作诗不学六朝诗，又不学李、杜，只学那峣崎底。今便学得十分好后把作甚么用？莫道更不（学）〔好〕。如近时人学山谷诗，然又不学山谷好底，只学得那山谷不好处。"择之云："后山诗恁地深，他资质尽高，不知如何肯去学山谷。"先生曰："后山雅健强似山谷，然气力不似山谷较大，但却无山谷许多轻浮底意思，然若论叙事又却不及山谷。山谷善叙事情，叙得尽。后山叙得较有疏处。若散文则山谷大不及后山。"择之云："欧公好梅圣俞诗，然圣俞诗也多有未成就处。"先生曰："圣俞诗不好底多。如河豚诗，当时诸公说道恁地好，据某说，只是个上人门骂人底诗，只似脱了衣裳上人门骂人祖、骂人父一般，初无深远底意思。后山、山谷好说文章，临作文时又气馁了。老苏不曾说，到下笔时做得却雄健。"义刚。陈淳录略。当时一时所闻，今附于下。云："今人不去讲义理，只去学诗文，已落第二筹。况又不学做好文，只学做不好底文。诗不学李、杜，只学不好底诗。不知学诗学得十分好便要作何用？近世多学山谷诗，然又不学山谷好处，只学山谷不好处。后山诗雅健，胜山谷尖洒轻扬之态，然山谷气力又较大，叙事咏物烦尽事情，其散文又不及后山。梅圣俞诗不好底多，如河豚诗似上门骂人父祖一般，非有诗人微婉之意。后山、山谷好说文章，临文时又气馁了。老苏不曾说，到下笔时做得雄健。”

○　近世诸公作诗费工夫要何用？元祐时有无限事合理会，诸公却尽日唱和而已。今言诗不必作，且道恐分头为学工夫。然到极处当作处知诗果无益。伯丰。

○　后人专做文字亦做得衰，不似古人。前辈云“言众人之所未尝，任大臣之所不敢”，多少气魄！今成甚么文字！卨。

○　德粹语某人文章。先生曰：“绍兴间文章大抵粗，成段时文。然今日太细腻，流于委靡。”问贤良。先生曰：“贤良不成科目。天下安得许多议论！”可学。

○　因论诗，曰：“尝见傅安道自得。说为文字之法，有所谓‘笔力’，有所谓‘笔路’。笔力到二十岁许便定了，便后来长进也只就上面添得些子。笔路则常拈弄时转开拓，不拈弄便荒废。此说本出于李汉老，看得来做诗亦然。”㮚。

○　“诸公文章驰骋好异。止缘好异，所以见异端新奇之说从而好之，这也只是见不分晓所以如此。看（神）〔仁〕宗时制诏之文极朴，固是不好看，只是它意思气象自恁地深厚久长。固是拙，只是他所见皆实。看他所下字都不甚恰好，有合当下底字却不下，也不是他识了不下，只是他当初自思量不到。然气象尽好，非如后来之文一味俭巧不实。且如进卷，方是二苏做出恁地壮伟发越，已前不曾如此。看张方平进策更不作文，只如说盐铁一事，他便从盐铁原头直说到如今，中间却载着甚么年、甚么月，后面更不说措置。如今只是将虚文漫演，前面说了，后面又将这一段翻转，这只是不曾见得。所以不曾见得，只是不曾虚心看圣贤之书。固有不曾虚心看圣贤书底人，到得要去看圣贤书底，又先把他自一场副当排在这里，不曾见得圣人意，待做出又只是自底。某如今看来，惟是聪明底人难读书，难理会道理。盖缘他先自有许多副当，圣贤意思自是难入。"因说："陈叔向是白撰一个道理。某尝说，教他据自底所见恁地说也无害，只是又把那说来压在这里文字上。他也自见得自底虚了行不得，故如此。然如何将两个要捏做一个得？一个自方，一个自圆，如何总合得？这个不是他要如此，止缘他合下见得如此。如杨、墨，杨氏终不成自要为我，墨氏终不成自要兼爱，只缘他合下见得错了，若不是见得如此，定不解常如此做。杨氏壁立万仞，毫发不容，较之墨氏又难。若不是他见得如此，如何心肯意肯？陈叔向所见咤异，它说'目视己色，耳听己声，口言己事，足循己行'。有目固当视天下之色，有耳固当听天下之声，有口固当言天下之事，有足固当循天下之行。他却如此说。看他意思是如此只要默然静坐，是不看眼前物事，不听别人说话，不说别人是非，不管别人事。又如说'言忠信，行笃敬'一章，便说道紧要只在'立则见其参于前，在舆则见其倚于衡'。问道：'见是见个甚么物事？'他便说：'见是见自家身己。'某与说，'立'是自家身己立在这里了，'参于前'又是自家身己；'在舆'是自家身己坐在这里了，'倚于衡'又是自家身己。这却是有两个身己。又说格物，把物做心，云'格住这心方会知得到'。未尝见人把物做心。与他恁地说，他只是自底是。以此知人最是知见为急。圣人尚说'学之不讲，是吾忧也'，若只恁地死守得这个心便了，圣人又须要人讲学何故？若只守此心，据自家所见敬将去，少间错处都不知。"贺孙。

○ 今人作文皆不足为文。大抵专务节字，更易新好生面辞语。至说义理处又不肯分晓。观前辈欧、苏诸公作文，何尝如此？圣人之言坦易明白，因言以明道，正欲使天下后世由此求之。使圣人立言要教人难晓，圣人之言定不作矣。若其义理精奥处人所未晓，自是其所见未到耳。学者须玩味深（意）〔思〕，久之自可见。何尝如今人欲说又不敢分晓说！不知是甚所见。毕竟是自家所见不明，所以不敢深言，且鹘突说在里。寓。

○ 前辈文字有气骨，故其文壮浪。如欧公、东坡亦皆于经术本领上用功。今人只是于枝叶上粉泽尔，如舞讶鼓然，其间男子、妇人、僧、道、杂色无所不有，但都是假底。旧见徐端立丈言石林尝云："今世安得文章！只有个减字、换字法尔。如言'湖州'必须去'州'字，只称'湖'，此减字法也；不然则称'雪上'，此换字法也。"公晦。按龚盖卿录有详略，当是一时所共闻，今附注，云："今人做文字却是燕脂腻粉妆成，自是不壮浪，无骨气。如舞讶鼓相似，也有男儿，也有妇女，也有僧、道、秀才，但都是假底。尝见徐端立言石林尝云：'今世文章只是用换字、减字法。如说"湖州"只说"湖"，此减字法；不然则称"雪上"，此换字法。尝见张安道进卷，其文皆有直气。'德之问：'陈后山文字如何？'先生曰：'后山文有法度。黄楼铭既出，诸公皆敛衽。'"按，廖谦录意同，今附，云："'今来文字至无气骨。向来前辈虽是作时文，亦是朴实头铺事实，朴实头引援，朴实头道理。看着虽不入眼，却有骨气。今人文字全无骨气，便似舞讶鼓者涂眉画眼，僧也有，道也有，妇人也有，村人也有，俗人也有，官人也有，士人也有，只（本）不是本样人。然皆足以惑众，真好笑也！'或云：'此是禁怀挟所致。'先生云：'不然。自是时节所尚如此。只是人不知学，全无本柄，被人引动，尤而效之。且如而今作件物事，一个做起，一人学起，有不崇朝而遍天下者。本来合当理会底事全不理会，直是可惜！'"

○ 因言文士之失，曰："今晓得义理底人少间被物欲激搏，犹自一强一弱，一胜一负。如文章之士，下梢头却靠不得。且如欧阳文忠公初间做本论，其说已自大段拙了，然犹是一片好文章，有头尾。它不过欲封建、井田与冠、婚、丧、祭、蒐田、燕飨之礼，使民朝夕从事于此，少间无工夫被佛氏引去，自然可变。其计可谓拙矣，然犹是正当议论也。到得晚年自做六一居士传，宜其所得如何，却只说有书一千卷、集古录一千卷、琴一张、酒一壶、棋一局与一老人为六？更不成说话，分明是自纳败阙。如东坡一生读尽天下书，说无限道理。到得晚年过海，做昌化峻灵王庙碑，引唐肃宗时一尼恍惚升天，见上帝，以宝玉十三枚赐之，云中国有大灾，以此镇之，今此山如此，意其必有宝云云，更不成议论，似丧心人说话。其他人无知，如此说尚不妨，你平日自视为如何说尽道理，却说出这般话，是可怪否？'观于海者难为水，游于圣人之门者难为言'，分明是如此了，更看他门这般文字不入。"侗。

　　○　因改谢表，曰："作文自有稳字。古之能文者才用便用着这样字，如今不免去搜索修改。"又言："欧公为蒋颖叔辈所诬，既得辨明，谢表中自叙一段只是自胸中流出，更无些窒碍，此文章之妙也。"又曰："欧公文亦多是修改到妙处。顷有人买〔饶录作"见"。〕得他醉翁亭记〔稿〕，初说滁州四面有山凡数十字，末后改定只曰'环滁皆山也'五字而已。〔饶录云："有数十字序滁州之山。忽大圈了，一边注'环滁皆山也'一句。"〕如寻常不经思虑，信意所作言语，亦有绝不成文理者，不知如何。"广。

　　○　凡人做文字不可太长，照管不到宁可说不尽。欧、苏文皆说不曾尽。东坡虽是宏阔澜翻，成大片衮将去，他里面自有法。今人不见得他里面藏得法，但只管学他一衮做将去。庚。

　　○　一日说作文，曰："不必着意学如此文章，但须明理，理（道）精后文字自典实。伊川晚年文字，如易传，直是盛得水住。苏子瞻虽气豪善作文，终不免疏漏处。"大雅。

○ 至之以所业呈先生，先生因言："东莱教人作文当看获麟解，也是其间多曲折。"又曰："某旧最爱看陈无己文，他文字也多曲折。"谓诸生曰："韩、柳文好者不可不看。"道夫。

○ 尝与后生说："若会将汉书及韩、柳文熟读，不到不会做文章。旧见某人作马政策云：'观战，奇也；观战胜，又奇也；观骑战胜，又大奇也。'这虽是粗，中间却有好意思。如今时文，一两行便做万千屈曲，若一句题也要立两脚，三句题也要立两脚，这是多少衰气！"贺孙。

○ 古人诗中有句。今人诗更无句，只是一直说将去。这般诗一日作百首也得。如陈简斋诗"乱云交翠壁，细雨湿青林"、"暖日薰杨柳，浓阴醉海棠"，他是什么句法！雉。

○ 贯穿百氏及经史，乃所以辨验是非、明此义理，岂特欲使文词不陋而已？义理既明，又能力行不倦，则其存诸中者必也光明四达，何施不可！发而为言以宣其心志，当自发越不凡，可爱可传矣。今执笔以习研钻华采之文务悦人者，外而已，可耻也矣。人杰。

○ 文字无大纲领，拈掇不起。某平生不会做补接底文字，补凑得不济事。方子。

○ "前辈云文字自有稳当底字，只是始者思之不精。"又曰："文字自有一个天生成腔子，古人文字自贴这天生成腔子。"芝。

○ 因论今世士大夫好作文字论古今利害，比并为说，曰："不必如此，只要明义理。义理明则利害自明。古今天下只是此理。所以今人做事多暗与古人合者，只为理一故也。"<u>大雅</u>。

　　○　大率诸义皆伤浅短，铺陈略尽便无可说。不见反覆辨论节次发明工夫，读之未终已无余味矣，此学不讲之过也。〔抄<u>漳浦</u>课簿。〕<u>道夫</u>。

朱子语类卷第一百三十九

作文二

本朝

○ 韩退之及欧、苏诸公议论不过是主于〔文〕词，少间却是边头带说得些道理，其本意终自可见。木之。

○ 欧公文章及三苏文好处只是平易说道理，初不曾使差异底字换却那寻常底字。元秉。

○ 义刚问："东坡与韩公如何？"曰："平正不及韩公。东坡说得高妙处只是说佛，其他处又皆粗。"又问："欧公如何？"曰："浅。"久之，又曰："大概皆以文人自立。平时读书只把做考究古今治乱兴衰底事，要做文章，都不曾向身上做工夫，平日也只是以吟诗饮酒戏谑等事度日。"义刚。陈淳录同。

○ 东坡文字明快。老苏文雄浑，尽有好处。如欧公、曾南丰、韩昌黎之文岂可不看？柳文虽不全好，亦当择。合数家之文择之，无二百篇。下此则不须看，恐低了人手段，但采他好处以为议论足矣。若班、马、孟子，则是大底文字。道夫。

○ "欧公文字敷腴温润。曾南丰文字又更峻洁，虽其议论有浅近处，然却平正，又好。到得东坡便伤于巧，议论有不正当处，后来到中原见欧公诸人了，文字方稍平。老苏尤甚。大抵已前文字都平正，人亦不会大段巧说。自三苏文出，学者始日趋于巧。如李泰伯文尚平正明白，然亦已自有些巧了。"广问：〔"荆公之文如何？"曰："他却似南丰文，但比南丰文亦巧。〕荆公曾作许氏世谱，写与欧公看。欧公一日因曝书见了，将看，不记是谁作，意中以为荆公作。又云：介甫不解做得恁地，恐是曾子固所作。"广又问："后山文如何？"先生云："后山煞有好文字，如黄楼铭、馆职策皆好。"又举数句说人不怨暗君怨明君处，以为说得好。广又问："后山是宗南丰文否？"先生曰："他自说曾见南丰于襄、汉间。后见一文字说南丰过荆、襄，后山携所作以谒之。南丰一见爱之，因留款语。适欲作一文字，事多，因托后山为之，且授以意。后山文思亦涩，穷日之力方成，仅数百言。明日，以呈南丰，南丰云：'大略也好，只是冗字多，不知可为略删动否？'后山因请改窜，但见南丰就坐，取笔抹数处，每抹处连一两行，便以授后山。凡削去一二百字，后山读之则其意尤完，因叹服，遂以为法。所以后山文字简洁如此。"广因举秦丞相教其子孙作文说中说后山处。先生曰："他都记错了。南丰入史馆时止为检讨官，是时后山尚未有官。后来入史馆，尝荐邢和叔。虽亦有意荐后山，以其未有官而止。"广。〔扬录云："秦作后山叙，谓南丰辟陈为史官。陈元祐间始得官，叁说误。"〕

○ 欧公文字锋刃利，文字好，议论亦好。尝有诗云"玉颜自古为身累，肉食何人为国谋"，以诗言之是第一等好诗，以议论言之是第一等议论。铢。

○ "钦夫文字不甚改，改后往往反不好。"亚夫曰："欧公文字愈改愈好。"先生曰："亦有改不尽处，如五代史宦者传，末句云'然不可不戒'。当时必是载张承业等事在此，故曰'然不可不戒'。后既不欲载之于此而移之于后，则此句当改，偶忘削去故也。"方子。

○　荀卿诸赋缜密，盛得水住。欧公蝉赋"其名曰蝉"，这数句也无味。雄。

○　"欧公大段推许梅圣俞所注孙子，看得来如何得似杜牧注底好？以此见欧公有不公处。"或曰："梅圣俞长于诗。"曰："诗亦不得谓之好。"或曰："其诗亦平淡。"曰："他不是平淡，乃是枯槁。"铢。

○　范淳夫文字纯粹，下一个字便是合当下一个字，东坡所以伏他。东坡轻文字，不将为事，若做文字时只是胡乱写去，如□□□后面恰似少后添。节。

○　坡文雄健有余，只下字亦有不贴实处。道夫。

○　坡文只是大势好，不可逐一字去点检。义刚。

○　东坡欧阳公文集叙只恁地文章尽好，但要议论道理便看不得，首尾皆不相应。起头甚么样大，末后却说诗赋似李白，论事似司马（相如）〔迁〕云云。

○　统领商荣以温公神道碑为饷。先生命吏约道夫同视，且曰："坡公此文说得来恰却似山摧石裂。"道夫问："不知既说'诚'，何故又说'一'？"曰："这便是他看道理不破处。"顷之，直卿至，复问："若说'诚之'，则说'一'亦不妨否？"曰："不用恁地说，盖诚则自能一。"问："大凡作这般文字，不知还有布置否？"曰："看他也只是据他一直恁地说将去，初无布置。如此等文字，方其说起头时自未知后面说甚么在。"以手指中间曰："到这里自说尽，无可说了，却忽然说起来。如退之、南丰之文却是布置。某日（有）〔看〕二家之文，复看坡文，觉得一段中欠了句，一句中欠了字。"又曰："向尝闻东坡作韩文公庙碑，一日思得颇久，〔饶录云："不能得一起头，起行百十遭。"〕忽得两句'匹夫而为百世师，一言而为天下法'，遂扫将去。"道夫问："看老苏文似胜坡公，黄门之文又不及东坡。"曰："黄门之文衰，远不及也。只有黄楼赋一篇尔。"道夫因言欧阳公文平淡。曰："虽平淡，其中却自美丽，有好处，有不可及处，却不是阘茸无意思。"又曰："欧文如宾主相见，平心定气说好话相似。坡公文如说不办后对人闹相似，都无恁地安详。"董卿问范太史文。曰："他只是据见定说将去，也无甚做作。如唐鉴虽是好文字，然多照管不及，评论总意不尽。只是文字本体好。然无精神，所以有照管不到处；无气力，到后面多脱了。"道夫因问黄门古史一书。曰："此书尽有好处。"道夫曰："如他论西门豹投巫事，以为他本循良之吏，马迁列之于滑稽，不当。似此议论，以道夫观之，甚合人情。"曰："然。古史中多有好处。如论庄子三四篇讥议夫子处，以为决非庄子之书，乃是后人截断庄子本文搀入，此其考据甚精密。但今观之，庄子此数篇亦甚鄙俚。"道夫。

○ 问："苏子由之文比东坡稍近理?"曰："亦有甚道理。但其说利害处，东坡文字较明白，子由文字不甚分晓。要之，学术只一般。"因言："东坡所荐引之人多轻儇之士。若使东坡为相，则此等人才定皆布满要路，国家如何得安静!"人杰。

○ 诸公祭温公文，只有子由文好。庚。

○ 苏子由爱选诗"亭皋木叶下，陇首秋云飞"，此正是子由慢底句法。某却爱"寒城一以眺，平楚正苍然"十字，却有力。雄。

○　蕫卿问山谷诗，曰："精绝，知他是用多少工夫。今人卒（生）〔乍〕如何及得！可谓巧好无余，自成一家矣。但只是古诗较自在，山谷则刻意为之。"又曰："山谷诗忒好了。"道夫。

○　"山谷集中赠觉范诗乃觉范自作。"又曰："山谷诗乃洪毅辈删集。古今拟骚之作，惟鲁直为无谓。"道夫。

○　今江西学者有两种，有临川来者则渐深得陆子静之学，又一种自杨、谢来者又不好。子静门犹有所学。不知穷年穷日做得那诗要作何用？江西之诗自山谷一变至杨廷秀，又再变遂至于此。本朝杨大年虽巧，然巧之中犹见混成底意思，便巧得来不觉。及至欧公，早渐渐要说出来。然欧公诗自好，所以他喜梅圣俞诗，盖枯淡中有意思。欧公最喜一人送别诗两句，云"晓日都门道，微凉草树秋"，又喜（王）〔常〕建诗"曲径通幽处，禅房花木深"，欧公自言平生要道此语不得。今人都不识这意思，只要嵌事使难字便云好。雄。

○　"张文潜诗有好底多，但颇率尔，多重用字。如梁甫吟一篇笔力极健，如云'永安受命堪垂涕，手挈庸儿是天意'等处说得好，但结末差弱耳。"又曰："张文潜大诗好，崔德符小诗好。"雄。又曰："苏子由诗有数篇（没收在）〔误收在文潜集中〕。"

○　李得之问："陈无己文如何？"曰："其文有法，黄楼铭出，想一时诸公皆敛衽。便是今人文字，都无他抑扬顿挫。"方子。

○　馆职策，陈无己底好。

○ 陈后山初见东坡时，诗不甚好。到得为正字时，笔力高妙。如题赵大年所画高轩过图云"晚知书画真有益，却悔岁月来无多"，极有笔力。其中云〔"八二"〕者乃大年行次也。_{雉。}

○ "闭门觅句陈无己，对客挥毫秦少游"，无己平时行，觉有诗思便急归，拥被卧而思之，呻吟如病者，或累日而后成，真是"闭门觅句"。如秦少游诗〔甚巧，亦谓之"对客挥毫"者，想他合下得句便巧。张文潜诗〕只一笔写去，重意重字皆不问，然好处亦是绝好。_{义刚。陈淳录同。}

○ 陈博士在坡公之门，远不及诸公。未说如秦、黄之流，只如刘景文诗云"四海共知霜满鬓，重阳曾插菊花无"，何诗无此句矣。其杂文亦自不及备论。_{道夫。}

○ 南丰文字确实。_{道夫。}

○ 问："南丰文字如何？"曰："南丰文却近质。他初亦只是学为文，却因学文渐见些子道理，故文字依傍道理，故不为空言。只是关键紧要处也说得宽缓不分明，缘他见处不彻，本无根本工夫，所以如此。此但比之东坡，则又较质而近理，东坡则华艳处多。"或言："某人如搏健子，更不可晓。"曰："然。尾头都不说破，头边做作扫一片去也好，只到尾头便没合杀，只恁休了。篇篇如此，不知是甚意思。"或曰："此好奇之过。"曰："此安足为奇！观前辈文章如贾谊、董仲舒、韩愈诸人，还有一篇如此否？夫所贵乎文之足以传远，以其议论明〔白〕、血脉指意晓然可知耳。文之最难晓者无如柳子厚，然细观之亦莫不自有指意可见，何尝如此不说破？其所以不说破者只是吝惜，欲我独会而他人不能，其病在此。大概是不肯蹈袭前人议论而务为新奇。惟其好为新奇而又恐人皆知之也，所以吝惜。"僩。

○ 或道："陈武不善坡文，戴溪不喜南丰文。"先生曰："二家之文虽不同，使二公相见，曾公须道坡公底好，坡公须道曾公底是。"道夫。

○ 南丰作宜（兴）〔黄〕、筠州二学记好，说得古人教学意出。义刚。陈淳录同。

○ 南丰与兄看来是不足，观其兄与欧公帖可见。义刚。

○ 苏子容文慢。义刚。

○ 石曼卿诗有好处，如"仁者虽无敌，王师固有征。无私乃时雨，不杀是天声"，"乐意相关禽对语，生香不断树交花。筹笔驿诗意中流，水远愁外旧山青"，此数句极佳，可惜不见其全篇，只于话中得一二耳。旧尝见石曼卿书笔大书一长篇，笔力遒劲，真所谓"颜筋柳骨"。今人喜苏子美字，以石曼卿字比之，子美远不及之。曼卿胸次极高，非诸公所及。其为人豪放而诗乃方严缜密，此便是他好处，可惜不曾得用于世。雄。

○ 觉范诗如何及得参寥。义刚。

○ 刘贡父文字工于摹仿。〔学公羊、仪礼。〕若海。

○ 蔡京父子在京城之西两坊对赐甲第四区，极天下土木之工。一曰太师第，乃京之自居也；二曰枢密第，乃攸之居也；三曰驸马第，乃锋之居也；四曰殿监第，乃攸子之居也。〔攸〕妻刘乃明达、明节之族，有宠而二刘不能容，乃出嫁〔攸〕，权宠之盛亚之。京攸四第对开，金碧相照。尝见上官仲恭诗一篇，其间有城西曲，言蔡氏奢侈败亡之事最为豪健，末云"君不见，乔木参天独乐园，至今犹是温公宅"。仲恭乃上官彦衡之子也，惜乎其诗不行于世。雄。

○　邵公济墓志好。方子。

○　韩无咎文做得着者尽和平，有中原之旧，无南方啁哳之音。方子。

○　刘叔通屡举简斋："六经在天如日月，万事随时更故新。江南丞相浮云坏，洛下先生宰木春。"前谓荆公，后谓伊川。先生曰："此诗固好，然也须与他分一个是非始得。天下之理，那有两个都是？必有一个非。"雄。

○　"高宗最爱简斋'客子光阴诗卷里，杏花消息雨声中'。"又问坐间云："简斋墨梅诗，何者最胜？"或以"皋"字韵一首对。先生曰："不如'相逢京洛浑依旧，惟恨缁尘染素衣'。"雄。

○　本朝妇人能文只有李易安与魏夫人。李有诗，大略云"两汉本继绍，新室如赘疣"云云。"所以嵇中散，至死薄殷周"，中散非汤、武得国，引之以比王莽。如此等语，岂女子所能？

○　有鬼诗云："莺声不逐春光老，花影长随日脚流。"庚。

○　有僧月夜看海潮，得句云"沙边月趁潮回"而无对，因看风飘木叶乃云"木末风随叶下",虽对不过,亦且如此。庚。

○ 曾司直大故会做文字,大故驰骋有法度。裘父大不及他。裘父文字涩,说不去。义刚。

○ 陈君举西掖制词殊未得体。王言温润,不当如此作。德明。

○ 论胡文定公文字皆实,但奏议每件引春秋,亦有无其事而迁就之者。大抵朝廷文字,且要论事情利害是非令分晓。今人多先引故事,如论青苗,只是东坡兄弟说得有精神,他人皆说从别处去。德〔明〕。

○ "后来汪圣锡制诰有温润之气。"曾问人:"前辈四六语孰佳?"答云:"莫如范淳夫。"因举作某王加恩制云:"'周尊公旦,地居四辅之先;汉重王苍,位列三公之上。若昔仁祖,尊事荆王;顾予冲人,敢后兹典',自然平正典重,彼工于四六者却不能及。"德明。

○ 举南轩诗云:"卧听急雨打芭蕉。"先生曰:"此句不响。"曰:"不若作'卧闻急雨到芭蕉'。"又言:"南轩文字极易成。尝见其就腿上起草,顷刻便就。"至。

○ "群趋浴沂水,遥集舞雩风。"同安帘试风乎舞雩诗。

○ "龙衮新天子,羊裘老故人。"〔意味。〕道夫。

○ 方伯谟诗不及其父钱监公豪壮。黄子厚诗却老硬,只是太枯淡。徐思远玉山人。与汝谈诗宋子。比诸人较好。思远乃程克俊之甥,亦是有源流。雉。

○ "昨夜刘郎叩角歌，朔风思□动山河。文章无用乃如此，富贵不来当奈何！邴郑乡尝依北海，晁张今复事东坡。吹嘘合有飞腾便，未用溪头买钓簑"，此游开子蒙诗，先生屡称之曰："诗须不费力方好。此等使苏、黄见之当赏音，人固有遇耳。"雉。

○ 因说："作应用之文，此等苛礼无用亦可。但人所共用，亦不可废。"曹宰问云："寻常人徇人情做事莫有牵制否？"先生云："孔子自有条法，'从众、从下'惟其当尔。"谦。

○ 秦篆今皆无此本，而今只是模本，自宋莒公已不见此本了。义刚。

○ "邹德久楷书大学，今人写得如此亦是难得。只是黄鲁直书自谓人所莫及，自今观之，亦是有好处。但自家既是写得如此好，何不教他方正？须得恁欹斜则甚？又佢也非不知端楷为是，但自要如此写。亦非不知做人诚实端悫为是，但自要恁地放〔纵〕。"道夫问："何谓书穷八法？"曰："只一点一画皆有法度，人言'永'字体具八法。"行夫问："张于湖字何故人皆重之？"曰："也是好，但他是不把持，爱放纵。本朝如蔡忠惠以前皆有典则，及至米元章、黄鲁直诸人出来，便不肯恁地。要之，这便是世态衰下，其为人亦然。"道夫言："寻常见鲁直亦好说话，意谓他与少游诸人不同。"曰："他也却说道理，但倒做处亦与少游不争多，他一辈行皆是恁地。"道夫曰："也自是坡公做头，故他门从而和之。"曰："然。某昨日看他与李方叔一诗，说他起屋，有甚明窗净几，眼前景致，末梢又只归做好吟诗上去。若是要只粗说，也且说读书穷究古今成败之类亦可，如何却专要吟诗便了？"道夫曰："看他也是将这个来做一个要紧处。"曰："他是将来做个大事看了，如唐韩、柳皆是恁地。"道夫云："尝爱欧公诗云'至哉天下乐，终日在书案'，这般意思甚好。"曰："他也是说要读书。只欧公却于文章似说不做亦无紧要。如送徐无党序所谓'无异草木荣华之飘风，鸟兽好音之过耳'，皆是这意思。"道夫曰："前辈皆有一病。如欧公又却疑系辞非孔子作。"曰："这也是他一时所见。如系辞文言若〔是〕〔非〕孔子做，如何又却有'子曰'字？某尝疑此等处如五峰刻通书相似，去了本来所有篇名，却于每篇之首加一'周子曰'字。通书去了篇名，有篇内无本篇字，如'理性命'章者煞不可理会。盖'厥彰厥微，匪灵弗莹'是说理，'刚善刚恶，柔亦如之，中焉止矣'是说性，自此以下却说命。章内全无此三字，及所加'周子曰'三字又却是本所无者。次第易系、文言亦是门人弟子所剿入尔。"道夫问："五峰于通书何故辄以己意加损？"曰："他病痛多，又寄居湖湘间，士人希疏。兼他自立得门庭又高，人既未必信他，被他门庭高，人亦一向不（采）〔来〕。来到他处一个，又是不如他底，不能问难，故绝无人与之讲究，故有许多事。"道夫曰："如他说'孟子道性善'似乎好奇，全不平帖。"曰："他不是好奇，只是看不破，须着如此说。又如疑孟辨别自做出一样文字，温公疑得固自不是，但他个更无理会。某尝谓，今只将前辈与圣贤说话来看，便见自家不及他处。今孟子说得平易如此，温公所疑又见明白，自家却说得恁地聱牙，如何辨得他倒！"道夫曰："如此则是他只见那一边，不知有这一边了。"曰："他都不知了。只如杨氏为我只知为我，都不知圣贤以天地万物为一体、公其心而无所私底意思了。又如老氏之虚无清净，他只知个虚无清净。今人多言释氏本自见得这个分明，只是见人如何遂又别为一说。某谓岂有此理！只认自家说他不知便得。"先生以手指庭下月曰："他若知之则白处便须还是白，黑处便须还是黑，岂有知之而不言者？此孟子所谓'诐辞知其所蔽，淫辞知其所陷，邪辞知其所离，遁辞知其所穷'。辞之不平便是他蔽了，蔽了便陷，陷了便离，离了便穷。且如五峰疑孟辨忽说出甚'感物而动者，众人也；感物而节者，贤人也；感物而通者，圣人也'。劈头便骂了个动。他之意是说圣人之心虽感物，只静在这里，感物而动便不好。中间<u>胡广仲</u>只管支离蔓衍说将去，更说不回。某一日读<u>文定</u>春秋，有'何〔况〕圣人之心感物而动'〔一语〕。某执以问之曰：'若以为感物而动是不好底心，则<u>文定</u>当时何故有此说？'<u>广仲</u>遂语塞。"先生复笑而言曰："盖他只管守着<u>五峰</u>之说不肯放，某却又讨得个大似<u>五峰</u>者与他说，只是以他家人自与之辨，极好。道理只是见不破后便有许多病痛。"<u>道夫</u>。

朱子语类卷第一百四十

杂类

○　尔雅是取传注以作，后人却以尔雅证传注。文蔚。

○　尔雅非是，只是据诸处训释所作。赵岐说孟子、尔雅皆置博士，在汉书亦无可考。〔泳。〕

○　"淳"、"醇"皆训厚。"屯"、"纯"是不杂。芝。

○　宫即墙也。侗。

○　论阴阳则有阴也必有阳，论善恶则一毫着不得。芝。

○　陈仲亨问："周书云'将欲败之必姑辅之，将欲取之必姑与之'，今周书何缘无之？"先生曰："此便是那老子里数句。是周时有这般书，老子为柱下史，故多见之。孔子所以适周问礼之属，也缘是他知得。古人以竹简写书，民间不能尽有，惟官司有之。如秦焚书也只是教天下焚之，他朝廷依旧留得，如说'非秦记及博士所掌者尽焚之'。到六经之类，他依旧留得，但天下人无有。"义刚。

○　古升，十六寸二分为升，容一百六十二寸为斗。侗。

○ 今之一升即古之三升，今之一两即古之三两。淳。僩录同。

○ 古钱有"货泉"字、"货布"字是王莽钱。于古尺正径一寸。虽久有损，大概亦是。淳。

○ "尚衣"、"尚书"、"尚食"，"尚"乃主守之意，秦语作平音。淳。

○ 适母与所生封赠恩例一同，不便。看来嫡、庶之别须略有等降，乃为合理。〔砥。〕

○ 深衣用虔布，但而今虔布亦未依法。当先有事其缕，无事其布。方未〔经布时先砑其缕，非织了后砑也〕。衣服当适于体。康节向温公说："某今人，着今时之服。"亦未是。泳。

○ "说'食气者神明而寿，不食者不死而神'，孔子家语。"先生问蔡丈季通。

○ 形与气，相激而成者。泳。

○ 苿萐，或云乃门屏上刻作形。汉注未是。可学。

○ 翟公逊说鬼星渡河，最乱道。鬼星是经星，如何解渡河？泳。

○ 古人作甲用皮，每用必漆。后世用铁，不知自何时起。泳。

○ 野雉知雷。起于〔起〕处。可学。

○ 古人运筹者要说得这事分明，历历落落。这一事了便尽断，又要得界分分明。泳。

○ 元善每相见便说气数谶纬，此不足凭。只是它由天命，然亦由人命。才有此事，得人去理会便了。德明。

○ 直领背是半臂之遗风。半臂袖短。芝。

○ “折衷”者，折转来取中。“衷”只是个中。芝。

○ 或问：“仓颉作字，亦非细人。”曰：“此亦非自撰出，自是理如此。如‘心’、‘性’等字，未有时如何撰得？只是有此理自流出。”可学。

○ 本朝国纪好看，虽略，然大纲却都见。长编太详，难看。熊子复编九朝要略不甚好。国纪，徐端立编。僩。

○ 通典尽好，盍置一科。淳。

○ 因说讳字，曰：“汉宣帝旧名何曾讳‘病己’？平帝旧名亦不讳。房中法，偏旁字皆讳。如‘敬’字和‘警’字皆讳。”淳。

○ 靖康间，士人陈规守德安府城，房人群盗皆攻不破。朝野佥载有规跋，甚好。僩。

○ 有言士大夫家文字散失者。先生蹙然曰：“魏元履、宋子飞两家文籍散乱，皆某不勇决之过。当时若是聚众与之抄劄封锁，则庶几无今日之患。"道夫。

○ 陈光泽二子求字。先生字莘曰"仲亨",云:"莘便是亨,凡物积之厚而施之也广,如水积得科子满便流。"又字华曰"仲蔚",云:"'君子豹变,其文蔚也。'变谓变其志。若你里面变得是虎,外面便有虎之文;变得是豹,外面便有豹之文。"义刚。

○ 黎绍先好个人,可谓"听其言也厉"。义刚。

○ 沈季文于小学则有庄敬敦笃,而不从事于礼乐射御书数;于大学则不由格物、致知,而遽欲诚意、正心。闳祖。

○ 周显祖不事外饰,天资简朴。某于方务德坐间识之。若海。

○ 咏古诗"丈夫弃甲胄,长揖别上官",为杨元礼发也。问:"元礼事如何?"曰:"缘一二监司相知者已去,后人不应副赈济,此事已做不得。若取之百姓又不可,所以乞祠。"问:"当时合如何处置方善?"曰:"只得告监司理会赈济,不从则力争,又不从则投劾而去,事方分晓。"语毕,遂讽诵此诗云。德明。

○ 与或人说:"公平日说甚刚气,到这里为人所转,都屈了。凡事若见得了须使坚如金石。"贺孙。

○ "南海诸番书煞有好者,字画遒劲如古钟鼎款识。诸国各不同,风气初开时,此等事到处皆有其先者,不独中国也。"或问古今字画多寡之异。曰:"古人篆、籀笔画虽多,然无一笔可减。今字如此简约,然亦不可多添一笔。便是世变自然如此。"僩。

○ 金人亡辽录、女真请盟背盟录，汪端明撰。<u>侗</u>。

○ "医家言'心藏神，脾藏意，肝藏魂，肺藏魄，肾藏精与志'，与康节所说不同。"曰："此不可晓。"<u>德明</u>。

○ 尝见徐侍郎<u>敦立</u>。书三字（拈）〔帖〕于主位前云"磨兜坚"，竟不晓所谓，后究竟得来，乃是古人有铭，如"三缄口"之类。此书于腹曰"磨兜坚，谨勿言"，畏秦祸也。<u>游</u>。

○ 问："人有震死者，如何?"曰："有偶然者，有为恶而感召之者。如人欲操刀杀人，而遇之者或遭其伤刺而死之类是也。"<u>侗</u>。

○ 沈庄仲问："姓、氏如何分别?"曰："姓是大总脑处，氏是后来次第分别处。如鲁本姬姓，其后有孟氏、季氏，同为姬姓而氏有不同。某尝言：'天子因生以赐姓，诸侯以字为谥，因以为族。'切恐'谥'本'氏'字，先儒随他错处解将去，义理不通。且如舜生于妫汭，武王遂赐陈胡公满为妫姓，即因生赐姓。如郑之国氏本子国之后，驷氏本子驷之后。如此之类，所谓'以字为氏，因以为族'。"<u>文蔚</u>。

○ 芜湖旧有一富家曰韦居士，字深道，喜延知名士。如黄太史、陈了翁迁谪，每岁馈饷不下千缗。今人才见迁谪者便以为惧，安得有此等人! <u>人杰</u>。

○ 因说都下士大夫爱看命，曰："士夫功名心切，且得他差除一番亦好。"曰："若命中有官便是天与我，若就人论便是朝廷与我。今不感戴天与朝廷，却感戴他门终身不忘，甚可怪!"<u>淳</u>。

○ 或论及欲图押纲厚赏者。先生曰："譬如一盘（真）〔珍〕馔，五人在坐，我爱吃，那四人亦都爱吃。我伸手去拏，那四人亦伸手去拏，未必果谁得之。能恁地思量便可备知来物。如古者横议权谋之士，虽千万人所欲得底，他也有计术去必得。"淳。

○ 问："世有刑人不娶，如人家上世不贤而子孙贤，则如之何？"曰："'犁牛之子骍且角，虽欲勿用，山川其舍诸'，所谓不娶者是世为恶不能改者，非指一世而言也。如'丧父长子不娶'一句却可疑，若然则无父之女不复嫁矣。〔此不可晓。〕"淳。

○ 问："春牛事未见出处，但月令载'出土牛以送寒气'，不知其原果出于此否？或又云以示劝耕之意。未详孰是？""某尝见□□云，处士立于县庭土牛之南。恐古者每岁为一牛，至春日别以新易旧而送之也。"

○ 王丈云："昔有道人云，笋生可以观夜气。尝插竿以记之，自早至暮长不分寸，晓而视之已数寸矣。"次日问："夜气莫未说到发生处？"曰："然。彼说亦一验也。"后在玉山僧舍验之，则日夜俱长，良不如道人之说。闳祖。

○ 问庐山光怪。"恐其下有宝，故光气发见如此。尝见邵武张铸说，曾官岳阳，见江上有光气，其后渔人于其处网得铜钟一枚。又一小说云，某郡某处常有光处，令人掘得铜印一颗。"先生又自云："向送葬开善，望见两山之间有光如野烧，从地而发，高而复下。问，云其山旧有铜坑也。"德明。

○ 诸生入问候，先生曰："寒后却划地气痞。西川人怕寒。尝有人人里面作守，召客后，令人打扇。坐客皆起白云，若使人打扇，少间有某疾。生冷果子亦不可吃，才吃便有某疾，便是西川之人大故怕寒。如那有雪处直是四五月后雪不融，这便是所谓'景朝多风'处。便是日到那里时，过午时阳气不甚厚，所以如此。所谓'漏天'处皆在那里。恁地便是天也不甚阔，只那里已如此了，这是西南尚如此。若西北想见寒，过那秦、凤之间想见寒。如峨眉山，赵子直尝登上面，煮粥更不熟，有个核子。时有李某者冻得闷绝了。"庄仲云："不知佛国如何?"先生曰："佛国却暖。他靠得昆仑山后，那里却暖，便是那些子也差异。四方蛮夷都不晓人事，那里人却理会得一般道理恁地。便是那里人也大故嶢崎，不知是怎生后恁地。"义刚。

　　○　蔡伯靖曰："山本同而末异，水本异而末同。"义刚。

　　○　冀都正是天地中间，好个风水。山脉从云中发来，云中正高脊处。自脊以西之水则西流入于龙门西河，自脊以东之水则东流入于海。前面一条黄河环绕，右畔是华山耸立，为虎。自华来至中为嵩山，是为前案。遂过去为泰山，耸于左，是为龙。淮南诸山是第二重案。江南诸山及五岭又为第三四重案。淳。义刚录同。

　　○　洛阳志说道最好，文字最简严，惜乎不曾见。义刚。

　　○　逆河是开渠通海以泄河之溢。秋冬则涸，春夏则泄。义刚。陈淳同。

　　○　仙霞岭在信州分水之右，其脊脉发去为临安，又发去为建康。义刚。陈淳同。

○ 蔡仲默问："有两汉水，如何有一水谓之西汉江?"曰："而今如阆州等处便是东川，东川却有一支出来便是西汉江，即所谓嘉陵江也。"义刚。

○ 吴大年曰："吕蒙城在鄂州。其城方，其中又有数重，形址如井，今犹存。"道州即舂陵。武帝封子为舂陵王，后徙居邓州。至今邓州亦谓之舂陵。义刚。

○ 河东地形极好，乃尧舜禹之故都，今晋州河中府是也。左右多山，黄河绕之，嵩、华列其前。广。

○ 汉荆州刺史是守襄阳。魏晋以后以江陵为荆州。芝。

○ 南康郡治，张齐贤所建，盖两江之咽喉。古人做事都有意思。又如利州路，却有一州在剑阁外。方子。

○ 江西山水秀拔，生出人来便要硬做。升卿。

○ 荆襄山川平旷，得天地之中，有中原气象，为东南交会处，耆旧人物多，最好卜居。但有变则正是兵交之冲，又恐无噍类。义刚。陈淳录同。

○ 林择之曰："上四州人轻扬，不似下四州人。"先生曰："下四州人较厚。潮阳士人觉厚，然亦陋。陈但云"如潮州土人亦厚"。莆人多诈，淳朴无伪者，陈魏公而已。"义刚。陈淳录同，〔少〕异。

○ 或传连江镇寇作，烧千余家。时张子直通判云："此处人烟极盛。"先生曰:"某常疑此地如何承载得许多人?"力行退而思之,此所谓知小图大、力小任重之意。力行。

○ 近看石林过庭录,石林乃叶梦得,此录乃其子集。载上蔡说伊川参某僧,后有得,遂反去,偷其说来做己使,是为洛学。某也尝疑如石林之说固不足信,却不知上蔡也怎地说,是怎生底? 陈无"某也"以下至此。向见光老示及某僧与伊川居士帖,后见此帖载山谷集中,后又见文集别本有跋此帖语。乃僧与潘子真潘淳,乃兴嗣之子也。帖,其所以载于山谷集者,以山谷尝录其语,而或以为山谷帖也。此下陈有"其非与伊川明矣"七字。义刚。按陈淳录同而少异。

○ 道间来人多来求诗与跋,某以为人之所以与天地日月相为长久者元不在此。可学。

○ 先生因人求墓铭,曰:"'吁嗟身后名,于我如浮烟',人既死了,又更要这物事做甚。"或曰:"先生语此,岂非有为而言?"曰:"也是,既死去了,待他说是说非,有甚干涉!"又曰:"所可书者,以其有可为后世法。今人只是虚美其亲,若有大功大业,则天下之人都知得了,又何以此为? 且人为善亦自是本分事,又何必须要恁地写去?"贺孙。

○ "一"、"二"、"三"、"四"皆是借同声字。"七"字本无此字,唯有"漆沮"之"漆"。"漆"字草书颇似"七",遂误以为真。洪氏隶释辨不及此。闳祖。

○ 汉人断狱辞亦如今之款情一般,具某罪,引某法为断。义刚。陈淳录同。

○ 今法中有"保〔章〕辜"字。自后汉有此语，想此二字是自古相传。义刚。陈淳录同。

○ 德粹问："十年前屡失子，亦曾写书问先生。先生答书云，子之有无皆命，不必祈祷。后又以弟为子，更有甚碍理处，舍弟之子年乃大于此，则是叔拜侄。"先生曰："以弟为子，昭穆不顺。"方伯谟曰："便是弟之子小〔亦〕不可。"先生曰："然。"可学。

○ 汉律，康成注，今和正文皆亡矣。义刚。

○ 洪州有一部洪韵。太平州亦有一部韵家文字。义刚。

○ 黄直卿云："如佣雇之'佣'，也只训'用'。以其我用他，故将雇以还其力。由此取义，此皆是两通字。"义刚。

○ "建茶如'中庸之为德'，江茶如伯夷、叔齐。"又曰："南轩集云'草茶如草泽高人，腊茶如台阁胜士'，似他之说则俗了建茶，却不如适间之说两全也。"道夫。

○ 人言仁不可主兵，义不可主财。某谓惟仁可以主兵，义可以主财。道夫。

○ 称者，自他人称之；称者，人之本号。一称者，称之之"称"，皆平声；下称者，称之"称"，去声。道夫。

○ "用人之勇去其乱，用人之智去其诈，用人之仁去其贪"，盖人之性易得偏。人既仁，缘何贪？盖仁善底人便有好便宜底意思。今之廉介者便多是那刚硬底人。<u>辛</u>。合入本条。

○ <u>高斗南</u>解<u>楚词</u>引<u>瑞应图</u>。<u>周子充</u>说馆阁中有此书，引得好。他更不问义理之是非，但有出处便说好。且如<u>天问</u>云"<u>启</u>棘宾商"，<u>山海经</u>以为<u>启</u>上三嫔于天，因得<u>九叹</u>、<u>九辨</u>以归。如此，是天亦好色也。<u>柳子厚天对</u>以为胸嫔，说天以此乐相博换得。某以为"棘"字是"梦"字，"商"字是古文篆"天"字。如<u>郑康成</u>解记"衣衰"作"齐衰"，云是坏字也，此亦是擦坏了。盖<u>启</u>梦宾天，如<u>赵简子</u>梦上帝之类。宾天是为之宾，天与之以是乐也。今人不曾读古书，如这般等处一向恁地过了。<u>陶渊明</u>诗"形夭无千岁"，<u>曾氏</u>考<u>山海经</u>，云"当作'形（天）〔天〕舞（千）〔干〕戚'"，看来是如此。<u>周子充</u>不以为然，言只是说精卫也，此又不用出处了。<u>夔孙</u>。

○ <u>庐山</u>有<u>渊明</u>古迹处曰<u>上京</u>。<u>陶渊明</u>集作京师之"京"，今土人以为<u>荆楚</u>之"荆"。江中有一盘石，石上有痕，云<u>渊明</u>醉卧于其石上，名"<u>渊明</u>醉石"。某为守时，架小亭，下瞰此石，榜"归去来馆"。又取<u>西山</u> <u>刘凝之</u>庵，用<u>鲁直</u>诗名曰"清静退庵"，与此相对。<u>夔孙</u>。

○ "昼则听金鼓，夜战看火候"，尝疑夜间不解战，盖只是设火候防备敌来劫寨之属。古人屯营，其中尽如井形，于巷道十字处置火候。如有间谍，一处举火则尽举，更走不得。<u>义刚</u>。

○ "驰车千（乘）驷，革车（十）〔千〕乘"，驰车即兵车，盖轻车也。革车驾以牛，盖辎重之车。每轻车七十二人，三人在车上，一御，一持矛，一持弓。此三人乃七十五人中之将。盖五〔伍〕为两，两有一长故也。轻车甚疾。<u>义刚</u>。

○ 豫凶事亦恐有之。龚胜传，昭帝赐韩福策曰："不幸死者赐复衾一，祠以中牢。"古人此等事自多，难以悬断。〔闳祖。〕

○ 张以道曰："京西漕魏安行计口括牛，每四人，其田百亩，只得一牛，由是大扰。时颍州倅李椿之摄郡，与议不合，遂和归去来词，休官而归，作'见一亭'，而魏竟追官勒停。李字彭年，岳州人。"义刚。

○ 蜀中有赵教授者，因二苏斥逐，以此摇动人心，遂反。当时也自响应，但未几而哲宗上仙，事体皆变了，所以做得来也没巴鼻。蜀人大故强悍，易反。成都尝有一通判要反，已自与府中都吏客将皆有谋了。不知如何，一婢走出来告，云日逐有官员来议事。帅因下帘令辨府中人，则皆每日所见合谋者，其事遂败。义刚。

○ 先生说："沈持要知衢州日，都下早间事，晚已得报。"闳祖云："要知得如此急做甚？"先生云："公说得是。"闳祖。

○ 刘寺簿属人而为台章所扫，且见及之词甚切，义当力求去，不知渠所处如何？淦。

○ 或言某人轻财好义。先生曰："以何道理之而义乎？"升卿。

○ 榷场中有文字卖，说中原所在山川地理、州郡邸店甚详，中亦杂以虏人官制。某以为是中原有忠义之人做出来，欲朝廷知其要害处也。庚。

○ 砥柱铭上说禹"挂冠真顾，过门不入"。"挂冠"是有个文字上说禹治水时冠挂着树，急于治水。今记不得是甚文字。世间文字甚多，只后汉书注内有无限个事。庚。

　　○　绍圣四年，长安民家得秦玺，改元元符。是时下公卿杂议，莫有知者。李伯时号多识，辨得果为秦玺，遂降八宝赦。德明。

　　○　王彦辅（麈）〔塵〕史载幞头之说甚详。方子。

　　○　漳州州学中从祀，是神霄宫神改塑。绍兴府禹庙重塑禹像，王仲行将禹与一道士去，改塑天齐仁圣帝。此是一类子。德明。

　　○　“三元”是道家之说。上元烧灯却见于隋炀帝，未知始于何时。贺孙。

　　○　陆务观说，汉中之民当春月，男女行哭，首戴白楮币，上诸葛公墓，其哭皆甚哀云。此一段先生亲笔于南轩所撰武侯传后。道夫。

　　○　汉祭河用御龙、御马，皆以木为之，此已是纸钱之渐。义刚。

　　○　纸钱起于玄宗时王玙。盖古人以玉币，后来易以钱。至玄宗惑于王玙之术，而鬼神事繁，无许多钱来埋得，玙作纸钱易之。文字便是难理会。且如唐礼书载范传正言，唯颜鲁公、张司业家祭不用纸钱，故衣冠效之。而国初言礼者错看，遂作纸衣冠而不用纸钱，不知纸钱、衣冠有何间别。义刚。

　　○　往年见徐端立侍郎云：“叶石林尝问某：‘或谓司马温公、范蜀公议钟律不合，又某与某争某事，盖故为此议，以表见其非朋比之为者。如何？’徐曰：‘此事有无不可知，然为此论者亦可谓不占便宜矣。’

<u>石林</u>为之一笑而罢。"<u>偶</u>。

○　<u>刘季高</u>也豪英，只是也无头脑。<u>义刚</u>。

○　财犹腻也，近则污人，豪杰之士耻言之。<u>偶</u>。

○　<u>王侍郎</u> <u>普</u>之弟某，经兵火，其乳母抱之走，为一将官所得。乳母自思，为<u>王氏</u>乳母而失其子，其罪大矣！遂潜谋归计，将此将官家兵器皆去其刃，弓则断其弦。旦求一好马，抱儿以逃。追兵踵至，匿于麦中，如此者三四。仅全儿，达<u>王家</u>。常见一僧说之，僧今亦（云）〔亡〕矣。欲为之传，未果。<u>可学</u>。按，<u>黄义刚</u>录同，但以为<u>李伯时</u>，今附，云："尝见一老僧云，<u>李伯时</u>家遭寇，那时<u>伯时</u>尚小，被贼并奶子劫去。贼将遂以奶子为妻。奶子者得一日上元，其夫出看，奶子亦以计遣诸婢皆往看，遂将弓箭刀刃之属尽投于井，马亦解放，但自乘一马而去。少顷（间）〔闻〕前面有人马声，恐是来赶他，乃下马走入麦中藏。其贼尚以枪入麦中捞揽，幸而小底亦不曾啼哭，遂无事。未几，得闻那贼说：'这贼婢，知他那里去！'渠知无事，遂又走。夜行昼伏，数日方到，寻见他家人。某尝欲作一段说记此事。后来被那僧死了，遂无问处，竟休了。"

○　<u>德粹</u>语<u>婺源</u>有一人，其子见鬼。先生曰："昔<u>薛土龙</u>之子亦然。"<u>可学</u>因说<u>薛常州</u>之子甚怯弱。先生曰："只是精神不全便如此。向见邪法者咒人，小儿稍灵利者便咒不倒。"<u>可学</u>云："<u>薛氏</u>之鬼所谓'九圣奇鬼'。"先生曰："渠平生亦好说鬼。"<u>可学</u>云："<u>薛常州</u>平日亦讲学，何故信此？"先生曰："不知其所讲如何。"<u>可学</u>。

○　兽中，狐最易为精怪。<u>淳</u>。

○ 狐性多疑，每渡河，须冰尽合乃渡，若闻冰下犹有水声，则终不敢渡，恐冰解也。故黄河边人每视冰上有狐迹乃敢渡河。又狐每走数步则必起而人立四望，立行数步，回复走。走数步，复人立四望而行。故人性之多疑虑者谓之狐疑。狼性不能平行，每行，首尾一俯一仰，首至地则尾举向上，胡举向上则尾毚至地，故曰"狼跋其胡，载毚其尾"。侃。

○ "年尊，人易虚而难实。"先生曰："也易实。"又曰："比后生时较难实些子。"泳。

○ 因论张天师，先生曰："本朝有南剑太守林积送张天师子狱中而奏云：'其祖乃汉贼，不宜使子孙袭封。'一时人皆信之，而彼独能明其为贼，其所奏必有可观者。林积者，秦师垣时尝为侍郎。"义刚。

○ 郡六阳因算徽宗当为天子，遂得幸，官至承宣使，其人亦鲠直敢说。天觉每要占问时，不尚自去见它，多是使觉范去。后来发觉，蔡元长遂以为六阳有幻术，令人监系，日置狗猪血于其侧，后来只被血薰杀了。义刚。

○ 雪里芭蕉，他是会画雪，只是雪中无芭蕉，他自不合画了芭蕉。人却道他会画芭蕉，不知他是误画了芭蕉。遇。

○ 义刚问："唐告敕如何都是自写？"先生曰："不知如何。想只是自写了却去计会印，如本朝蔡君谟封赠告亦是自写。看来只是自有字名，故如此。"义刚。

○ "张以道向在黄岩，见颜鲁公的派孙因事到官。其人持鲁公告敕五七道来庭下，称有荫。细观其告敕，皆鲁公亲书其字，而其告乃是黄纸书之。此义如何？"先生曰："鲁公以能书名，当时因自书之，而只用印，文亦不足据。本朝蔡君谟对赠其祖告敕亦自写之，盖其以字名，人亦乐令其自写也。"鲁公诰后为刘会之所藏。义刚。

○ 古之木，今有无者多。楷木只孔子墓上，当时诸弟子各以其方之木来栽，后有此木。今天下皆无此木。亦如槐，可作简，文皆横生，然亦只是文促，后似横样。义刚。

○ 临安铁箭，只是钱王将此摇动人心〔使神之〕。义刚。

○ 瑞金新铸印真。盖尝失一印，重铸之，恐作弊，故加"新铸"之文。国初有一奉使印亦如此。义刚。

○ 秘书省画一树下数人着古衣而无名。君举以为恐是孔子在宋木下习礼被伐木时。义刚。

○ 秘书省画得唐五（三）王及黄番绰、明皇之类，恐是吴道子画。有跋之者云："画当如莼菜。"某初晓不得，不知它如何说得数句恁地好。后乃知跋者是李伯时外甥。盖画须如莼菜样圆滑方好。义刚。

○ 先生曰："高文庄太尉若讷善医。尝言京师寒暑之时，街市所卖两件闲物，每岁可活数万人，卖姜粥与卖凉水者是也。人冒暑极热之际或无暑药，必至中暍，若啜一杯凉水，人即豁然清爽矣。又盛寒盛暑有些感冒者，啜一碗热姜粥，即上下气通，汗出而寒热解矣。只此二物每岁须活数万人也。"卓。

○ 觉范因张天觉子下天狱。自供云："本是医人，因入医张相公府养娘有效，遂与度牒令某作僧。"义刚。

○〔无爵曰〕"府君"、"夫人"，汉人碑已有，只是尊神之辞。"府君"如官府之君，或谓之"明府"。今人亦谓父为"家府"。义刚。陈淳录同。

○ 因及谈命课灵者，曰："是他精力强，精力到处便自验。"淳。

○ 陶安国事真武。先生曰："真武非是有一个神披发，只是玄武。所谓'青龙'、'朱雀'、'白虎'、'玄武'，亦非是有四个恁地物事。以角星为角，心星为心，尾星为尾，是为青龙。虚危星如龟。腾蛇在虚危度之下，故为玄武。真宗时讳'玄'字，改为'真'字，故曰'真武'。参星有四只脚如虎，故为白虎。翼星如翼，轸如项下嗉，并为冠，故为朱雀。卢仝诗曰'头戴井冠'，扬子云言'龙'、'虎'、'鸟'、'龟'，正是如此。"苃。

○ 诸葛诚之守立过人。升卿。

跋

　　论语一书乃圣门高第所集，以记夫子之嘉言善行，垂训后世。朱子语类之编，其亦效是意而为之者也。或曰："语必以类相从，岂（曾）〔论〕语意欤？"曰："学而一篇所记多务本之意，里仁七章所记皆为仁之方；若八佾之论礼乐，乡党之记言行，公冶长辨人物之贤否，微子载圣贤之出处，亦何尝不以类哉！天下之理，'同归而殊涂，一致而百虑'，非有以会而通之，则只见其异耳。大传曰：'触类而长之，天下之能事毕矣。'而伊川之诲学者亦必曰：'将圣贤言仁处类聚观之。'然则语类之集，其有功于学者多矣！"新安旧有紫阳书堂，而紫阳之书未备也。郡倅洪君、博士张君相与谋曰："置田则以养士之身，置书则以养士之心，以书为田可乎？"于是以所得蜀本语类刊之，越二岁而书成。郡侯谢工部坐属余为跋其梗概，余不得辞也，因借为之说曰："理有可以类通，而非可以类止，是其然，必有所以然。学者因其类以究极朱子之全书，使此理融会通贯，不梏于一事一物而止，则无愧于吾夫子触类而长之训也。若夫惮烦劳，安简佚，以为取足于此，则朱子固尝以是为学者病矣，乌乎可！抑二君推广私洲之意，亦贤矣哉！"洪君名勋，平斋令子。张君名文虎，六馆隽游。俱擢进士第，有议论，有器识，故能切切然知教化之先务如此，因以识之。时淳祐壬子六月望日。朝请郎守国子司业兼玉牒所检讨官兼资善堂赞读兼权侍立修注官蔡抗跋。